ELOGIOS PARA TRES TAZAS DE TÉ

"Apasionante... prueba de que una persona extraordinaria, con la combinación adecuada de carácter y determinación, puede realmente cambiar el mundo". —Tom Brokaw

"Un relato inspirador sobre cómo una persona puede marcar la diferencia". —*The Oregonian*

"La misión de Mortenson es admirable, su convicción es irrefutable, su territorio es exótico y su sentido de la oportunidad es excelente". —*The Washington Post*

"Si nosotros, los estadounidenses, queremos aprender de nuestros errores... tenemos que escuchar a Greg Mortenson". —Diane Sawyer, *Good Morning America*

"*Tres tazas de té* es un obra magníficamente escrita. También es un libro que posee una importancia crítica en este momento de la historia. Los gobiernos de Pakistán y Afganistán están fallando flagrantemente a sus estudiantes. El trabajo que lleva a cabo Mortenson, proporcionando una educación equilibrada a los estudiantes más pobres, hace que éstos sean mucho más difíciles de reclutar por parte de las madrazas extremistas". —Ahmed Rashid

"La historia de Mortenson, teñida de drama, peligro, romance y buenas obras, nos recuerda la fuerza que puede tener una buena idea, así como la energía que puede desatar la apasio-n... ...ar contra e... ...*Monitor*

"U... ...n que me-r... ...—*People*

"Cuando existen los lápices, utilicémoslos como armas pacíficas en la guerra contra el terrorismo. Este insólito principio ha sido el sello de la notable campaña humanitaria llevada a cabo en Pakistán y Afganistán por Greg Mortenson, el alpinista de Montana". —*Seattle Post-Intelligencer*

"El libro de Mortenson tiene mucho que contar acerca de los fracasos de Estados Unidos en Afganistán".
—*The New York Review of Books*

"En un momento en que todos los políticos y portavoces nos pueden ofrecer poco más que la retórica como explicación del desastre aparentemente irremediable causado por la guerra y los conflictos culturales que salpican Oriente Medio y los territorios islámicos en Asia Central, el libro de Mortenson es una historia asombrosa sobre cómo conseguir la paz en una de las regiones más bellas del mundo. ¿Cómo lo logra? Construyendo escuelas para niñas... La misión de Mortenson es implacablemente positiva, y su capacidad para revelar la belleza, así como su negativa a aceptar la brutal realidad imperante a su alrededor, responde a una búsqueda estimulante, heroica y, en ciertos momentos, descabellada".
—*The Bloomsbury Review*

"Cautivador y lleno de suspense, un relato absorbente sobre las hostilidades y las amistades improbables, este libro se ganará el corazón de muchos lectores". —*Publishers Weekly*

"Quienes se interesen por una perspectiva novedosa de las culturas y de los esfuerzos realizados en Asia Central en aras del desarrollo, quedarán fascinados con la lectura de este increíble relato sobre una empresa humanitaria". —*Booklist*

GREG MORTENSON Y DAVID OLIVER RELIN

Tres tazas de té

Greg Mortenson es el director del Central Asia Institute. Antiguo montañero y militar, pasa varios meses al año construyendo escuelas en Pakistán y Afganistán. Vive en Montana con su mujer y sus dos hijos.

David Oliver Relin es un periodista trotamundos que ha ganado más de cuarenta premios nacionales por su trabajo. Antiguo profesor y asociado del Iowa Writers' Workshop, contribuye frecuentemente a las revistas *Parade* y *Skiing Magazine*. Vive en Portland, Óregon.

Tres tazas de té

La lucha de un hombre por promover la paz...
escuela a escuela

Greg Mortenson
y David Oliver Relin

Vintage Español
Una división de Random House, Inc.
Nueva York

A Irvin "Dempsey" Mortenson, Barry "Barrel" Bishop y Lloyd Henry Relin, por enseñarnos el camino mientras estabais aquí.

PRIMERA EDICIÓN VINTAGE ESPAÑOL, JUNIO 2009

Copyright de la traducción © 2007 por Ediciones Kantolla S.L.

Todos los derechos reservados. Publicado en los Estados Unidos de América por Vintage Español, una división de Random House, Inc., Nueva York y en Canadá por Random House of Canada Limited, Toronto. Originalmente publicado en inglés en EE.UU. como *Three Cups of Tea*, por Viking Penguin Books, una división de Penguin Group (USA) Inc., Nueva York, en 2006. Copyright © 2006 por Greg Mortenson y David Oliver Relin. Está traducción fue publicada originalmente en España por Editorial Kantolla, Madrid, en 2007.

Vintage es una marca registrada y Vintage Español y su colofón son marcas de Random House, Inc.

Información de catalogación de publicaciones disponible en la Biblioteca del Congreso de los Estados Unidos.

Vintage ISBN: 978-0-307-47488-9

Composición de Manuela García Loygorri
Traducción de Cristina Mbarichi Lumu

www.grupodelectura.com

Impreso en los Estados Unidos de América
10 9 8 7 6 5 4 3 2 1

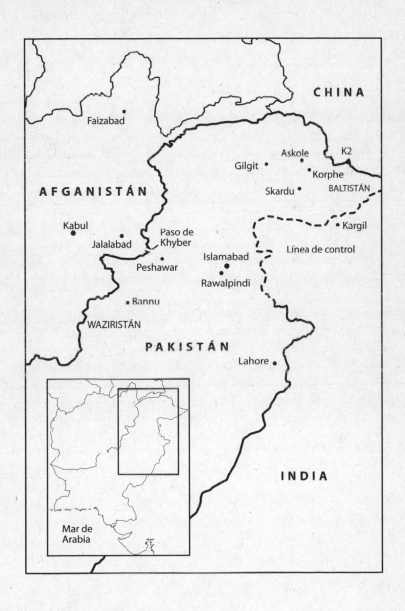

Índice

En la órbita del Sr. Mortenson

La pequeña luz roja llevaba parpadeando unos cinco minutos cuando Bhangoo le prestó atención. El general de brigada Bhangoo, uno de los pilotos pakistaníes de helicóptero con más experiencia en alta montaña, le dio unos golpecitos con el dedo al indicador de combustible. "El instrumental de estos viejos aparatos no es del todo fiable", dijo. No estoy muy seguro de si pensó que eso me tranquilizaría.

Me acerqué a Bhangoo para mirar por la destartalada ventanilla del helicóptero, un Aloutte utilizado durante la guerra de Vietnam. A dos mil pies por debajo de nosotros, un río se retorcía rodeado de rocosos despeñaderos que sobresalían a ambos lados del Valle de Hunza. A la altura de nuestros ojos se veían verdes glaciares, brillando bajo un sol tropical. Bhangoo se mantenía imperturbable, tirando las cenizas de su cigarrillo por una ventana en la que había pegada una pegatina que decía: "No fumar".

Desde la parte trasera del helicóptero, Greg Morteson alargó su brazo para dar unos golpes en el hombro de Bhangoo y, gritando para hacerse oír por encima del ruido del motor, dijo: "Señor, creo que vamos en una dirección equivocada".

El general Bhangoo había sido el piloto personal del presidente Musharraf antes de retirarse y aceptar un puesto en la aviación civil. Había cumplido ya los sesenta años. Tenía el pelo cano y un bigote muy bien recortado y cuidado, como su acento inglés, herencia, seguramente, de su educación en una escuela colonial británica en la que también estudiaron Musharraf y algunos de los futuros líderes de Pakistán.

El General lanzó el cigarrillo por la ventana y expulsó el humo. A continuación comparó la unidad de GPS que tenía sobre sus rodillas con el mapa que Mortenson había doblado por donde pensaba que realmente nos encontrábamos.

"Llevo sobrevolando la zona norte de Pakistán más de cuarenta años", nos dijo sacudiendo la cabeza. "¿Cómo es posible que conozca el terreno mejor que yo?" Dio la vuelta al aparato y regresamos por el mismo camino por donde habíamos venido.

La luz roja, que antes tanto me preocupaba, empezó a parpadear más deprisa. La aguja indicaba que nos quedaban menos de cien litros de combustible. Esa zona del norte de Pakistán es tan inaccesible y remota que se necesita que alguien de confianza coloque barriles de combustible en puntos estratégicos a los que solo se puede llegar con un todoterreno. Si no conseguíamos llegar a uno de esos puntos estábamos en un aprieto ya que la zona que sobrevolábamos no tenía áreas suficientemente niveladas como para hacer aterrizar el Alouette.

Bhangoo ascendió para tener la opción de autorrotar (el equivalente a planear para una avioneta) en caso de que nos quedáramos sin combustible y aceleró hasta alcanzar los noventa nudos. Justo cuando el indicador empezaba a pitar avisando de que el depósito estaba vacío, consiguió posar el helicóptero sobre una gran H dibujada con pintura blanca en una roca. Junto al improvisado helipuerto había unos cuantos barriles de combustible.

Mientras se encendía otro cigarro Bhangoo comentó: "Ha sido un paseo encantador, pero de no ser por Mortenson, podría haberse estropeado".

Una vez lleno el depósito, retomamos nuestro camino sobre el valle de Braldu hacia la aldea de Korphe, la última población humana antes de que el glaciar Baltoro comience su ascensión hacía el K2 y hacia la mayor concentración del mundo de picos superiores a los seis mil metros de altitud. Tras un fallido intento de escalar el K2 en 1993, Mortenson había llegado a Korphe, demacrado y exhausto. En esa pobre aldea de cabañas de barro y piedra, la vida de Mortenson y la de los niños del norte de Pakistán cambió de rumbo. Una noche, un montañero que había perdido su ruta se dormía junto a una pequeña hoguera hecha con excrementos de yak y una mañana, en el tiempo que se tarda en atarse las botas y compartir una taza de té, se convertía en un filántropo con un nuevo camino que seguir durante el resto de su vida.

Al llegar a Korphe, el general Bhangoo y yo fuimos recibidos con los brazos abiertos, comida fresca e incontables tazas de té. Ninguno de los dos pudimos evitar emocionarnos mientras escuchábamos a los niños de la Sia de Korphe, una de las comunidades más pobres del mundo, hablar sobre cómo sus sueños y esperanzas de futuro se habían multiplicado desde que el gran americano llegara allí, hacía ya una década, para construir la primera escuela.

"Sabes", me dijo el General, "volando con el presidente Musharraf, he estado con muchos líderes mundiales, muchos hombres y mujeres sobresalientes, pero creo que Greg Mortenson es la persona más extraordinaria que he conocido jamás".

Cualquiera que haya tenido el privilegio de observar a Greg Mortenson trabajar en Pakistán, no puede más que sorprenderse del conocimiento, casi enciclopédico, que ha ido acumulando a lo largo de los años sobre esta remota región. Son muchos los que acaban, casi en contra de su voluntad, arrastrados hasta su órbita. En la última década, desde que una serie de accidentes le transformaran de montañero a humanitario, Mortenson ha conseguido reunir uno de los equipos más eficientes, aunque probablemente menos cualificados, de entre todas las organizaciones de ayuda internacional.

Porteadores del Karakórum pakistaní que, sin formación previa, han dejado sus trabajos y se han unido a él por unos salarios mínimos, motivados por la idea de que sus hijos puedan disfrutar de una educación que a ellos les fue negada. Un taxista que por casualidad recogió a Mortenson en el aeropuerto de Islamabad y que acabó vendiendo su coche para convertirse en su fiel ayudante. Talibanes que, tras conocer a Mortenson, renunciaron a la violencia y a sus opresivas ideas hacia las mujeres y que ahora trabajan pacíficamente en la construcción de escuelas para las niñas de la zona. Ha ido reclutando voluntarios y admiradores de entre todos los estratos de la sociedad pakistaní y de entre las más conflictivas sectas del islam.

Lógicamente, hasta los periodistas más objetivos corren el riesgo de ser arrastrados a su órbita. He acompañado a Mortenson por el norte de Pakistán en tres ocasiones, volando hasta los más remotos valles del Himalaya, el Karakórum y el Hindu Kush en helicópteros que estarían mejor en un museo. Cuanto más tiempo he pasado viendo cómo trabaja, más me he convencido de estar ante alguien extraordinario.

Todo lo que había escuchado con anterioridad sobre las aventuras de Mortenson construyendo colegios para niñas en las remotas áreas montañosas del norte de Pakistán, me parecía demasiado dramático para ser verdad. La historia que encontré, entre los cazadores de íbices de los altos valles del Karakórum, en los asentamientos nómadas de la frontera con Afganistán, en reuniones con la élite militar de Pakistán y entre incontables tazas de *paiyu cha* en habitaciones tan llenas de humo que a veces no veía ni mi cuaderno de notas, fue muchísimo más increíble de lo que hubiera podido imaginar.

Llevo ya muchos años trabajando como periodista, investigando en la vida de otras personas y he conocido a muchos personajes públicos a los que les encanta hablar de sus logros, pero en Korphe, y en todas aquellas aldeas pakistaníes donde fui recibido con gran afecto y familiaridad porque otro americano había llegado antes para ayudar, he visto la historia de los últimos diez años de Greg Mortenson en toda su riqueza y complejidad, y es algo que supera con creces lo que muchos de nosotros conseguiremos en toda una vida.

Esta es mi forma de decir que en esta historia yo no podía ser un mero observador. Cualquiera que visite con Mortenson alguno de los cincuenta y tres colegios creados por el Central Asian Institute se acaba convirtiendo en un firme defensor de su causa, y después de pasar noches enteras reunidos en *jirgar* con los ancianos de las aldeas, debatiendo y proponiendo nuevos proyectos, o enseñándole a una emocionada clase de niñas de ocho años cómo utilizar el primer sacapuntas que alguien se ha molestado en regalarles, o impartiendo una improvisada clase en inglés a un aula llena de atentos estudiantes, me resulta sencillamente imposible seguir siendo solo un reportero.

Como Thomas Fowler aprendería al final de *El americano impasible* de Graham Green, algunas veces, para ser humano, hay que posicionarse.

Yo elegí posicionarme al lado de Greg Mortenson, y no porque sea un hombre carente de defectos. Su "fluido" sentido del tiempo me ha hecho casi imposible más de una vez determinar la secuencia de algunos acontecimientos (algo similar a lo que me ocurría al entrevistar a alguno de los nativos que trabajan con él y que tienen el mismo apego a una concepción lineal del tiempo que la persona a la que ellos llaman doctor Greg).

Durante los dos años que hemos trabajado en este libro, Mortenson ha sido, con frecuencia, tan exasperantemente impuntual que, en más de una ocasión, me planteé abandonar el proyecto. Mucha gente, principalmente en América, ha dejado de colaborar con Mortenson por esa misma razón. Pero me he dado cuenta de que, como suele decir la esposa de Mortenson, Tara Bishop, "Greg no es como nosotros". Él tiene su propio ritmo, consecuencia quizá de haber crecido en África y de pasar parte del año trabajando en Pakistán, y sus métodos operativos: contratando gente sin experiencia basándose exclusivamente en su instinto o cerrando acuerdos con gente que no es de su agrado pero que puede ayudarle; aunque desconcertantes y poco convencionales, han conseguido mover montañas.

Para ser un hombre que ha conseguido tanto, Mortenson es increíblemente modesto. Cuando acepté escribir este libro, me dio una hoja en la que había impresos una docena de nombres. Era la lista de sus enemigos. "Habla con ellos", me dijo, "que digan lo que tengan que decir. Nosotros tenemos los resultados y eso es lo único que me importa".

He escuchado a cientos de amigos y enemigos de Mortenson y por seguridad he cambiado algunos, muy pocos, nombres y localizaciones.

Este libro ha sido un trabajo en equipo. Yo he escrito la historia. Greg Mortenson la ha vivido. Juntos hemos repasado miles de borradores, hemos revisado videos y documentos recopilados durante más de una década, hemos grabado horas y horas de entrevistas y hemos viajado para visitar in situ a los verdaderos protagonistas. Juntos le hemos dado vida a este libro.

Y, como he podido comprobar de primera mano en Pakistán, el Central Asian Institute de Mortenson ha conseguido increíbles resultados. En una parte del mundo en la que los americanos son, en el mejor de los casos, malentendidos y generalmente temidos y odiados, este corpulento montañero de Montana, con su tranquila y suave forma de hablar, ha logrado lo inimaginable. Aunque nunca lo reconocerá, ha conseguido cambiar con sus propias manos la vida de miles de niños y ha logrado por sí solo ganarse más cariño y comprensión que toda la propaganda americana diseminada por la región.

Así que esta introducción es también una confesión: no quiero simplemente contar la historia de este progreso. Quiero que Greg Mortenson triunfe en su misión. Le deseo éxito porque está luchando contra el Terror de la forma que yo creo que debe hacerse. Recorriendo con su destartalado Land Rover la llamada "autopista" del Karakórum y asumiendo un gran riesgo personal, está sembrando la tierra que ha visto nacer a los talibanes de escuelas. Mortenson le planta batalla a la verdadera causa del Terror cada vez que le da a un estudiante la posibilidad de recibir una educación equilibrada en lugar de estudiar en una *madrassa* extremista.

Si los americanos queremos aprender de nuestros errores, de la forma tan ineficaz que, como nación, hemos conducido la guerra contra el Terror después de los atentados del 11-S y del fracaso con el que hemos intentado hacer llegar nuestro mensaje a la inmensa mayoría de musulmanes moderados, tenemos que escuchar a Greg Mortenson. Yo lo he hecho y ha sido una de las experiencias más reveladoras de mi vida.

David Oliver Relin
Portland, Oregón

CAPÍTULO 1

Fracaso

Cuando hay suficiente oscuridad, se pueden ver las estrellas.
-Proverbio persa

En el Karakórum de Pakistán, erizándose a lo largo de un área de apenas sesenta y tres kilómetros de amplitud, más de sesenta de las montañas más altas del mundo gobiernan con su austera belleza alpina una geografía indescriptible. A excepción de los leopardos de las nieves y los íbices, son tan pocos los seres vivos que han pasado por este yermo paisaje helado que la presencia de la segunda montaña más alta del mundo, el K2, no fue más que un rumor para el resto del mundo hasta finales del siglo XX.

Descendiendo desde el K2 hacia la poblada cuenca alta del valle del Indo, entre las cuatro agujas de granito onduladas de los Gasherbrums y los picos de aspecto letal de las torres Great Tango, los sesenta y dos metros de longitud del glaciar Baltoro apenas perturban la tranquilidad de esta catedral de roca y hielo, e incluso el movimiento de este río helado, que fluye a un ritmo de diez centímetros al día, es casi inapreciable.

En la tarde del 2 de septiembre de 1993, Greg Mortenson sintió que su viaje se había ralentizado. Vestido, al igual sus porteadores pakistaníes, con un conjunto tradicional de *shalwar kamiz* color marrón y lleno de remiendos, tuvo la sensación de que sus pesadas botas de montaña lo estaban conduciendo por su cuenta, y con su propia velocidad glaciar, hacia el Baltoro, a través de una flota de icebergs alineados como si fueran las velas de un millar de barcos unidos por el hielo.

Mortenson esperaba encontrarse en cualquier momento con Scout Darsney, el miembro de su expedición con quien caminaba de regreso a la civilización, sentado en una roca, burlándose de su lentitud, pero la parte alta del Baltoro es como un laberinto y es fácil que uno se desvíe de su camino. Mortenson aún no se había dado cuenta de que estaba perdido y solo. Se había alejado de la zona principal del glaciar por un ramal lateral que no conducía, como él pensaba, hacia Askhole, un pueblo que quedaba a ochenta kilómetros y en donde esperaba dar con un conductor dispuesto a sacarlo de esas montañas, sino hacia el sur, hacia un laberinto impenetrable de hielo y hacia la peligrosa zona alta en la que soldados indios y pakistaníes se lanzaban proyectiles a través del aire.

Generalmente Mortenson habría prestado más atención. Se habría percatado de detalles tan vitales como el hecho de que Mouzafer, el porteador que como una bendición se había ofrecido voluntario a cargar con su pesado equipo de alpinismo, llevaba también su tienda y casi toda su comida, y hubiera mantenido el contacto visual con él, y se habría fijado más en el intimidador paisaje que le rodeaba.

En 1909, el duque de Abruzzi, uno de los mayores alpinistas de su época, y quizá el experto más versado de sus tiempos en paisajes abruptos, dirigió una expedición de ascensión al Baltoro en un intento infructuoso de llegar al K2. La agreste belleza de las cumbres circundantes lo dejó atónito. "No hay visión comparable a aquella en términos de belleza alpina", escribió en su diario. "Era un mundo de glaciares y peñascos, una visión increíble que podría satisfacer tanto a un artista como a un alpinista".

Mortenson apenas se daba cuenta de que el sol se estaba poniendo al oeste, tras el dentado borde de granito de la torre de Muztagh ni de que las sombras cubrían las laderas orientales del valle descendiendo hacia los afilados monolitos de los Gasherbrums. Aquella tarde estaba perdido en sus pensamientos, aturdido y absorto por algo que hasta entonces había desconocido en su vida: el fracaso.

Metió la mano en el bolsillo de su *shalwar* y tocó el collar de ámbar que su hermana pequeña Christa solía llevar. Mientras vivían en Tanzania, donde sus padres, oriundos de Minnesota, trabajaban como misioneros y profesores luteranos, Christa había contraído una meningitis aguda de la que nunca se recuperó. Tenía solo trece años. Greg, doce años mayor que ella, se autonombró su protector. A pesar de que Christa se esforzaba por realizar tareas sencillas –necesitaba más de una hora para vestirse cada mañana– y de que sufría graves ataques epilépticos, Greg persuadió a su madre, Jerene, para que le permitiera cierta independencia. Ayudó a Christa a encontrar trabajo en la artesanía, le enseñó las rutas de los autobuses públicos de Twin Cities para que pudiera desplazarse con autonomía y, para vergüenza de su madre, le habló de los pormenores del control de natalidad cuando supo que salía con chicos.

Cada año Mortenson insistía en que su hermana pasara al menos un mes con él. No importaba dónde estuviera: sirviendo en el ejército estadounidense como médico y jefe de sección destinado en Alemania, trabajando en una diplomatura de enfermería en Dakota del Sur, estudiando la neurofisiología de la epilepsia en un curso de postrado en Indiana (con la esperanza de descubrir una cura para Christa) o practicando alpinismo en California; al menos una vez al mes aprovechaban para pasar un tiempo juntos. Buscaban los espectáculos que más agradaban a Christa. Fueron a ver el circuito Indy 500 y el Kentucky Derby, viajaron en coche a Disneyland, y la guió por la arquitectura de su catedral personal en aquellos tiempos, las escalonadas paredes de granito de Yosemite.

Para su vigésimo segundo cumpleaños, Christa y su madre decidieron hacer un peregrinaje desde Minnesota hasta el maizal de Deyersville, Iowa, donde se había rodado *Campo de Sueños* una película que Christa quería ver una y otra vez. Pero el día de su cumpleaños, pocas horas antes de partir, Christa tuvo un fortísimo ataque y murió.

Tras la muerte de su hermana, Mortenson rescató el collar de entre sus enseres. Todavía conservaba el olor de la hoguera que habían encendido durante su última estancia juntos en California. Se lo llevó a Pakistán con él, atado a una bandera con una oración tibetana, como parte de un plan para honrar la memoria de su hermana pequeña.

Mortenson era alpinista y había decidido el tributo más significativo que le podía rendir. Escalaría el K2, la cima más difícil de alcanzar de la Tierra según la mayoría de alpinistas, y depositaría el collar de Christa en su cima, a 8.611 metros de altitud.

Había crecido en una familia comprometida con proyectos realmente difíciles, como la construcción de una escuela y un hospital en Tanzania, en las laderas del monte Kilimanjaro. Pero, a pesar de la aparentemente incuestionable fe de sus padres, Mortenson todavía no se había decidido por la naturaleza de la divinidad. Solía donar ofrendas a cualquier deidad que habitara en una atmósfera superior.

Tres meses antes, Mortenson había llegado a atravesar aquel mismo glaciar calzando un par de sandalias sin calcetines y con una mochila de cuarenta kilos a sus espaldas. Había emprendido una caminata de ciento doce kilómetros desde Askole con un equipo formado por diez alpinistas ingleses, irlandeses, franceses y americanos, como parte de una expedición que pretendía alcanzar la segunda cima más alta del mundo. Contaban con muy poca financiación, pero con mucho coraje.

Comparado con el Everest, a 3.218 kilómetros hacia el sureste de la cordillera del Himalaya, el K2, como casi todo el mundo sabe, es mortal. Para los alpinistas, que lo llaman "la cumbre salvaje", sigue siendo la prueba final, una pirámide escarpada de granito tan empinada que la nieve no puede adherirse a sus pronunciadas crestas. Mortenson tenía entonces treinta y cinco años y estaba en una excelente forma física. Cuando llegó allí, en el mes de mayo, no tuvo ninguna duda de que él, que había alcanzado la cima del Kilimanjaro a la edad de once años, que se había adiestrado en las escarpadas paredes de granito de Yosemite y que había realizado media docena de ascensiones por el Himalaya, pronto alcanzaría la que se consideraba "la mayor y peor cima de la Tierra".

Se había acercado muchísimo a la cima, que llegó a estar a tan solo seiscientos metros. Pero había dejado atrás el K2, entre la neblina, y el collar seguía en su bolsillo. ¿Cómo era posible? Se limpió con una manga los ojos, empañados por unas lágrimas desconocidas que atribuyó a la altitud. Sin duda no se encontraba bien. Tras setenta y ocho días de lucha primaria a aquellas altitudes, se sentía como una débil y decadente caricatura de sí mismo. Sencillamente no sabía si le quedaban reservas suficientes como para caminar otros ochenta kilómetros más por aquel peligroso terreno.

Un estruendoso ruido lo devolvió a la realidad. Observó cómo se desprendía una roca del tamano de una casa de tres pisos y botaba y rodaba a lo largo de una ladera, hasta acabar pulverizando un iceberg que se encontraba en su camino.

Mortenson intentó entonces prestar más atención. Consiguió ver más allá de su desconcierto y vio cómo las sombras habían invadido ya las zonas altas de los picos orientales. Intentó recordar el tiempo que llevaba sin ver señales de otros humanos. Habían pasado horas desde que Scott Darsney había desaparecido descendiendo por el sendero que tenía enfrente. Una hora antes, o quizá más, había oído las campanas de las mulas de una caravana militar que llevaba munición hacia el glaciar de Siachen, un campo de batalla situado a diez y nueve kilómetros al sureste, donde el ejército pakistaní se hallaba enclavado debido a un perpetuo enfrentamiento con las fuerzas indias.

Recorrió el sendero en busca de señales. En cualquier punto del camino de regreso a Askole, se podría encontrar la basura dejada por los militares. Sin embargo, no había excrementos de mula. Tampoco colillas de cigarros, ni latas de comida, ni briznas del heno con que los conductores solían alimentar a sus bestias. Es más, se dio cuenta de que aquello no parecía un sendero en absoluto, era una simple hendidura en medio de un complejo laberinto de rocas y hielo, y se preguntó cómo había llegado a aquel lugar. Trató de reunir las fuerzas necesarias para concentrarse. Pero los efectos de la exposición prolongada a la altitud habían minado su capacidad para actuar y pensar con determinación.

Se pasó una hora subiendo a gatas una ladera de piedras, esperando alcanzar una posición estratégica por encima de las rocas y los icebergs, un lugar desde donde pudiera localizar el punto de referencia que estaba buscando, el gran promontorio rocoso de Urdukas, que se erigía por encima del Baltoro como un puño enorme. Pero al llegar a la cumbre, su única recompensa fue estar, si cabe, más cansado todavía. Se había desviado del sendero, ascendiendo trece kilómetros por un valle desierto, pero con la escasa luz del anochecer, hasta el contorno de las cumbres que conocía tan bien le resultaba desconocido desde aquella nueva perspectiva.

Mortenson sintió cómo el pánico intentaba apoderarse de él, por lo que se sentó para evaluar la situación. En su pequeña mochila de día, descolorida por el sol, tenía una ligera manta de lana como las del ejército pakistaní, una botella de agua vacía, y una única barrita de proteínas. Su saco de dormir, toda su ropa de abrigo, su tienda, su estufa, su comida y hasta su linterna y sus cerillas estaban en la mochila que llevaba el porteador.

Tendría que pasar allí la noche y buscar el sendero a la luz del día. Estaba convencido de que, aunque la temperatura era ya bastante inferior a los cero grados, no moriría de hipotermia. Además, estaba lo suficientemente lúcido como para entender que, en la oscuridad, era mucho más peligroso tropezar con un glaciar en movimiento y caer por una grieta de hielo de varios metros de profundidad hasta las gélidas aguas subterráneas.

Bajándose del montículo de piedra en el que se había encaramado, Mortenson buscó un lugar lo bastante apartado de las laderas de la montaña que le protegiera ante la posible caída de alguna piedra y que tuviera la solidez necesaria para no partirse bajo su peso hundiéndolo en las profundidades del glaciar.

Encontró una roca bastante plana que parecía lo suficientemente estable, llenó de agua de nieve su botella con las manos desnudas, y se envolvió con su manta, deseando no pensar en lo solo y expuesto que estaba. Tenía el antebrazo magullado por las quemaduras que se había producido con las cuerdas de seguridad durante el rescate, y sabía que tendría que rasgarse los ensangrentados vendajes y drenar el pus de las heridas que se negaban a curar a aquella altitud, pero se encontraba muy poco motivado para hacerlo. Mientras yacía tembloroso sobre la irregular roca, Mortenson observó cómo se consumía, hacia el Oeste, la última luz del sol, tiñendo de rojo sangre las escarpadas cumbres que terminaban brillando sobre el oscuro fondo negro azulado.

Casi un siglo antes, Filippo de Filippi, médico y cronista de la expedición al Karakórum del duque de Abruzzi, había recogido en sus escritos la desolación que sintió en medio de aquellas montañas.

A pesar de que estaba acompañado de dos docenas de europeos y de doscientos sesenta porteadores, que llevaban sillas plegables y juegos de té de plata y que una flota de mensajeros les suministraba regularmente la prensa europea, se sintió reducido a la insignificancia por el carácter de aquel paisaje. "Un profundo silencio se apoderaba del valle", escribió, "llegando a cargar nuestros espíritus con una pesadez indefinible. No puede haber lugar en el mundo donde el hombre se sienta tan solo, tan aislado, tan absolutamente ignorado por la Naturaleza, tan incapaz de entrar en comunión con ella".

Mortenson tenía experiencia con la soledad. Cuando vivía en África, había sido el único niño americano entre cientos de africanos y, ya en Estados Unidos, había acampado muchas noches a novecientos metros de altitud en la pared Half Dome del valle californiano de Yosemite. Quizá por eso en aquel momento se sintió a gusto. Si le preguntas la razón, lo atribuirá a la demencia inducida por la altitud. Sin embargo, cualquiera que haya pasado tiempo junto a él, que le haya visto persuadir con su tenacidad a un congresista, a un filántropo escéptico o a un caudillo afgano, hasta lograr obtener fondos atrasados, o alguna donación, o el permiso que buscaba para adentrarse en territorios tribales, consideraría aquella noche como un ejemplo más de la férrea determinación de Mortenson.

El viento empezó a soplar con más fuerza, llevándose consigo las últimas nubes que quedaban en el cielo. Mortenson intentó identificar los picos que sentía se cernían amenazantes sobre él, pero no podía distinguirlos en medio de la oscuridad. Tras pasar una hora bajo su manta, pudo descongelar con el calor de su cuerpo su barrita de proteínas y derretir suficiente nieve para lavarla, cosa que le hizo estremecerse violentamente. Dormir, en medio de aquel frío, iba a ser totalmente imposible. Así que Mortenson permaneció tumbado bajo aquel cielo salpicado de estrellas, decidido a explorar la naturaleza de su fracaso.

Los líderes de su expedición, Dan Mazur y Jonathan Pratt, junto con el alpinista francés Etienne Fine, eran unos expertos y reconocidos alpinistas. Eran rápidos y hábiles, y su preparación física les permitía realizar con gran velocidad largos muy técnicos a gran altitud. Mortenson, por el contrario, era lento y tendía a ser pesimista. Su más de un metro ochenta de estatura y sus noventa y cinco kilos de peso le habían permitido estudiar en el Concordia College gracias a una beca de fútbol.

Aunque nadie lo determinó así, las tareas más lentas y pesadas de una expedición de alpinismo les fueron asignadas a Darsney y a él. Mortenson había hecho ya de mula de carga en ocho ocasiones diferentes, transportando comida, combustible y bombonas de oxígeno hasta el Japanese Couloir, una base situada en un promontorio que la expedición había instalado a seiscientos metros de la cima del K2 y desde donde se abastecía a los campamentos superiores para que los alpinistas que iban al frente pudieran recibir provisiones *in situ* cuando decidieran lanzarse hacia la cumbre.

Las otras expediciones a la montaña de aquella temporada habían elegido desafiar a la cumbre siguiendo el método tradicional, por el Espolón de los Abruzzos, la arista sureste del K2. Solo ellos habían optado por la arista oeste, un camino tortuoso y de extrema dificultad, plagado de minas y con empinados y técnicos largos, que había sido escalado con éxito en una única ocasión, doce años antes, por el alpinista japonés Eiho Otani y su compañero pakistaní Nazir Sabir.

Mortenson aceptó el desafío con entusiasmo y se sintió orgulloso por la dificultad de la ruta que habían escogido, y cada vez que llegaba a una nueva posición en el camino de ascensión por la arista oeste y descargaba latas de combustible y bobinas de cuerda, se daba cuenta de que se sentía más fuerte. Probablemente era lento, pero empezó a parecerle muy realista el alcanzar la cumbre.

Una tarde, después de más de setenta días en la montaña, Mortenson y Darsney regresaron al campo base, dispuestos a disfrutar de un descanso bien merecido tras noventa y seis horas de ascensión en otra misión de reabastecimiento, pero, mientras echaban un último vistazo al pico a través del telescopio justo después del anochecer, Mortenson y Darsney advirtieron una luz parpadeante en lo alto de esa arista occidental del K2. Pensaron que se trataba de los miembros de su expedición, que hacían señas con sus faros, e imaginaron que su compañero francés debía de estar en apuros. "Etienne era un *alpiniste*", suele decir Mortenson, subrayando con un exagerado acento francés el respeto y la arrogancia que puede suscitar el término entre los escaladores. "Solía desplazarse con rapidez y agilidad utilizando la mínima cantidad de instrumental. Y no era la primera vez que teníamos que echarle un cable por ascender demasiado rápido, sin aclimatarse".

Mortenson y Darsney, dudando que tuvieran suficientes fuerzas para llegar hasta Fine tras acaba de completar un descenso agotador, buscaron voluntarios entre las otras cinco expediciones del campo base. No se ofreció nadie. Pasaron dos horas tumbados en sus tiendas, descansando y rehidratándose; a continuación recogieron sus bártulos y volvieron a salir en busca de sus compañeros.

Mientras descendían desde el Campo IV, situado a siete mil seiscientos metros, Pratt y Mazur tuvieron que luchar por sus vidas. "Etienne había ascendido para unirse a nosotros en un intento de llegar a la cima", explica Mazur, "pero cuando nos alcanzó, sufrió un colapso. Mientras intentaba controlar su respiración, nos dijo que se oía una vibración en los pulmones".

Fine estaba sufriendo un edema pulmonar, un encharcamiento de los pulmones inducido por la altitud que puede acabar con la vida de sus víctimas si no son evacuadas de inmediato a terrenos menos elevados. "Fue horrible", cuenta Mazur. "Etienne echaba espuma rosa por la boca. Intentamos buscar ayuda, pero habíamos dejado la radio en la nieve y no funcionaba. Así que empezamos a descender".

Pratt y Mazzur cargaron a Fine por turnos mientras descendían en rapel por los largos más pronunciados de la arista oeste. "Era como estar colgado de una cuerda atada a un gran saco de patatas", comenta Mazur. "Y teníamos que tomárnoslo con calma para mantenernos con vida".

Con su moderación habitual, lo único que comenta Mortenson de las veinticuatro horas que tardó en subir hasta alcanzar a Fine es que fue algo "bastante costoso".

"Dan y Jon fueron los verdaderos héroes", declara. "Abandonaron su intento de alcanzar la cima para bajar a Etienne".

Cuando Mortenson y Darsney encontraron a sus compañeros de equipo, en una pared rocosa cercana al Campo I, Fine se debatía entre la consciencia y la inconsciencia, y sufría también un edema cerebral, la inflamación del cerebro inducida por la altitud. "Era incapaz de tragar e intentaba desatarse las botas", explica Mortenson.

Mortenson, que había trabajado como enfermero en una sala de urgencias traumatológicas, administró a Fine unas inyecciones de Decadron para disminuir el edema, y los cuatro agotados escaladores emprendieron una odisea de cuarenta y ocho horas para salvar a su compañero, arrastrándolo y descolgándolo por escarpadas paredes de roca.

A veces, Fine, cuyo inglés solía ser fluido, despertaba repentinamente para balbucear algo de francés. Mortenson recuerda que en los largos más técnicos, mostrando el instinto de supervivencia de un alpinista nato, Fine abría un poco los ojos y comprobaba sus accesorios de protección, antes de volver a dejarse llevar como un peso muerto.

Setenta y dos horas después de la partida de Mortenson y Darsney, el grupo había logrado bajar a Fine a terreno llano, a su campo base avanzado. Darsney se comunicó por radio con la expedición canadiense de más abajo, que transmitió su petición al ejército pakistaní de enviar un helicóptero Lama de rescate. De haberse realizado en aquel momento, hubiera sido unos de los rescates con helicóptero llevados a cabo a mayor altitud, pero la base militar respondió que las condiciones meteorológicas eran demasiado adversas y el viento demasiado fuerte, de modo que ordenó la evacuación de Fine a un terreno de menor elevación.

Una cosa era emitir esa orden, pero, para aquellos cuatro hombres sumidos en el más profundo cansancio, intentar ejecutarla era otra cosa muy diferente. Durante las siguientes seis horas, tras acomodar a Fine en un saco de dormir, tan solo se comunicaron mediante resoplidos y quejidos, mientras le arrastraban en su descenso a través de la lluvia de hielo del glaciar Saboya.

"Estábamos tan exhaustos y al límite de nuestras fuerzas que, en ocasiones, tan solo podíamos gatear para seguir avanzando", recuerda Darsney.

Finalmente, el grupo llegó al campamento base del K2, cargando a Fine en el saco. "Las demás expediciones subieron cerca de medio kilómetro por el glaciar para saludarnos y recibirnos como héroes", relata Darsney. "Después de que viniera el helicóptero del ejército pakistaní y evacuara a Etienne, los miembros de la expedición canadiense prepararon un copioso banquete y todo el mundo disfrutó de la celebración, pero Greg y yo no podíamos ni comer ni beber, ni siquiera orinar. Caímos rendidos en nuestros sacos de dormir como si nos hubieran pegado un tiro".

Mortenson y Darsney durmieron durante dos días seguidos. El viento penetraba en sus tiendas acompañado del inquietante sonido metálico procedente del Art Gilkey Memorial, un monumento levantado en memoria de un alpinista fallecido durante una expedición americana en 1953, en el que se habían ido colgando diversos utensilios de cocina, cada uno con un nombre grabado, en representación de los cuarenta y ocho escaladores que habían perdido la vida en la Montaña Salvaje.

Cuando despertaron, encontraron una nota de Pratt y Mazur, que habían reemprendido la subida hacia su campo de altura. En ella invitaban a sus compañeros de equipo a unirse a ellos en su nuevo intento por alcanzar la cima cuando se recuperasen. Pero su recuperación quedaba muy lejos. El rescate que acababan de realizar justo después de su ultimo descenso de aprovisionamiento, había agotado todas las reservas que tenían.

Cuando al fin salieron de la tienda, a ambos les costaba lo indecible el simple hecho de caminar. Salvarle la vida a Fine les había salido muy caro. A él, la terrible experiencia acabaría costándole la amputación de los dedos de los pies. A Mortenson y a Darsney el rescate les había costado cualquier valor del que pudieran armarse para llegar a la cima que tanto habían luchado por alcanzar.

Una semana después, Mazur y Pratt anunciaron al mundo que habían alcanzado la cima y volvieron a casa para disfrutar de su gran logro, pero el número de platos que repicaban con el viento se multiplicó, ya que cuatro de los dieciséis escaladores que llegaron hasta la cumbre aquella temporada murieron durante el descenso.

A Mortenson no le interesaba que su nombre figurase en aquel monumento, y a Darsney tampoco, así que decidieron hacer juntos el camino de regreso a la civilización, si es que podían. Perdido, reviviendo el rescate, solo bajo su fina manta de lana en las horas previas al amanecer, Greg Mortenson se esforzaba por encontrar una postura cómoda. Dada su altura, no podía estirarse completamente sin que la cabeza le quedara descubierta.

Había perdido trece kilos durante sus días en el K2, y por mucho que cambiara de posición, sus huesos, desprovistos de carne, parecían apretarlo contra la fría roca sobre la que se hallaba. Sumido en un estado de semiinconsciencia hizo las paces con su intento fracasado de honrar a Christa. Decidió que era su cuerpo lo que había fallado, y no su espíritu, y que cada cuerpo tenía sus límites. Por primera vez en su vida, él había encontrado el suyo.

CAPÍTULO 2

El lado incorrecto del río

¿Por qué cavilar sobre el futuro para preverlo,
y hastiar al cerebro hasta la vana perplejidad?
Olvida tu preocupación, no interfieras en los planes de Alá-
Él los hizo sin consultarte.
-Omar Khayman, *The Rubaiyat*

Mortenson abrió los ojos.

El amanecer era tan silencioso y tranquilo que no podía entender por qué sentía esa desesperada necesidad de respirar. Sacó como pudo las manos, que tenía enredadas entre la estrecha manta y se las llevó a la cabeza que tenía sobre la fría y desnuda roca, expuesta a los elementos. Su nariz y su boca habían quedado selladas bajo una capa de hielo. Mortenson se desprendió de ella y pudo respirar hondo y con satisfacción. Entonces se incorporó, riéndose de sí mismo.

Había dormido lo suficiente como para estar totalmente desorientado. Mientras se estiraba e intentaba recuperar la sensibilidad frotándose con las manos los puntos entumecidos en los que la roca le había dejado marcas, observó a su alrededor. Las cumbres estaban teñidas de llamativos colores pastel –todos los rosas y violetas y azules celestes– y el cielo, justo antes del alba, lucía tranquilo y despejado.

Los detalles del aprieto que había pasado la noche anterior, volvían a su mente al mismo tiempo que la circulación a sus miembros –todavía perdido, todavía solo–, pero Mortenson no estaba preocupado. El amanecer hacía que viera las cosas de una forma distinta.

Más arriba, por encima del Baltoro, volaba en círculos un expectante *gorak,* que parecia rozar las altas cumbres con la punta de sus alas. Con las manos agarrotadas por el frío, Mortenson volvió a meter la manta en su pequeña mochila morada e intentó sin éxito desenroscar el tapón de la botella que aún tenía medio llena. La guardó cuidadosamente y se dijo a sí mismo que se la bebería en cuanto se le descongelaran las manos. El *gorak,* al ver que Mortenson se movía, continuó su camino en busca de otra fuente de alimento para su desayuno.

Quizá fuera por lo mucho que había dormido, pero Mortenson tuvo la sensación de que pensaba con más claridad. Volviendo la mirada hacia el valle por el camino por el que había llegado, decidió que si retrocedía siguiendo la misma ruta durante unas horas no tardaría en volver a encontrarse en el camino correcto.

Emprendió la marcha hacia el Norte, caminando sobre las rocas, esforzándose solo para saltar alguna estrecha grieta, solo cuando se lo permitían sus todavía entumecidas piernas. Empezó a cantar, al ritmo de sus pasos, una canción de su infancia que a menudo le venía a la cabeza. Cantaba en suajili, la lengua que habían utilizado en las misas de los domingos de aquella sencilla iglesia con vistas al Kilimanjaro. *"Yesu ni refiki Yangu, Ah kayee Mbinguni"* ("Qué gran amigo es Jesús, que vive en el Cielo"). Mortenson tenía la melodía demasiado arraigada como para valorar la originalidad de aquel momento: un americano, perdido en Pakistán, cantando un himno alemán en suajili. Sin embargo, en medio de aquel paisaje lunar de rocas y hielo azul, donde los guijarros que lanzaba desaparecían en segundos por entre las grietas salpicando al caer en los ríos subterráneos, la canción irradiaba una calidez nostálgica, como un faro del país que una vez había considerado patria.

Así pasó una hora; y otra más. Mortenson siguió su ascenso por un empinado sendero alejado del barranco que había estado recorriendo, caminó a gatas por una cornisa y llegó a una cumbre antes de que el sol se alzara por encima de las paredes del valle.

Fue como si le dispararán a los ojos.

El paisaje montañoso lo cegaba. Gasherbrum, Broad Peak, Mitre Peak, Muztagh Tower: aquellos gigantes revestidos de hielo, desnudos ante el abrazo de la luz directa del sol, ardían como hogueras de fuego.

Mortenson se sentó en una roca y bebió de su botella de agua hasta vaciarla, pero no bebió lo suficiente de aquel paisaje. El fotógrafo Galen Rowell, se pasó años, antes de su muerte en 2002 a causa de un accidente aéreo, intentando captar la belleza sin igual de esas montañas que acompañan al Baltoro en su descenso hacia tierras más llanas. Sus imágenes resultaban asombrosas, pero Rowell siempre sentía que no lograban compararse a la experiencia de estar allí, eclipsado por el espectáculo de lo que consideraba el lugar más bello de la tierra, un lugar al que llamaba "la sala del trono de los dioses de las montañas".

Aunque Mortenson ya llevaba varios meses allí, se empapó del dramatismo de aquellas cumbres como si nunca antes las hubiera visto. "En cierto modo, nunca las había visto", explica. "Durante todo el verano, había visto aquellas montañas como metas, totalmente concentrado en la más grande, el K2. Había pensado en su elevación y en los desafíos técnicos que representaban para mí como escalador, pero aquella mañana", recuerda, "por primera vez, simplemente las vi. Fue asombroso".

Siguió andando. Tal vez fuera por la perfección arquitectónica de las montañas –los amplios reveses y contrafuertes de granito granate y ocre que se formaban, con una intensidad sinfónica, hacia el solitario final de sus picos–, pero a pesar de su débil estado, de su falta de comida y de ropa caliente, y de sus escasas probabilidades de sobrevivir si no encontraba pronto alguna de esas dos cosas, Mortenson se sentía extrañamente contento. Llenó su botella en un hilo de agua derretida que fluía entre unas rocas, y se estremeció de frío al beberla. "La comida no será un problema durante unos días", se dijo a sí mismo, "pero debes acordarte de beber".

Hacia el mediodía, oyó un ligerísimo tintineo de campanas y giró hacia el oeste en su dirección. Una caravana de burros. Buscó los montones de piedras que señalaban la ruta principal para descender el Baltoro, pero tan solo encontró roca esparcida aleatoriamente. Atravesando una angulosa morena lateral, la franja de detritos que se forma en el borde de un glaciar, se encontró de repente con una pared de mil quinientos metros que acababa con cualquier esperanza de seguir avanzando. Pensó que probablemente se había pasado de largo el sendero sin advertirlo, así que volvió sobre sus pasos, mirando hacia el suelo en busca de señales, en lugar de admirar con tanta fascinación las cumbres que le rodeaban. Treinta minutos después, descubrió una colilla de tabaco, y después un montón de piedras. Siguió caminando por un sendero poco definido hacia el sonido de las campanas, que ahora podía oír con mayor claridad.

No podía divisar la caravana. Sin embargo, de pronto, a una distancia de aproximadamente un kilómetro y medio, distinguió la figura de un hombre, de pie sobre una roca que sobresalía por encima del glaciar, perfilada contra el cielo. Mortenson gritó, pero su voz no llegaba tan lejos. El hombre despareció un momento, y volvió a aparecer sobre una roca situada unos cien metros más cerca. Mortenson gritó con cuantas fuerzas tenía, y en esta ocasión, el hombre se giró bruscamente hacia él, descendió rápidamente de su posición y se perdió de vista. Ahí abajo en el centro del glaciar, en aquella catacumba de rocas, vestido con unas prendas polvorientas de color piedra, Mortenson no era visible, pero sí podía hacer que su voz resonase más allá.

No podía correr, así que trotó, jadeando, hacia el último lugar donde había visto al hombre, gritando cada dos por tres con una potencia que le sorprendía a él mismo. Finalmente, vio al hombre, de pie al otro lado de una gran grieta y con una sonrisa aún más grande. Empequeñecido por la sobrecargada mochila North Face de Mortenson, Mouzafer, el porteador que había contratado para bajarlos a él y su equipamiento desde el campamento base, buscó la zona más estrecha de la grieta para saltarla sin esfuerzo, cargando a sus espaldas más de cuarenta kilos.

"Mr. Gireg, Mr. Gireg", gritó, dejando caer la mochila para estrechar a Mortenson en un fuerte abrazo. "*¡Allah Akbhar*! ¡Gracias a Alá que está vivo!*"

Mortenson se tambaleó torpemente, perdiendo casi la respiración por el vigoroso abrazo y la fuerza de aquel hombre, treinta centímetros más bajo y dos décadas mayor que él.

Mouzafer le soltó y empezó a darle alegres palmaditas en la espalda. Bien por la nube de polvo que desprendía su sucio *shalwar* o por los golpes de Mouzafer, Mortenson empezó a toser sin poder parar.

"*Cha*, Mr. Gireg", le recomendó Mouzafer, constatando con gran preocupación el debilitado estado de Mortenson. "¡El *Cha* le dará fuerzas!". Mouzafer llevó a Mortenson a una cueva protegida del viento, arrancó dos puñados de artemisa de un manojo que tenía atado a su mochila y hurgando en los bolsillos de la enorme y desteñida chaqueta Goretex morada que llevaba puesta (vestigio de una de las innumerables expediciones que había guiado a través del Baltoro), sacó un pedernal y un recipiente metálico y se sentó para preparar té.

Mortenson había conocido a Mouzafer Ali cuatro horas antes de abandonar el K2 con Darsney. El trayecto de cinco kilómetros hasta el campo base de Broad Peak, que a principios de verano habían realizado en cuarenta y cinco minutos para visitar a una de los miembros de la expedición mejicana a quien Darsney llevaba tiempo intentando seducir, se había convertido esta vez en una dura prueba de cuarto horas dando trompicones a causa de sus debilitadas piernas y al enorme peso que habían tenido que arrastrar.

Mouzafer y su amigo Yaub habían cumplido con su misión con el equipo mejicano y emprendían el camino de descenso por el Baltoro sin carga alguna. Se ofrecieron a cargar con las pesadas mochilas de Mortenson y Darsney hasta Askole por cuatro dólares al día. Los americanos habían accedido con gusto y, a pesar de que les quedaba apenas un puñado de rupias, pensaron entregarles más dinero cuando consiguiesen salir de las montañas.

Mouzafer era un balti, gente de montaña que vivía en los últimos valles habitables de las grandes altitudes del norte de Pakistán. Originariamente, los balti habían emigrado hacia el sur desde el Tibet, a través de Ladakh, hacía más de seiscientos años, y su budismo se había ido disipando a medida que avanzaban por los pasos rocosos para ser sustituido por una religión más acorde con su nuevo paisaje, el Islam chiita, pero conservaron su lengua, una variedad antigua del tibetano. Debido a su baja estatura, su resistencia y su extraordinaria capacidad para sobrevivir en altitudes que pocos humanos osarían siquiera visitar, a muchos alpinistas que escalan el Baltistán les recuerdan a sus primos lejanos del este, los sherpa de Nepal. Pero, alguna que otra característica de los balti, como su taciturno recelo ante los forasteros, ha evitado que los occidentales los contraten con tanta asiduidad como a los sherpas budistas.

Fosco Maraini, un miembro de la expedición italiana que en 1958 había logrado la primera ascensión al Gasherbrum IV, el escarpado vecino del K2, se sintió tan consternado y fascinado por los balti que su obra ilustrada sobre la expedición, *Karakoram: The Ascent of Gasherbrum IV* ("Karakórum: la ascensión al Gasherbrum IV"), parece más un tratado erudito sobre el estilo de vida de los balti que las memorias de un triunfo del alpinismo. "Se escaquean, se quejan y te frustran al máximo, y aparte de su horrible olor, tienen el inconfundible aspecto de los bandoleros", escribió Maraini. "Pero si uno es capaz de pasar por alto su aspereza, comprueba que pueden ser fieles servidores, y que están llenos de vida. Su constitución es fuerte, sobre todo viendo la resistencia que muestran ante las dificultades y la fatiga. Uno puede ver a estos delgados hombrecillos con piernas de cigüeña, cargando día tras día cuarenta kilos sobre sus hombros, por caminos por los que un extraño se pensaría dos veces aventurarse sin carga alguna".

Mouzafer se agachó en la cueva soplando con violencia sobre la artemisa que había encendido con el pedernal hasta que prendió una llama. Su rostro era toscamente hermoso, a pesar de que los dientes que le faltaban y la piel curtida por el sol le hacían parecer mucho mayor de lo que era. Preparó *paiyu cha*, el té de manteca que constituye la base de la dieta de los balti. Dejó reposar té verde en un ennegrecido cazo de hojalata, añadió sal, bicarbonato de sodio y leche de cabra, y después cortó suavemente una lámina de *mar*, una rancia manteca curada de yak considerada uno de los manjares más preciados por los balti, para añadirla y mezclarla con la infusión usando un dedo índice cuya limpieza dejaba mucho que desear.

Mortenson lo observaba nervioso. Había olido a *paiyu cha* desde su llegada al Baltistán, y su aroma, que describe como "más apestoso que el del peor queso inventado por los franceses", lo había llevado a inventarse todo tipo de excusas para evitar probarlo.

Mouzafer le ofreció una humeante taza.

Mortenson sintió náuseas al principio, pero su cuerpo necesitaba la sal y el calor, así que se lo bebió todo. Mouzafer le sirvió otra taza. Y también se la tomó.

"*¡Zindabad!* ¡Dios! Mr. Gireg", dijo Mouzfer a la tercera taza, golpeando con delicadeza el hombro de Mortenson y llenando la diminuta cueva con el polvo que desprendía su ropa.

Darsney ya había llegado hasta Askole con Yahkub, su porteador, y durante los tres días siguientes, hasta que abandonaron el Baltoro, Mouzafer no perdió de vista a Mortenson ni un momento. Por aquel sendero que a Mortenson todavía le costaba identificar, pero que Mouzafer veía tan claramente como la autopista de New Jersey, el porteador llevaba a Mortenson de la mano mientras caminaban. Incluso durante sus cinco sesiones diarias de oración, Mouzafer, un hombre de fe exacerbada, desviaba la mirada de La Meca para asegurarse de que Mortenson seguía cerca.

Mortenson intentaba aprovechar la compañía de Mouzafer y le preguntaba el nombre en balti para describir todo lo que tenían a la vista. Glaciar se decía *gangs-zhing*, avalancha *rdo-rut*. Y los balti contaban con tantos nombres para las rocas como los inuit para la nieve. *Brake-lep* significaba roca plana, utilizada para cocinar o dormir encima. *Khrok* era roca con forma de cuña, ideal para tapar agujeros en casas de piedra. Las rocas pequeñas y redondas se llamaban *khodos*, y se calentaban al fuego y envolvían en una masa para hacer *kurba*, un pan sin levadura con forma de cráneo que horneaban cada mañana antes de emprender la marcha. Gracias a su oído para las lenguas, Mortenson no tardó en aprender el vocabulario básico de los balti.

Tras elegir un estrecho desfiladero para el descenso, Mortenson dejó finalmente atrás el hielo y llegó a terreno firme por primera vez en más de tres meses. El morro del glaciar Baltoro estaba situado en la parte inferior de un cañón, ennegrecido por los detritos y esculpido en forma de punta, como la parte delantera de un 747. Desde allí, los ríos subterráneos que fluían a sesenta y dos kilómetros bajo el hielo brotaban al exterior expulsando ráfagas de aire, como los gases del tubo de escape de un motor a reacción. Este espumoso y turbulento torbellino era el lugar de nacimiento del río Braldu. Cinco años después, un kayakista sueco llegó con un equipo de rodaje para grabar un documental e hizo una parada en ese mismo lugar, con la intención de recorrer el Braldu hasta el río Indo en un trayecto de dos mil novecientos kilómetros hasta el mar de Omán. Murió, aplastado contra unas rocas por la fuerza del agua, a los pocos minutos de adentrarse en el río.

Mortenson vio su primera flor en meses, un escaramujo de cinco pétalos, y se arrodilló para examinarlo, ya que simbolizaba su regreso desde el invierno eterno. Las orillas del río por las que descendían estaban plagadas de artemisas y juncos, y la vida, aunque escasa en aquel rocoso desfiladero fluvial, parecía florecer en Mortenson. El aire otoñal que soplaba a tres mil trescientos metros era un lujo que casi había olvidado.

Ahora que habían dejado atrás los peligros del Baltoro, Mouzafer iba por delante en la marcha y cada tarde acampaba y preparaba la cena antes de que llegara Mortenson. A pesar de que Mortenson se perdía en ocasiones en los puntos donde el sendero se desviaba hacia los pastos de verano de algún pastor, no solía tardar en volver al camino correcto y seguir por el margen del río hasta encontrar el humo de la hoguera de Mouzafer. Caminar con sus débiles y doloridas piernas no era tan sencillo pero, como no le quedaba más remedio, seguía adelante, haciendo cada vez más paradas para descansar.

Siete días después de haber abandonado el K2, desde la altitud de un saliente situado sobre el lado sur del desfiladero del Braldu, Mortenson vio sus primeros árboles. Eran cinco álamos, inclinados por el fuerte viento, que se agitaban como los dedos de una mano dando la bienvenida. Estaban plantados en fila; parecía deberse más a la influencia humana que a la fuerza natural del Karakórum. Los árboles le hicieron ver que había culminado el descenso con vida.

Perdido en la contemplación de la vegetación, no se percató de que el camino principal se bifurcaba hacia el río, por donde se llegaba a un *zamba*, un "puente" hecho de cuerda de pelo de yak trenzado que colgaba sobre un torrente entre dos rocas. Por segunda vez, Mortenson se había perdido. El puente conducía a su destino, Askole, a trece kilómetros en el lado norte del río. Sin embargo, él se encontraba en un elevado saliente que se prolongaba por el lado sur, caminando hacia los árboles.

Al final de la hilera de álamos había unos huertos de albaricoques. Allí, a tres mil metros, la cosecha había concluido a mediados de septiembre. Montones de frutos maduros se apilaban sobre un gran número de cestos fabricados artesanalmente. Había unas mujeres arrodilladas junto a los cestos, partiendo la fruta y arrancando las cáscaras para extraer la carne y la pepita que contenían. Cuando le vieron, se cubrieron las caras con sus mantos y corrieron para protegerse del *angrezzi*, hombre blanco desconocido, tras los árboles.

Los niños no mostraron tales reservas. Mortenson recogió la cola de una cometa mientras atravesaba unos campos de cultivo donde otro grupo de mujeres le miraron con ojos escrutadores, escondidas detrás de los montones de alforfón y cebada que estaban segando. Los niños señalaban su *shalwar*; buscaban en sus muñecas un reloj que no llevaba y se turnaban para cogerle de las manos.

Por primera vez en muchos meses, Mortenson fue consciente de su aspecto. Tenía el pelo largo y descuidado. Se sentía enorme y sucio. "En ese momento llevaba ya más de tres meses sin darme una ducha", confiesa. Se detuvo, intentando no destacar por encima de los niños. Pero no parecía inspirarles miedo alguno. Sus *shalwar* estaban tan mugrientos y rasgados como el suyo y la mayoría iban descalzos a pesar del frío.

Mortenson olió el pueblo de Korphe casi mil metros antes de llegar allí. El aroma a humo de madera de enebro y a suciedad humana era abrumador, sobre todo después de haber vivido en la estériles alturas. Pensando que estaba todavía en el camino correcto, supuso que se estaba acercando a Askole, lugar por el que había pasado tres meses antes de camino al K2, pero nada le resultaba familiar. Para cuando llegó a la entrada oficial del pueblo, marcada con un simple arco de madera de álamo que se erigía solitario al lado de un campo de patatas, encabezaba ya una procesión de cincuenta niños.

Miró al frente, con la esperanza de ver a Mouzafer en las afueras de la ciudad. Sin embargo, de pie al otro lado de aquella puerta, vestido con un *topi* –una gorra de lana de oveja del mismo tono que su barba– lo esperaba un hombre viejo y arrugado, con unas facciones tan duras que podrían haberse esculpido en las paredes del cañón. Su nombre era Haji Ali y era el *nurmadhar,* el jefe, de Korphe.

"*As-salaam Alaaikum*", dijo Haji Ali, estrechando la mano de Mortenson. Le condujo a través de la puerta del pueblo con la hospitalidad que debe ofrecer todo balti, llevándole primero a un arroyo, donde le ordenó lavarse las manos y la cara, y luego a su casa.

Korphe estaba situado en un saliente rocoso doscientos cuarenta metros por encima del río Braldu, que se aferra de una forma asombrosa a las paredes del desfiladero, como si fuera una de esas plataformas que los escaladores usan para dormir, atornillándola a la pared. El concurrido laberinto de casas de piedra de hasta tres pisos, apenas se distinguiría de las paredes del cañón si no fuera por la gran cantidad de albaricoques, cebollas y trigo amontonados vistosamente sobre los tejados.

Haji Ali llevó a Mortenson a una choza que no parecía más noble que el resto. Sacudió un montón de ropa de cama hasta que el polvo se extendió por todo el *balti,* la gran habitación central, colocó unos cojines en el lugar de honor situado junto a una chimenea abierta y acomodó a Mortenson allí.

No hubo conversación alguna mientras se preparaba el té, tan solo se oía el sonido de los pasos y del movimiento de los cojines que los veinte hombres de la numerosa familia de Haji Ali hacían mientras iban llenando la sala y tomando asiento alrededor de la chimenea. La mayor parte del humo acre procedente del fuego hecho con excrementos de yak sobre el que se calentaba la tetera se liberaba, para alivio de Mortenson, a través de una gran abertura cuadrangular situada en el techo. Cuando miró hacia arriba, vio los ojos de los cincuenta niños que le habían seguido que, encaramados al tejado, se asomaban con curiosidad. Era la primera vez que una persona extranjera visitaba Korphe.

Haji Ali movía sus manos con fuerza, restregando sobre su chaleco bordado unos pedazos rancios de cecina de cabra montesa y unas hojas de un fuerte tabaco de mascar conocido como *naswar*. Ofreció un trozo a Mortenson, cuando tuvo la mezcla completamente condimentada, y este se vio obligado a tragarse el bocado más desafiante de su vida, ante un público que sonreía en señal de aprobación.

Cuando Haji Ali le entregó una taza de té de manteca, a Mortenson le pareció una exquisitez.

Una vez que se había cruzado el umbral formal de la hospitalidad, el jefe se inclinó hacia adelante y situó su rostro barbudo frente al de Mortenson.

"Cheezaley", espetó, una palabra elemental en balti que significa, más o menos, "¿Qué hay?"

Con algunas expresiones en balti, y con mucha gesticulación, Mortenson explicó a la multitud que lo observaba embelesada que era americano, que había venido para escalar el K2 (lo que suscitó murmullos de admiración entre los hombres), que se había debilitado y enfermado y que había caminado hasta Askole para encontrar un todoterreno dispuesto a hacer el trayecto de ocho horas hasta Skardu, la capital del Baltistán.

Tras haber agotado sus últimas reservas, debido a los interminables días de camino y al esfuerzo que requería transmitir tanta información, Mortenson se dejó caer entre los cojines. Allí, al calor de la chimenea, sobre mullidos cojines, arropado por tanta humanidad, sintió que el cansancio al que se había estado resistiendo se apoderaba de él.

"Met Askole" ("Askole no"), dijo Haji Ali riéndose. Señaló hacia el suelo que pisaba. *"Korphe"*, dijo.

A Mortenson le volvió a subir la adrenalina. Nunca había oído hablar de Korphe. Estaba seguro de que aquel pueblo no aparecía en ninguno de los mapas que había estudiado, y había estudiado docenas. Se despertó y explicó que tenía que llegar a Askole y dar con un hombre llamado Mouzafer que llevaba todas sus pertenencias.

Haji Ali agarró a su invitado por los hombros con sus fuertes manos y lo empujó hacia los cojines. Llamó a su hijo Twaha, que había viajado a Skardu con la suficiente frecuencia como para aprender unas nociones básicas de vocabulario occidental, y le ordenó que tradujera. "Andar a Askole hoy no. Gran problema. Medio día de camino", decía el hombre, que era el vivo retrato de su padre pero sin barba. *"Inshallah,* mañana Haji mandar buscar Mouzafer. Ahora dormir".

Haji Ali se levantó y ordenó a los niños apartarse del tejado. El círculo en torno a la chimenea se deshizo y los hombres regresaron a sus casas. A pesar de la inquietud que dominaba sus pensamientos, de su enfado consigo mismo por haberse vuelto a desviar del sendero y por su total y absoluta falta de orientación, Mortenson se rindió, sumido en un sueño inquebrantable.

CAPÍTULO 3

Progreso y perfección

*"Dinos, si hubiera algo que pudiéramos hacer
por tu pueblo, ¿qué sería?"
"Con todos los respetos, Sahib, tiene poco que enseñarnos
sobre la fuerza y la resistencia,
y no tenemos nada que envidiar a la viveza de su espíritu.
¿Es posible que seamos más felices que usted? Lo que sí nos gustaría es
que nuestros hijos fueran a la escuela. De todas las cosas que posee, el
conocimiento es lo que más deseamos para nuestros hijos".*

-Conversación entre Sir Edmund Hillary y Urkien Sherpa,
de la obra *Schoolhouse in the Clouds*

Alguien lo había arropado con un pesado edredón. Mortenson se sentía muy a gusto y se deleitaba con el calor. Era la primera noche que había pasado bajo techo desde finales de primavera. Gracias a la tenue luz del carbón de la chimenea, pudo distinguir a su alrededor el contorno de varias figuras que dormían. Se oían ronquidos procedentes de todos los rincones de la habitación, en todo tipo de intensidades. Él volvió a cerrar los ojos y añadió el suyo.

Cuando despertó de nuevo, se encontró solo bajo el cielo azul que se veía claramente a través de la abertura cuadrangular del techo. La esposa de Haji Ali, Sakina, le vio moverse y le acercó un *lassi* (una bebida tradicional a base de yogurt), un *chapatti* recién horneado y té dulce. Era la primera vez que tenía contacto con una mujer balti. Mortenson pensó que Sakina poseía, posiblemente, el rostro más agradable que había visto jamás. Tenía las arrugas dispuestas de un modo que parecía indicar que las líneas de su sonrisa se habían asentado en las esquinas de la boca y de los ojos, para luego acercarse las unas a las otras hasta completar su conquista. Llevaba su larga melena primorosamente trenzada al estilo tibetano y cubierta con un *urdwa*, un gorro de lana adornado con cuentas, conchas y monedas antiguas. Se quedó allí de pie, esperando a que Mortenson disfrutara de su desayuno.

Probó un bocado del caliente *chapatti* mojado en *lassi,* devoró todo lo que le habían servido y lo acompañó con té azucarado. Sakina sonrió en señal de aprobación y le trajo más. Si Mortenson hubiera sabido lo escaso y valioso que era el azúcar para los balti, y las pocas ocasiones que ellos mismos lo tomaban, no habría aceptado la segunda taza de té.

Sakina se marchó y él aprovechó para examinar la habitación. Su austeridad rayaba en la pobreza. En la pared había clavado un descolorido cartel turístico en el que se veía un chalet suizo en medio de una pradera plagada de flores silvestres. El resto de objetos, desde los ennegrecidos utensilios de cocina hasta las linternas de aceite, parecían estrictamente funcionales. El pesado edredón bajo el que había dormido estaba fabricado con una lujosa seda granate y decorado con unos minúsculos espejos. Las mantas que habían utilizado los demás para calentarse eran de una fina lana desgastada, remendada con cualquier retal que hubiera a mano. Sin duda lo habían arropado con la posesión más selecta de la casa de Haji Ali.

Al caer la tarde, Mortenson oyó un alboroto fuera y se encaminó junto con la mayoría de los habitantes del pueblo hasta el borde del precipicio que daba al Braldu. Vio cómo un hombre, metido en lo que parecía una caja de madera, tiraba de una cuerda que lo arrastraba por un cable tendido a casi setenta metros por encima del río. Esta forma de cruzar el río permitía ahorrar el medio día que se tardaba en caminar hasta el puente más cercano, pero una caída suponía la muerte segura. Cuando el hombre se hallaba a medio camino del desfiladero, Mortenson reconoció en aquel improvisado teleférico a Mouzafer, que iba sentado sobre una familiar mochila de cuarenta kilos.

En aquella ocasión el saludo y las palmaditas en la espalda de Mouzafer no lo pillaron desprevenido y Mortenson consiguió no toser. Mouzafer dio un paso atrás y lo miró de arriba abajo, con los ojos llorosos. Alzó las manos al cielo gritando *¡Allah Akbar!* y las agitó como si el maná hubiera empezado ya a amontonarse alrededor de sus pies.

En casa de Haji Ali, mientras degustaban una comida a base de *biango*, una gallina asada que era tan descarnada y dura como los balti que la habían criado, Mortenson descubrió que Mouzafer era muy conocido en todo el Karakórum. Llevaba más de una década siendo uno de los porteadores más hábiles del Himalaya. Sus logros eran numerosos y variados, e incluían haber acompañado al célebre escalador Nick Clinch durante la primera ascensión al Masherbrum en 1960. Pero lo que más le sorprendió a Mortenson de Mouzafer fue que nunca hubiera mencionado tales logros durante las conversaciones que habían mantenido en sus las largas caminatas.

Mortenson entregó discretamente a Mouzafer tres mil rupias, cifra que superaba con creces al pago que habían pactado, y prometió ir a visitarlo a su propio pueblo cuando estuviera totalmente recuperado. En aquel entonces Mortenson no podía saber de ninguna manera que Mouzafer sería una presencia permanente en su vida durante la década siguiente, ni que lo guiaría a través de los obstáculos de la vida en el norte de Pakistán con la misma seguridad que había demostrado evitando avalanchas y bordeando grietas.

Junto a Mouzafer, Mortenson se reencontró con Darsney e hicieron el largo trayecto en todoterreno hasta Skardu, pero después de degustar los placeres de una comida bien cocinada y de una cama limpia en un famoso hotel para alpinistas llamado K2 Motel, Mortenson sintió que algo lo llamaba a volver a adentrarse en el Karakórum. Sintió que había encontrado algo especial en Korphe y regresó en cuanto pudo organizar un viaje.

Desde que volviera a instalarse por segunda vez en casa de Haji Ali, Mortenson desarrolló una rutina. Todas las mañanas y todas las tardes solía dar un breve paseo por los alrededores de Korphe, acompañado, siempre, por niños que le tiraban de las manos. Pudo comprobar el arduo trabajo que se había realizado para conseguir aquel pequeño oasis de vegetación en medio de un desierto de rocas polvorientas y le admiraba el sistema de canales de riego que, mantenido manualmente por la gente del pueblo, desviaba el agua derretida de los glaciares hacia sus campos y sus huertos.

Fuera ya del Baltoro, lejos del peligro, Mortenson se dio cuenta de lo precaria que había sido su propia supervivencia y de lo débil que estaba. A duras penas conseguía realizar el sinuoso camino que bajaba hasta el río y cuando, una vez allí, se quitaba la camisa para bañarse, su aspecto le horrorizaba. "Mis brazos parecían unos larguiruchos palillos, como si fueran de otra persona", suele decir.

Resollando en su camino de vuelta al pueblo, se sentía tan endeble como los ancianos que en otros tiempos pasaban horas sentados bajo los albaricoqueros de Korphe, fumando en sus narguiles y comiendo pepitas de albaricoque. Tras su hora de paseo diaria solía sucumbir al cansancio, por lo que volvía a casa para observar el cielo desde su nido de cojines, junto a la chimenea de Haji Ali.

El *nurmadhar* que vigilaba muy de cerca el estado de salud de Mortenson, ordenó matar uno de los preciados *chogo rabak* (carneros grandes) del pueblo. Hasta cuarenta personas arrancaban de los huesos de aquel animal pedazos de carne asada y después los abrían golpeándolos con piedras para sacarles la médula con los dientes. Mientras observaba el ansia con que devoraban la carne, Mortenson se dio cuenta de lo extraordinario que era aquel ágape para los habitantes de Korphe, y lo cerca que vivían del hambre.

A medida que iba recobrando las fuerzas, su poder de percepción se agudizaba. En sus primeros días en Korphe pensaba que había llegado por casualidad a una especie de Shangri-La. Al viajar por el Karakórum, muchos occidentales tenían la sensación de que los balti llevaban una vida más sencilla y mejor que la de los países desarrollados. Los primeros visitantes, intentando siempre encontrar nombres lo suficientemente románticos, lo llamaron "El Tíbet de los albaricoques".

Los balti "parecen tener verdadera facilidad para disfrutar de la vida", escribió Maraini en 1958, tras haber visitado Askole y admirando a los "ancianos sentados bajo el sol fumando sus pintorescas pipas, a otros más jóvenes trabajando en primitivos telares a la sombra de las moreras, con esa seguridad en el trazo que se adquiere con la experiencia de toda una vida, y a dos niños sentados el uno junto al otro, quitándose los piojos con ternura y meticuloso cuidado".

"Respirábamos un aire de satisfacción absoluta, de paz eterna", continúa. "Todo esto plantea una cuestión. ¿Acaso no es mejor vivir ignorándolo todo –el asfalto y el macadán, los vehículos, los teléfonos, la televisión– que vivir rodeado de felicidad sin llegar a apreciarla?".

Treinta y cinco años después, los balti seguían viviendo con la misma carencia de comodidades modernas, pero, tras solo unos pocos días en el pueblo, Mortenson empezaba a darse cuenta de que Korphe tenía poco que ver con el paraíso terrenal de las fantasías occidentales. En cada casa, al menos uno de los habitantes padecía hipertrofias o cataratas. Los niños, cuyo cabello pelirrojo había admirado, debían tal color a un tipo de malnutrición llamado *kwashiorkor*, y supo por las conversaciones que mantenía con Twaha, el hijo del *nurmadhar*, cuando este volvía de realizar sus oraciones en la mezquita del pueblo, que el médico más cercano estaba en Skardu, a una semana de camino, y que uno de cada tres niños de Korphe moría antes de su primer año de vida.

Twaha le contó a Mortenson que su propia esposa, Rhokia, había fallecido siete años antes durante el parto de su única hija, la pequeña Jahan. El edredón granate lleno de espejitos con el que Morteson tenía el honor de cubrirse había sido la pieza más valiosa de la dote de Rhokia.

Mortenson no sabía como podría recompensar todo lo que sentía que debía a sus anfitriones en Korphe. Pero estaba decidido a encontrar la forma. Empezó por repartir todas sus pertenencias. Los pequeños artículos como las botellas Nalgene y las linternas eran de gran valor para los balti, que realizaban largos trayectos a pie para pastorear su ganado en verano, así que se las entregó a los miembros de la extensa familia de Haji Ali. A Sakina le dio su hornillo de acampada, capaz de quemar el queroseno que había siempre en todo el asentamiento balti. Colocó su chaqueta L.L. Bean de color vino forrada con borrego sobre los hombros de Twaha, insistiendo en que se la quedara a pesar de que le sobraban varias tallas. A Haji Ali le obsequió con la chaqueta aislante Helly Hansen que le había protegido del frío en el K2.

Pero fueron las provisiones que llevaba en el botiquín de la expedición, además de su formación como enfermero en traumatología, los bienes que resultaron más valiosos. Cada día, a medida que sus fuerzas aumentaban, pasaba horas subiendo los empinados caminos que unían las casas de Korphe, haciendo todo lo que podía por paliar las necesidades del pueblo. Con pomada antibiótica trataba heridas abiertas y sajaba y drenaba heridas infectadas. Mírase adonde mírase, veía ojos que le imploraban desde la profundidad de las casas, donde los ancianos balti llevaban años sufriendo en silencio. Encajaba huesos fracturados y hacía todo lo que podía para paliar el dolor con la ayuda de analgésicos y antibióticos. Los rumores sobre su trabajo se extendieron y los enfermos de las afueras de Korphe empezaron a mandar a sus familiares a buscar al "Dr. Greg", tal y como se le conocería a partir de entonces en el norte de Pakistán (aunque él intentaba siempre explicarles que no era más que un simple enfermero).

A menudo, durante su estancia en Korphe, Mortenson sentía la presencia de su hermana pequeña Christa, especialmente cuando estaba con los niños. "Su vida era una constante lucha", explica Mortenson. "Me recordaban al modo en que Christa tenía que luchar por las cosas más sencillas. Y también al modo en que perseveraba, sin importarle lo que le depararía la vida". Decidió que quería hacer algo por aquellos niños. Quizá, cuando llegase a Islamabad, utilizaría el dinero que le quedaba para comprar libros de texto y enviarlos a la escuela.

Un día, tumbado junto a la chimenea situada frente a su cama, Mortenson le dijo a Haji Ali que quería visitar la escuela de Korphe. Pudo ver una nube de tristeza pasar por el curtido rostro del anciano, pero insistió. Finalmente, Haji Ali accedió a llevarlo a primera hora del día siguiente.

A la mañana siguiente, tras disfrutar de un desayuno familiar a base de *chapattis* y *cha*, Haji Ali condujo a Mortenson por un escarpado camino que subía hasta un vasto saliente situado a unos doscientos cuarenta metros por encima del Braldu. La vista era espectacular, con los gigantes de hielo del alto Baltoro recortados contra el cielo azul predominando sobre las grises paredes rocosas de Korphe. Pero Mortenson no estaba contemplando el paisaje. Le asombró ver a ciento sesenta niños y las cuatro niñas que tenían el valor de unirse a ellos, arrodillados en el suelo helado, a la intemperie. Haji Ali, evitando la mirada de Mortenson, le confesó que el pueblo no disponía de una escuela, y que el Gobierno pakistaní no les proporcionaba ningún profesor. El coste de un profesor era el equivalente a un dólar al día, le explicó, que era mucho más de lo que se podía permitir el pueblo. Así que compartían un profesor con el pueblo vecino de Munjung y daba clase en Korphe tres días a la semana. El resto de días los niños se quedaban solos repasando las lecciones que les había enseñado.

Mortenson observaba, con el alma a los pies, cómo los niños se ponían firmes y empezaban su "jornada escolar" cantando el himno nacional de Pakistán. "Bendita sea la tierra sagrada. Bienaventurado el pródigo reino, símbolo de la alta determinación, la tierra de Pakistán", cantaban con un dulce desafino, mientras su aliento flotaba en el aire frío del invierno. Mortenson distinguió a Jahan, la hija de Twaha, que cantaba en posición erguida con la cabeza cubierta por un pañuelo. "Que la nación, el país y el estado brillen en la gloria eterna. Esta bandera de media luna y estrellas señala el camino hacia el progreso y la perfección".

Durante su recuperación en Korphe, Mortenson había oído con frecuencia cómo los habitantes se quejaban del predominio de los punjabí en el gobierno pakistaní, a quien ellos consideraban forasteros de las tierras bajas. La cantinela más popular era que una mezcla de corrupción y negligencias desviaba el poco dinero destinado al pueblo de Baltistán durante su largo recorrido desde Islamabad, la capital, hasta aquellos valles lejanos. Les parecía una ironía que el gobierno de Pakistán luchara tanto por conservar aquel trozo de lo que había sido en otros tiempos la Cachemira de la India y que al mismo tiempo hiciera tan poco por sus gentes.

Era evidente que la mayor parte del dinero que llegaba a aquellas altitudes se destinaba al ejército, para financiar su costoso enfrentamiento con las fuerzas indias en el glaciar de Siachen. Mortenson, absolutamente indignado, se preguntaba cómo era posible que un gobierno, incluso uno tan empobrecido como el de Pakistán, no pudiera proporcionar un profesor por un dólar al día. ¿Cómo era posible que la bandera de media luna y estrellas no pudiera guiar a aquellos niños hacia el cercano destino del "progreso y la perfección"?

Tras sonar la última nota del himno, los niños se sentaron formando un círculo y empezaron a copiar las tablas de multiplicar.

Muchos lo hacían rascando en la tierra con unos palos que habían traído para ese fin. Los más afortunados, como Jahan, tenían un pizarra sobre la que escribían utilizando unos palos que mojaban en una mezcla de barro y agua. "¿Puedes imaginar, en Estados Unidos, una clase de niños de cuarto curso, solos, sin profesor, sentados en silencio y estudiando sus lecciones?", suele preguntase Mortenson. "Sentí como si se me partiera el corazón. Había un tesón en su deseo de aprender, a pesar de los innumerables obstáculos que les rodeaban, que me recordaba a Christa. Comprendí que debía hacer algo", ¿pero qué? El dinero que tenía tan solo le alcanzaba, comiendo lo justo y alojándose en las casas de huéspedes más económicas, para viajar en todoterreno y en autobús de vuelta a Islamabad para tomar su avión de vuelta a casa.

En California tan solo podría aspirar a algún que otro trabajo como enfermero, y la mayoría de sus pertenencias cabían en el maletero de *La Bamba*, el Buick color burdeos que era lo más parecido a un hogar para él. Aún así, tenía que haber algo que pudiera hacer.

Sentado al lado de Haji Ali, sobre el saliente que daba al valle, ante aquella visión tan cristalina de las montañas con las que había pretendido medirse tras haber recorrido medio mundo, la idea de escalar el K2 para poner un collar en la cima le pareció algo fuera de lugar. Había un gesto mucho más significativo que podía hacer en honor a la memoria de su hermana. Colocó sus manos sobre los hombros de Haji Ali, tal y como él había hecho en tantas ocasiones desde que habían compartido su primera taza de té. "Os voy a construir una escuela", dijo, sin darse cuenta de que con aquellas palabras su vida acababa de tomar un rumbo totalmente diferente, un camino mucho más serpenteante y difícil que las vueltas que había dado desde que había abandonado el K2. "*Construiré* una escuela", repitió Mortenson. "Lo prometo".

CAPÍTULO 4

El almacén

La grandeza siempre se construye sobre este fundamento: la capacidad de aparecer, hablar y actuar como la persona más corriente.

-Shams-ud-din Muhammed Hafiz

El pequeño trastero olía a África. De pie, frente a la puerta abierta de aquel pequeño almacén de unos dos metros por dos metros y medio, con el tráfico en hora punta bullendo a lo largo de la concurrida avenida San Pablo, Mortenson sintió la desorientación que solo pueden causar cuarenta y ocho horas de vuelo. En el avión que le sacó de Islamabad, se había sentido lleno de propósitos y había ideado una docena de formas diferentes de recaudar dinero para la escuela. Pero una vez en Berkeley, California, Greg Mortenson no era capaz de centrarse. Se sentía confundido bajo aquel cielo implacablemente soleado, rodeado de animados estudiantes universitarios que se dirigían felices a tomar un café. Allí, su promesa a Haji Ali le parecía más bien parte de una película que hubieran proyectado en alguno de sus tres interminables vuelos, una escena que recordaba a medias tras haberse quedado dormido.

Jet lag. Shock cultural. Cualquiera que fuera el nombre que se le diera a los trastornos que sentía, ya los había sufrido en otras ocasiones en el pasado. Y esa era la razón por la que había regresado allí, como siempre hacía al volver de una ascensión, al trastero número 114 de los almacenes Berkeley Self-Storage. Aquel lugar lleno de humedades era el ancla que lo ataba al verdadero Greg Mortenson.

Se adentró en aquella oscuridad llena de familiares fragancias, buscando a tientas la cuerda que encendía la bombilla que colgaba del techo. Cuando la encontró y tiró de ella, vio sus viejos libros de alpinismo apilados contra las paredes, una caravana de elefantes finamente tallados en ébano que había sido de su padre y, apoyado sobre un manoseado álbum de fotos, a GiGi, un mono de peluche de color café que recordaba en su memoria sensorial como su compañero más íntimo.

Recogió el juguete y vio que el relleno de *capoc* africano se le empezaba a salir por una de las viejas costuras. Lo presionó contra su nariz, inhalando su olor, y se halló de nuevo en el patio de una casa color ceniza, bajo las envolventes ramas de su pimentero, en Tanzania.

Como su padre, Mortenson había nacido en Minnesota. Pero en 1958, cuando tenía tan solo tres meses, sus padres lo habían llevado a emprender la gran aventura de sus vidas: un nuevo destino como misioneros para trabajar como maestros en Tanzania, a la sombra de la cumbre más alta del continente africano, el monte Kilimanjaro.

Irvin Mortenson, el padre de Greg, había nacido en una de esas bienintencionadas familias luteranas que tanto ha explotado el escritor Garrison Keillor en sus obras. Al igual que los taciturnos hombres de Lake Wobegon, las palabras eran para Irvin una moneda que se resistía a gastar a la ligera. Con una estatura de más de metro ochenta, y un aspecto de atleta huesudo parecido al de su hijo, Irvin Mortenson recibió el apodo de "Dempsey" por ser un niño excepcionalmente robusto, y el nombre del mítico boxeador desplazó al suyo propio durante el resto de su vida. Siendo el séptimo y último hijo de una familia desbordada económicamente por la Gran Depresión, las habilidades atléticas de Dempsey –fue un quarterback todoterreno en el equipo de fútbol americano del instituto y un implacable defensa en el de baloncesto– consiguieron sacarlo de Pequot Lakes, un minúsculo pueblo pesquero al norte de Minnesota, y abrirle un mundo de nuevas posibilidades. Gracias a una beca de fútbol estudió en la Universidad de Minnesota, donde se licenció en educación física mientras se curaba las heridas y contusiones que le ocasionaban los defensas rivales.

Su esposa, Jerene, se enamoró de él poco después de mudarse con su familia de Iowa a Minnesota. Ella también era deportista y había sido capitana del equipo femenino de baloncesto de su instituto. Se casaron impulsivamente, durante un permiso de tres días con el que Dempsey había salido de Fort Riley, Kansas, donde estaba cumpliendo el servicio militar. "A Dempsey le picó el gusanillo de viajar", dice Jerene. "Había estado destinado en Japón y le había encantado ver el mundo que había más allá de Minnesota. Un día, estando yo embarazada de Greg, vino a casa y dijo: "Necesitan profesores en Tanganyika. Vayamos a África". No pude negarme. Cuando uno es joven no sabe lo que no sabe. Simplemente lo hicimos".

Fueron destinados a un país del que ninguno de los dos conocía más que el espacio que ocupaba en el mapa de África Oriental, entre Kenia y Ruanda. Después de cuatro años trabajando en las remotas montañas Usambara, se trasladaron a Moshi, que significa "humo" en suajili, donde la familia fue alojada por su comunidad en la casa de hormigón de un traficante de armas griego que había sido confiscada por las autoridades, y con ese tipo de coincidencias que tan a menudo premian la impetuosidad, la familia al completo se quedó prendada de aquel país que adquiriría el nombre de Tanzania tras alcanzar la independencia en 1961. "Cuanto más mayor me hago, más valoro mi infancia. Aquello era un paraíso", confiesa Mortenson.

Más que la casa, que se prolongaba alrededor de un exuberante patio, Mortenson lo que más recuerda de su hogar es el enorme pimentero. "Aquel árbol era la imagen de la estabilidad", explica Mortenson. "Al anochecer, los cientos de murciélagos que habitaban en él salían a cazar. Y cuando llovía, todo el patio olía a pimienta. Era un olor exquisito".

Tanto Dempsey como Jerene practicaban su fe con indulgencia, por lo que el hogar de los Mortenson se convirtió más en un centro para la comunidad que en un centro religioso. Dempsey daba clase en la escuela dominical. También diseñó un campo de sófbol utilizando el tronco del pimentero para detener la pelota y creó la primera liga de baloncesto estudiantil de Tanzania. Aunque finalmente serían dos proyectos muy absorbentes los que acabarían dominando las vidas de Dempsey y Jerene.

Dempsey dedicó cada minuto de su tiempo a su logro vital: recaudar fondos para la fundación del primer hospital clínico de Tanzania, el Centro Médico Cristiano del Kilimanjaro. Jerene empleó la misma determinación en la creación de la Escuela Internacional Moshi, centro que se encargaba del cuidado de un grupo multicultural de niños procedentes de familias expatriadas. Greg fue a ese colegio y navegó felizmente en un mar de lenguas y culturas. Las divisiones entre las diferentes nacionalidades significaban tan poco para él que le disgustaba que hubiera disputas entre ellas. Durante un periodo de intenso conflicto entre la India y Pakistán, a Greg le molestaba la forma gráfica en que los estudiantes de uno y otro país jugaban a la guerra durante el recreo ya que hacían ver que llevaban ametralladoras y se decapitaban unos a otros.

"De cualquier manera, era un lugar maravilloso para ir a la escuela", dice. "Era como una pequeña sede de Naciones Unidas. Había veintiocho nacionalidades diferentes y celebrábamos todos los días festivos: el Hanukkah, la Navidad, el Diwali, la Fiesta del Id".

"Greg odiaba ir a la iglesia con nosotros", recuerda Jerene, "porque las ancianas africanas siempre querían jugar con su pelo rubio". A pesar de ello, Mortenson creció feliz y totalmente ajeno a cualquier concepto de raza. No tardó en dominar el suajili con tal perfección que la gente creía que era tanzano al oírle hablar por teléfono. Cantaba antiguos himnos europeos en el coro de su iglesia y participó con una compañía de danza africana en un certamen de danza tribal televisado en todo el país con motivo del Saba Saba, el día de la independencia de Tanzania.

A la edad de once años, Greg Mortenson escaló su primera gran montaña. "Desde los seis años, siempre había observado la cumbre y rogado a mi padre que me llevara hasta allí". Finalmente, Dempsey consideró que su hijo tenía la edad suficiente para realizar la ascensión al Kilimanjaro. Más que disfrutar de su viaje a la cima de África, confiesa Greg, "me pasé la ascensión con náuseas y vómitos. Odié la subida, pero al llegar finalmente a la cumbre al amanecer, aquella visión panorámica de la extensa sabana africana a mis pies me enganchó para siempre al alpinismo".

Jerene tuvo tres hijas: Kati, Sonja Joy y, por último, cuando Greg tenía doce años, Christa. Dempsey solía pasar largas temporadas fuera de casa, reuniendo fondos y personal sanitario cualificado en Europa y América, y Greg, que ya medía más de metro ochenta cuando cumplió los trece años, adoptó sin dificultad el rol de hombre de la casa en ausencia de su padre. Cuando nació Christa, sus padres quisieron bautizarla y Greg se ofreció voluntario para ser el padrino.

A diferencia de los tres hermanos mayores, que crecieron rápidamente hasta alcanzar la estatura de sus padres, Christa tenía una constitución delgada y frágil, y cuando empezó a ir a la escuela, se hizo evidente que era muy distinta al resto de su familia. Siendo aún un bebé, Christa sufrió una terrible reacción a la vacuna contra la viruela. "El brazo se le puso totalmente negro", explica Jerene, y cree que la inyección tóxica del virus marcó el comienzo de la disfunción cerebral de la niña. A los tres años contrajo una meningitis grave, y a pesar de los desesperados esfuerzos de su madre, nunca llegó a recuperarse del todo. A los ocho, empezó a sufrir ataques con frecuencia y se le diagnosticó epilepsia, y además, entre aquellos episodios, Christa tenía otro tipo de problemas. "Consiguió aprender a leer", dice Jerene. "Pero lo que leía eran simples sonidos para ella. No tenía la menor idea de lo que significaban las frases".

Siendo aún un niño, Greg se convirtió en una amenaza permanente para todo aquel que intentara burlarse de su hermana pequeña. "Christa era la mejor de nosotros", declara. "Se enfrentaba a sus limitaciones con gracia. Tardaba una eternidad en vestirse cada mañana, así que se preparaba la ropa por la noche, intentando robarnos el menor tiempo posible antes de ir al colegio. Tenía una extraordinaria sensibilidad hacia los demás".

"En cierto modo, Christa era como mi padre", dice Mortenson. "A ambos les gustaba escuchar". Dempsey escuchaba, sobre todo, a los jóvenes y ambiciosos africanos de Moshi. Tenían ansias de oportunidades, pero la Tanzania poscolonial —entonces, como ahora, una de las naciones más pobres de la Tierra— no tenía mucho que ofrecerles más allá de un trabajo agrícola de baja categoría. Cuando levantó su hospital clínico y este empezó a funcionar parcialmente, insistió, en contra de los deseos de algunos miembros extranjeros del comité, en que debía concentrarse en la concesión de becas de medicina a los estudiantes autóctonos más prometedores, en lugar de limitarse a la atención de niños expatriados y de los hijos de la élite acomodada de África Oriental.

Justo después del catorce cumpleaños de Greg, se finalizó la construcción del hospital, que contaba con seiscientas cuarenta camas, y el mismísimo presidente de Tanzania, Julius Nyerere, pronunció un discurso en el acto de inauguración. El padre de Greg compró litros de *pombe*, la cerveza de plátano local, y cortó todos los matorrales del patio para poder alojar mejor a los quinientos invitados, nacionales y expatriados, con quienes había querido celebrar el éxito del proyecto haciendo una gran barbacoa. De pie sobre un escenario que había montado para la banda de música bajo el pimentero, Dempsey, que vestía un tradicional conjunto tanzano negro, se puso serio y se dirigió a aquella comunidad que había llegado a amar.

Tras catorce años en África, había engordado, pero se mantenía firme mientras hablaba, y su aspecto, pensaba su hijo, si bien no era el del atleta que había sido antaño, era aún formidable. Empezó dando las gracias a su socio tanzano en el hospital, John Moshi, a quien Dempsey reconoció tan responsable del éxito del centro médico como él mismo, "Me gustaría hacer una predicción para el futuro", dijo en suajili, reflejando estar en tanta paz consigo mismo que Greg recuerda que, por una vez, su padre no parecía estar incómodo hablando ante una multitud. "En diez años, el jefe de todos los departamentos del Centro Médico del Kilimanjaro será tanzano. Es vuestro país. Es vuestro hospital", sentenció.

"Pude sentir una oleada de orgullo entre los africanos", recuerda Mortenson. "Los expatriados querían que dijera, «Mirad lo que hemos hecho por vosotros», pero él decía «Mirad lo que habéis hecho por vosotros mismos y todo lo que podéis seguir haciendo»".

"Mi padre fue condenado por los expatriados por aquella frase", dice Mortenson. "Pero, ¿sabes qué? Sucedió como él lo predijo. El lugar que construyó sigue todavía hoy allí, el principal hospital clínico de Tanzania, y una década después de que lo concluyera, todos los jefes de departamento eran africanos. Viéndolo allí arriba, me sentí sumamente orgulloso de que aquel hombre gigante y fornido fuera mi padre. Me enseñó, nos enseñó a todos, que si uno cree en sí mismo, puede lograr cualquier cosa".

Una vez construidos el colegio y el hospital, la obra de la familia Mortenson en Tanzania había llegado a su fin. Dempsey había recibido una oferta laboral tentadora –construir un hospital para los refugiados palestinos en el Monte de los Olivos de Jerusalén–, pero los Mortenson decidieron que era hora de que sus hijos experimentaran la vida en América.

A Greg y a sus hermanas les hacía mucha ilusión regresar al que aún consideraban su país, a pesar de que solo habían estado allí durante breves visitas esporádicas. Greg se había estudiado las descripciones de los cincuenta estados norteamericanos en la enciclopedia de la familia, intentando imaginarse y prepararse para América. Durante catorce años, sus familiares de Minnesota habían escrito sobre reuniones familiares a las que los Mortenson africanos no podían asistir y habían enviado recortes de prensa sobre el equipo de béisbol, los Minnesota Twins, que Greg conservaba en su habitación y releía por la noche; retazos de una cultura exótica que esperaba entender muy pronto.

Los Mortenson embalaron sus libros, tejidos y objetos de madera y se mudaron a la casa de los padres de Jerene, un edificio de cuatro plantas situado en St. Paul, antes de comprarse una económica casa de color verde pálido en un barrio de clase media llamado Roseville. En su primer día de instituto en Estados Unidos, Greg se sintió aliviado al ver muchos estudiantes de color deambulando por las salas de St. Paul Central. No se sintió tan lejos de Moshi. Rápidamente se difundió el rumor de que aquel enorme y torpe chico de quince años había venido de África.

Entre clase y clase, un alto y musculoso jugador de baloncesto que llevaba colgado del cuello, en una cadena de oro, un adorno tan grande como el del capó de un Cadillac, empujó a Mortenson contra una fuente de agua, mientras sus amigos le rodeaban de forma amenazadora. "Tú no eres africano", le dijo con tono despectivo, y empezaron a darle golpes mientras él intentaba cubrirse la cabeza y se preguntaba qué habría hecho. Cuando finalmente pararon, Mortenson, tembloroso, bajó los brazos, lo que permitió al cabecilla darle un último puñetazo en un ojo. Otro chico agarró un cubo de basura y se lo vació sobre la cabeza. Mortenson se quedó allí de pie, junto a la fuente, con el cubo maloliente en la cabeza, escuchando cómo las risas se disipaban pasillo abajo.

A pesar de todo, Mortenson supo adaptarse a la cultura americana. Su rendimiento académico fue excepcional, sobre todo en matemáticas, música y ciencias y, por supuesto, tenía predisposición genética para ser bueno en los deportes.

Desde que se instalaran en el barrio, la constante participación de Greg como defensa en el equipo de fútbol del Instituto Ramsey abrió el camino a una relación, si no de amistad, de camaradería con otros estudiantes. Aunque había un aspecto de la vida americana con el que no terminaba de encontrarse a gusto. "Greg no había sido puntual en toda su vida", dice su madre. "Desde pequeño, Greg siempre funcionó con el ritmo africano".

El trabajo de la familia en África fue gratificante en todos los aspectos menos en el económico, así que una universidad privada era una opción que Mortenson no podía ni contemplar. Cuando le preguntó a su padre qué podía hacer, Dempsey le dijo: "Yo estudié en la universidad gracias a la *Ley de los Derechos de los Veteranos*, podría ser peor". En abril de su último año de instituto, Greg visitó una oficina de reclutamiento en St. Paul y se alistó para un periodo de dos años de servicio militar. "Era algo muy poco corriente en aquellos tiempos, justo después de Vietnam", explica Greg, "y a mis compañeros del colegio les sorprendió mucho que hubiera llegado incluso a plantearme entrar el ejército, pero estábamos en la ruina".

Cuatro días después de su graduación, Mortenson aterrizó en Fort Leonard Wood, Missouri, para su periodo de instrucción básica. Mientras la mayoría de sus compañeros de clase dormían en su último verano antes de ir a la universidad, a él le despertaba bruscamente un sargento de instrucción a las cinco de la mañana gritando: "¡Mueve el culo y vístete!"

"Decidí que no iba a dejar que aquel hombre me aterrorizara", explica Mortenson. Así que, a las cinco de la mañana del día siguiente, el sargento de instrucción Parks, lo encontró sentado sobre su estrecho catre en medio de la oscuridad y perfectamente vestido. "Me puso de vuelta y media por no haber dormido ocho horas a pesar de que era la hora establecida para levantarme, me obligó a hacer cuarenta flexiones y a marchar por todo el cuartel general, luego me dio un galón y me ordenó regresar a mi litera. «Este es Mortenson, vuestro nuevo jefe de pelotón», dijo el sargento. «Es superior en jerarquía a todos vosotros, hijos de puta, así que haced lo que os ordene»".

Mortenson era demasiado tranquilo como para dar órdenes a sus compañeros de forma efectiva. Pero tenía excelentes aptitudes militares. Aún conservaba la extraordinaria forma física que había conseguido jugando al fútbol y practicando atletismo en el instituto, por lo que los rigores de la instrucción básica no le resultaron más dignos de recordar que la baja moral endémica que halló entre los veteranos de Vietnam. Le enseñaron técnicas y tácticas avanzadas de artillería, y, cuando recibió la formación médica básica, se entregó con pasión a la medicina, que sería un interés permanente en su vida, antes de ser destinado a Alemania con la División Acorazada 33. "Cuando me alisté era un completo ingenuo, pero el ejército consiguió acabar con eso", dice Mortenson. "Muchos de los hombres que habían estado en Vietnam estaban enganchados a la heroína. Morían de sobredosis en sus literas y teníamos que ir a recoger sus cuerpos". También recuerda una mañana de invierno en la que tuvo que retirar el cadáver de un sargento al que sus compañeros habían golpeado hasta la muerte tras descubrir que era homosexual.

Destinado en Bamberg, Alemania, cerca de la frontera de la Alemania del Este, Mortenson perfeccionó, gracias a la irregularidad de los horarios del ejército, una habilidad que conservaría durante el resto de su vida: la capacidad de quedarse dormido en cualquier sitio en solo unos segundos. Era un soldado ejemplar. "Nunca disparé a nadie", confiesa Mortenson, "pero aquello fue antes de la caída del muro de Berlín y nos pasábamos mucho tiempo observando a los guardias de Alemania Oriental a través de las miras telescópicas de nuestros M-16". Estando de guardia, Mortenson tenía autorización para abrir fuego contra los francotiradores comunistas en caso de que estos disparasen a civiles de la Alemania del Este que estuvieran intentando escapar. "Eso sucedía de vez en cuando, pero nunca ocurrió mientras estuve de guardia", dice Mortenson, "gracias a Dios".

La mayoría de los soldados blancos que conoció en Alemania pasaban los fines de semana "contagiándose de gonorrea, emborrachándose, o pinchándose", explica, "así que prefería coger vuelos militares gratuitos, con los soldados de color, a Roma, Londres o Ámsterdam". Era la primera vez que Mortenson viajaba como adulto y encontró la experiencia, y la compañía, emocionante. "En el ejército mis mejores amigos eran de color", dice. "En Minnesota eso era algo difícil, pero en el ejército la raza era la menor de nuestras preocupaciones. En Alemania me sentí realmente aceptado y, por primera vez desde que había abandonado Tanzania, no estaba solo".

Mortenson fue condecorado con la Medalla de Honor del Ejército, por evacuar a unos soldados heridos durante unas maniobras bajo fuego enemigo real. Se licenció con honores después de dos años, satisfecho de su servicio y cargado con su segunda costumbre más incorregible después de la impuntualidad: su incapacidad para aparcar un coche entrando de frente en una plaza de aparcamiento. Mucho después de su retirada del ejército, seguía aparcando cualquier vehículo –ya fuera un todoterreno en el Baltistán o el Toyota familiar en una visita al centro comercial– en su plaza dando marcha atrás, como establece el ejército, para que esté encarado hacia adelante y preparado para una huida rápida en caso de necesidad.

Fue a la pequeña escuela universitaria Concordia College, en Moorhead, Minnesota, gracias a una beca de fútbol americano, y hasta ganó con su equipo el campeonato nacional de la Asociación Nacional de Atletismo interuniversitario de 1978. Pero no tardó en aburrirse de la homogénea población de aquel pequeño campus, por lo que se trasladó a un lugar más cosmopolita, la Universidad de Dakota del Sur en Vermillion, gracias a una beca especial para militares.

Por aquel entonces, Jerene estudiaba para conseguir el doctorado en Magisterio, y Dempsey había encontrado un puesto de trabajo, poco estimulante y con un salario mínimo, en el eslabón más bajo de los trabajos financieros, solucionando cuestiones legales de acreedores y deudores, así que la situación económica de la familia Mortenson era más crítica que nunca. Greg trabajaba mientras estudiaba, lavando platos en la cafetería de la universidad, y como camillero en el turno de noche del Dakota Hospital. Cada mes, enviaba en secreto a su padre parte de sus ganancias.

En abril de 1981, durante el segundo curso de Greg en Vermillion, a Dempsey le fue diagnosticado un cáncer. Tenía cuarenta y ocho años. Greg era en aquel entonces un estudiante de química y enfermería, y cuando supo que el cáncer de su padre se había reproducido y extendido por sus nódulos linfáticos y por el hígado, se dio cuenta de lo rápido que podía perderle. Aunque tenía que estudiar muchísimo para los exámenes y cumplir con sus trabajos a tiempo parcial, Mortenson realizaba un trayecto de seis horas hasta Minnesota todos sus fines de semana libres para estar con él, y cada dos semanas, se volvía a impresionar al ver lo rápido que se deterioraba Dempsey.

Mortenson, que ya tenía muchos conocimientos de medicina, convenció a los médicos de Dempsey para que suspendieran la radioterapia, consciente de que la enfermedad de su padre era terminal, y decidido a brindarle la oportunidad de disfrutar de la poca vida que le quedaba. Incluso se planteó dejar la universidad y quedarse al cuidado permanente de su padre, pero Dempsey le dijo: "Ni se te ocurra". Así que siguió con las visitas bisemanales. Cuando hacía buen tiempo, sacaba a su padre de casa, asombrado del peso que iba perdiendo, y lo sentaba en una silla de jardín bajo el sol. Dempsey, aún obsesionado con las exuberantes tierras que rodeaban su casa de Moshi, cuidaba muchísimo de sus plantas, y siempre le pedía a su hijo que arrancara las malas hierbas.

Por la noche, mientras Greg luchaba por dormir un poco, oía el ruido que Dempsey hacía mientras escribía a máquina, preparando minuciosamente la ceremonia de su propio funeral. Jerene solía dormitar en el sofá, esperando a que la máquina de escribir se callase para acompañar a su esposo a la cama.

En septiembre, Greg visitó a su padre por última vez. En aquellos días Dempsey estaba ingresado en el Midway Hospital de St. Paul. "Yo tenía un examen a la mañana siguiente y no quería llegar a mi casa a medianoche, pero no podía abandonarle", recuerda Greg. "No solía sentirse cómodo con las muestras de cariño, pero mantuvo su mano sobre mi hombro todo el tiempo que estuve allí. Al final, me levanté para irme y dijo «Ya está hecho. Todo está bien. Todo está dispuesto». Mostraba un sorprendente coraje ante la muerte ".

Al igual que hizo en Moshi, donde había dado una fiesta por todo lo alto para celebrar el final feliz de su vida en África, Dempsey, tras haber dejado por escrito hasta el último detalle de la ceremonia con la que celebrar el final de su vida en la Tierra, murió en paz a la mañana siguiente.

En la desbordada iglesia luterana Príncipe de la Paz de Roseville, los allí presentes recibieron un programa diseñado por Dempsey y titulado "La alegría de ir a casa". Greg se despidió de su padre en suajili, llamándole *baba, kaka, ndugu*, "padre, hermano, amigo". Como honor y homenaje por sus servicios en el ejército, Dempsey fue enterrado en el Cementerio Nacional Ft. Snelling de las Ciudades Gemelas.

Con Dempsey muerto, y con una licenciatura en enfermería y química en la mano, Mortenson se sintió extrañamente libre de ataduras. Presentó una solicitud, y fue aceptado en la facultad de medicina de la Universidad Case Western, aunque, a esas alturas, se le hacía muy duro pensar que tendría que esperar otros cinco años más hasta ver sus primeros ingresos. Tras la muerte de su padre, empezó a obsesionarse con la idea de perder a Christa, cuyos ataques se presentaban con mayor frecuencia, así que volvió a casa durante un año con su hermana pequeña. La ayudó a encontrar un trabajo en una fábrica y la acompañó en el autobús de la ciudad de St. Paul varias veces hasta que fue capaz de hacer el camino por sí sola. A Christa le interesaban mucho las novias de su hermano, y le preguntaba sobre detalles sexuales que no se atrevía a comentar con su madre. Cuando Greg supo que Christa empezaba a salir con chicos, hizo que una enfermera la instruyera en educación sexual.

En 1986, Mortenson empezó un curso de postgrado en neurofisiología en la Universidad de Indiana con el pensamiento, algo idealista, de que podría dar con la cura para su hermana, pero el mundo de la investigación médica era demasiado lento para un impaciente joven de veintiocho años, y cuanto más aprendía sobre la epilepsia, más parecía desvanecerse la posibilidad de hallar la forma de ayudar a Christa. Inmerso en sus libros de texto, sentado en aquellos fríos laboratorios, sentía cómo sus pensamientos volaban hasta las intrincadas vetas de cuarzo incrustadas en el granito de Las Agujas, las puntiagudas formaciones rocosas de las Colinas Negras de Dakota del Sur, donde el año anterior había aprendido las nociones básicas de la escalada junto a dos amigos de la universidad.

Sentía una llamada cada vez más urgente. Tenía el viejo Buick color burdeos de su abuela, al que había apodado *La Bamba*. Tenía unos pocos cientos de dólares ahorrados, y tenía perspectivas de una vida diferente, más orientada al exterior, como la vida que tanto había disfrutado en Tanzania. California parecía el lugar lógico para cumplir sus sueños, así que cargó *La Bamba* y se fue a la costa oeste.

Como sucedía con la mayoría de actividades que le habían interesado en la vida, la curva de aprendizaje de Greg Mortenson en el alpinismo fue tan alta como las rocas que pronto empezaría a escalar. Oyéndole hablar de aquellos primeros cinco años en California parece que no hay intervalos entre que, por ejemplo, daba un curso de escalada en las Suicide Rocks del sur de California y sus ascensiones a los picos de más de seis mil metros en Nepal. Tras haber vivido una infancia estricta en la disciplinada casa de su madre, luego en el ejército, en la universidad y durante el postgrado, la libertad de escalar y de esforzarse lo justo para seguir escalando, resultaba algo embriagadoramente novedoso. Mortenson empezó a trabajar a como enfermero de traumatología por las noches y durante los fines de semana en distintas salas de urgencias de la bahía de San Francisco, aceptando los turnos que nadie quería a cambio de la libertad para poder desaparecer en cualquier momento y acudir a la llamada de las montañas.

El paisaje alpino de la zona de la bahía de San Francisco puede resultar abrumador, y Mortenson se dejó atrapar por él. Se apuntó a un gimnasio de escalada, el City Rock, ubicado en un antiguo almacén de Emeryville, donde se pasaba horas perfeccionando sus movimientos. Empezó a correr maratones y a ejercitarse continuamente en expediciones con las que escaló la cara norte del Monte Baker, el Anapurna IV, el Baruntse, y otros picos del Himalaya. El alpinismo ejercía tanta influencia en él como el proceso de medirse contra una implacable roca. Acumuló información enciclopédica sobre la historia de la escalada y rebuscó en todas las librerías de segunda mano de la bahía para dar con narraciones sobre las hazañas alpinistas del siglo XIX. "En aquellos años, mi almohada era una Biblia del alpinismo llamada *La libertad de las cimas*", explica Mortenson.

Christa iba a visitarlo cada año, y él intentaba transmitir a su hermana su amor por las montañas, llevándole a Yosemite y mostrándole con el dedo las distintas rutas por las que había ascendido al monolito de granito de Half Dome.

El 23 de julio de 1992, Mortenson estaba en el Monte Still, en la sierra oriental, con su novia de aquel entonces, Anna López, una guarda forestal que se pasaba meses enteros al aire libre. A las cuatro y media de la mañana, mientras descendían por el glaciar donde habían acampado durante la noche tras haber llegado a la cima, Mortenson tropezó, dio una voltereta y cayó rodando por una empinada pendiente. Había perdido el equilibrio a causa de la velocidad y se había caído por el glaciar, elevándose metro y medio en el aire con cada bote y golpeándose contra la nieve compacta y el hielo. Su pesada mochila le retorció y desencajó el hombro izquierdo, rompiéndole el húmero. Cayó durante doscientos cuarenta metros, hasta que consiguió clavar la punta de su piolet en la nieve y pudo detenerse con el único brazo que le respondía.

Después de veinticuatro horas de intensos dolores realizando el costoso camino para salir de la montaña, Anna lo llevó a la sala de urgencias más cercana, en Bishop, California. Mortenson llamó a su madre desde el hospital para comunicarle que había sobrevivido. Lo que oyó le dolió más que la caída. A la misma hora que Greg se precipitaba por el Monte Still, su madre abría la puerta de la habitación de Christa para despertarla y emprender el viaje que habían planeado para su vigésimo tercer cumpleaños, al *Campo de Sueños* de Dyersville, Iowa, donde se había rodado la película del mismo nombre. "Cuando entré a despertarla Christa estaba medio arrodillada, como si estuviera intentando volver a meterse en la cama tras haber ido al baño", dice Jerene, "y estaba azul. Supongo que se podría decir que había muerto tan rápido a causa de un ataque masivo que simplemente se había quedado como congelada en aquella posición".

Mortenson asistió al funeral en Minnesota con el brazo en cabestrillo. El hermano de Jerene, el pastor Lane Doerring, leyó un panegírico en el que incluyó una referencia a la frase más famosa de la película favorita de Christa. "Nuestra Christa se despertará y dirá: «¿Es esto Iowa?» y ellos le dirán: «No, esto es el cielo»", dijo ante la sollozante multitud congregada en la misma iglesia donde habían dado a Dempsey el último adiós.

En California, Mortenson se sintió más desorientado que nunca en la vida. La llamada de Dan Mazur, un hábil escalador al que Mortenson conocía por su fama de persona decidida, le llegó entonces como una cuerda de salvamento. Estaba planeando una expedición al K2, la prueba final del alpinismo, y necesitaba un médico. ¿Podría Mortenson plantearse participar? Allí se abría un camino, un medio a través del cual podría recuperar el rumbo y, al mismo tiempo, honrar a su hermana como se merecía. Hallaría el modo de sacarle algún sentido a aquella dolorosa experiencia.

Delicadamente, Mortenson volvió a colocar el mono de peluche GiGi encima del álbum de fotos. Un enorme camión pasó con gran estruendo al otro lado de la calle, provocando un ligero temblor en la habitación. Salió despacio del almacén y extrajo su equipo de alpinismo del maletero de *La Bamba*.

Mientras colgaba cuidadosamente su arnés, sus cuerdas, sus crampones, mosquetones y pernos de anclaje en los ganchos donde habían estado colgados entre los distintos viajes de los últimos cinco años, aquellas herramientas que lo habían llevado a través de continentes y por encima de cumbres en otros tiempos consideradas inalcanzables para el ser humano, le parecieron inútiles. ¿Qué herramientas necesitaba para conseguir dinero? ¿Cómo podría convencer a los estadounidenses para que prestaran atención a un grupo de niños sentados en medio del frío, al otro lado del mundo, que escribían sus lecciones rascando en la tierra con palos? Apagó la luz, devolviendo todos aquellos objetos a la oscuridad, y un fragmento de sol californiano brilló en los ojos de plástico del mono de peluche antes de que Mortenson echase el candado a la puerta.

CAPÍTULO 5

Quinientas ochenta cartas, un cheque

Deja que la triste nostalgia habite en tu corazón.
No te rindas nunca, no pierdas la esperanza.
Alá dice: "Los débiles serán mis queridos".
Quiebra tu corazón. Sé débil.

-Shaik Abu Saeed Kheir, aka Nobody Son of Nobody

La máquina de escribir era demasiado pequeña para las manos de Mortenson. No paraba de presionar dos teclas a la vez, por lo que tenía que sacar el papel y volver a empezar, lo que dificultaba la ta rea. Pagar un dólar la hora por el alquiler de una vieja IBM Electric le había parecido razonable, pero después de pasarse cinco horas en la copistería Krishna, situada en el centro de Berkeley, tan solo había acabado cuatro cartas.

El problema, aparte de lo poco práctico que resultaba escribir con aquellas teclas que IBM había dispuesto tan incómodamente cerca las unas de las otras, era que Mortenson no estaba seguro de qué decir exactamente. "Estimada Sra. Winfrey", escribió en la apertura de la quinta carta. "Soy un admirador de su programa. Tengo la impresión de que es usted una persona que se preocupa por mejorar la vida de la gente. Le escribo para hablarle sobre un pequeño pueblo de Pakistán llamado Korphe, y sobre una escuela que estoy intentando construir allí. ¿Sabía usted que muchos niños de esa bella región del Himalaya no tienen escuela?"

Ese era el punto en el que se quedaba atascado. No sabía si ir al grano y mencionar el dinero, o si limitarse a pedir ayuda, y, si pedía dinero, ¿debía pedir una cantidad específica? "Tengo intención de construir una escuela con cinco clases para la formación de cien estudiantes hasta quinto curso", escribió Mortenson. "Mientras me encontraba en Pakistán ascendiendo el K2, la segunda cumbre más alta del mundo (no logré llegar a la cima), consulté el plan con expertos locales. Empleando materiales autóctonos y la mano de obra de los artesanos de la zona, estoy seguro de que la escuela podría levantarse por doce mil dólares.

Y entonces llegaba la parte más difícil. ¿Debía pedirlo todo? "Cualquier contribución económica que pudiera hacer sería una bendición", decidió decir Mortenson. Pero sus dedos se equivocaron de tecla y la última palabra se leía "bensución". Rompió la hoja y volvió a empezar.

Cuando llegó la hora de irse a trabajar en el turno de noche en la sala de urgencias del Hospital Universitario de San Francisco, Mortenson había completado, cerrado y sellado seis cartas. Una dirigida a Oprah Winfrey. Una para cada uno de los presentadores de las cadenas de noticias más importantes, entre ellos Bernard Shaw, de CNN, ya que pensó que esa cadena se estaba poniendo a la altura de sus rivales, y una carta que había escrito de forma espontánea a Susan Sarandon, porque le parecía una buena persona, entregada a las causas humanitarias. Condujo a *La Bamba* en medio del tráfico en hora punta, sujetando el volante con un solo dedo. Esa sí que era una máquina perfectamente adecuada al tamaño de las manos de Mortenson. Aparcó un momento y, asomando la cabeza por la ventanilla del copiloto, deslizó las cartas por las fauces de un buzón situado en el borde de la acera frente a la oficina de correos de Berkeley.

No era mucho para todo un día de trabajo, pero al menos había empezado. Ya iría más rápido, se dijo a sí mismo. No le quedaría más remedio si quería cumplir con el objetivo de quinientas cartas que se había propuesto. Mientras recorría el trayecto hacia el trabajo, cruzando el Bay Bridge, sintió que la cabeza le daba vueltas, como si hubiera encendido una mecha y se acercara una explosión de buenas noticias.

En la sala de emergencias, un turno podía desarrollarse en medio del caos entre heridas de arma blanca y de abscesos hemorrágicos, o a altas horas de la noche, cuando no se producían ingresos de gravedad, avanzar lenta e imperceptiblemente hasta el amanecer. En aquellos ratos de calma, Mortenson se echaba una cabezada en alguna cama, o charlaba con alguno de los médicos, como Tom Vaughan. Este, un hombre alto, delgado y serio, era neumólogo y también escalador. Había subido el Aconcagua, en los Andes, la montaña más alta situada fuera de Asia, pero fue su experiencia como médico de expedición durante un intento estadounidense en 1982 de ascender el Gasherbrum II lo que creó el vínculo entre el médico y el enfermero.

"Desde el Gasherbrum II se podía ver el K2.", explica Vaughan "Era una visión increíblemente bella y aterradora, y tenía muchas cosas que explicarle a Greg sobre cómo era la experiencia de escalarlo". Vaughan había formado parte de un intento por alcanzar el que generalmente se considera el pico más fácil de los ocho miles. Pero durante su estancia en la montaña, ninguno de los miembros de su equipo consiguió llegar a la cima, y uno de los miembros de la expedición, Glen Brendeiro, fue arrastrado por una avalancha y su cuerpo nunca se encontró.

Vaughan conocía el tipo de destrezas necesarias para acercarse a la cima de una cumbre mortal como el K2. En medio de situaciones críticas, hablaban de la grandiosidad y la desolación del Baltoro, que ambos consideraban el lugar más espectacular de la tierra, y Mortenson le interrogaba con gran interés sobre la investigación que estaba llevando a cabo en torno al edema pulmonar, la inflamación pulmonar inducida por la altitud que causaba tantas muertes y lesiones entre los escaladores.

"Greg era asombrosamente rápido, calmado y competente ante las urgencias", recuerda Vaughan, "pero cuando uno le hablaba de medicina, no parecía interesarle demasiado. Mi impresión de él en aquellos tiempos era que estaba dejando el tiempo pasar hasta poder volver a Pakistán".

Probablemente la mente de Mortenson estaba totalmente concentrada en una pequeña aldea de montaña situada a diecinueve mil kilómetros de California, pero aun así, no podía apartar los ojos de una residente de anestesiología que le hacía perder la razón cada vez que se encontraban: la Dra. Marina Villard. "Marina era una belleza natural", explica Mortenson. "Era escaladora. No se maquillaba, y tenía un pelo oscuro y unos labios carnosos que apenas me atrevía a mirar. Lo pasaba fatal cada vez que tenía que trabajar con ella. No sabía si debía invitarla a salir o evitarla para poder pensar con claridad".

Para ahorrar dinero mientras intentaba recaudar fondos para la escuela, Mortenson decidió no alquilar un apartamento. Contaba con su pequeño almacén, y el asiento trasero de *La Bamba* tenía el tamaño de un sofá. Comparado con una tienda llena de corrientes de aire en el Baltoro, aquel parecía un lugar bastante cómodo para dormir. Seguía siendo socio del gimnasio City Rock, lo que le permitía acceder a las duchas y a la pared que escalaba casi todos los días para mantenerse en forma. Cada noche, Mortenson daba vueltas por los Berkeley Flats, una zona de almacenes situada junto a la bahía, en busca de un lugar oscuro y tranquilo donde poder dormir sin que nadie le molestara. Envuelto en su saco de dormir, con las piernas estiradas casi al completo en la parte trasera de *La Bamba*, siempre encontraba a Marina revoloteando en sus pensamientos antes de rendirse al sueño.

Los días que no trabajaba, Mortenson seguía buscando los fondos que necesitaba, perdido entre cientos de cartas. Escribió a todos los senadores de los Estados Unidos. Frecuentaba la biblioteca pública y estudiaba todo tipo de revistas de cultura pop en busca de los nombres de estrellas de cine y de cantantes famosos que añadía a una lista que guardaba doblada dentro de una bolsa Ziploc. Copiaba direcciones de un libro que recogía el *ranking* de las cien mayores fortunas estadounidenses. "No tenía ni idea de lo que estaba haciendo", recuerda Mortenson. "Tan solo elaboraba una lista de todas las personas que me parecían poderosas o populares o importantes y les escribía una carta. Tenía treinta y seis años y ni siquiera sabía utilizar un ordenador. Así de perdido estaba".

Un día Mortenson fue hasta la copistería Krishna y se la encontró cerrada. Se dirigió a la copistería más cercana, Lazer Image, en avenida Shattuck, y preguntó si podía alquilar una máquina de escribir.

"Le dije que no teníamos máquinas de escribir", recuerda Kishwar Syed, el propietario de Lazer Image. "Estamos en 1993, ¿por qué no alquila un ordenador? y él me contestó que no sabía utilizarlo".

Mortenson pronto supo que Syed era pakistaní, de Bahawal Puy, un pequeño municipio del Punjab central, y cuando Syed descubrió la razón por la que Mortenson quería escribir tantas cartas, lo sentó frente a un Apple Macintosh y le dio unas clases gratuitas hasta que su nuevo amigo adquirió las nociones básicas de informática.

"Mi pueblo en Pakistán no tenía escuela, por lo que valoraba mucho lo que Greg estaba intentando hacer", dice Syed. "Su causa era tan admirable que me sentía en el deber de ayudarle".

A Mortenson le asombraron las funciones de copiar, cortar y pegar del ordenador. Se dio cuenta de que podría haber escrito en un día las trescientas cartas cuya redacción le había llevado meses. En una sola sesión de fin de semana regada con mucha cafeína y bajo la tutela de Syed, Mortenson cortó y pegó febrilmente los textos de sus cartas para recaudar fondos, hasta que alcanzó su meta de quinientas cartas, e incluso fue más allá. Tras haber ampliado con Syed la lista de celebridades, terminó por enviar quinientas ochenta cartas. "Era muy interesante", confiesa Mortenson. "Una persona de Pakistán instruyéndome en informática para poder escolarizar a unos niños pakistaníes"

Aunque ya había enviado todas las cartas, Mortenson solía volver a la tienda de Syed en sus días libres para poner en práctica sus habilidades informáticas, y llego a escribir hasta dieciséis solicitudes de subvenciones para la escuela de Korphe.

Cuando estaban juntos, encorvados frente al ordenador, Mortenson y Syed hablaban de mujeres. "Solíamos hablar de la soledad y del amor". Syed estaba prometido a una mujer que su madre le había elegido en Karachi, y él trabajaba con el fin de reunir dinero suficiente para celebrar una bonita boda y traérsela a América.

Mortenson le confió a Syed su amor por Marina y él le sugería estrategias e inventaba distintas técnicas para que su amigo la invitara a salir. "Escucha a Kish", le aconsejaba. "Te estás haciendo mayor y necesitas formar una familia. ¿A qué estás esperando?"

A Mortenson se le trababa la lengua cada vez que intentaba invitar a Marina, pero durante sus ratos libres en el Hospital Universitario de San Francisco empezó a contarle historias del Karakórum, y de su proyecto de la escuela. Intentando no perderse en los ojos de aquella mujer, Mortenson se escondía en sus recuerdos mientras hablaba, pero cuando levantaba la mirada, tras haber narrado el rescate de Etienne, o sus días extraviado en el Baltoro, o el tiempo que había pasado en Korphe al cuidado de Haji Ali, a Marina le brillaban los ojos. Después de dos meses manteniendo aquellas conversaciones, ella misma acabó con la agonía de Mortenson invitándole a salir.

Mortenson había vivido con una frugalidad monacal desde su regreso de Pakistán. La mayoría de los días desayunaba el menú especial de noventa y nueve centavos –café y una rosquilla– en una tienda camboyana de avenida McArthur. A menudo, no volvía a probar bocado hasta la cena, cuando se "ponía las botas" con un burrito de tres dólares en una de las taquerías del centro de Berkeley.

En su primera cita, Mortenson llevó a Marina a una marisquería situada en Sausalito y pidió una botella de vino blanco, apretando los dientes al ver el precio. Se entregó a la vida de Marina a un ritmo vertiginoso, dedicándose a ella por completo. Marina tenía dos hijas de un matrimonio anterior, Blaise, de cinco años, y Dana, de tres. Mortenson no tardó en sentirse tan unido a ellas como lo estaba a su madre.

Alguno de los fines de semana que las niñas pasaban con su padre, Marina y él se iban a Yosemite, dormían en *La Bamba* y escalaban picos como Cathedral Spire. Cuando las niñas estaban en casa, Mortenson se las llevaba a Indian Rock, un afloramiento rocoso situado en las impresionantes Beverly Hills, donde les enseñaba los aspectos básicos de la escalada. "Me sentía como si, de repente, tuviera mi propia familia", explica Mortenson, "y descubría que era algo que realmente quería. Si la recaudación de fondos para la escuela hubiera ido mejor, en aquel momento, me habría sentido completamente feliz".

Jerene Mortenson había estado siguiendo la odisea de su hijo con preocupación desde su nuevo hogar en River Falls, Wisconsin. Tras haber finalizado el doctorado había sido contratada como directora del Westside Elementary School. Jerene convenció a su hijo para que visitara su escuela y diera una charla ante seiscientos estudiantes. "Llevaba mucho tiempo intentando explicar a los adultos la razón por la que quería ayudar a los estudiantes de Pakistán", cuenta Mortenson, "pero los niños lo entendieron enseguida. Cuando vieron las fotos, no pudieron creerse que hubiera un lugar donde los niños tuvieran que sentarse sobre el suelo helado e intentar aprender sin profesores. Por esa razón, decidieron hacer algo al respecto".

Un mes después de volver a Berkeley, Mortenson recibió una carta de su madre. En ella le explicaba que sus alumnos habían iniciado, de forma espontánea, una campaña llamada "Centavos para Pakistán". Habían reunido 62.345 centavos, que llenaban dos cubos de basura de ciento cincuenta litros. Cuando Mortenson ingresó el cheque por valor de 623,45 dólares que le adjuntaba su madre, sintió que su suerte por fin empezaba a cambiar. "Los niños habían dado el primer paso para la construcción de la escuela", dice Mortenson, "y lo hicieron con algo que es generalmente infravalorado en nuestra sociedad: los centavos, pero en otros países, los centavos pueden mover montañas".

Los siguientes pasos tardaron mucho en llegar. Habían pasado seis meses desde que Mortenson enviara las primeras quinientas ochenta cartas y finalmente recibió su primera y única respuesta. Tom Brokaw, como Mortenson, era ex-alumno de la Universidad de Dakota del Sur. Al ser ambos jugadores del equipo de fútbol habían tenido como entrenador a Lars Overskei, un hecho que Mortenson había mencionado en su carta. Brokaw le envió un cheque por valor de cien dólares y una nota deseándole suerte. Una tras otra, empezaron a llegar cartas de fundaciones que eran como mazazos para las esperanzas de Mortenson, ya que le notificaban la denegación de sus dieciséis solicitudes de subvenciones.

Mortenson le enseñó la nota de Brokaw a Tom Vaughan y le confesó los pobres progresos de su campaña de recaudación de fondos. Vaughan era miembro de la Fundación Americana del Himalaya y decidió ver si la organización podía colaborar. Escribió un breve artículo sobre la ascensión de Mortenson al K2 y sobre sus esfuerzos para construir una escuela para Korphe, que se publicó en el boletín informativo de la asociación a nivel nacional, y recordó a sus miembros, muchos de los cuales pertenecían a la élite alpinista de Estados Unidos, el legado de Sir Edmund Hillary en Nepal.

Después de conquistar el Everest con Tenzing Norgay en 1954, Hillary volvió al valle Khumbu en numerosas ocasiones, y emprendió una labor que describió como más difícil que alcanzar la cima del pico más alto del mundo: construir escuelas para las empobrecidas comunidades sherpa cuyos porteadores habían hecho posible su ascensión.

En su libro *Una escuela en las nubes*, escrito en 1964, en el que recogía sus esfuerzos humanitarios, Hillary hablaba con una sorprendente visión de futuro sobre la necesidad de proyectos de ayuda para los lugares más pobres y remotos del mundo. Lugares como Khumbu y como Korphe. "Lenta y dolorosamente, estamos asistiendo a una aceptación mundial del hecho de que los países más ricos y avanzados tienen la responsabilidad de ayudar a los menos desarrollados", escribió. "No solo por caridad, sino también porque solo de esa manera podremos aspirar a la paz y a la seguridad permanentes en nuestra vida".

Pero en cierto modo, el camino de Hillary fue mucho más sencillo que la búsqueda quijotesca de Mortenson. Al conquistar el pico más alto del planeta, Hillary se había convertido en uno de los hombres más famosos del mundo. Cuando acudía a las empresas para que colaborasen con su causa para construir escuelas, estas se desvivían por prestar su apoyo a la "Expedición de la Escuela Himalaya". La *World Book Encyclopedia* se adhirió como principal patrocinadora, financiando a Hillary con cincuenta y dos mil dólares de 1963. Y la marca Sears Roebuck, que había empezado a vender hacía poco una línea de tiendas de campaña y sacos de dormir con el nombre de Sir Edmund Hillary, equipó a la expedición y envió un equipo de rodaje para que filmara el trabajo de Hillary. La recaudación de fondos aumentó cuando los representantes de Hillary vendieron a Europa los derechos cinematográficos y de prensa de aquellas grabaciones y recibieron una importante suma de dinero como anticipo de un libro sobre la expedición antes de que Hillary partiera hacia Nepal.

Mortenson no solo no había conseguido alcanzar la cima del K2, sino que además había vuelto a casa sin un duro, y como le preocupaba estropear las cosas por apoyarse demasiado en Marina, seguía pasando la mayoría de las noches en *La Bamba*. Ya era conocido entre los policías, que le despertaban de madrugada con sus linternas, lo que le obligaba a dar vueltas y vueltas hasta encontrar una zona de aparcamiento donde no pudieran encontrarle antes del amanecer.

Últimamente, Mortenson tenía la impresión de que se estaba distanciando de Marina por culpa del dinero. Sin duda, dormir en *La Bamba* en sus excursiones a la montaña de los fines de semana había perdido el encanto para ella. Él no supo llevar bien la situación cuando, en una fría tarde de principios de primavera, de camino a Yosemite, ella sugirió que se dieran el capricho de alojarse en el histórico Ahwahnee Hotel.

Un solo fin de semana en Ahwahnee costaba casi lo mismo que todo el dinero que llevaba recaudado para la escuela, y después de que Mortenson se negara en rotundo, su fin de semana en la humedad del coche estuvo a punto de estallar por la tensión contenida.

En uno de esos típicos días fríos y nubosos del verano de San Francisco, Mortenson llegó a su turno de trabajo y Vaughan le entregó una página arrancada de su talonario de recetas. "Este hombre leyó el artículo sobre ti publicado en el boletín informativo y me llamó", dijo Vaughan. "Es escalador y una especie de científico. Francamente parece un tipo raro. Me preguntó si eras un drogadicto que podría malgastar su dinero, pero creo que es rico. Deberías llamarle". Mortenson miró el papel. Ponía "Dr. Jean Hoerni" junto a un número de Seattle. Le dio las gracias a Vaughan y se lo metió en el bolsillo mientras caminaba hacia la sala de urgencias.

Al día siguiente, en la biblioteca pública de Berkeley, Mortenson buscó información sobre el Dr. Jean Hoerni. Le sorprendió encontrar cientos de referencias, sobre todo en recortes de presa de la industria de los semiconductores.

Hoerni era un físico nacido en Suiza y licenciado por Cambridge. Formaba parte de un grupo de científicos de California que se apodaban "Los ocho traidores", tras haber desertado del laboratorio del premio Nobel William Shockley, un personaje tempestuoso y de triste fama, que había inventado un tipo de circuito integrado que allanaría el camino para el chip de silicio. Un día, mientras se duchaba, Hoerni halló la solución al problema de almacenamiento de información en un circuito. Observando cómo se deslizaban las gotas de agua por sus manos, pensó que el silicio podía disponerse en capas de un modo similar sobre un circuito, aumentando notablemente su superficie y su capacidad. Llamó a esta técnica "proceso planar" y la patentó.

Hoerni, cuya brillantez solo era igualable a su mal genio, cambiaba de trabajo frecuentemente, ya que se enfrentaba repetidamente con sus socios, pero a lo largo de su destacable trayectoria profesional, fundó varias compañías que acabarían convirtiéndose, tras su retirada, en gigantes industriales como Fairchild Semiconductors, Teledyne e Intel. Cuando Hoerni llamó a Tom Vaughan intentando localizar a Mortenson, tenía setenta años, y su fortuna personal era de cientos de millones de dólares.

Hoerni también era escalador. De joven, había intentado ascender el Everest y había escalado picos en los cinco continentes. Dotado de tanta dureza física como mental, había sobrevivido una vez a una noche a gran altitud llenando su saco de dormir con papel de periódico. Cuando regresó a la civilización escribió una carta al editor del *Wall Street Journal,* en la que elogiaba al periódico como "la publicación más cálida con diferencia".

A Hoerni le apasionaba el Karakórum, que había atravesado a pie, y le gustaba explicar a sus amigos el asombro que le había causado la discrepancia entre el exquisito paisaje de montaña y la cruda vida de los porteadores balti.

Mortenson cambió diez dólares en monedas de veinticinco centavos y llamó a Hoerni a su casa de Seattle desde el teléfono público de la biblioteca.

"Hola", dijo, tras esperar varios minutos a que Hoerni cogiera finalmente el teléfono. "Soy Greg Mortenson. Tom Vaughan me ha dado su número y le llamo porque...".

"Sé lo que estás buscando", le interrumpió una voz seca con acento francés. "Dime, si te doy dinero para tu escuela, ¿no pensarás largarte a alguna playa de México, a fumar hachís y a tirarte a tu novia, verdad?".

"Yo..."dijo Mortenson.

"¿Qué dices?".

"No, señor, claro que no. Solo quiero educar a los niños". Pronunció "educar" con esa cándida cadencia propia de la región central de los Estados Unidos con la que solía sazonar su palabra favorita. *E-du-car*. "En el Karakórum realmente necesitan nuestra ayuda. La vida allí es muy difícil".

"Lo sé", dijo Hoerni. "Estuve allí en 1974. Durante mi viaje al Baltoro".

"¿Fue para una expedición, o con una...?".

"Bien. ¿Cuánto, exactamente, costará tu escuela?" le espetó Hoerni. Mortenson echó más monedas en el teléfono.

"Me reuní con un arquitecto y un contratista en Skardu, que me calcularon el coste de los materiales" dijo Mortenson. "Me gustaría que tuviera cinco habitaciones: cuatro clases y una sala común para...".

"¡Una cifra!" dijo Hoerni bruscamente.

"Doce mil dólares" respondió Mortenson nervioso, "pero cualquier contribución que pueda aportar...".

"¿Eso es todo?" preguntó Hoerni, incrédulo, "¿No te estarás tirando un farol? ¿De verdad puedes construir tu escuela con doce de los grandes?".

"Sí, señor" contestó Mortenson, que podía oír los latidos de su propio corazón. "Estoy seguro".

"¿Cuál es tu dirección?"le pidió Hoerni.

"Vaya, interesante pregunta".

Mortenson caminó atolondrado por entre la multitud de estudiantes de la avenida Shattuck hasta alcanzar su coche. Pensó que aquella noche tenía una razón de peso para no dormir en *La Bamba*.

Una semana después, abrió su apartado de correos y encontró dentro un sobre que contenía un cheque por valor de doce mil dólares enviado por Hoerni a la Asociación de Amigos del Himalaya a nombre de Mortenson, y una breve nota garabateada en un trozo de papel milimetrado que decía: "No la cagues. Saludos, J.H.".

Las primeras ediciones fueron las primeras en volar. Mortenson llevaba años merodeando por la librería de Black Oak Books de Berkeley, sobre todo por su sala trasera, donde había encontrado cientos de libros sobre la historia del alpinismo. Sacó cajas llenas de libros y las metió en su coche, junto con algunos títulos especiales sobre Tanzania que habían pertenecido a su padre. Por todo ello consiguió algo menos de seiscientos dólares.

Mientras esperaba para cobrar el cheque de Hoerni, Mortenson convirtió todas sus posesiones en dinero para comprarse un billete de avión y pagarse los gastos en cualquiera que fuera su estancia en Pakistán. Le dijo a Marina que iba a seguir hasta el final aquel proyecto con el que estaba obsesionado desde que la había conocido, hasta que cumpliera la promesa que había hecho a los niños de Korphe. Cuando volviera, le prometió, las cosas serían diferentes. Trabajaría a jornada completa, encontrarían un verdadero hogar, y llevaría una vida más tranquila.

Llevó todo su equipo de escalada al Wilderness Exchange de la avenida San Pablo, un lugar en el que había gastado gran parte de sus ingresos desde que se había aficionado al alpinismo. El trayecto que separaba al establecimiento de su almacén duraba apenas cuatro minutos, pero a Mortenson le parecieron horas. "Sentí que estaba dejando atrás la vida que había llevado desde que llegara a California", confiesa. Salió de allí con aproximadamente mil quinientos dólares más en el bolsillo.

La mañana anterior a su vuelo, Mortenson llevó a Marina al trabajo, y luego se despojó de lo que más quería. En un solar de Oakland, en el que se vendían y compraban coches usados, aparcó a *La Bamba* y la vendió por quinientos dólares. Aquel coche que tanta gasolina tragaba le había llevado desde el centro del país hasta su nueva vida como escalador en California. Le había servido de alojamiento durante un año, mientras luchaba por abrirse paso en el complicado proceso de la recaudación de fondos. Ahora, lo obtenido con la venta del coche le ayudaría a viajar al otro lado de la Tierra. Le dio unas palmaditas al capó color burdeos, se metió el dinero en el bolsillo, y llevó su bolsa de lana al taxi que le esperaba para llevarle hasta el siguiente capítulo de su vida.

CAPÍTULO 6

Los tejados de Rawalpindi al anochecer

La oración es mejor que el sueño.

-del *hazzan*, o llamada al culto

Se despertó, enrollado alrededor del dinero y empapado en sudor. Tenía doce mil ochocientos dólares apretujados en un saco de nailon verde. Doce mil para la escuela. Ochocientos para sobrevivir durante los meses siguientes. La habitación era tan austera que el único lugar donde podía esconder la bolsa era bajo su ropa. Aplastó el dinero a conciencia, tal y como se había acostumbrado a hacer desde que había dejado San Francisco, giró las piernas para sacarlas del frágil *charpoy* en el que estaba tumbado y puso los pies en el frío suelo de cemento.

Mortenson abrió la cortina y se vio recompensado con las vistas: un bonito cielo azul recortado por el minarete cubierto de azulejos verdes de la cercana mezquita del Servicio Estatal de Transportes (GTS). El cielo tenía un tinte violáceo que podía indicar tanto el amanecer como el anochecer. Intentó espabilarse un poco frotándose la cara mientras lo pensaba. Definitivamente estaba anocheciendo. Había llegado a Islamabad al amanecer y debía de haberse pasado el día durmiendo. Había recorrido medio mundo, en un itinerario de cincuenta y seis horas marcado por un billete de bajo coste, desde San Francisco a Atlanta, a Frankfurt, a Abu Dhabi y, finalmente, tras superar un laberinto de zonas horarias y salas de embarque mal ventiladas, al sofocante y frenético aeropuerto de Islamabad. Y allí estaba ahora, en la frondosa y abarrotada ciudad gemela de Islamabad, la mísera ciudad de Rawalpindi, alojado en la que, según el director del Hotel Khyaban, era la habitación "más económica".

Ahora cada rupia contaba. Cada dólar malgastado suponía privar de ladrillos o de libros a la escuela. Por cuarenta rupias la noche, cerca de dos dólares, Mortenson vivía en aquella estancia improvisada, un cubículo acristalado sobre el tejado del hotel que parecía más un cobertizo que una habitación. Se puso los pantalones, se despegó la camisa del *shalwar* del pecho, y abrió la puerta. Fuera, el aire del anochecer no era mucho más fresco, pero al menos, circulaba un poco, y eso era de agradecer.

Sentado en cuclillas, vestido con un sucio *shalwar kamiz* azul celeste, el *chokidar* (vigilante) del hotel, Abdul Shah, contemplaba a Mortenson con el único ojo que le permitía una visión nítida. "*Salaam Alaaaikum*, Sahib, Greg Sahib", le dijo, como si llevara toda la tarde esperando por si Mortenson salía, y entonces se levantó y fue corriendo a por té.

En una oxidada silla plegable colocada encima del tejado, al lado de una pila de bloques de cemento que insinuaban las ambiciones futuras del hotel, Mortenson aceptó un descascarillado jarro de porcelana lleno de un pegajoso té dulce con leche e intentó aclarar su mente para poder idear un plan de acción.

Cuando se había alojado en el Khyaban un año antes, lo había hecho como miembro de una expedición que tenía cada movimiento planeado minuciosamente. Todos los momentos de cada día tenían unas tareas asignadas, desde llenar y clasificar sacos de harina y comida liofilizada, pasando por conseguir permisos y gestionar billetes de avión, hasta contratar a los porteadores y encontrar mulas para el transporte.

"*Mister* Greg, Sahib" dijo Abdul, como si se anticipara a sus pensamientos, "¿puedo preguntarle por qué ha vuelto?"

"He venido a construir una escuela, *Inshallah*" contestó Mortenson.

"¿Aquí en "Pindi", Greg Sahib?"

Mientras lograba terminar el jarro de té, Mortenson le contó a Abdul la historia de su fracaso en el K2, de sus andanzas por el glaciar, y de cómo los habitantes de Korphe se habían ocupado de aquel forastero que se habían encontrado vagando por su pueblo.

Sentado en cuclillas, Abdul se relamía los dientes y se rascaba su generosa barriga, pensativo. "¿Es un hombre rico?", le preguntó a Mortenson, mirando con recelo sus desgastadas zapatillas deportivas y su deshilachado *shalwar* de color fango.

"No", respondió Mortenson. No podía hallar la manera de expresar con palabras los torpes esfuerzos realizados durante el año anterior. "Muchas personas de Estados Unidos han donado un poco de dinero para la escuela, incluso los niños", le explicó Mortenson, al fin. Se sacó la bolsa de nailon verde de debajo de la camisa y le mostró el dinero a Abdul. "Esto es suficiente para una escuela, si actúo con mucha prudencia".

Abdul se levantó con determinación. "Por la luz misericordiosa de Alá todopoderoso, mañana vamos a regatear. Tenemos que conseguir un buen precio", le dijo, recogiendo el juego de té entre sus brazos y despidiéndose.

Desde su silla plegable, Mortenson oyó el chisporroteo eléctrico de los cables que se enredaban por el minarete de la mezquita, antes de que la voz amplificada del *hazzan* llamara a los fieles a la oración. Mortenson vio cómo una sincronizada bandada de golondrinas alzaba el vuelo, aún con la forma del tamarindo del jardín del hotel sobre el que habían estado descansando y se perdía revoloteando por encima de los tejados.

Por todo Rawalpini, los gritos de los *muezzins* de otras mezquitas sazonaban el aire crepuscular con exhortaciones. Mortenson había estado en aquel tejado un año antes, y había escuchado aquellos sonidos del anochecer en Rawalpindi como si fueran la exótica banda sonora de su expedición, pero ahora, solo sobre el tejado, los *muezzins* parecían estar hablándole directamente. Sus voces vetustas, invocando a la fe y al deber, sonaban como llamadas a la acción. Borró de su mente las dudas que le habían acosado durante el último año sobre su capacidad para construir la escuela mientras Abdul se apresuraba a retirar la bandeja del té. Al día siguiente se pondría manos a la obra.

El momento en que Abdul volvía a golpear su puerta coincidió con la llamada matutina del *muezzin*. A las cuatro y media, mientras empezaba a sonar el ruido electrónico de un micrófono y escuchaba cómo el pueblo durmiente de Rawalpindi se aclaraba la voz antes de acudir a la llamada a la oración, Mortenson abrió la puerta de su cobertizo y encontró a Abdul sujetando la bandeja del té con gran determinación.

"Hay un taxi esperándole, pero primero el té, Greg Sahib".

"¿Un taxi?" preguntó Mortenson, frotándose los ojos.

"Para el cemento" le contestó Abdul, como si le estuviera explicando un principio aritmético elemental a un estudiante excepcionalmente lento. "¿Cómo se puede construir una escuela sin el cemento?

"No se puede, desde luego" admitió Mortenson, riéndose, y le dio un sorbo al té, deseando que la cafeína empezara a hacerle efecto cuanto antes.

Al amanecer partieron hacia el oeste, a través de la que había sido una vez la carretera principal del país, que se prolongaba hasta los dos mil seiscientos kilómetros que separan Kabul y Calcuta, pero que había quedado ahora degradada a autopista nacional 1 por la frecuencia con que se cerraban las fronteras de la India con Pakistán. El diminuto Suzuki amarillo en el que viajaban parecía carecer de suspensión. Mientras saltaba sobre los baches a cien kilómetros por hora, Mortenson, encajado en el minúsculo asiento trasero, luchaba por protegerse la barbilla para no golpeársela con las rodillas que llevaba a duras penas flexionadas.

Cuando llegaron a Taxila, a las seis de la mañana, ya hacía calor. En el año 326 a.C., Alejandro Magno había alojado a sus tropas en aquel lugar durante su última y más oriental ofensiva militar para ampliar su imperio. Por su ubicación en la confluencia de las rutas comerciales entre oriente y occidente, en el punto donde se cruzaba la carretera principal con la Ruta de la Seda desde China, Taxila había sido uno de los enclaves estratégicos de la antigüedad. La Taxila actual contenía los restos arquitectónicos del mundo antiguo. En otros tiempos había sido el emplazamiento del tercer monasterio más grande del budismo y una base para la difusión de las enseñanzas de Buda en las montañas del norte. Pero ahora, las mezquitas históricas de Taxila estaban remendadas y repintadas, y los santuarios budistas erosionados hasta confundirse con los bloques de roca con los que habían sido construidos. Aquella zona rocosa era ahora una ciudad fábrica. El ejército pakistaní producía en aquel lugar réplicas de anticuados tanques soviéticos, y cuatro columnas de humo señalaban la localización de las cuatro enormes fábricas de cemento con las que se asentaba gran parte de los cimientos de las infraestructuras de Pakistán.

Mortenson tuvo la tentación de entrar en la primera de ellas y empezar a regatear, pero, una vez más, Abdul le regañó como a si fuera un ingenuo estudiante. "Pero Greg, Sahib, primero tenemos que tomar té y hablar de cemento".

Intentando mantener el equilibrio sobre un taburete tan pequeño que parecía de juguete, Mortenson sopló sobre el quinto vasito de té verde e intentó descifrar la charla de Abdul con tres ancianos clientes del salón de té, cuyas blancas barbas estaban teñidas de amarillo a causa de la nicotina. Mantenían una conversación muy acalorada y Mortenson estaba seguro de que discutían sobre los detalles de la compra del cemento.

"Y bien" preguntó Mortenson después de dejar unos cuantos billetes de rupias sucios sobre la mesa. "¿Qué fábrica? ¿Fetco? ¿Fauji? ¿Askari?".

"Mire, ellos no me lo han sabido decir" le explicó Abdul. "Me han recomendado ir a otro salón de té cuyo propietario tiene un primo que solía tratar con cemento".

Era ya mediodía cuando por fin obtuvieron una respuesta, tras visitar dos salones más y tomar un sinfín de tazas de té. El cemento de Fauji tenía fama de ser aceptable y de estar menos adulterado con aditivos lo que lo hacía más resistente al clima del Himalaya. La compra de los cien sacos de cemento que Mortenson calculó que necesitaría para la escuela fue decepcionante. Preparándose para la dura operación del regateo, a Mortenson le sorprendió ver cómo Abdul se introdujo en las oficinas de la fábrica Fauji, realizó un pedido mansamente y le pidió un depósito de cien dólares.

"¿Y qué hay del regateo?", preguntó Mortenson, doblando el recibo que prometía la entrega de cien sacos en el Hotel Khyaban en el plazo de una semana.

Una vez en el taxi, Abdul encendió un maloliente cigarrillo e instruyendo pacientemente a su alumno una vez más, apartó el humo junto con las preocupaciones de Mortenson. "¿Regateo? Con el cemento no posible. El negocio del cemento es un...", dijo buscando una palabra para aclararle las cosas al ingenuo americano, "...mafia. Mañana en Rajah Bazaar mucho *bes*, mucho regateo".

Mortenson se acurrucó de nuevo en el asiento trasero flexionando las rodillas bajo la barbilla y el taxi inició el regreso a "Pindi".

En el Hotel Khyaban, mientras se quitaba la camisa de su polvoriento *shalwar* por encima de la cabeza en el vestuario masculino, Mortenson sintió cómo se rasgaba la tela. Levantó la camisa por detrás para examinarla y vio que una costura se había abierto por el medio, desde el hombro hasta la cintura. Se esforzó en limpiarse el polvo del camino duchándose con un hilo de agua, y volvió a ponerse su único conjunto pakistaní. Aquel *shalwar* de segunda mano le había servido durante su camino de ida y vuelta al K2, pero ahora necesitaría otro. Como si le leyera el pensamiento, Abdul le cortó el paso de camino a su habitación, miró la rotura con desaprobación, y sugirió que fueran a un sastre.

Dejaron atrás el oasis de vegetación del Khyaban y se adentraron en el corazón de "Pindi". Por la calle, encontraron una fila de doce carros de caballos listos para hacer de taxis, que echaban espuma por la boca y piafaban mientras un anciano con la barba teñida de alheña regateaba los precios enérgicamente.

Mortenson alzó la vista y vio por primera vez la valla publicitaria pintada en vivos colores que había en la concurrida intersección de las carreteras de Kashmir y Adamjee. "Por favor, vengan a ver al Dr. Azad", ponía en inglés. Junto a un esqueleto dibujado de forma rudimentaria que tenía unas diminutas calaveras brillando en los ojos, la publicidad del Dr. Azad prometía: "¡Sin efectos secundarios!"

El sastre no hacía publicidad de sus servicios. Estaba ubicado en un gran complejo de cemento lleno de tiendas situado en Haider Road que, o bien llevaba una década en estado de deterioro, o bien seguía esperando sin entusiasmo que se concluyera su construcción. Aunque Manzoor Khan probablemente ocupara aquella fachada de casi dos metros de ancho de forma ilegal, frente a un ventilador, unos cuantos rollos de tela y un maniquí de sastre, irradiaba respeto. Las austeras monturas negras de sus gafas y su blanca barba recortada con precisión, le otorgaban un aire intelectual mientras estiraba la cinta de medir alrededor del pecho de Mortenson, miraba asustado los resultados, volvía a medir, y anotaba números en un bloc.

"Sahib, Manzoor le pide disculpas", le explicó Abdul, "pero su *shalwar* necesitará seis metros de tela, mientras que los de nuestros paisanos solo cuatro. Así que debe cobrarle cincuenta rupias más. Creo que dice la verdad", añadió Abdul.

Mortenson lo aceptó y pidió que le confeccionaran dos conjuntos de *shalwar kamiz*. Abdul se subió a la plataforma del sastre y tiró con fuerza de los rollos de los colores más brillantes, azul de huevo de petirrojo y verde pistacho. Mortenson, pensando en el polvo del Baltistán, insistió en que los dos conjuntos fueran de color marrón fango.

"Así no se distinguirá la suciedad" le dijo al decepcionado Abdul.

"Sahib, Greg Sahib" alegó Abdul "mejor para usted ser el caballero limpio. Así le respetarán muchos hombres".

Mortenson imaginó el pueblo de Korphe, donde los habitantes sobrevivían a los interminables meses de invierno en sus casas de piedra y barro, apiñados con sus animales alrededor de humeantes hogueras de excrementos de yak, y vestidos con el único conjunto que poseían.

"El marrón estará bien", dijo Mortenson.

Cuando Manzoor aceptó la paga y señal de Mortenson, la llamada de un *muezzin* atravesó el enjambre de pequeñas tiendas. El sastre apartó el dinero rápidamente y desplegó una descolorida alfombra rosa para rezar. La alineó con sumo cuidado.

"¿Podría enseñarme a rezar?" le preguntó Mortenson impulsivamente.

"¿Es usted musulmán?".

"Respeto el Islam" respondió Mortenson, mientras Abdul le observaba con aprobación.

"Colóquese aquí" le dijo Manzoor, encantado, haciendo señas a Mortenson para que subiera a la minúscula plataforma, junto al maniquí sin cabeza y lleno de alfileres. "Todo musulmán debe lavarse antes de la oración" le explicó. "Yo ya he hecho el *wudu*, así que eso se lo enseñaré la próxima vez". Alisó el rollo de tela marrón que había elegido Mortenson junto a su alfombra y ordenó al americano que se arrodillara a su lado. "Primero debemos mirar hacia La Meca, donde nuestro santo profeta descansa en paz" le dijo Manzoor. "Entonces debemos arrodillarnos ante el Misericordioso Alá, bendito sea su nombre".

Mortenson luchó para arrodillarse en el minúsculo cuchitril del sastre y le dio una patada sin querer al maniquí, que se movió sobre él como una deidad en señal de rechazo.

"¡No!", dijo Manzoor, agarrando las muñecas de Mortenson con sus fuertes manos y juntándole los brazos. "No podemos presentarnos ante Alá como un hombre esperando un autobús. Nos sometemos con respeto a la voluntad de Alá".

Mortenson mantuvo las manos cruzadas rígidamente y empezó a escuchar cómo Manzoor salmodiaba suavemente la esencia de todo rezo islámico, el *Shahada*, el testimonio de fe.

"Está diciendo que Alá es grande y bondadoso" le dijo Abdul, intentando ayudarle.

"Eso lo he entendido".

"¡*Kha-mosh!* ¡Silencio!" ordenó Manzoor. Se inclinó hacia adelante doblando la cintura rígidamente y postró su frente sobre la alfombra de oración.

Mortenson intentó imitarle, pero solo logró inclinarse hacia adelante un poco, ya que sintió cómo los faldones de su camisa rota se le abrían de forma poco decorosa por culpa del movimiento del ventilador que tenía a su espalda. Levantó la mirada hacia su maestro. "¿Está bien así?", le preguntó.

El sastre le observó, con unos ojos que captaban todos los detalles de su alumno a través de las gruesas monturas negras de sus gafas. "Vuelva a intentarlo cuando recoja su *shalwar kamiz*", le dijo, enrollando su alfombra y guardándola en un estrecho cilindro. "Quizá lo hará mejor".

Su caja de cristal sobre el tejado de Khyaban acumulaba el calor del sol durante todo el día y emanaba un calor sofocante durante toda la noche. Durante el día, el sonido del despiece de algún capón con un cuchillo carnicero resonaba incesantemente desde la carnicería de abajo y cuando Mortenson intentaba dormir, se oía un misterioso borboteo de agua procedente de las cañerías situadas bajo su cama. Arriba, en el techo, un tubo fluorescente permanecía despiadadamente encendido. Mortenson había buscado un interruptor por todas partes, dentro y fuera de la habitación, pero no había encontrado ninguno. Mientras daba vueltas y vueltas entre las sábanas húmedas unas horas antes del amanecer, tuvo una idea. Se puso de pie sobre el camastro, balanceándose para no perder el equilibrio, alcanzó con cuidado el tubo y logró desenroscarlo. Por fin, en medio de la más absoluta oscuridad se quedó dormido, hasta que el primer golpe firme de Abdul a su puerta lo despertó.

Al amanecer, el Rajah Bzaar ofrecía una escena de caos organizado que a Mortenson le pareció emocionante. Aunque solo le funcionaba el ojo izquierdo, Abdul cogió a Mortenson del brazo y lo introdujo hábilmente a través del sinuoso laberinto de porteadores que cargaban fardos de cables balanceándose sobre sus cabezas y de carros de burros que iban a toda prisa para entregar bloques de hielo cubiertos con arpilleras antes de que el sol, ya abrasador, redujera su valor.

Alrededor de una gran plaza había varias tiendas que vendían todo tipo de herramientas para la construcción y destrucción de edificios. Había una fila de ocho tiendas que ofrecían una muestra casi idéntica de almádenas. Había otras doce que comerciaban solo con clavos, de diversos tipos, que brillaban desde unos abrevaderos del tamaño de un ataúd. Después de haber pasado tanto tiempo concentrado en recaudar fondos y reunir apoyos, resultaba emocionante ver futuros componentes de su escuela expuestos a su alrededor. Aquel clavo de allí podía ser el último que se clavara en la construcción de la escuela de Korphe.

Pero antes de dejarse invadir por el entusiasmo, se recordó a sí mismo que debía esforzarse por regatear. Bajo el brazo, envuelto en papel de periódico, llevaba un fajo de rupias del tamaño de una caja de zapatos que había recibido en el cambista por diez de sus billetes de cien dólares.

Empezaron por un almacén de trastos viejos, apenas distinguible de los establecimientos casi idénticos que lo flanqueaban a ambos lados, pero Abdul estaba muy decidido. "Este hombre es el buen musulmán", le explicó.

Mortenson se dejó llevar por un largo y estrecho pasillo, a través de montones de puntales de madera para tejados, apoyados precariamente contra las paredes. Le sentaron sobre una gruesa pila de desteñidas alfombras junto a Ali, el propietario, cuyo impecable *shalwar* azul lavanda parecía un milagro en medio del polvo de su local. Mortenson fue más consciente que nunca de lo roto y grasiento que estaba su *shalwar*, que al menos Abdul le había cosido hasta que tuviera lista su nueva ropa. Ali se disculpó por no tener té preparado y mandó a un chico a por tres botellas de naranjada caliente marca Thums Up mientras esperaban.

A cambio de dos billetes de cien dólares, Abdul Rauf, un arquitecto cuyo despacho era un diminuto cubículo situado en el vestíbulo del Hotel Khyaban, había trazado los planos de la escuela con forma de L que Mortenson tenía en mente. En los márgenes, había detallado los materiales que se necesitarían para la construcción de la estructura de casi doscientos metros cuadrados. La madera sería seguramente el gasto más elevado. Mortenson desplegó los planos y leyó la diminuta letra del arquitecto: "Noventa y dos piezas de dos metros y medio por cuatro. Cincuenta y cuatro láminas de contrachapado de uno por dos metros". El arquitecto había estimado dos mil quinientos dólares para esos materiales. Mortenson le entregó los planos a Abdul.

Mientras bebía un sorbo de la naranjada tibia a través de una pajita agujereada, Mortenson observaba a Abdul leyendo en voz alta los artículos y se estremecía mientras los expertos dedos de Ali iban pulsando las teclas de la calculadora que tenía apoyada sobre las rodillas.

Finalmente, Ali se ajustó el apretado gorro de oración blanco en la cabeza y se acarició la barba antes de mencionar una cifra. Abdul se levantó de golpe y se apretó la frente como si le hubieran pegado un tiro. Empezó a gritar y a proferir insultos. Mortenson, gracias a sus notables habilidades para las lenguas, entendía ya bastante el urdu cotidiano. Pero las maldiciones y lamentaciones que pronunciaba Abdul contenían complejos insultos que él nunca había oído antes. Al final, cuando Abdul se relajó y se inclinó hacia Ali con las manos elevadas a modo de armas, Mortenson pudo oír con claridad que Abdul le preguntaba a Ali si era un musulmán o un infiel. Aquel hombre que le honraba ofreciéndose a comprar su madera era un *hamdard*, un santo que había venido a realizar un acto de *zukat*, de caridad. Un musulmán de verdad aprovecharía la oportunidad de ayudar a unos niños pobres en lugar de intentar robarles el dinero.

Ali se mostraba impasible ante los argumentos de Abdul. Bebía de su Thums Up tranquilamente, acomodándose en previsión de que se alargara la diatriba de Abdul.

El té llegó antes de que pudiera molestarse en responder a sus acusaciones. Los tres se echaron azúcar en el aromático té verde servido en unas excepcionales tazas de porcelana fina, y por un momento el único sonido que se oyó en la habitación fue el débil tintineo de las cucharas en movimiento.

Ali bebió un sorbo de degustación, asintió con la cabeza en señal de aprobación, y entonces emitió unas órdenes a través del pasillo. Abdul, aún con el ceño fruncido, se colocó la taza de té entre las piernas cruzadas sin probarla. El hijo de Ali, un adolescente con un fino bigote, apareció sosteniendo dos perfiles transversales de aproximadamente medio metro por un metro. Los depositó sobre la alfombra a ambos lados de Mortenson como si fueran sujetalibros.

Durante un momento saboreó el té en la boca como si de un burdeos añejo se tratara. A continuación, Ali tragó y empezó a dar una explicación profesional. Señaló el bloque de madera que había a la derecha de Mortenson. Su superficie estaba plagada de manchas negras de grasa. Tenía a ambos extremos espinas puntiagudas. Levantó la madera, la extendió a lo largo como si fuera un telescopio, y miró a Mortenson detenidamente desde los agujeros internos provocados por la carcoma. "Manufactura local", dijo en inglés.

Ali señaló la otra pieza de madera. "Manufactura británica", dijo. Aquella no tenía manchas, y tenía un pulcro acabado cortado en diagonal. Ali la sostuvo bajo la nariz de Mortenson con una mano, mientras agitaba la otra mano por debajo recordando el valle Kaghan, el prístino bosque de pinos de donde había sido extraído recientemente.

El hijo de Ali volvió con dos láminas de contrachapado, que colocó sobre unos bloques de carboncillo que había amontonados cerca de ellos. Se quitó las sandalias y se subió encima. Aunque no debía de pesar más de cuarenta y cinco kilos, la primera lámina se torció bajo su peso, doblándose con un chirrido que no presagiaba nada bueno. La segunda lámina tan solo se dobló unos centímetros. A petición de Ali, el joven empezó a dar saltos para hacer entender la diferencia. La madera se mantenía firme.

"Triple capa", le dijo Ali a Mortenson, haciendo una mueca de disgusto, y rechazando mirar siquiera a la primera lámina. "Cuatro capas", dijo sonriendo con orgullo a la plataforma sobre la que seguía brincando su hijo con seguridad.

Volvió a hablar en urdu. No era necesario seguir su discurso al detalle. Estaba claro que explicaba que se podía conseguir madera por una miseria, ¿pero qué tipo de madera? Había otros comerciantes sin escrúpulos capaces de vender productos de baja calidad. Atreverse a construir una escuela con ellos. Duraría un año. Además un inocente niño de siete años podría estar un día recitando versos del Corán con sus compañeros de clase y verse con las arterias cortadas al desprenderse alguno de esos materiales peligrosos y poco fiables. ¿Quién condenaría a un niño de siete años a desangrarse lentamente hasta la muerte por haber escatimado a la hora de comprar madera de calidad?

Mortenson se bebió una segunda taza de té y se movió inquieto sobre el montón de alfombras mientras continuaba el teatro. Tres veces se acercó Abdul a la puerta, como si fuera a marcharse, y tres veces rebajó Ali el precio que solicitaba. Mortenson volcó la tetera ya vacía en un intento de servirse otra taza de té. Cuando llevaban ya dos horas, llegó al límite de su paciencia. Se levantó y le hizo una señal a Abdul para que saliera con él. Aún tenían que enfrentarse a numerosas negociaciones similares a aquella si aspiraba a cargar un camión y a partir hacia el Baltistán en dos días, y sentía que no podía concederle ni un minuto más.

"¡*Baith, baith!* ¡Siéntese, siéntese!", le dijo Ali, agarrándole de la manga. "Usted gana. ¡Él ya ha rebajado mi precio!".

Mortenson miró a Abdul. "Sí, dice la verdad. Greg Sahib. Tan solo tendrá que pagar ochenta y siete mil rupias". Mortenson procesó los números en su cabeza, dos mil trescientos dólares. "Se lo dije", replicó Abdul. "Es el buen musulmán. Ahora vamos a hacer un contrato". Mortenson luchó por dominar su impaciencia cuando Ali mandó traer otra tetera.

Al atardecer del segundo día de regateo intensivo, Mortenson, harto de té, regresó a Khyaban sentado junto a Abdul en la parte trasera de un carro tirado por un caballo pequeño que parecía incluso más agotado que ellos. Llevaba el bolsillo de su *shalwar* lleno de recibos de martillos, sierras, clavos, láminas corrugadas de zinc para tejado y de la madera necesaria para sostener a todos los alumnos de una escuela. Los materiales serían depositados a primera hora del día siguiente en un camión que Mortenson había alquilado para el viaje de tres días por la autopista del Karakórum.

Abdul había sugerido coger un taxi para regresar al hotel, pero Mortenson, preocupado por la rápida disminución de su dinero cada vez que pagaba un depósito, insistió en economizar. El viaje de tres kilómetros duró más de una hora, a través de calles cuya atmósfera estaba viciada por los gases de los tubos de escape de los ruidosos taxis negros.

Una vez en el hotel, Mortenson se quitó el polvo del día de regateo echándose varios cubos de agua tibia sobre la cabeza, sin molestarse en quitarse el *shalwar*, y se apresuró al local del sastre esperando retirar sus nuevos trajes antes de que cerrara para las oraciones vespertinas del viernes.

Manzoor Khan estaba planchando el *shalwar* completo de Mortenson con una plancha de carbón mientras tarareaba una canción de pop en urdu interpretada por una voz femenina. La metálica melodía, procedente de la radio de un zapatero cuyo local estaba al final del pasillo, resonaba por todo el edificio acompañada del sonido melancólico de las persianas de acero que se bajaban al cierre de la jornada.

Mortenson se metió en la limpia camisa color beige crudo del *shalwar*, que conservaba aún el calor de la plancha. Entonces, pudorosamente protegido por los faldones de la camisa, que le llegaban hasta las rodillas, se puso sus nuevos pantalones. Se ató el *azarband*, el cordón para la cintura, en un apretado lazo y se giró hacia Manzoor para que le diera su opinión.

"*¡Bohot Kharab!* muy horrible", espetó Manzoor. Se acercó a Mortenson, agarró el *azarband*, que colgaba por fuera de los pantalones del infiel, y lo metió por dentro. "Está prohibido vestir así", le dijo Manzoor. Mortenson sintió las trampas que le rodeaban en la cultura pakistaní –los rígidos códigos de conducta a los que no tenía más remedio que someterse– y decidió que intentaría evitar ese tipo de ofensas.

Manzoor se limpió las gafas con el faldón de su camisa, dejando al descubierto sus modestos pantalones, y examinó minuciosamente el conjunto de Mortenson. "Ahora tienes un cincuenta por ciento de aspecto pakistaní", le dijo. "¿Querría intentar rezar de nuevo?"

Manzoor cerró el local y acompañó a Mortenson hasta el exterior. El anochecer tropical acababa a gran velocidad con la luz del día, y al mismo tiempo, con parte del calor. Mortenson caminaba cogido del brazo del sastre, hacia el minarete revestido de azulejos de la mezquita del GTS. A ambos lados de Kashmir Road había parejas y tríos de personas que pasaban de modo similar por delante de tiendas que cerraban o que ya lo estaban. Puesto que está muy mal visto conducir durante la oración vespertina, había excepcionalmente poco tráfico.

Dos manzanas antes de la mezquita del GTS, hacia donde Mortenson pensaba que se dirigían, Manzoor le llevó hacia el amplio y polvoriento terreno de una gasolinera CalTex, donde había más de un centenar de hombres inclinados para el *wudu*, el lavado ritual requerido antes de la oración. Manzoor llenó una *lota*, una jarra, con agua de un grifo y le enseñó a Mortenson el estricto orden en el que debían realizarse las abluciones. Imitando al sastre, Mortenson se agachó, se arremangó la camisa y los pantalones, y empezó por las partes más sucias, echándose agua primero en el pie izquierdo y luego en el derecho. Continuó por la mano izquierda y se estaba lavando la derecha cuando Manzoor, inclinándose para volver a llenar la lota antes de lavarse la cara, se tiró un sonoro pedo. Suspirando, el sastre se arrodilló y reanudó sus abluciones de nuevo con el pie izquierdo. Cuando Mortenson hizo lo mismo, él le corrigió. "No. Solo para mí. Estoy impuro", le explicó.

Cuando su manos volvieron a estar adecuadamente puras, el sastre se presionó con un dedo el orificio nasal izquierdo y luego el derecho, sonándose, y Mortenson volvió a emular sus acciones. A su alrededor, una algarabía de carraspeos y gargajos acompañaban a unas lejanas llamadas a la oración. Imitando a Manzoor, Mortenson se lavó las orejas, y después con cuidado agitó agua en el que los musulmanes consideran el órgano más sagrado de los humanos, la boca, de donde ascienden las oraciones directamente a los oídos de Alá.

Durante años, Mortenson había sabido, a nivel intelectual, que la palabra "musulmán" significa, literalmente, "someterse", y al igual que a muchos americanos, que rinden culto en el templo del individualismo absoluto, le había parecido una idea inhumana, pero por primera vez, arrodillado entre un centenar de desconocidos, viendo cómo se liberaban no solo de las impurezas sino también, sin duda, de los dolores y preocupaciones de sus vidas cotidianas, alcanzó a ver el placer que puede producir el hermanamiento en el ritual de la oración.

Alguien apagó el generador de la gasolinera, y los encargados cubrieron los escandalosos surtidores con unas modestas sábanas. Manzoor se sacó del bolsillo un pequeño gorro de oración blanco y lo aplanó para que se adaptara a la gran cabeza de Mortenson. Colocándose en una fila de hombres, Mortenson y Manzoor se arrodillaron en unas alfombrillas que el sastre había dispuesto en el suelo con cuidado. Mortenson sabía que al otro lado de la pared frente a la que se encontraban, donde había un enorme cartel violeta y naranja que hacía publicidad de las virtudes de la gasolina de CalTex, estaba La Meca. No podía evitar sentir que le estaban haciendo inclinarse ante la astucia comercial y las refinadas habilidades de unos magnates del petróleo de Texas y Arabia Saudí, pero dejó a un lado su cinismo.

Siguiendo a Manzoor, se arrodilló y cruzó los brazos para dirigirse a Alá con respeto. Sabía que los hombres que le rodeaban no miraban al cartel publicitario de la pared, sino hacia su interior. Tampoco le miraban a él. Cuando apoyó la frente en el suelo aún caliente, Greg Mortenson se dio cuenta de que, por primera vez en todos los días que llevaba en Pakistán, nadie le miraba como a un forastero. Nadie le miraba para nada. *Allah Akbhar,* Dios es grande, salmodió tranquilamente, añadiendo su voz al coro de voces que rezaban. La fe que oía a su alrededor era firme. Tenía la fuerza necesaria para convertir una gasolinera en un lugar sagrado. ¿Qué otras maravillosas transformaciones le quedarían por vivir?

CAPÍTULO 7

El difícil camino a casa

Esta dura y espléndida tierra,
con montañas rocosas cubiertas de nieve, fríos arroyos cristalinos,
frondosos bosques de cipreses, enebros y fresnos,
es tanto mi cuerpo como lo que ves ante ti.
No puedo separarme de esto ni de ti.
Nuestros muchos corazones comparten un único latido.

-de *The Warrior Song* de King Gezar

El golpe de Abdul a la puerta llegó bastante antes del amanecer. Mortenson llevaba despierto, sobre aquel humilde camastro, varias horas. El sueño no había podido vencer al miedo que sentía por todo lo que, en aquel día, pudiera salir mal. Se levantó y abrió la puerta, intentando entender la visión de aquel hombre tuerto que sostenía un par de zapatos sumamente lustrados para que los examinara.

Eran sus zapatillas de deporte. Sin duda, mientras Mortenson dormía, Abdul se había pasado horas remendando, refregando y sacando brillo a sus desgarradas y descoloridas Nike, con el fin de transformarlas en algo más decente. Algo que un hombre a punto de emprender un largo y difícil camino pudiera calzarse con orgullo. El propio Abdul se había transformado para la ocasión. Su barba, que

91

normalmente era plateada, estaba teñida de un naranja intenso como resultado de una aplicación reciente de alheña.

Mortenson se tomó su té, y a continuación se lavó con un cubo de agua fría y el último trozo de jabón marca Tibet Snow que llevaba racionando toda la semana. El puñado de pertenencias que le quedaban tan solo llenaba la mitad de su vieja bolsa de lana. Dejó que Abdul se la colgara al hombro, sabedor de la explosión de indignación que recibiría si intentaba cargarla él mismo, y se despidió cariñosamente de su sauna del tejado.

Consciente de su reluciente calzado, y sabiendo cómo le complacía a Abdul guardar las apariencias, Mortenson accedió a coger un taxi para el trayecto hasta el Rajah Bazaar. El Morris negro de la época colonial, procedente de restos abandonados en "Pindi" tras la caída del imperio británico, ronroneaba silenciosamente a lo largo de calles aún dormidas.

A pesar de la tenue luz que había en la plaza del mercado todavía cerrado, no tuvieron dificultad para encontrar su camión. Como sucedía con la mayoría de Bedfords del país, poco conservaban de aquel vehículo original de la década de 1940 que había servido en su día como transporte militar cuando Pakistán no era más que un fragmento de la India británica. La mayor parte de las piezas móviles habían sido sustituidas varias veces por repuestos de producción autóctona. La pintura original color oliva, demasiado apagada para aquel rey de la autopista del Karakórum, había sido cubierta por una gran cantidad de espejos decorativos y rombos metálicos, y cada centímetro cuadrado de superficie sin decoración había sido tapado mediante una aplicación operística de "pintura disco", realizada en uno de los numerosos talleres para Bedfords de Rawalpindi. La mayoría de aquellos diseños de llamativos colores, en lima, oro y un chillón rojo escarlata, eran florituras y arabescos acordes con la prohibición del islam del arte figurativo. Pero el llevar en la puerta trasera un retrato tamaño natural del campeón de críquet Imran Khan, levantando un bate a modo de cetro, era una forma de idolatría que provocaba un orgullo nacional tan profundo que pocos pakistaníes, incluso los más devotos, podrían ofenderse.

Mortenson pagó al taxista, y se puso a caminar alrededor de aquel gigantesco edificio durmiente, en busca de la tripulación, deseoso de empezar la jornada de trabajo. Un ruido un tanto sorprendente le hizo arrodillarse y mirar bajo la caja del camión, donde había tres personas tumbadas en unas hamacas, dos de ellas roncando en un lánguido concierto.

El *hazzan* consiguió despertarlos antes que Mortenson, aullando desde un minarete situado en el lado opuesto de la plaza con un volumen que no hacía concesión alguna a la hora de la mañana que era. Mientras los miembros de la tripulación se quejaban, se levantaban de sus hamacas, escupían con exageración, y se encendían el primero de una larga lista de cigarros, Mortenson se arrodilló junto a Abdul y se preparó para orar. A Mortenson le parecía que Abdul, como la mayoría de musulmanes, debía tener una brújula interna orientada de forma permanente hacia La Meca. A pesar de que estaban frente a la poco estimulante visión de las puertas aún candadas de un almacén de madera, Mortenson intentó evadirse de aquel escenario. Aunque no disponían de agua, Abdul se arremangó los pantalones y las mangas y realizó las abluciones de todos modos, limpiándose simbólicamente de las impurezas que no podían lavarse. Mortenson le siguió, y luego cruzó los brazos y se inclinó para la oración matutina. Abdul le miró con ojo crítico, y entonces asintió en señal de aprobación. "Y bien", dijo Mortenson, "¿parezco un pakistaní?"

Abdul limpió la suciedad de la frente que el americano había tenido apoyada en el frío suelo. "Un pakistaní, no", le contestó, "pero si me dice que es de Bosnia, me lo creo".

Ali, vestido con otro conjunto de impecable *shalwar*, llegó y abrió su local. Mortenson le saludó, y abriendo una pequeña libreta escolar que se había comprado el día anterior en el bazar, se dispuso a tomar notas y a hacer algunos cálculos. Para cuando el Bedford estuvo completamente cargado con sus adquisiciones, ya se había gastado más de dos tercios de sus doce mil dólares. Con eso le quedaban tan solo tres mil dólares para contratar peones, alquilar todoterrenos para transportar el material por los estrechos caminos que llevaban a Korphe, y para sobrevivir hasta que se terminara la construcción.

Seis miembros de la numerosa familia de Ali empezaron cargando primero la madera en el camión bajo la supervisión del conductor y su tripulación. Mortenson contaba las láminas de madera mientras eran colocadas contra la parte delantera de la caja del camión, y confirmaba que eran verdaderamente las más fiables, las de cuatro capas.

Cuando el sol iluminó el mercado, la temperatura superaba ya los treinta y siete grados centígrados. Con un sinfónico sonido metálico, los comerciantes levantaban las puertas metálicas de sus establecimientos. Los materiales para fabricar su escuela se abrían paso entre la multitud para llegar al camión sobre las cabezas de los porteadores, transportadas en calesas, en motocicletas, en carros de burros, y en otro Bedford que entregó un centenar de sacos de cemento.

Hacía demasiado calor en la caja del camión, pero Abdul se mantenía entre la tripulación, nombrándole todos los artículos cargados a Mortenson, que los iba marcando en su lista. Mortenson veía, con gran satisfacción, cómo todas y cada una de las cuarenta y dos adquisiciones diferentes por las que Abdul y él habían regateado eran apiladas cuidadosamente, las hachas apoyadas en las paletas de albañil, metidas juntas entre un conjunto de palas.

Por la tarde, se había congregado alrededor del Bedford una densa multitud que había oído el rumor de que un enorme infiel vestido con un pijama marrón estaba cargando un camión con provisiones para unos escolares musulmanes. Los porteadores se vieron obligados a abrirse paso entre filas de hasta cinco personas para poder hacer sus entregas. Los pies de Mortenson, que calzaba un cuarenta y siete, suscitaban asombro y chistes subidos de tono entre los presentes. Los espectadores intentaban adivinar la nacionalidad de Mortenson gritándole mientras trabajaba. Bosnia y Chechenia eran considerados los orígenes más probables de aquel deteriorado individuo. Cuando Mortenson, hablando con el urdu que tan rápidamente había mejorado, interrumpió las especulaciones diciendo que era americano, la muchedumbre observó su mugriento *shalwar* empapado en sudor, su sucia y grasienta piel, y varios hombres le dijeron que no le creían.

Dos de los artículos más valiosos –un nivel de carpintero y una plomada ponderada– no se habían cargado. Mortenson estaba seguro de haberlos visto llegar pero no conseguía localizarlos tras la rápida carga del camión. Abdul dirigió la búsqueda con fervor, apartando sacos de cemento hasta que dio con ellos. Los envolvió en una tela y ordenó seriamente al conductor que guardara bien las herramientas en la cabina durante todo el camino hasta Skardu. Al anochecer, Mortenson había marcado los cuarenta y dos artículos de su lista. La montaña de provisiones había alcanzado una altura de seis metros y la tripulación trabajaba para asegurar la carga antes de que se hiciera de noche, extendiendo una arpillera de yute por encima y sujetándola fuertemente con gruesas cuerdas.

Cuando Mortenson se bajó para despedirse de Abdul, la gente se le acercó, ofreciéndole tabaco y puñados de desgastados billetes de rupias para su escuela. El conductor estaba impaciente por salir y aceleró el motor, soltando un denso humo negro por los tubos de escape del camión. A pesar del ruido y el frenesí, Abdul se mantenía firme en el centro de la multitud, realizando una *dua*, una oración para desearle buen viaje. Cerró el ojo y se llevó las manos a la cara, avivándose en el espíritu de Alá. Se acarició la barba teñida y pronunció una petición por el bienestar de Mortenson que se quedó ahogado por el ruido del claxon del Bedford.

Abdul abrió el ojo y estrechó la sucia mano de Mortenson entre las suyas. Examinó a su amigo, advirtiendo que las zapatillas que le había lustrado la noche antes estaban ya ennegrecidas por la mugre, al igual que su *shalwar* recién estrenado. "Creo que bosnio no, Greg Sahib", le dijo, dándole unas palmadas en la espalda. "Ahora mismo, eres igual que un pakistaní".

Mortenson se subió al camión y movió la cabeza en ademán de despedida a Abdul, que se mantenía en pie solo y agotado. El conductor puso el camión en marcha. La gente gritó al unísono *¡Allah Akbhar! ¡Allah Akbhar!* Mortenson alzó los brazos en señal de victoria y agitó la mano diciendo adiós hasta que la pequeña llama de la barba teñida de su amigo se extinguió entre la multitud.

Una vez que emprendieron, con gran estruendo, la salida de Rawalpindi hacia el este, Mortenson se sentó encima del Bedford. El conductor, Mohammed, le había pedido con insistencia que se sentara en la cabina llena de humo, pero Mortenson estaba decidido a saborear aquel momento por todo lo alto. Los artistas de la tienda de

Bedfords de "Pindi" habían soldado una vistosa plancha decorativa sobre la caja del camión, que flotaba por encima de la cabina como un sombrero ladeado con gracia. Encima del ala de aquel sombrero, sentado a horcajadas sobre las provisiones, Mortenson se procuró un cómodo nido sobre una esterilla de yute y unos fardos de heno que no paraban de tambalearse. Le acompañaban unos cajones de pollos blancos como la nieve que Mohammed había incluido para venderlos en las montañas, y la desafinada música pop punjabi que resonaba desde las ventanillas bajadas del Bedford.

Dejando atrás los concurridos mercados de Rawalpindi, se adentraron en el campo árido y marrón, atravesando algún que otro tramo verde, y vislumbraron los montes del Himalaya entre la calima de la última hora del día. Los vehículos pequeños dejaban paso al gigantesco camión, virando bruscamente hacia el arcén en cuanto oían el sonido del claxon del Bedford, y gritaban con entusiasmo al ver pasar por su lado el atrevido retrato de Imran Khan y su bate de críquet.

El estado de ánimo de Mortenson era tan sereno como los pacíficos campos de tabaco por los que pasaban, que centelleaban como un mar tropical agitado por el viento. Después de pasar una semana regateando y preocupándose por cada simple rupia, sintió que al fin podía relajarse. "Hacía frío y viento encima del camión", recuerda Mortenson, "aunque no había pasado frío desde que había llegado a Rawalpindi. Me sentía como un rey, subido en mi trono, y sentía que ya había conseguido un gran triunfo. Estaba sentado encima de mi escuela. Había comprado todo lo que necesitábamos y me había ceñido a mi presupuesto. Ni siquiera Jean Hoerni podría hallar falta alguna en mis acciones, y en pocas semanas" pensaba, "la escuela estaría construida, y podría volver a casa y pensar qué hacer con el resto de mi vida. No sé si me he sentido tan satisfecho en alguna ocasión".

Mohammed pisó el freno a fondo, apartándose del camino, y Mortenson tuvo que agarrarse a los cajones de pollos para evitar caerse encima del la cubierta de la cabina. Se inclinó por un lado y preguntó, en urdu, el motivo de la parada. Mohammed señaló un modesto minarete blanco situado en el margen de un campo de tabaco, y a los hombres que caminaban en tropel hacia allí. En medio del silencio que quedó tras bajar precipitadamente el volumen de la radio, Mortenson oyó cómo la llamada del *hazzan* se difundía claramente a través del viento. No se le había ocurrido que el conductor, que había mostrado tantas ansias de ponerse en marcha, fuera lo suficientemente devoto como para detenerse para la oración vespertina, pero se dio cuenta de que en aquella parte del mundo había muchas cosas que apenas entendía. Al menos abundarían las oportunidades, se dijo a sí mismo, mientras buscaba un punto de apoyo en la puerta del pasajero, para practicar su oración.

Por la noche, fortalecido tras tomar té verde y tres platos de *dhal chana*, un guiso de lentejas amarillas con curry, en un puesto de carretera, Mortenson volvió a tumbarse en su nido de la parte superior del camión y observó cómo las estrellas hacían diminutos agujeros en el tejido del cielo.

A treinta kilómetros al oeste de Rawalpindi, en Taxila, se desviaron de la carretera principal de Pakistán hacia el norte, en dirección a las montañas. Taxila había sido probablemente un centro estratégico en el choque entre el islamismo y el budismo producido siglos atrás, antes de la lucha por la supremacía. Pero para la escuela rodante sobre la que Mortenson descansaba, la colisión de placas tectónicas que había tenido lugar en la zona hacía millones de años era más importante.

Allí las llanuras se extendían hasta las montañas, aquel ramal de la antigua Ruta de la Seda se volvía escarpado, y el camino se hacía imprevisible. Isabella Bird, una mujer exploradora de carácter intrépido que solo podría haber nacido en la Inglaterra victoriana, documentó la dificultad de viajar desde las llanuras del subcontinente indio hasta el Baltistán, o "pequeño Tíbet", como ella lo llamaba, durante un viaje en 1876. "El viajero que aspire a alcanzar las tierras altas no puede desplazarse en un coche o carro de montaña", escribió. "Se ve limitado pues a hacer la mayor parte del camino a pie. Los «caminos»", escribió utilizando unas sarcásticas comillas, "están construidos con gran esfuerzo humano y económico, ya que la naturaleza obliga al ingeniero a seguir sus patrones, y a trazar sus caminos por los estrechos valles, los barrancos, los desfiladeros y las simas que ella le ha indicado. A veces ese «camino» es, durante varios kilómetros...

un simple saliente, colgado sobre el embravecido torrente de un río. Cuando se encuentran dos caravanas, los animales de una de ellas deben dejar paso y apartarse por la ladera de la montaña, donde a menudo resulta peligroso mantener el equilibrio. Al pasar junto a una de ellas... el caballo de mi criado fue empujado hacia el precipicio por una mula de carga y se ahogó".

La autopista del Karakórum, la carretera que ascendían ruidosamente, representaba una costosa mejora respecto a los caminos por los que había viajado el equipo de Bird. La autopista del Karakórum, cuya construcción se había iniciado en 1958 gracias a la iniciativa de un recién independizado Pakistán deseoso de forjar una conexión de transporte con China, su aliado contra la India, y que estaba en permanente construcción desde entonces, es una de las obras de ingeniería de mayores dimensiones proyectada en la historia. La vía, que se ciñe principalmente al escarpado desfiladero del río Indo, se ha cobrado la vida de un trabajador por cada uno de sus cuatrocientos kilómetros. La "carretera" de acceso a la zona de obra era tan intransitable que los ingenieros pakistaníes se vieron obligados a desmontar tractores, a cargar sus componentes sobre mulas, y a volver a montarlos para poder empezar con el trabajo pesado. El ejército pakistaní intentó hacer llegar los tractores mediante un helicóptero ruso MI-17, especialmente diseñado para levantar materiales de mucho peso, pero el vuelo inaugural, que tuvo que maniobrar entre los vientos de las altitudes y los estrechos desfiladeros, chocó contra un precipicio y cayó al Indo, acabando con la vida de sus nueve pasajeros.

En 1968, los chinos, deseosos de crear una ruta sencilla para su nuevo mercado de manufacturas con el que limitar la influencia de la Unión Soviética en Asia Central, y fortalecer una alianza estratégica contra la India, se ofreció a supervisar y concluir la construcción de la carretera de mil trescientos kilómetros que se extiende entre Kashgar, en el sudoeste de China, e Islamabad, y, después de más de una década empleando a un ejército de trabajadores, la recientemente bautizada como "carretera de la amistad" se declaró concluida en 1978, poniéndose inmediatamente en el punto de mira de la India.

Mientras ascendían, el aire transportaba las primeras señales del invierno y Mortenson se cubrió los hombros y la cabeza con una manta de lana. Por primera vez, se preguntó si sería capaz de completar la escuela antes de que empezara el frío, pero apartó de su mente aquel pensamiento, apoyó la cabeza en un fardo de heno y, arrullado por el suave balanceo del camión, se quedó dormido.

Uno de los gallos despertó a Mortenson sin compasión con las primeras luces del amanecer. Tenía frío y los músculos agarrotados y le hacía falta parar urgentemente para ir al baño. Se inclinó hacia el lateral del camión para pedir una parada y vio la parte superior de la cabeza del barbudo copiloto asomando por la ventanilla, y más allá, a unos cuatrocientos cincuenta metros al final de un desfiladero rocoso, un remolino donde un río de color café hacía espuma entre las rocas. Miró hacia arriba y vio que estaban encerrados entre unas paredes de granito que se elevaban miles de metros a ambos lados del río. El Bedford, que estaba ascendiendo una empinada colina, patinó hacia atrás cuando estaba cerca de la cima, momento en que Mohammed manejando torpemente la palanca de cambios consiguió meter la primera. Mortenson, inclinado sobre el lado del copiloto, pudo ver cómo los neumáticos traseros del camión rodaban a escasos centímetros del borde del desfiladero, escupiendo piedras al abismo mientras Mohammed aceleraba el motor. Cada vez que los neumáticos se acercaban demasiado al borde, el copiloto silbaba bruscamente y el conductor desviaba el camión corrigiendo su trayectoria.

Mortenson volvió a retirarse a la parte superior de la cabina, ya que no quería interferir en la concentración de Mohammed. Cuando había ido allí la primera vez para ascender el K2, había estado tan preocupado por su meta que apenas había prestado atención a su viaje en autobús por el Indo, y en su trayecto de vuelta a casa, había estado totalmente concentrado en sus planes para recaudar fondos para la escuela. Sin embargo, ahora que volvía a ver aquel país, al observar el Bedford luchando por aquella "carretera" a veinte kilómetros por hora, tenía una nueva apreciación de lo mucho que aquellas montañas y desfiladeros apartaban al Baltistán del resto del mundo.

En un lugar donde el desfiladero era lo suficientemente ancho como para albergar una pequeña aldea, se detuvieron para tomar un desayuno a base de *chapattis* y *dudh patti*, té negro endulzado con leche y azúcar. Después Mohammed insistió, de un modo más agradable que la noche anterior, en que Mortenson se sentara con él dentro de la cabina, y este aceptó de mala gana.

Se hizo un sitio entre Mohammed y los otros dos ayudantes. Mohammed, tan menudo como enorme era el Bedford, apenas llegaba a los pedales. El barbudo copiloto no paraba de fumar hachís, echando el humo a la cara del otro ayudante, un joven bastante delgado que se esforzaba por dejarse bigote.

Al igual que el exterior, el interior del Bedford tenía una pintoresca decoración, con luces rojas centelleantes, tallas de madera de Cachemira, fotos tridimensionales de adoradas estrellas de Bollywood, docenas de brillantes campanas plateadas, y un ramo de flores de plástico que golpeaba la cara de Mortenson cada vez que Mohammed frenaba con demasiado entusiasmo. "Me sentía como si estuviera montado en un burdel rodante", confiesa Mortenson, "y no porque rodáramos mucho. Aquello era, más bien, como observar el progreso de un gusano minúsculo".

En los tramos más empinados de la carretera, los ayudantes solían saltar del camión para arrojar piedras por detrás de las ruedas traseras. Cuando el Bedford conseguía moverse unos cuantos metros, recogían las piedras y volvían a disponerlas debajo de los neumáticos, repitiendo el laborioso proceso una y otra vez hasta que se allanaba el camino. De vez en cuando, algún todoterreno particular les adelantaba en las subidas, o pasaba en dirección contraria algún ruidoso autobús cuyas pasajeras femeninas atraían las miradas de los hombres, pero durante la mayor parte del día circulaban solos.

El sol no tardó en desaparecer por detrás de las abruptas paredes del valle, y a última hora de la tarde ya era de noche en lo más profundo del barranco. Al tomar una curva de escasa visibilidad, Mohammed frenó y estuvo a punto de estrellarse contra un autobús de pasajeros que estaba parado en la carretera. En el camino que seguía el autobús, había una caravana de cientos de vehículos –todoterrenos, autobuses, Bedfords– parados delante de la entrada de un puente de cemento. Junto a Mohammed, Mortenson bajó del camión para echar un vistazo.

Cuando se acercaron al puente, vieron claramente que no se estaban retrasando a causa de la legendaria propensión de la autopista del

Karakórum a los desprendimientos y a las avalanchas. Dos docenas de hombres de aspecto salvaje ataviados con turbantes negros custodiaban el puente. Sus lanzamisiles y Kaláshnikovs apuntaban con desgana hacia una compañía de soldados pakistaníes cuyas propias armas estaban diplomáticamente enfundadas. "No está bien", murmuró Mohammed, agotando la mayor parte de su vocabulario inglés.

Uno de los hombres con turbante bajó su lanzamisiles e hizo señas a Mortenson para que se le acercara. Sucio por los dos días de viaje, y con la cabeza cubierta con una manta de lana, Mortenson estaba seguro de que no parecía un extranjero.

"¿Dónde tu eres?", le preguntó el hombre en inglés. "¿América?" Levantó una linterna de propano para examinar la cara de Mortenson. A la luz de la lámpara, Mortenson vio que el hombre tenía los ojos de un color azul intenso enmarcados con *surma*, el pigmento negro utilizado por los más devotos, que algunos tacharían de fanáticos, partidarios de las *madrassas* fundamentalistas. Era aquel un tipo de guerrero que se estaba extendiendo por la frontera occidental aquel año de 1994, como soldados de infantería a punto de hacerse con el control de Afganistán: los talibanes.

"Sí, América", dijo Mortenson con cautela.

"América número uno", dijo su interrogador, dejando en el suelo el lanzamisiles y encendiéndose un cigarro de la marca local Tander, que ofreció a Mortenson. Este no solía fumar, pero decidió que era oportuno dar unas caladas en señal de apreciación. Disculpándose, y sin mirar al hombre a los ojos, Mohammed cogió a Mortenson por el codo y le llevó de vuelta al Bedford.

Mientras preparaban té en una pequeña hoguera encendida junto a la puerta trasera del camión, bajo la atenta mirada de Imran Khan, y se disponían a acampar para pasar la noche, Mohammed consiguió algo de información de entre todos aquellos viajeros en apuros. Aquellos hombres llevaban todo el día bloqueando el puente, y una brigada de soldados pakistaníes había subido en camión treinta y cinco kilómetros desde una base militar de Pattan para garantizar su reapertura.

Entre su poco urdu y los numerosos relatos contradictorios, Mortenson no estaba seguro de captar adecuadamente todos los detalles. Pero entendió que aquel era el pueblo de Dasu, en la región de Kohistán, la parte más salvaje de la frontera noroeste de Pakistán. Kohistán tenía fama de ser una región de bandoleros y el control que ejercía sobre ella Islamabad había sido siempre puramente simbólico. En los años posteriores al 11-S y a la guerra de Estados Unidos para derrocar al régimen talibán, aquellos remotos y escarpados valles atraerían a los grupos de talibanes y a sus benefactores de Al Qaeda, que sabían lo fácil que era perderse entre aquellas agrestes altitudes.

Los pistoleros que custodiaban el puente vivían en un valle cercano y denunciaban que un contratista del Gobierno del lejano Islamabad había llegado con millones de rupias destinadas a convertir sus senderos estratégicos en carreteras para la industria maderera, con el fin de que aquellas gentes pudieran vender su producción. Pero explicaron que el contratista había robado el dinero y se había esfumado sin mejorar sus caminos. Pensaban bloquear la autopista del Karakórum hasta encontrar a aquel hombre para colgarlo en el puente hasta la muerte.

Después del té y de un paquete de galletas saladas que Mortenson compartió con sus compañeros de viaje, decidieron dormir. A pesar de que Mohammed le advirtió de que era más seguro dormir en la cabina, Mortenson se subió a su nido de la parte superior del camión. Desde su posición privilegiada, junto a los durmientes pollos, podía ver a los feroces y greñudos kohistaníes hablando en phasto sobre el puente, iluminado con linternas. Los pakistaníes de las tierras bajas que habían venido a negociar con ellos hablaban urdu, y parecían de una raza diferente, con una esbelta y afeminada figura, unas cuidadas boinas azules y unas cartucheras ceñidas a sus estrechas cinturas. Una vez más, Mortenson se preguntó si Pakistán no era más una idea que un país.

Apoyó la cabeza en un fardo de heno durante unos instantes y, aunque estaba convencido de que le sería imposible conciliar el sueño aquella noche, se despertó en pleno día, al oír unos disparos. Mortenson se incorporó y lo primero que vio fue los ojos rojos de los pollos que le miraban desconcertados, y luego a los kohistaníes de pie frente al puente, disparando al aire sus Kaláshnikovs.

Mortenson sintió cómo se encendía el motor del Bedford, y vio salir humo negro por los tubos de escape. Se inclinó por encima de la ventanilla del conductor. "¡Bien!", dijo Mohammed, sonriéndole mientras aceleraba el motor. "Grito por feliz, *¡Inshallah!*". Tras un pequeño forcejeo consiguió accionar la palanca de cambios.

Saliendo de los callejones del pueblo, Mortenson vio grupos de mujeres cubiertas con velos que regresaban a toda prisa a sus vehículos, desde los lugares que habían elegido para recluirse durante la larga noche de espera.

Cuando al fin cruzaron el puente de Dasu, en mitad de una larga y polvorienta cola de vehículos que avanzaban lentamente, Mortenson vio al kohistaní que le había ofrecido un cigarro y a sus compañeros agitando los puños en el aire y disparando sus armas automáticas con violencia. Nunca antes, ni siquiera en una línea de combate militar, había asistido a un tiroteo tan intenso. No vio a ningún contratista de las tierras bajas colgado de las vigas del puente, por lo que supuso que los pistoleros habían obtenido una promesa de compensación por parte de los soldados pakistaníes.

Mientras ascendían, las paredes del desfiladero se elevaban hasta taparlo todo a excepción de una estrecha franja del cielo, blanca por la calima. Estaban bordeando el flanco occidental de Nanga Parbat, a 8.125,36 metros, la novena cima más alta de la tierra, anclada en el extremo oeste del Himalaya, pero Mortenson no podía ver la "Montaña Desnuda" por las profundidades del desfiladero del Indo. Debido a su afición por el alpinismo, sus pensamientos le transportaban irresistiblemente hacia el este. De hecho, examinaba la superficie del Indo. Los arroyos que cargaban agua derretida de los glaciares de Nanga Parbat bullían a través de barrancos y por rocas cubiertas de liquen hasta llegar al Indo. Salpicaban la superficie color blanco fangoso del río de azul alpino.

Justo antes de llegar a Gilgit, la ciudad con mayor población de las zonas del norte de Pakistán, abandonaron la autopista del Karakórum antes de que esta se desvíe hacia China por la vía pavimentada más elevada del mundo, el paso de Khunjerab, que se erige a 4.730 metros. Siguieron por el Indo hacia el este, en dirección a Skardu. A pesar de que el aire era cada vez más frío, Mortenson se sintió reconfortado por la vista de lugares conocidos. Aquel corredor ribereño esculpido entre cumbres de seis mil metros de altura tan numerosas como indescriptibles, era la entrada a su Baltistán. Aunque aquel rocoso paisaje lunar del oeste del Karakórum debía de ser uno de los más imponentes de la Tierra, Mortenson sintió que había llegado a su hogar. La polvorienta oscuridad que se prolongaba por las profundidades del desfiladero y el sol que rozaba las puntas de aquellas torres de granito, le parecían más su hábitat natural que las casas color pastel de Berkeley. Todo su periodo en América, sus cada vez peores relaciones con Marina, su lucha por recaudar fondos para la escuela o sus turnos nocturnos en el hospital, le resultaban ahora algo tan insustancial como un sueño que se desvanece. Aquellos salientes y peñascos le sostenían.

Dos décadas antes, una enfermera irlandesa llamada Dervla Murphy sintió la misma atracción por aquellas montañas. Viajando, con el mismo espíritu intrépido de Isabella Bird, y haciendo caso omiso del sabio consejo de expertos aventureros que le dijeron que el Baltistán era intransitable cuando estaba nevado, Murphy atravesó el Karakórum en pleno invierno, montada a caballo, junto a su hija de cinco años.

En su libro sobre el viaje, *Where the Indus is Young* ("Donde el Indo es joven"), la normalmente elocuente Murphy se muestra tan abrumada al tratar de reproducir su paso por aquel desfiladero que acababa realizando una sencillísima descripción. "Ninguno de los adjetivos aplicados comúnmente al paisaje de montaña es adecuado aquí, de hecho, la propia palabra 'paisaje' es cómicamente inadecuada. 'Esplendor' o 'grandeza' son también términos inútiles para retratar este enorme barranco que serpentea haciéndose estrecho y oscuro y sombrío y profundo kilómetro a kilómetro, sin una sola brizna de hierba, ni un solo matorral que le recuerde a uno la existencia del reino vegetal. Tan solo el verde jade del Indo –que a veces se envuelve en un resplandor de espuma blanca– suaviza el marrón grisáceo de los peñascos, los abruptos precipicios y las pronunciadas pendientes".

Cuando Murphy recorría pesadamente la franja sur del Indo montada a caballo, reflexionaba sobre el horror de atravesar aquel camino de cabras en un vehículo de motor. "Quien conduzca por estas tierras deberá aceptar el pasar numerosas dificultades", escribe, "ya que de lo contrario nunca podría armarse de valor para llevar un todoterreno sobrecargado, mal equilibrado y en estado defectuoso durante un trayecto de varias horas en el que un mínimo error de cálculo podría hacer que el vehículo se precipitara a cientos de metros hasta el Indo. Dado que el río se ha abierto el único paso posible a través de aquel espectacular macizo de montañas, no queda más remedio que seguirlo. Si no se viaja por el desfiladero del Indo, es imposible concebir su dramatismo. La única manera sensata de recorrer esas tierras es caminando".

Tumbado encima del aquel sobrecargado, mal equilibrado pero en perfecto estado Bedford, Mortenson se tambaleaba junto con seis metros de provisiones para la escuela, que se acercaba irremediablemente al borde del barranco cada vez que el camión pasaba por encima algún montón de rocas desprendidas. A cientos de metros por debajo, el armazón de un autobús hecho añicos se oxidaba en paz. Con la misma frecuencia que las señales indicadoras de kilómetros, había *shahid* blancos, monumentos a "mártires" en memoria de los trabajadores que habían perdido la vida luchando contra aquellas paredes rocosas. Gracias a miles de soldados pakistaníes, la carretera que llevaba a Skardu había "mejorado" lo suficiente desde los tiempos de Murphy como para permitir el tránsito de camiones destinados a apoyar el esfuerzo bélico contra la India. Pero los desprendimientos de rocas y las avalanchas, el erosionado asfalto que se desintegraba de manera imprevisible cayendo al abismo, y la falta de espacio para el tráfico que venía en dirección contraria hacían que numerosos vehículos cayeran al vacío cada año.

Una década después, en la era posterior al 11-S, serían muchos los americanos que preguntaran a Mortenson por el peligro al que se había enfrentado en la región por la presencia de terroristas. "Si muero en Pakistán, será por un accidente de tráfico, no por una bomba ni una bala", les respondía siempre. "El verdadero peligro que hay allí está en la carretera".

Sintió de pronto que estaban en un lugar más luminoso. Bajando a duras penas por una larga pendiente a última hora de la tarde, el viento se hizo más fuerte. Las claustrofóbicas paredes del barranco se ampliaban y se desplegaban hacia el horizonte, elevándose hasta un anillo de gigantes con coronas de nieve que rodeaban el valle de Skardu. Para cuando Mohammed aceleró hacia las llanuras de la parte baja del paso, el Indo había relajado sus músculos y se había reducido a una especie de lago fangoso y serpenteante. A lo largo del fondo del valle, varias dunas de arena se cocían bajo los últimos rayos de sol, y, si uno no advirtiera las extraordinariamente blancas cumbres nevadas que ardían por encima de la arena, pensaba Mortenson, podría pensar que estaba en la península de Arabia.

Los alrededores de Skardu, rebosantes de *pharing* y *starga*, huertos de albaricoqueros y de nogales, anunciaban que la odisea a lo largo del Indo había llegado a su fin. Mortenson, que cargaba su escuela hacia Skardu, saludó a unos hombres balti que llevaban el distintivo *topis* blanco en la cabeza, mientras trabajaban en la cosecha de la fruta, y estos le devolvieron el saludó sonriendo. Los niños corrían siguiendo al Bedford, dando gritos de aprobación a Imran Khan y al forastero que montaba sobre su imagen. He aquí el regreso triunfal que había imaginado desde que se había sentado para escribir la primera de las quinientas ochenta cartas. En aquellos momentos, justo al tomar la curva siguiente, Mortenson estaba convencido de que su final feliz estaba a punto de empezar.

CAPÍTULO 8

Vencido por el Braldu

Confía en Alá, pero ata tu camello.

-Cartel escrito a mano colgado en la entrada de la base aérca del
Quinto Escuadrón, Skardu

La primera rama del álamo golpeó la cara de Mortenson antes de que tuviera tiempo de agacharse. La segunda le despojó de la manta que le cubría la cabeza y la dejó colgando, abandonada tras el Bedford. Se estiró sobre el techo del camión y observó cómo aparecía Skardu al final de un túnel de árboles rodeados de hambrientas cabras.

Un helicóptero Lama de color verde militar sobrevoló lentamente el Bedford en su trayecto desde el glaciar Baltoro a la base aérea del Quinto Escuadrón de Aviación de Skardu. Mortenson vio lo que parecía una figura humana envuelta en yute, atada a una camilla sobre los patines de aterrizaje. Etienne había realizado aquel mismo trayecto después de su rescate, pensó Mortenson, pero él, al menos, había sobrevivido.

Al pasar junto al Karpocho, o Roca de Skardu, de doscientos cuarenta metros de altura, cuyo fuerte en ruinas custodiaba la ciudad, el Bedford aminoró la marcha para permitir el paso a un rebaño de ovejas que paseaba por el bazar de Skardu. La concurrida calle, flanqueada de estrechos puestos que vendían balones de fútbol, jerséis chinos baratos, y tesoros extranjeros como Ovaltine y Tang ordenados cuidadosamente formando pirámides, resultaba abrumadoramente cosmopolita tras el ensordecedor vacío del desfiladero del Indo.

Aquel inmenso valle era fértil allí donde no se amontonaba la arena. Permitía evadirse de los rigores de los desfiladeros y había sido una parada de caravanas en la ruta comercial desde Kargil, ahora en la Cachemira india, hasta el Asia Central. Pero desde la partición y el cierre de la frontera, Skardu había quedado abandonada y olvidada en la que era la zona más salvaje de Pakistán. Las cosas habían cambiado un poco tras su reinvención como base de aprovisionamiento para las expediciones que se adentraba en los gigantes de hielo del Karakórum.

Mohammed paró el camión a un lado de la carretera, aunque no lo suficientemente apartado como para no bloquear el paso a varios todoterreno. Asomó la cabeza por la ventana y gritó para pedirle instrucciones a Mortenson en medio de los bocinazos de indignación del resto de conductores. Mortenson descendió de su tambaleante trono y se metió en la cabina.

¿A dónde ir? Korphe quedaba a ocho horas en todoterreno hacia el interior del Karakórum, y no tenía posibilidad alguna de llamar por teléfono al pueblo para anunciar que había llegado para cumplir su promesa. Changazi, el agente de senderismo y operador turístico que había organizado su intento de alcanzar el K2, parecía la persona más indicada para gestionar el transporte de las provisiones por el valle del Braldu. Se detuvieron frente a la casa de Changazi, y Mortenson golpeó las macizas puertas verdes de la entrada.

El propio Mohammed Ali Changazi les abrió la puerta. Llevaba un inmaculado *shalwar* blanco almidonado que revelaba claramente su posición social. Era alto para ser balti, y con aquella barba recortada con tanta precisión, aquella nariz de aristócrata y aquellos sorprendentes ojos marrones con el borde azul, tenía una figura cautivadora. En balti, "Changazi" significa "de la familia de Gengis Khan", y se puede utilizar también coloquialmente para expresar un grado de crueldad espantoso. "Changazi es un 'negociante' en todos los sentidos", dice Mortenson. "Pero claro, en aquel entonces no lo sabía".

"Dr. Greg", dijo Changazi, estrechando cuanto pudo a Mortenson en un largo abrazo. "¿Qué hace aquí? La temporada de alpinismo ha llegado a su fin".

"¡He traído la escuela!", respondió Mortenson pícaramente, esperando recibir felicitaciones. Después del K2, le había comentado sus proyectos a Changazi, que le había ayudado a calcular un presupuesto para los materiales de construcción. "He comprado todo lo necesario para construir la escuela y lo he traído hasta aquí desde "Pindi"".

Changazi no salía de su asombro. "Ahora es demasiado tarde para construir cualquier cosa. ¿Por qué no ha comprado las provisiones en Skardu?" Mortenson ni siquiera se lo había planteado. Mientras pensaba qué contestar, les interrumpió el ruido del motor del Bedford. Mohammed quería descargar y emprender el camino de vuelta a "Pindi" cuanto antes. La tripulación del camión soltó la carga y Changazi observó con admiración las valiosas provisiones que había llevado hasta allí el americano.

"Puede guardar todo eso en mi oficina", le dijo Changazi. "Luego tomaremos el té y discutiremos qué hacer con tu escuela". Miraba a Mortenson de arriba abajo, haciendo muecas a su *shalwar* cubierto de grasa, a su cara ennegrecida por la suciedad y a su pelo enmarañado. "Pero, ¿por qué no se lava primero y se arregla un poco?", le sugirió.

El barbudo copiloto le dio a Mortenson su plomada y su nivel, aún envueltos cuidadosamente en la tela de Abdul. Mientras pasaban por delante del cada vez más entusiasmado Changazi todos y cada uno de los sacos de cemento y de macizas láminas de contrachapado, Mortenson desenvolvió una pastilla de jabón Tibet Snow que le había proporcionado su anfitrión y se puso manos a la obra para quitarse el polvo acumulado durante los cuatro días de camino, utilizando un jarro de agua que Yakub, un criado de Changazi, había calentado sobre un infiernillo Epigas, robado, con toda probabilidad, de alguna expedición.

Mortenson, de repente nervioso, quiso hacer un inventario de todas las provisiones, pero Changazi insistió en que tendrían tiempo más tarde. Acompañados por la llamada del *muezzin*, Changazi condujo a Mortenson a su oficina, donde los criados habían desplegado un saco de dormir Marmot sobre un *charpoy* que habían colocado entre el escritorio y un anticuado mapa mural del mundo. "Ahora descanse", dijo Changazi de un modo que no invitaba a la discusión. "Le veré después de la oración vespertina".

Mortenson se despertó al oír unas voces subidas de tono en la habitación contigua. Se levantó y comprobó al ver la luz que entraba por la ventana que el sueño le había vencido una vez más y había dormido toda la noche. En la habitación contigua, sentado en el suelo con las piernas cruzadas, junto a una fría taza de té intacto, había un menudo balti de complexión robusta y con el ceño fruncido al que Mortenson reconoció como Akhmalu, el cocinero que le había acompañado en su expedición al K2. Akhmalu escupió en dirección a los pies de Changazi, el peor insulto entre los baltis, justo en el momento en que Mortenson aparecía por la puerta.

"¡Doctor Girek!", gritó, y la expresión de su rostro cambió como un peñasco iluminado por un rayo de sol. Corrió hacia Mortenson, encantado, y le estrechó fuertemente entre sus brazos. Mientras tomaban el té y seis tostadas de pan blanco que Changazi sirvió orgullosamente acompañadas de una riquísima mermelada austriaca de arándanos, Mortenson se dio cuenta de que estaba en medio de una negociación. Las noticias de la llegada de sus materiales de construcción se habían difundido por todo Skardu. Akhmalu, el hombre que había cocinado *dal* y *chapatti* para Mortenson durante meses, venía a reclamar su parte.

"Dr. Girek, una vez me prometer venir a conocer a mi pueblo", dijo Akhmalu. Y era cierto. Lo había hecho. "Tengo un todoterreno esperando para ir a pueblo Khane", le dijo. "Vamos ahora".

"Quizá mañana, o pasado mañana", le contestó Mortenson. Miró intrigado a su alrededor. Un enorme Bedford cargado de materiales de construcción por valor de más de siete mil dólares había llegado la tarde antes, y ahora no veía ni un martillo, ni en aquella habitación, ni en la contigua, ni en el patio, que podía ver con claridad a través de la ventana.

"Pero todo mi pueblo le espera, señor", dijo Akhmalu. "Ya hemos preparado comida especial". La culpabilidad de malgastar un banquete que un pueblo balti apenas se podía permitir era demasiado para Mortenson. Changazi caminó con él hacia el todoterreno alquilado por Akhmalu y se subió al asiento trasero antes de que nadie le invitara.

La carretera conducía hacia el este de Skardu. "¿A qué distancia está Khane?", preguntó Mortenson, cuando el Toyota Land Cruiser marrón rojizo empezó a botar entre unas rocas que eran casi tan grandes como sus neumáticos mientras ascendían un estrecho y abrupto camino en dirección a un saliente situado sobre el río Indo.

"Muy lejos", respondió Changazi, frunciendo el ceño.

"Muy cerca", replicó Akhmalu. "A tan solo tres o siete horas".

Mortenson se recostó en el asiento de honor, junto al conductor, riéndose. Debería habérselo pensado mejor antes de preguntar por la duración de un trayecto por el Baltistán. La tensión entre aquellos dos hombres era tan evidente como la falta suspensión del Toyota. Pero a través del parabrisas, con su intrincada telaraña de grietas, vio la panorámica de las estribaciones del Karakórum, de 4.900 metros de altura, que rasgaban el inocente cielo azul con su aterradora colección de accidentados dientes marrones, y se sintió inexplicablemente feliz.

Condujeron por un ramal del río Indo durante varias horas hasta llegar a un desvío hacia el sur, en dirección a la India, y luego ascendieron el valle de Hushe, situado al lado del río Shyok, en donde el agua derretida de los glaciares se abría paso ruidosamente entre las rocas que se habían desprendido de los precipicios que bordeaban el estrecho valle. Mientras el camino se volvía más y más difícil, la tarjeta tridimensional que colgaba del espejo retrovisor del Toyota con una ilustración del Kaaba de La Meca, golpeaba repetidamente el parabrisas con el fervor de una oración.

Se cree que el Al-Hajarul Aswad, una gran roca negra sepultada bajo las paredes del Kaaba, es un asteroide. Muchos musulmanes creen que cayó a la tierra en los tiempos de Adán, como un regalo de Alá, y su color negro azabache refleja su capacidad para absorber los pecados de los fieles que tienen la fortuna de tocar su otrora blanca superficie. Observando las escarpaduras sembradas de rocas que sobresalían por la carretera, Mortenson deseó que ninguna roca celestial decidiera caer a la tierra en ese mismo momento.

Unas gigantescas paredes marrones puntiagudas rodeaban el mosaico de campos de patatas y de trigo mientras ascendían, como almenas de castillos construidos en tiempo lejanos. Al final de la tarde, había bastante niebla en los lugares donde el valle Hushe se reducía a un paso entre montañas, pero Mortenson, que había estudiado un gran número de mapas físicos del Karakórum, sabía que uno de los picos más espectaculares del mundo, el Masherbrum, de siete mil ochocientos metros de altura, quedaba justo delante.

A diferencia de la mayoría de los picos del Karakórum central, el Masherbrum podía verse desde el sur sin dificultad, desde lo que en otros tiempos fuera la joya de la corona de la India británica, Cachemira. Esa es la razón por la que, en 1856, T. G. Montgomerie, un lugarteniente del ejército inglés , bautizó a esa pared gris que se levanta por encima de las cumbres nevadas con el nombre de "K1", es decir Karakórum 1, por ser el primer pico de aquella remota región que lograba estudiar exhaustivamente. No hubo, por lo tanto, otra alternativa que llamar "K2" a su vecino, situado a veinte kilómetros al noreste, basándose en la posterioridad de su "descubrimiento". Mortenson contempló aquella blancura, en la que los americanos George Bell, Willi Unsoeld y Nick Clinh habían realizado su primera ascensión en 1960 junto al capitán pakistaní Jawed Aktar en 1960, deseoso de ver la cumbre, pero el Masherbrum estaba cubierto por un denso manto de nubes: la luz reflejada en la nieve de sus enormes glaciares colgantes iluminaba la niebla desde dentro.

El todoterreno se detuvo junto a un *zamba*, que se balanceaba por encima del Shyok, y Mortenson se bajó. Nunca se había sentido cómodo al cruzar aquellos puentes hechos con pelo de yak, puesto que estaban diseñados para soportar a los baltis, cuyo peso era la mitad del suyo. Cuando Akhmalu y Changazi se unieron a él agitando la estructura bruscamente, tuvo que esforzarse para no perder el equilibrio. Mortenson se agarró a las barandillas y arrastró sus enormes pies como un funámbulo por aquel puente colgante que le separaba de los rápidos que había quince metros más abajo. El *zamba* estaba resbaladizo por el rocío, y se concentró tantísimo en el movimiento de sus pies que no advirtió la multitud que le esperaba para saludarle en el otro extremo hasta que no la tuvo muy cerca.

Un diminuto y barbado balti que llevaba unos pantalones de alpinismo de Gore-Tex negro y una camiseta naranja que proclamaba "los escaladores se colocan más alto" ayudó a Mortenson a pisar la tierra firme del pueblo de Khane. Se trataba de Janjungpa, que había sido el principal porteador de una expedición holandesa al K2 durante el tiempo que Mortenson había estado en la montaña, y que tenía la asombrosa habilidad de llegar siempre de visita al campo base justo cuando su amigo Akhmalu se disponía a servir el almuerzo. A pesar de aquello, Mortenson había disfrutado con la compañía de Janjungpa y con sus bravuconadas, y le pedía constantemente que le contara anécdotas vividas en las innumerables expediciones que había guiado por el Baltoro. Janjungpa, que estaba lo suficientemente occidentalizado como para estrechar la mano de un extranjero sin invocar a Alá, condujo a Mortenson a través de las callejas que separaban las casas de barro y piedra de Khane, tapándose la nariz al pasar cerca de los canales de riego que apestaban debido a los residuos que en ellos se vertían.

Janjungpa marchó junto al gigantesco extranjero a la cabeza de una procesión de una docena de hombres y de dos cabras marrones que les seguían con unos suplicantes ojos amarillos. Los hombres giraron hacia una cuidada casa blanqueada y subieron por una escalera de troncos tallados que conducía hasta una habitación que olía a guiso de pollo recién hecho.

Mortenson se dejó acomodar en unos cojines después de que su anfitrión sacudiera con poco entusiasmo el polvo que acumulaban. Los hombres de Khane se congregaron en la pequeña habitación y formaron un círculo alrededor de una descolorida alfombra floreada. Desde su asiento, Mortenson tenía una visión clara, por encima de los tejados de las casas vecinas, del escarpado cañón de roca que abastecía a Khane de agua potable y de riego para sus campos.

Los hijos de Janjungpa desplegaron un mantel plastificado rosa en el suelo en el centro del círculo, y colocaron a los pies de Mortenson unos platos con pollo frito, ensalada de nabo crudo y un estofado de hígado y sesos de oveja. El anfitrión esperó a que Mortenson probara un bocado de pollo para empezar. "Deseo agradecer a Mr. Girek Mortenson por concedernos el honor de venir a construir una escuela al pueblo de Khane", dijo Janjungpa.

"¿Una escuela para Khane?", dijo Mortenson con voz ronca, a punto de atragantarse con el pollo.

"Sí, una escuela, como prometió", dijo Janjungpa, mirando fijamente al círculo de hombres mientras hablaba, como si estuviera ofreciendo una recapitulación a un jurado. "Una escuela de alpinismo".

A Mortenson le vinieron un montón de ideas a la cabeza mientras miraba las caras que le rodeaban, examinándolas en busca de señales que indicaran que se trataba de una broma pesada, pero los curtidos rostros de los hombres de Khane estaban tan impasibles como los precipicios que veía a través de la ventana, que se alzaban sin inmutarse a la luz del atardecer. Sus pensamientos se remontaron a sus meses en el K2. Janjungpa y él habían comentado la necesidad de instruir en técnicas de alpinismo especializadas a los porteadores balti, que a menudo desconocían las técnicas básicas de rescate de montaña, y Janjungpa había hablado largo y tendido del alto índice de heridos y de los bajos salarios entre el colectivo. Mortenson pudo recordar claramente que le describió Khane y le invitó a visitarlo, pero estaba seguro de que nunca habían hablado de una escuela, y él nunca le había hecho promesa alguna.

"Girek Sahib, no escuche a Janjungpa. Es un hombre loco", le dijo Akhmalu, y Mortenson sintió un gran alivio. "Dice una escuela de alpinismo", continuó Akhmalu, sacudiendo la cabeza violentamente. "Khane necesitar escuela normal, para niños de Khane, no para hacer casa rica para Janjungpa. Esto deber hacer". La sensación de alivio se esfumó con tanta rapidez como había aparecido.

A su izquierda, Mortenson vio a Changazi recostado sobre un mullido cojín, descarnando una pata de pollo delicadamente con las uñas y sonriendo ligeramente. Mortenson intentó atraer su atención, esperando que Changazi hablara a su favor y pusiera fin a aquella locura, pero se desató una acalorada discusión en balti, al formarse rápidamente dos bandos, uno apoyando a Akhmalu y otro a Janjungpa. Las mujeres se habían subido a los tejados vecinos, sujetando sus mantones para protegerse del viento gélido procedente del Masherbrum, y tratando de escuchar a escondidas aquella discusión mientras iba subiendo de tono.

"Nunca hice una promesa", intentó explicar Mortenson primero en inglés, y después, al ver que nadie parecía escucharle, en balti. Pero era como si la persona de mayor tamaño de la habitación se hubiera vuelto invisible. Así que siguió como pudo la discusión. En varias ocasiones, oyó a Akhmalu llamar a Janjungpa avaricioso, pero Janjungpa rechazaba todos los cargos de los que le acusaba repitiendo la promesa que le había hecho Mortenson.

Después de más de una hora, Akhmalu se levantó repentinamente y agarró a Mortenson del brazo. Como si pudiera inclinar la balanza a su favor llevándose a Mortenson, Akhmalu hizo que la procesión de hombres que seguían discutiendo bajara la escalera de troncos, y los condujo hasta a su casa. Una vez que el grupo se colocó en los cojines de un salón más pequeño, el hijo adolescente de Akhmalu, que había sido uno de los ayudantes de cocina de la expedición de Mortenson, dispuso a sus pies otra gran cantidad de platos de comida. El plato de ensalada de nabo estaba coronado con un anillo de flores silvestres, y en la superficie del estofado de oveja flotaban de forma vistosa unos brillantes riñones, pero, por lo demás, la comida era casi idéntica al banquete servido por Janjungpa.

El hijo de Akhmalu cogió el riñón, el bocado más selecto, y lo puso en un cuenco de arroz que entregó a Mortenson, con una tímida sonrisa, antes de servir al resto. Mortenson apartó el riñón a un lado del cuenco y se limitó a comerse el arroz empapado en la grasienta salsa de carne, pero nadie pareció darse cuenta. Volvía a ser invisible. Los hombres de Khane comían con la misma pasión con la que discutían, como si la discusión y la comida anteriores no hubieran existido y cada argumento de cada uno de los bandos se triturase como la carne de pollo y de oveja que desgarraban con sus dientes.

Cuando llevaban ya cuatro horas de discusión, y le escocían los ojos por el humo de tabaco que se acumulaba en la habitación, Mortenson se subió al tejado de la casa de Akhmalu y se apoyó en una gavilla de alforfón recién cosechado que le protegía del viento. La luna, al anochecer, ardía detrás de la cadena de montañas. El viento había aclarado la cima del Masherbrum, y Mortenson contempló durante largo rato las pronunciadas crestas de su cumbre, fantasmagóricamente afiladas por la luz de la luna. Mortenson sabía, y de hecho podía sentir, que justo detrás se alzaba la imponente pirámide del K2. Qué fácil le había resultado llegar al Baltistán como escalador, pensaba Mortenson. El camino estaba claro. Concentrarse en un pico, como ahora, y organizar las provisiones y el equipo para alcanzarlo, o fallar en el intento.

A través de la abertura cuadrangular del tejado se liberaba el humo del tabaco y de la hoguera de excrementos de yak que caldeaba la habitación empañando la visión privilegiada de Mortenson, y las voces de los hombres de Khane discutiendo se elevaban con él, nublando también su estado de ánimo. Sacó una fina chaqueta de su mochila y se la extendió sobre el pecho como si fuera una manta. La luna, casi llena, se imponía con su claridad sobre las crestas de la cordillera. Mantenía el equilibrio justo por encima de las montañas como si fuera una gran roca a punto de caerse y chocar contra el pueblo de Khane. "Adelante, cáete", pensó Mortenson, y se quedó dormido.

Por la mañana, la cara sur del Masherbrum estaba envuelta, de nuevo, en un manto de nubes, y Mortenson bajó del tejado con las piernas agarrotadas para encontrar a Changazi tomándose un té con leche. Insistió en que Changazi les llevara de vuelta a Skardu antes de que empezara otra ronda de comidas y discusiones. Janjungpa y Akhmalu, que no estaban dispuestos a perder ninguna oportunidad de conseguir sus objetivos, les acompañaron en el todoterreno.

Durante todo el camino de regreso a Skardu, Changazi mantuvo una ligera sonrisa en los labios. Mortenson se maldijo a sí mismo por perder tanto tiempo. Cuando llegaron a Skardu, comprobaron que estaba sumido en un frío invernal, como si quisiera recordarles que se acercaba el final de la temporada cálida que permitiría la construcción de la escuela. Las nubes bajas tapaban las cumbres circundantes y había una lluvia fina y constante que insistía en mantenerse inmóvil en el aire.

A pesar de las solapas de plástico que cubrían las ventanas del todoterreno, el *shalwar kamiz* de Mortenson estaba empapado cuando el vehículo aparcó delante de la casa de Changazi. "Por favor", dijo Changazi, mirando el shalwar cubierto de barro de Mortenson. "Le pediré a Yakub que caliente agua".

"Antes de seguir, aclaremos algunos puntos", dijo Mortenson, incapaz de ocultar el acaloramiento de su voz. "Primero. ¿Dónde están todas las provisiones para mi escuela? No las veo por ninguna parte".

Changazi se mantuvo beatíficamente calmado. "Las mandé llevar a mi otra oficina".

"¿Llevar?".

"Sí... llevar. A un lugar más seguro", contestó, con el aire ofendido de un hombre obligado a explicar algo evidente.

"Hay muchos *dacoits* por aquí", dijo Changazi.

"Quiero ir a verlo todo ahora mismo", dijo Mortenson, irguiéndose cuan alto era, y acercándose a Changazi. Mohammed Ali Changazi cerró los ojos y cruzó los dedos, golpeándose un dedo con el otro. Abrió los ojos, como si esperase que Mortenson hubiera desparecido. "Es tarde y mi ayudante se ha ido a casa con la llave", dijo Changazi. "Además tengo que lavarme y prepararme para la oración vespertina, pero le prometo, mañana, tendrá satisfacción cien por cien. Juntos, echaremos a estos pueblerinos gritones y empezaremos a trabajar en su escuela".

Mortenson se despertó con la primera luz del día y salió a la calle. La corona de picos de que engalanaba la ciudad aún se hallaba escondida tras unas nubes bajas, y sin la vista de las montañas, Skardu, con su bazar cerrado y su basura desparramada por todas partes, sus achaparrados edificios de ladrillos de barro y bloques de hormigón ligero, tenía un aspecto inexplicablemente feo. Durante el tiempo que había pasado en California había hecho de Skardu la capital dorada de un mítico reino de montaña y había recordado a los baltis que la poblaban como personas puras y buenas, pero ahora, de pie bajo la llovizna, se preguntaba si acaso se había inventado el Baltistán en el que había creído. ¿Se había sentido sencillamente tan feliz después de sobrevivir al K2 que su euforia había mitificado aquel lugar, y a aquellas personas, alejándole de la realidad?

Sacudió la cabeza, intentando sin éxito borrar de su mente aquellos pensamientos. Korphe quedaba tan solo a ciento doce kilómetros al norte, pero parecía que le separaba todo un mundo. Encontraría sus provisiones y luego encontraría la manera de llegar a Korphe. Había llegado tan lejos que necesitaba creer en algo, así que eligió creer en aquel pueblo solitario pegado a la garganta del Braldu. Llegaría allí antes de perder las esperanzas.

Durante el desayuno, Changazi parecía más solícito que de costumbre. Le sirvió él mismo el té a Mortenson, y le aseguró que se pondrían en marcha en cuanto llegara el conductor con su todoterreno. Cuando llegó el Land Cruiser verde, Janjungpa y Akhmalu habían llegado a pie a casa de Changazi desde la casa de huéspedes del conductor del camión, donde habían pasado la noche. El grupo emprendió el trayecto en silencio.

Condujeron hacia el oeste atravesando dunas de arena. En los lugares donde había menos arena, sacos de yute con patatas recién cosechadas esperaban para la recogida en el margen de los campos. Eran tal altos como un hombre, y Mortenson, al principio, creyó que eran personas que esperaban silenciosas en medio de la neblina. El viento cobró fuerza y desprendió algunos pedazos del manto de nubes. En lo alto la visión de los campos nevados era como un grito de esperanza, y Mortenson se sintió animado.

Cuando estaban a una hora y media de Skardu, abandonaron la carretera principal y condujeron por un camino lleno de baches que llevaba hasta un grupo de grandes casas construidas de barro y piedras, escondidas entre unos enclenques sauces. Se trataba de Kuardu, el pueblo natal de Changazi. Este condujo al extraño grupo por un redil, apartando suavemente a las ovejas con los pies calzados en sandalias, y subieron la escalera que llevaba a la segunda planta de la casa más grande del pueblo.

En la sala de estar, se recostaron, pero no en los habituales cojines llenos de polvo, sino en unas almohadillas hinchables de acampada color violeta y verde de la marca Thermarest. Las paredes estaban decoradas con decenas de fotos enmarcadas de expediciones francesas, japonesas, italianas y americanas. Mortenson se vio a sí mismo, con el brazo apoyado desenfadadamente en el hombro de Changazi, en su ruta hacia el K2, y apenas pudo creer que aquella foto fuera tomada solo un año atrás. Su propia cara, que le miraba desde la fotografía, parecía pertenecer a una persona diez años más joven. A través de la puerta, podía ver a unas mujeres en la cocina friendo algo en un par de hornillos de acampada.

Changazi despareció por otra habitación y cuando volvió llevaba un jersey italiano de cachemira gris con escote redondo sobre su *shalwar*. A continuación entraron cinco ancianos con unas descuidadas barbas y unos húmedos *topis* de lana marrón ladeados sobre la cabeza y agarraron con entusiasmo la mano de Mortenson antes de tomar asiento en las almohadillas de acampada. Otros cincuenta hombres de Kuardu entraron desfilando en la habitación y se apretujaron alrededor del mantel de plástico.

Changazi dirigió un desfile de sirvientes que dispusieron tantos platos entre los hombres que Mortenson tuvo que apartar los pies a un lado para dejar más sitio. Media docena de pollos asados, rábanos y nabos esculpidos en forma de rosetones florales, un montón de *biryani*, salpicado con nueces y pasas, *pakhora* de coliflor frita con masa de hierbas, y algo que parecía ser la mejor parte del yak, flotando en un estofado de chiles y patatas. Mortenson nunca había visto tanta comida en Baltistán, y el terror que había estado luchando por reprimir durante el trayecto en todoterreno le subió a la garganta hasta que pudo saborear su acidez.

"¿Qué hacemos aquí, Changazi?", le dijo. "¿Dónde están mis provisiones?".

Changazi apiló carne sobre un espléndido montón de *biryani* y lo colocó ante Mortenson antes de contestarle. "Estos son los ancianos de mi pueblo", le explicó, señalando a los cinco arrugados hombres. "Aquí en Kuardu, le puedo prometer que no habrá discusiones. Ya han aceptado que su escuela esté construida en nuestro pueblo para antes del invierno".

Mortenson se levantó sin contestar y pasó por encima de la comida. Sabía lo grosero que era rechazar aquella hospitalidad, y sabía que era algo imperdonable dar la espalda a los ancianos y caminar por encima de su comida con los pies sucios, pero tenía que salir de allí.

Corrió hasta dejar atrás Kuardu por un empinado camino de cabras. Sentía que la altitud le rasgaba el pecho, pero se esforzó cuanto pudo y siguió corriendo hasta que se sintió tan mareado que el paisaje empezó a darle vueltas. Al llegar a un claro con vistas a Kuardu, se desplomó, luchando por respirar. No había llorado desde la muerte de Christa, pero allí, solo en medio de un pasto de cabras arrasado por el viento, enterró la cabeza en las manos y se limpió las lágrimas que no paraban de brotar.

Cuando al fin alzó la mirada, vio a un grupo de niños mirándole desde una morera situada en el lado contrario del camino. Habían llevado un rebaño de cabras a aquel lugar para pastar, pero la visión de un *angrezi* desconocido sentado en el barro, llorando, les hizo desatender sus animales, que se habían desperdigado por la ladera. Mortenson se levantó, sacudiéndose la ropa, y caminó hacia los niños.

Se arrodilló junto al mayor, un chico de unos once años. "¿Qué... eres... tú?" dijo el chico tímidamente, tendiéndole la mano a Mortenson para estrecharla con la suya. La mano del chico desapareció entre la de Mortenson. "Soy Greg. Soy bueno", le dijo.

"Soy Greg. Soy bueno", repitieron todos los niños al unísono.

"No, yo soy Greg. ¿Cómo os llamáis vosotros?", intentó de nuevo.

"No, yo soy Greg. ¿Cómo os llamáis vosotros?", repitieron los niños, sonriendo.

Mortenson optó por hablar balti. *"Min tapko Greg. Nga America in"*. ("Mi nombre es Greg. Vengo de América"). *"¿Kiri min tapko in?"* ("¿Cuál es vuestro nombre?").

Los niños aplaudieron, llenos de alegría por entender al *angrezi*.

Mortenson estrechó las manos de los niños por turnos a medida que se le presentaban. Las niñas se envolvían las manos cautelosamente con sus chadores para evitar tocar al infiel. Mortenson se levantó, y dando la espalda al tronco de la morera, les empezó a dar unas sencillas lecciones.

Angrezi, les dijo señalándose a sí mismo, "extranjero".

"Extranjero", gritaron los niños al unísono. Mortenson nombró la nariz, el pelo, las orejas, los ojos y la boca. Al oír cada uno de aquellos términos los niños respondían al unísono, repitiéndolo, antes de echarse a reír.

Media hora después, cuando Changazi le encontró, Mortenson estaba arrodillado en el suelo junto a los niños, escribiendo las tablas de multiplicar en la tierra con una rama.

"Doctor Greg. Venga abajo. Venga adentro. Tómese un té. Tenemos mucho que hablar", le rogó Changazi.

"No tenemos nada de que hablar hasta que me lleves a Korphe", le contestó Mortenson, sin apartar su mirada de los niños.

"Korphe está muy lejos, y muy sucio. Le gustan estos niños. ¿Por qué no construye su escuela aquí mismo?".

"No", dijo Mortenson, borrando con la palma de la mano el ejercicio de una aplicada niña de nueve años y escribiendo el resultado correcto. "Seis por seis son treinta y seis".

"Greg, Sahib, por favor".

"Korphe", insistió Mortenson. "No tengo nada que decirte hasta entonces".

El río les quedaba a la derecha. Bullía entre rocas tan grandes como casas. Su Land Cruiser traqueteaba y se elevaba como si estuviera intentando atravesar los rápidos color café en lugar de aquella "carretera" que bordeaba la franja norte del Braldu.

Finalmente, Akmahlu y Janjungpa habían desistido. Se despidieron a toda prisa con aire de derrota y se montaron en un todoterreno que les llevó de vuelta a Skardu en lugar de continuar persiguiendo a Mortenson en su ascensión al valle del río Braldu. Durante las ocho horas que tardó el Land Cruiser en llegar a Korphe, Mortenson tuvo mucho tiempo para pensar. Changazi se tumbó sobre un saco de arroz basmati en el asiento trasero con su *topi* de lana blanca tapándole los ojos y se durmió con el traqueteo del camino, o eso parecía.

Mortenson tenía una ligera sensación de arrepentimiento por Akhmalu. Lo único que quería era que los niños de su pueblo tuvieran la escuela que el Gobierno de Pakistán no había logrado proporcionarles, pero la rabia que sentía hacia Janjungpa y Changazi, por sus maquinaciones y su falta de honradez, se imponía sobre su gratitud hacia Akhmalu por los meses que le había servido fielmente en el campo base del K2, hasta tal punto que la teñía del mismo color pardo de la superficie del más inmundo de los ríos.

Quizá había sido demasiado duro con aquella gente: las diferencias económicas entre ellos eran realmente enormes. Decidió que, en caso de que las gentes de Korphe emprendieran en un tira y afloja por su dinero, sería más paciente. Les escucharía a todos, comería cuanto fuera necesario, antes de convencerles de que la escuela beneficiaría a todos, y que no sería para enriquecer al jefe Haji Ali ni a ninguna otra persona.

Hacía varias horas que había anochecido cuando se encontraron frente a Korphe. Mortenson bajó del todoterreno de un salto y escrutó la otra orilla del río, pero no pudo distinguir a nadie. A la orden de Changazi, el conductor tocó el claxon y empezó a hacer señales con los faros. Mortenson se situó en la zona que iluminaban e hizo señas hacia la oscuridad hasta que oyó un grito desde el lado sur del río. El conductor giró el todoterreno para que las luces alumbraran el agua, y vieron a un hombre avanzar hacia ellos sentado en la destartalada caja de madera que colgaba de un cable sobre el desfiladero.

Mortenson reconoció a Twaha, el hijo de Haji Ali, justo antes de que saltara del teleférico y chocara contra él. Twaha estrechó la cintura de Mortenson entre sus brazos y le zarandeó, hundiendo la cabeza en el pecho del americano. Desprendía un intenso olor a humo y a sudor. Cuando finalmente le soltó, Twaha le miró, sonriendo. "Padre mío, Haji Ali, decir Alá enviarte de nuevo algún día. Haji Ali saber todo, señor".

Twaha ayudó a Mortenson a meterse en el teleférico. "Era realmente una simple caja", recuerda Mortenson. "Como un gran cajón para fruta montado con unos cuantos clavos. Uno se deslizaba a lo largo de aquel cable grasiento e intentaba no pensar en los crujidos que hacía. Intentaba no pensar en lo evidente: si se rompía, uno se caía, y si uno caía, la muerte era segura".

Mortenson rodó lentamente por el cable de cien metros de longitud que se balanceaba hacia adelante y hacia atrás por culpa del viento. Podía sentir el rocío en el aire, y unos treinta metros más abajo, podía oír, aunque no ver, cómo la fuerza bruta del Braldu erosionaba las rocas. Desde su posición podía ver a cientos de personas que esperaban en fila para saludarle sobre un risco situado al lado opuesto del río. Parecía toda la población de Korphe. A la derecha, a lo lejos, en el punto más alto del risco, distinguió un perfil inconfundible. Firme como si estuviera esculpido en el granito, con las piernas separadas, y su ancha barba y su cabeza plantadas como una roca entre sus robustos hombros, Haji Ali observaba el torpe avance de Mortenson a través del río.

La nieta de Haji Ali, Jahan, recuerda bien aquella noche. "Muchos escaladores hacen promesas a los pueblos del Braldu y las olvidan cuando vuelven a casa. Mi abuelo nos dijo muchas veces que el doctor Greg era diferente. Él volvería. Pero nos sorprendió verle tan pronto.

Y me sorprendió mucho ver, una vez más, su largo cuerpo. Ninguno de los habitantes del Braldu era así. Era muy... sorprendente".

Con Jahan y el resto de Korphe observando, Haji Ali pronunció una sonora alabanza a Alá por devolver a aquel visitante sano y salvo, y abrazó a Mortenson a quien le asombró constatar que la cabeza de aquel hombre en quien tanto había pensado en el último año no le llegaba más que al pecho.

Sentado junto a una ardiente hoguera en el *balti* de Haji Ali, en el mismo lugar en el que un día, perdido y agotado, se había lavado, se sintió completamente en casa. Estaba felizmente rodeado de las personas en las que había estado pensando durante todos aquellos meses que había malgastado escribiendo cartas y peticiones de subvenciones y luchando por encontrar el modo de regresar para cumplir su promesa. Se moría por contárselo a Haji Ali, pero había formalidades de hospitalidad que debían respetar.

De algún lugar recóndito de la casa, Sakina sacó un paquete de galletas azucaradas y se las ofreció a Mortenson sobre una vieja bandeja con su té de mantera. Greg las rompió en trozos pequeños, cogió uno, y pasó la bandeja para poder compartirlas con el resto de hombres de Korphe.

Haji Ali esperó hasta que Mortenson bebió un sorbo de su *paiyu cha*, y entonces le dio un golpe en la rodilla, sonriendo. "*¡Cheezaley!*" dijo, exactamente igual que la primera vez que Mortenson había ido a su casa un año antes, "¿Qué hay?". Pero en aquella ocasión Mortenson no había llegado vagando a Korphe perdido y consumido. Había trabajado durante todo una año para volver a aquel lugar, con una gran noticia, y ansiaba anunciarla.

"He comprado todo lo que necesitamos para construir una escuela", dijo en balti, como si hubiera estado ensayando. "Toda la madera, el cemento y las herramientas. Está todo en Skardu ahora mismo". Miró a Changazi, que mojó una galleta en su té, y exaltado por la emoción del momento, sintió afecto incluso por él. Aquel hombre, después de todo, le había llevado hasta allí. "He venido para cumplir mi promesa", dijo Mortenson, mirando a Haji Ali a los ojos, "y espero que podamos empezar a construirla pronto, *Inshallah*".

Haji Ali se metió la mano en el bolsillo del chaleco, jugueteando distraídamente con su reserva de cecina de cabra. "Doctor Greg", dijo en balti. "Por las más misericordiosas bendiciones de Alá ha vuelto a Korphe. Creí que lo haría y así lo he dicho tan a menudo como sopla el viento por el valle del Braldu, por eso todos hemos estado hablando sobre la escuela mientras estaba en América. Queremos mucho una escuela para Korphe", dijo Haji Ali, fijando sus ojos en los de Mortenson, "pero hemos decidido. Antes de que la cabra montés pueda subir al K2, debe aprender a cruzar el río. Antes de que podamos construir una escuela, debemos construir un puente. Esto es lo que Korphe necesita ahora".

"¿*Zamba?*", repitió Mortenson, esperando que se tratara de un desagradable malentendido. El error debía de estar en su balti. "¿Un puente?, preguntó en inglés, para no dejar lugar a dudas.

"Sí, un gran puente, uno de piedra", dijo Twaha. "Para que podamos llevar la escuela al pueblo de Korphe".

Mortenson bebió un largo sorbo de té, pensando, pensando. Bebió otro sorbo.

CAPÍTULO 9

El pueblo ha hablado

¿Por qué no se da licencia a los bellos ojos de una bella dama?
Disparan a los hombres como una bala. Cortan con tanta precisión
como la espada.

-grafiti pintado en la escultura budista más antigua conocida
en el mundo, en el valle Satpara, Baltistán

El Aeropuerto Internacional de San Francisco estaba lleno de madres acaloradas intentando controlar a sus hijos. Era casi Navidad y miles de viajeros corrían y se empujaban en su camino hacia vuelos que esperaban que los llevaran a tiempo junto a sus familias. Pero el pánico podía palparse mientras que una voz casi inaudible anunciaba desde los altavoces de la terminal retraso tras retraso.

Tras haber aterrizado en un vuelo procedente de Bangkok, Mortenson se dirigió a la zona de recogida de equipajes y esperó a que apareciera su gastado macuto militar en la cinta transportadora llena de sobrecargadas maletas. Con él al hombro, buscó entre la multitud con la esperanza de ver a Marina, pero no pudo encontrar su melena negra entre los cientos de cabezas que se agolpaban frente a las puertas de salida.

La había llamado cuatro días antes, a través de la deficiente línea telefónica de un locutorio de "Pindi", y estaba seguro de que ella le había dicho que pensaba ir a recogerle al aeropuerto, pero la llamada de seis minutos que había pagado se cortó antes de que pudiera repetirle los datos de su vuelo y Mortenson estaba demasiado apurado con el dinero como para pagar otra llamada. Marcó el número de Marina desde una cabina de teléfono y le respondió su contestador automático. "Hola, cariño", le dijo, capaz de sentir la alegría forzada de su propia voz. "Soy Greg. Feliz Navidad. ¿Cómo estás? Te echo de menos. He llegado bien a San Francisco y supongo que cogeré un cercanías hasta tu casa".

"Greg", dijo ella, descolgando el teléfono. "Hola".

"Hola. ¿Estás bien?" le preguntó. "Suenas un poco..."

"Escucha", le dijo ella. "Tenemos que hablar. Las cosas han cambiado desde que te fuiste. ¿Podemos hablar?"

"Claro", contestó. Podía sentir el picor de su sudor bajo los brazos. Llevaba allí varios días desde su última ducha. "Voy para casa", dijo antes de colgar.

Le daba miedo volver a casa después de no haber logrado ningún progreso en la construcción de la escuela, pero pensar en Marina, en Blaise y en Dana había aliviado sus temores durante el largo vuelo transoceánico. Al menos, pensaba, estaba volando hacia personas que amaba, y no simplemente escapando del fracaso.

Cogió un autobús hacia la estación de cercanías más cercana, se montó en el tren. Se bajó en San Francisco y cogió un tranvía hasta Outer Sunset. No podía dejar de pensar en las palabras de Marina al teléfono, dándole vueltas, intentando hallarles cualquier significado que no fuera el evidente: ella iba a dejarle. Se dio cuenta de que desde aquella conversación desde el locutorio de "Pindi", llevaba meses sin llamarla. Aunque ella debería entender que la razón era que no se podía permitir hacer llamadas internacionales mientras intentaba ceñirse al presupuesto para la escuela, ¿no? Se esforzaría en compensarla. Se llevaría a Marina y a las niñas de viaje con lo que le quedara en la cuenta bancaria de Berkeley.

Cuando llegó al barrio de Marina, habían pasado dos horas y el sol se había hundido en el canoso Pacífico. Caminando en medio de una fría brisa marina, pasó por delante de varias casas adornadas con luces de Navidad, hasta llegar a las escaleras de su apartamento.

Marina abrió la puerta, y abrazó con un solo brazo a Mortenson, y se quedó de pie en la entrada, dejando claro que no iba a invitarle a pasar.

"Sólo voy a decir una cosa", dijo. Él se quedó esperando, con su mochila aún colgada en el hombro. "He vuelto a verme con Mario".

"¿Mario?"

"Ya sabes, Mario, del Hospital Universitario de San Francisco, el anestesista". Mortenson seguía en pie mirándola sin comprender. "Mi antiguo novio. Recuerda que te dije que estábamos..."

Marina siguió hablando. Mortenson supuso que le estaba poniendo al corriente de las diversas ocasiones en que había coincidido con él, de las noches que habían pasado juntos en la sala de urgencias, pero aquel nombre no le sonaba. Observaba la boca de Marina mientras hablaba. Eran sus labios carnosos, decidió, eran lo más bonito que tenía. No podía concentrarse en nada de lo que estaban articulando hasta que oyó "así que te he reservado una habitación en un motel".

Mortenson se dio la vuelta mientras Marina seguía hablando y se encontró de nuevo caminando por la calle, esta vez con la brisa marina en contra. Había anochecido completamente y el macuto cuya presencia apenas había notado hasta entonces le resultó de repente tan pesado que se preguntó si podría cargar con él durante una manzana más. Por suerte, la señal de neón rojo del Beach Motel centelleaba desde la siguiente esquina como una herida abierta que requería una atención inmediata.

Tras desprenderse de todo el dinero que le quedaba en el bolsillo Mortenson consiguió una habitación: un cuartucho horrible con las paredes forradas de madera que apestaba a tabaco. Se dio una ducha y buscó una camiseta limpia en su macuto. Se conformó con la menos sucia que logró encontrar y se quedó dormido con la televisión y las luces encendidas.

Una hora más tarde, cuando estaba sumido en un sueño tan profundo que apenas podía soñar, a Mortenson le despertó un golpe en la puerta. Se incorporó y miró alrededor de la habitación creyendo que estaba todavía en Pakistán. Pero en el televisor se oían las palabras, en inglés, de alguien llamado Newt Gingrich, y un gráfico tachonado de estrellas decía algo que perfectamente podía estar escrito en una lengua extranjera por el poco sentido que le encontraba Mortenson.

Tambaleándose como si la habitación estuviera flotando a la deriva en medio del oleaje, Mortenson alcanzó la puerta y la abrió. Allí estaba Marina, envuelta en su parca favorita de Gore-Tex amarillo. "Lo siento. No es así como lo había imaginado. ¿Estás bien?", le preguntó, ciñéndose el abrigo contra el pecho.

"Esto es... supongo... no", le dijo Mortenson.

"¿Estabas dormido?", le preguntó Marina.

"Sí".

"Mira, no quería que fuera así. No tenía ninguna manera de contactar contigo en Pakistán". Hacía frío con la puerta abierta y Mortenson permanecía allí de pie tiritando en ropa interior.

"Te envié postales", le dijo.

"Hablándome del precio de los materiales para el tejado y de lo mucho que costaría alquilar un camión a llegar a Skardu. Eran muy románticas. Nunca hablabas de nosotros, excepto para atrasar una y otra vez tu fecha de regreso a casa".

"¿Cuándo empezaste a salir con Mario?" Se esforzó por no mirar los labios de Marina y trató de fijarse en sus ojos, pero se lo pensó mejor y bajó los suyos bruscamente. Aquellos ojos eran, también, demasiado peligrosos.

"No estamos hablando de eso", le contestó. "Por tus cartas pude entender que había dejado de existir para ti desde que te fuiste".

"Eso no es verdad", dijo Mortenson, preguntándose si lo era.

"No quiero que me odies. No me odias, ¿verdad?"

"Aún no", respondió.

Marina descruzó los brazos y suspiró. Tenía una botella de Baileys en la mano derecha. Se la ofreció a Mortenson y él la cogió. Parecía tener casi la mitad de su contenido.

"Eres un buen tipo, Greg", le dijo Marina. "Adiós".

"Adiós", dijo Mortenson, cerrando la puerta antes de decir algo de lo que pudiera arrepentirse.

Se quedó de pie en medio de aquella habitación vacía, sosteniendo la botella medio llena. ¿O estaba medio vacía? De todos modos, no era el tipo de bebida que solía tomar, y había creído que Marina le conocía lo suficiente como para recordarlo. Mortenson no solía beber con frecuencia, y, desde luego, nunca en solitario, y había pocas cosas a las que se resistiera tanto como a los licores dulces.

En la televisión, una estridente voz le decía a un entrevistador: "Estamos embarcados en la segunda revolución americana y les prometo solemnemente que con esta nueva mayoría republicana en el Congreso, la vida americana está a punto de experimentar profundos cambios. El pueblo ha hablado".

Mortenson dio unas zancadas hacia la papelera de la habitación. Era grande, fabricada con un metal mate, y maltratada por el sinfín de individuos que habían tenido la desgracia de pasar por aquel cuarto. Alzó la botella con el brazo en línea recta y la dejó caer. El Baileys repicó contra el contenedor metálico con un sonido que, para el oído de Mortenson, fue como el de una puerta que se cierra de un portazo. Cayó rendido en la cama.

El dinero competía con el dolor por dominar la mente de Mortenson. Tras el día festivo, cuando intentó sacar doscientos dólares de su cuenta corriente, el cajero le dijo que tan solo disponía de ochenta dólares.

Llamó a su supervisor del Hospital Universitario de San Francisco, esperando concertar un turno de inmediato, antes que su crisis financiera se recrudeciera. "Dijiste que volverías para cubrir Acción de Gracias", le dijo su jefe, "y has faltado hasta en Navidad. Eres uno de nuestros mejores empleados, Greg, pero si no te presentas en tu puesto no me sirves. Estás despedido". A Mortenson se le había quedado grabada una frase del discurso televisado la noche anterior, y la repitió por lo bajo con amargura durante varios días: "El pueblo ha hablado".

Al final, tuvo que hablar con varios conocidos de su círculo de escaladores hasta que encontró la casa de un montañero, donde podría quedarse hasta que decidiera cuáles serían sus siguientes pasos. En aquella ruinosa casa victoriana de color verde de la calle Lorina de Berkeley, pasó un mes durmiendo en el suelo de la planta de arriba mientras estudiantes licenciados en Cal Berkeley y escaladores que regresaban de, o iban de camino a Yosemite montaban fiestas regadas en alcohol en la planta baja hasta altas horas de la noche. Mientras dormía, la gente le pasaba por encima cuando se dirigía al baño.

Es poco habitual que un enfermero titulado esté desocupado durante mucho tiempo. Solo es cuestión de motivación. Por eso, después de unos cuantos días nublados utilizando el trasporte público para ir a entrevistas de trabajo, en los que fue plenamente consciente de la ausencia de *La Bamba*, le contrataron para cubrir los turnos nocturnos más rechazados del centro de traumas del Hospital General de San Francisco y de la unidad de quemados de Alta Bates.

Consiguió ahorrar dinero suficiente para alquilar una habitación en la tercera planta de un edificio sin ascensor situado en la sucia calle Wheeler de Berkeley, subarrendada a un polaco llamado Witold Dudzinsky. Mortenson llegó a pasar varias tardes cordiales con Dudzinsky, que fumaba un cigarrillo tras otro y bebía sin parar de unas botellas azules de vodka polaco que compraba al por mayor, pero, si bien disfrutó al principio de los complacientes monólogos sobre el Papa Juan Pablo, Mortenson se dio cuenta de que, después de unos pocos tragos de vodka, Dudzinsky no se dirigía a nadie en particular, así que la mayoría de noches, se retiraba a su habitación e intentaba no pensar en Marina.

"Me han dejado otras novias antes", explica Mortenson, "pero esta fue diferente. Esta realmente me dolió, y no tenía más remedio que superarlo. Me costó mucho tiempo".

Algunas noches misericordiosas, Mortenson conseguía olvidarse de sí mismo y de sus inquietudes con el ajetreo del trabajo. Cuando se veía ante las necesidades urgentes de un niño de cinco años con quemaduras de tercer grado por toda la parte superior torso, le resultaba imposible regodearse en la autocompasión. Hallaba una profunda satisfacción al trabajar con rapidez, aliviando el dolor, en un hospital occidental bien equipado, donde tenía al alcance de la mano todo tipo de medicación, instrumental y curas necesarias, en lugar de tener que viajar durante ocho horas en un todoterreno por carreteras a menudo intransitables, como había sucedido durante las siete semanas que se había quedado en Korphe. Sentado junto al *balti* de la casa de Haji Ali, después de que el anciano le hubiera anunciado la tremenda noticia del puente, Mortenson sintió que las ideas se le agolpaban en la cabeza frenéticamente, como un animal intentando escapar de una trampa, pero luego se tranquilizó, hasta quedarse totalmente en calma. Fue consciente de que había llegado al final de la línea, su destino, Korphe, el último pueblo de las inmediaciones del hielo eterno. Marcharse como había hecho en Kuardu, cuando surgían complicaciones, no resolvería nada. No tenía adonde ir.

A pesar de su decepción, no podía enfadarse con el pueblo de Korphe. Sin duda necesitaba un puente. ¿Cómo pensaba si no construir su escuela? ¿Cargando cada tabla, cada lámina corrugada de hojalata, en aquel destartalado cesto que se balanceaba peligrosamente por encima de Braldu? Es más, estaba enfadado consigo mismo por no haberlo previsto mejor. Decidió quedarse en Korphe hasta comprender todas las cosas que necesitaba hacer para hacer realidad la escuela. Una serie de desvíos le habían conducido a aquel pueblo. ¿Qué importaba uno más?

"Hábleme de ese puente", le había pedido a Haji Ali, rompiendo el silencio expectante que reinaba en la casa en la que se apretujaban todos los hombres adultos de Korphe. "¿Qué necesitamos? ¿Por dónde empezamos?".

Al principio, Mortenson había esperado que la construcción de un puente fuera algo rápido y poco costoso.

"Tenemos que utilizar mucha dinamita para volar muchas piedras", le dijo Twaha, el hijo de Haji Ali, a Mortenson. Esto dio lugar a una nueva discusión en balti, sobre si convenía obtener las piedras de la zona o traerlas en todoterreno de alguna otra localidad. La discusión se acaloró aún más cuando se planteó qué laderas específicas contenían el granito de mejor calidad. Sin embargo, había varios puntos en los que los hombres estaban totalmente de acuerdo. Los cables de acero y las tablas de madera tendrían que comprarse en Skardu o en Gilgit, y su coste sería de miles de dólares. El pago del personal cualificado necesario supondría unos miles más. Miles de dólares que Mortenson ya no tenía.

Mortenson les explicó que ya había gastado la mayor parte de su dinero para la escuela y que tendría que regresar a América para intentar recaudar más fondos para el puente. Esperaba que los hombres de

Korphe se sintieran tan abatidos como él. Pero la espera era un rasgo tan característico de su forma de ser como lo era el respirar aquel denso aire de aquellas altitudes. Esperaban cada año durante seis meses, en habitaciones asfixiantes por culpa del humo que desprendían las hogueras de excrementos de yak, a que el tiempo recuperase las condiciones necesarias para volver a salir al exterior. Un cazador balti tardaba días en cruzarse con una sola cabra montés, ingeniándoselas hora tras hora para acercarse lo suficiente como para arriesgarse a disparar la única y costosa bala que podía permitirse gastar. Un novio balti podía esperar años a su matrimonio, hasta que la niña de doce años que sus padres habían elegido para él alcanzara la edad necesaria para dejar a su familia. El lejano Gobierno de Pakistán llevaba décadas prometiendo escuelas a las gentes del Braldu, y ellos todavía seguían esperando. La paciencia era su mayor virtud.

"Muchas gracias", le dijo Haji Ali, intentando hablar inglés en honor a Mortenson. Que le dieran las gracias por hacer una chapuza era más de lo que Mortenson podía soportar. Estrechó al anciano contra su pecho, respirando su olor mezcla de humo de madera y de lana húmeda. Haji Ali sonrió y llamó a Sakina, que estaba en la cocina, para que sirviera a su invitado una taza caliente de aquel té de manteca que a Mortenson le gustaba cada vez más.

Mortenson le ordenó a Changazi que volviera a Skardu sin él y le produjo cierta satisfacción ver que su cara adoptaba una expresión de asombro que se apresuró a reprimir. Mortenson iba a aprender todo lo que fuera necesario sobre la construcción del puente antes de volver a casa.

Acompañado de Haji Ali, Mortenson recorrió en todoterreno la orilla del río para examinar los puentes de la franja sur del valle del Braldu. Cuando volvieron a Korphe, esbozó en su libreta el tipo de puente que los habitantes del pueblo le habían pedido que construyera, y se reunió con los ancianos de la comunidad para discutir el terreno donde podría levantar la escuela, cuando, *Inshallah*, regresara de América.

Cuando el viento que soplaba por el Baltoro trajo los primeros copos de nieve sobre Korphe, marcando el inicio de los largos meses de encierro, Mortenson empezó a despedirse. A mediados de diciembre, más de dos meses después de su llegada con Changazi, no podía ya seguir demorando su marcha. Tras visitar varias casas y tomar algunas tazas de té en señal de despedida, Mortenson volvió a recorrer la franja sur del Braldu dando tumbos en un todoterreno sobrecargado que llevaba a los doce hombres de Korphe que habían insistido en despedirse de él en Skardu. Estaban tan apretujados que cada vez que el todoterreno se zarandeaba por culpa de algún obstáculo, los hombres se sacudían todos a la vez, y se apoyaban los unos en los otros en busca de equilibrio y de calor.

Después de sus turnos en el hospital, de camino a casa, a aquella austera habitación del nauseabundo piso de Dudzinski, en esas horas que hay entre la noche y la mañana donde el mundo parece estar despoblado, Mortenson se sentía abrumado por la soledad. Se sentía terriblemente lejos de la camaradería de la vida rural de Korphe, y la idea de llamar a Jean Hoerni, la única persona que podría financiar su regreso, le intimidaba demasiado como para considerarla una opción seria.

Durante todo aquel invierno, Mortenson se entrenó en la pared del gimnasio para escaladores City Rock, situado en una zona de almacenes entre Berkeley y Oakland. Le costaba más llegar que cuando tenía *La Bamba*, pero cogía el autobús hasta allí para disfrutar tanto de la compañía como del ejercicio. Cuando se preparaba para su ascensión al K2, había sido un héroe para los socios del City Rock. Pero ahora, cada vez que abría la boca, sus historias eran sobre fracasos: una cumbre que no había alcanzado, una mujer perdida, un puente y una escuela no construidos.

Una noche, volviendo a casa muy tarde después del trabajo, Mortenson fue atracado en la calle por cuatro chicos que no debían de tener más de catorce años. Mientras uno sostenía con la mano temblorosa una pistola que apuntaba al pecho de Mortenson, su cómplice le vaciaba los bolsillos. "No puede ser. El cabrón no tiene más que dos dólares", dijo el chico, guardándose los billetes en el bolsillo y devolviéndole a Mortenson su cartera vacía. "¿Por qué tenemos la mala suerte de atacar al blanco más pelado de Berkeley?"

Pelado. Acabado. Al llegar la primavera, Mortenson seguía sumido en su depresión. Recordaba en su mente los rostros llenos de esperanza de los hombres de Korphe al subirlo en un autobús hacia Islamabad, seguros, *Inshallah*, de que volvería pronto con dinero. ¿Cómo podían creer tanto en él cuando ni siquiera él creía en sí mismo?

Al atardecer de una tarde de mayo, Mortenson estaba tumbado en su saco de dormir, pensando en la urgencia con que necesitaba lavarlo, y planteándose si podría pagarse el trayecto hasta una lavandería, cuando sonó el teléfono. Era el Dr. Louis Reichardt. En 1978, Reichardt y su compañero escalador Jim Wickwire habían sido los primeros americanos en alcanzar la cima del K2. Mortenson había llamado a Reichardt antes de partir hacia aquella cumbre, para pedirle consejo, y habían hablado en contadas ocasiones desde entonces. "Jean me dijo lo que estás intentando hacer con tu escuela", dijo Reichardt. "¿Cómo te va?"

Mortenson le explicó todo, desde las quinientas ochenta cartas hasta el obstáculo que le había surgido en el camino con el tema del puente. También acabó contándole al paternal anciano otros de sus problemas, desde la pérdida de su mujer hasta la pérdida de su trabajo, y hasta lo que más temía: la pérdida de su rumbo.

"Cálmate, Greg. No cabe duda de que te has encontrado con algunas piedras en el camino", le dijo Reichardt, "pero lo que estás intentando hacer es mucho más difícil que ascender el K2".

"Viniendo de Louise Reichardt, aquellas palabras significaron mucho", explica Mortenson. "Era uno de mis héroes". Las dificultades que Reichardt y Wickwire habían experimentado para alcanzar la cumbre eran legendarias entre los aficionados al alpinismo. Wickwire había llevado a cabo un primer intento fallido en 1975, y el fotógrafo Gallen Rowell, uno de los miembros de la expedición, escribió un libro sobre las penalidades del grupo que documenta uno de los fracasos a gran altitud más hostiles de la historia.

Tres años después, Reichardt y Wickwire regresaron y escalaron hasta llegar a novecientos metros de la cima de la aterradora arista occidental, donde tuvieron que volverse atrás por una avalancha. En lugar de retirarse, atravesaron el K2 a siete mil seiscientos metros de altitud, por la ruta tradicional que habían intentado la mayoría de escaladores, el Espolón de los Abruzzos, y, de forma increíble, lograron alcanzar la cima. Reichardt, cuyo nivel de oxígeno era bajo, se apresuró a descender prudentemente, pero Wickwire permaneció en la cumbre, intentando desempañar la lente de su cámara para hacer algunas fotografías y saborear el logro que había perseguido durante toda su vida. Aquel error de cálculo estuvo a punto de costarle la vida.

Al no disponer de un faro, Wickwire no pudo realizar el descenso técnico en la oscuridad, y se vio obligado a soportar una de las acampadas a mayor altitud registradas en la historia. Se quedó sin oxígeno y sufrió una congelación grave, neumonía, pleuresía y varios coágulos potencialmente mortales en los pulmones. Reichardt y el resto del equipo hicieron cuanto estuvo en sus manos por mantenerle con vida prestándole una atención médica constante, hasta que Wickwire pudo ser evacuado en helicóptero a un hospital, y posteriormente trasladado a Seattle, su ciudad, donde se le practicó una intervención quirúrgica respiratoria para reparar los coágulos.

Louise Reichardt sabía lo que era sufrir por y para alcanzar metas difíciles. Su comprensión de lo duro que era el camino que estaba intentando recorrer le hizo sentir a Mortenson que no había fracasado. Sencillamente no había completado la ascensión. Aún no.

"Llama a Jean y cuéntale todo lo que me has contado", le dijo Reichardt. "Pídele que te dé dinero para el puente. Créeme, se lo puede permitir".

Por primera vez desde que había vuelto a Estados Unidos, Mortenson sintió que volvía a ser algo parecido a la persona que antes era. Se levantó y revolvió su bolsa Ziploc hasta que encontró el trozo de papel milimetrado con el nombre y el teléfono de Hoerni. "No la cagues", decía. Bueno, a lo mejor lo había hecho, o a lo mejor no. Dependía de a quién se lo contara. Pero allí estaban sus dedos marcando el número de todos modos.

CAPÍTULO 10

Construyendo puentes

En la inmensidad de estas cordilleras, en el límite de un mundo que los hombres pueden visitar pero no habitar, la vida cobra una nueva importancia... pero las montañas no son condescendientes; uno olvida su violencia. Azotan indistintamente a aquellos que se aventuran a adentrarse en su nieve, sus rocas, su viento y su frío.

-George Schaller, *Stones of Silence*

La voz del hombre al otro extremo de la línea telefónica parecía estar recorriendo medio planeta pero Mortenson sabía que no podía estar a mucho más de doscientos kilómetros de distancia. ¿Puede repetir?", dijo la voz.

Salaam Alaaikum, gritó Mortenson en medio de las interferencias. "Necesito cinco carretes de ciento veintidós metros de cable de acero de triple trenzado. ¿Los tiene usted, señor?".

"Por supuesto", respondió, y de repente la línea se oyó con claridad. "Media *lakh* de rupias por cada cable. ¿Le parece razonable?".

"¿Tengo alguna otra opción?".

"No", dijo el contratista riéndose. "Soy la única persona de todos los Territorios del Norte que posee tanto cable. ¿Podría saber su nombre?"

"Mortenson, Greg Mortenson".

"¿Desde dónde llama, *Mister* Greg? ¿Está usted también en Gilgit?".

"Estoy en Skardu".

"¿Y podría saber qué quiere hacer con tanto cable?".

"El pueblo de mis amigos, en la zona superior del valle del Braldu, no tiene puente. Voy a ayudarles a construir uno".

"Ah, es usted americano, ¿verdad?".

"Sí, señor".

"He oído hablar de su puente. ¿Son los senderos que llevan a su pueblo transitables en todoterreno?".

"Si no se pone a llover. ¿Puede llevar el cable?".

"*Inshallah*".

Si Alá lo quiere. Aquello no era una negativa. Era una respuesta maravillosa para Mortenson después de haber realizado varias llamadas sin éxito, y también la única manera realista de responder a cualquier pregunta relacionada con el transporte en el los Territorios del Norte. Había conseguido el cable, la última y más costosa pieza que necesitaba para empezar a construir el puente. Era todavía principios de junio de 1995, y, si no encontraban obstáculos insalvables, el puente estaría terminado antes del invierno y las obras de la escuela podrían empezarse en la primavera siguiente.

Ante la reticencia que mostraba Mortenson por llamarle, Jean Hoerni había tenido el extraordinario gesto de extenderle un cheque por una cifra adicional de diez mil dólares. "Sabes, algunas de mis ex-mujeres podrían gastarse más pasta en un fin de semana", le dijo. Sin embargo, exigió a Mortenson que le prometiera algo. "Construye la escuela tan rápido como puedas, y cuando acabes, tráeme una foto", le dijo. "Ya no soy joven". Mortenson se sentía sumamente feliz y le aseguró que lo haría.

"¿Ese hombre tiene el cable?", preguntó Changazi.

"Sí".

"¿Y cuánto costará?".

"Lo mismo que dijiste, ochocientos dólares cada carrete".

"¿Y los llevará arriba?".

"*Inshallah*", contestó Mortenson, colgando el auricular del teléfono del escritorio de la oficina de Changazi. Recuperado económicamente gracias al dinero de Hoerni y dispuesto a ponerse a trabajar de nuevo, Mortenson se alegró de disfrutar de la compañía de Changazi una vez más. El precio que pagaba a Changazi como comisión por cada transacción que realizaba era compensado con creces por la amplia red de contactos de aquel hombre. Había sido policía en otros tiempos y parecía conocer a todos los habitantes de la ciudad, y es más, después de que le presentara a Mortenson una factura del almacenamiento de los materiales de construcción para su escuela, no parecía haber razón alguna para no aprovecharse sus habilidades.

Durante la semana que había pasado durmiendo en el charpoy de la oficina de Changazi, bajo el viejo mapa del mundo en el que le complacía ver con nostalgia cómo Tanzania aparecía aún identificada como Tanganyika, a Mortenson le habían entretenido sus pícaras anécdotas. Había hecho un tiempo excepcionalmente bueno durante todo el verano y los negocios iban bien. Changazi había ayudado a equipar a varias expediciones, una alemana y una japonesa que aspiraban alcanzar la cumbre del K2, y a un grupo italiano que intentaba realizar la segunda ascensión al Gasherbrum IV. Fruto de ello, Changazi tenía barritas de proteínas escondidas en todos los recovecos de su oficina, que era como el lugar donde una ardilla almacena sus provisiones para el invierno.

Pero los manjares extranjeros que más saboreaba Changazi tenían nombres como Hildegund e Isabella. A pesar de que aquel hombre tenía una esposa y cinco hijos en su casa de la lejana "Pindi" y a una segunda mujer que vivía en una casa alquilada cerca de la comisaría de policía de Skardu, Changazi se había pasado la temporada de turismo flirteando entre un variado grupo de mujeres, turistas y escaladoras, que llegaban a Skardu en cantidades cada vez mayores.

Changazi le explicó a Mortenson cómo conciliaba sus coqueteos con su fe en el islam. Dirigiéndose a su mezquita poco después de que le pasara por delante alguna Inge o Aiko, Changazi le solicitaba a su *ulema/mulá* permiso para hacer una *muthaa*, un matrimonio temporal. Se trataba de una costumbre todavía común en el Pakistán chiita, permitida a hombres casados que tenían que pasar largas temporadas sin el consuelo de sus esposas, por estar luchando en guerras lejanas o realizando algún viaje, pero a Changazi ya se le habían concedido varios *muthaa* desde el comienzo, en mayo, de la temporada de escalada. Era mejor santificar la unión, por muy breve que fuera, ante los ojos de Alá, le explicaba Changazi alegremente a Mortenson, que limitarse a mantener relaciones sexuales.

Mortenson le preguntó si las mujeres balti cuyos maridos estaban fuera podían solicitar también un *muthaa*.

"No, por supuesto que no", respondió Changazi, moviendo la cabeza ante la ingenuidad de la pregunta de Mortenson, y ofreciéndole una galleta para que la mojara en su té.

Ahora que el cable ya estaba pedido y en camino, Mortenson contrató un asiento en un todoterreno en dirección a Askole. Ascendiendo el valle de Shigar, atravesaron campos de manzanos y albaricoqueros. El aire era tan claro que las dentadas crestas de color marrón rojizo y ocre de las estribaciones del Karakórum, de cinco mil cuatrocientos metros de altura, parecían estar al alcance de la mano, y el camino mostraba el aspecto más transitable que podía ofrecer un sendero de tierra y rocas esculpido en el borde de un precipicio.

Sin embargo, cuando se desviaron hacia el valle del Braldu, unas nubes bajas persiguieron y adelantaron a su todoterreno, desplazándose con rapidez desde el sur. Eso solo podía indicar la cercanía del monzón, que soplaba desde la India. Al llegar a Askole, todos los ocupantes del todoterreno descapotable estaban mojados y cubiertos de barro gris.

Mortenson se bajó en la última parada, justo antes de llegar al pueblo de Askole, bajo una densa lluvia que abría grietas en el fangoso camino. Korphe quedaba aún a varias horas a pie, y no logró convencer al conductor para continuar el trayecto de subida en medio de la oscuridad, así que tuvo que contentarse con pasar la noche sobre unos sacos de arroz, en una tienda adosada a la casa del *nurmadhar* de Askole, Haji Mendi, espantando a las ratas que se querían subir por sus piernas.

Por la mañana, seguía lloviendo de un modo apocalíptico y el conductor del todoterreno ya había sido contratado para transportar un cargamento a Skardu. Mortenson emprendió la marcha a pie. Seguía intentando encontrar algo que le gustara del pueblo de Askole. Por su posición al frente del camino que conducía a todas las expediciones hacia el noreste del Baltoro, aquella localidad se había convertido en el lugar de encuentro entre escaladores occidentales que necesitaban contratar porteadores o comprar algún accesorio básico olvidado y estafadores que esperaban aprovecharse de ellos. Como sucedía en muchos lugares remotos, los comerciantes de Askole tendían a inflar los precios y se resistían implacablemente al regateo.

Caminando por un sendero embarrado entre las chozas de piedra y barro, Mortenson sintió que le agarraban del *shalwar* por detrás. Se giró y vio a un chico, con la cabeza llena de piojos y la mano tendida hacia el *angrezi*. No sabía el inglés necesario para pedir dinero o un bolígrafo, pero su intención no podía haber resultado más clara. Mortenson sacó una manzana de su mochila y se la dio al chico, que la tiró por la alcantarilla.

Al pasar por un campo situado al norte de Askole, tuvo que taparse la nariz con los faldones de su *shalwar* para evitar el hedor. Era aquella una zona de acampada utilizada por muchas expediciones de camino al Baltoro, y por todas partes podían verse montones de excrementos humanos.

Constantemente se acordaba de un libro que había leído hacía poco, *Ancient Futures*, de Helena Norberg-Hodge. Norberg-Hodge había pasado diecisiete años viviendo justo al sur de aquellas montañas, en Ladakh, una región muy parecida al Baltistán, pero separada de Pakistán por las arbitrarias fronteras que las potencias coloniales trazaron a lo largo del Himalaya. Después de casi dos décadas estudiando la cultura ladakhi, Norberg-Hodge estaba firmemente convencida de que preservar la forma de vida tradicional de Ladakh —amplias familias que vivían en armonía con la tierra— reportaría más felicidad que la "mejora" del estilo vida del pueblo ladakhi realizada por el desarrollo descontrolado.

"Solía suponer que el progreso era en cierto modo inevitable, incuestionable", escribe. "Acepté de forma pasiva un nuevo camino atravesando el parque, un montículo de acero y cristal donde antes se había alzado una iglesia de doscientos años... y hasta el hecho de que la vida parecía hacerse más difícil y rápida día a día. Ya no lo hago. En Ladakh he aprendido que hay más de un camino hacia el futuro y he tenido el privilegio de ser testigo de la existencia de una forma de vida diferente, más sana: un patrón de existencia basado en la coevolución entre los seres humanos y la tierra".

Norberg-Hodge argumenta que los occidentales no solo deberían evitar el imponer sus modernas mejoras a las culturas más antiguas, sino también que los países industrializados tendrían que recibir lecciones para aprender de pueblos como el ladakhi su modo de construir sociedades sostenibles. "He visto", escribe, "que la vida en comunidad y una estrecha relación con la tierra puede enriquecer la vida humana más que cualquier riqueza material o tecnológica. He aprendido que es posible otra forma de vida".

Mientras caminaba por aquel resbaladizo desfiladero que llevaba a Korphe, con el veloz caudal de Braldu a su derecha, Mortenson empezó a inquietarse por el efecto que pudiera tener su puente en el aislado pueblo. "La vida de los habitantes de Korphe era difícil, pero también vivían con una rara pureza", explica Mortenson. "Yo sabía que el puente les permitiría llegar a un hospital en unas horas en lugar de unos de días, y que les facilitaría la venta de sus cultivos, pero no me preocupaban los cambios que el mundo exterior, que podría acceder a través del puente, produciría en Korphe".

Los hombres de Korphe se encontraron con Mortenson en la orilla del río y le hicieron cruzarlo en la cesta colgante. A ambos lados del río, donde se levantarían las dos torres del puente, había cientos de bloques de granito toscamente tallados, esperando a que empezara la construcción. En lugar de transportar las rocas a través del río o de tener que depender de los caprichos del transporte por los abruptos caminos locales, Haji Ali, había convencido a Mortenson para utilizar rocas extraídas de las laderas de ambas riberas. Korphe podía ser un pueblo pobre en todo menos en inagotable fuente de roca.

Mortenson encabezó una pequeña procesión hasta la casa de Haji Ali, donde se había convocado una reunión para discutir el procedimiento a seguir en la construcción del puente. Un yak de pelo largo se les cruzó en el camino impidiéndoles el paso y Tahira, la hija de diez años de Hussein, el hombre más formado de Korphe, agarró al animal por una brida que tenía enganchada en la nariz e intentó apartarlo, pero el yak tenía otras intenciones. Lentamente, evacuó un enorme y humeante montículo de excrementos sobre el barro, y se alejó hacia la casa de Tahira. Ella, para no mancharse, se remangó rápidamente el chador blanco y se inclinó para hacer tortas con los excrementos que después aplastaba contra la pared de piedra de la casa más cercana para que se secaran bajo los aleros, antes de que el preciado combustible se malograra con la lluvia.

Una vez en casa de Haji Ali, Sakina estrechó la mano de Mortenson en señal de bienvenida, y se este se dio cuenta de que era la primera vez que le había tocado una mujer balti. Ella le mostró una amplia sonrisa, como si le estuviera desafiando a sorprenderla. En respuesta, Mortenson también cruzó un umbral que hasta ahora no había traspasado y entró en su "cocina", un simple anillo de fuego sobre una rocas, unas cuantas estanterías, y un trozo de madera combada sobre el suelo de tierra que servía como tabla para picar. Mortenson se inclinó ante una pila de astillas y saludó a Jahan, la nieta de Sakina, que sonrió tímidamente, se metió el chador color burdeos entre los dientes, y se escondió tras él.

Sakina, con una sonrisa nerviosa, intentó echar a Mortenson de su cocina. Pero él cogió un puñado de *tamburok*, un té verde de montaña con sabor herbal, de una desgastada cajita de latón y rellenó la ennegrecida tetera con agua de río que había en un bidón para gasolina de plástico reciclado para el uso doméstico. Mortenson añadió unas cuantas astillas a la humeante hoguera, y puso el té a hervir.

Sirvió él mismo el té verde amargo al consejo de ancianos, y después cogió una taza y se sentó en un cojín entre Haji Ali y la hoguera, desde donde los excrementos de yak desprendían un humo que producía escozor en los ojos.

"Mi abuela se sorprendió mucho cuando el doctor Greg entró en su cocina", recuerda Jahan, "pero en aquel entonces ya le consideraba como un hijo, así que lo aceptó. En poco tiempo, sus ideas cambiaron, y hasta llegó a bromear con mi abuelo diciéndole que tendría que aprender a ayudar más en casa como su hijo americano".

A la hora de velar por los intereses de Korphe, Haji Ali no solía bajar la guardia. "Siempre me asombró el modo en el que, sin disponer de un teléfono, de electricidad ni de radio, Haji Ali se mantenía al corriente de todo lo que sucedía en el valle Braldu y más allá de sus fronteras", dice Mortenson. Los dos todoterrenos que cargaban el cable para el puente habían logrado llegar a casi diez kilómetros de Korphe, explicó Haji Ali al grupo, pero un desprendimiento de rocas les había bloqueado el camino. Como el camino podía permanecer así durante varias semanas, Haji Ali propuso que todos los hombres sanos del pueblo arrimaran el hombro para cargar el cable a Korphe con el fin de poder empezar a construir el puente cuanto antes.

Con una alegría que a Mortenson le sorprendió encontrar en unos hombres que se embarcaban en una misión tan agotadora, treinta y cinco baltis, desde adolescentes hasta el propio Haji Ali y sus camaradas de barba plateada, caminaron bajo la lluvia durante todo el día siguiente, y se pasaron otras doce horas más cargando el cable de vuelta hasta Korphe. Cada rollo de cable pesaba trescientos kilos, y eran necesarios diez hombres para cargar los gruesos postes de madera que pasaban por los carretes.

Mortenson, que era unos treinta centímetros más alto que cualquier hombre de Korphe, intentó cargar su parte, pero inclinaba tanto la carga que tuvo que limitarse a observar a los demás trabajar. A nadie le importaba. La mayoría de ellos habían servido como porteadores para expediciones occidentales, cargando bultos igualmente pesados en su ascensión por el Baltoro.

Los hombres caminaban felizmente, mascando *naswar*, un fuerte tabaco que Haji Ali repartía de la aparentemente inagotable reserva que guardaba en los bolsillos de su chaleco. El hecho de realizar aquel enorme esfuerzo para mejorar la vida de su pueblo, en lugar de perseguir las inescrutables metas de algún escalador extranjero, era un placer para ellos, le explicó Twaha a Mortenson.

Una vez en Korphe, los hombres echaron los cimientos en los dos márgenes fangosos del río, pero el monzón persistía, y el cemento no fraguaba debido la humedad del ambiente. Aprovechando las circunstancias, Twaha y un grupo de jóvenes propusieron hacer un viaje para cazar una cabra montés, e invitaron a Mortenson a que les acompañara.

Mortenson, mal vestido con unas zapatillas deportivas, un chubasquero, un *shalwar kamiz* y un barato jersey chino que se había comprado en el bazar de Skardu, se sintió muy poco preparado para emprender una caminata a gran altitud. Pero ninguno de los seis hombres iba mejor equipado que él. Twaha, el hijo del *murmadha*, llevaba unos zapatos de vestir de piel marrón que le había regalado un senderista de paso. Dos de los hombres llevaban los pies envueltos en unos sencillos trozos de cuero, y los otros calzaban unas simples sandalias de plástico.

Se alejaron de Korphe por el norte bajo una persistente lluvia, cruzando por campos de alforfón listo para la cosecha enclavados en cualquier superficie donde se pudiera acceder al agua de riego. Bajo una avalancha de densas gotas de lluvia, los granos se agitaban en los extremos de sus balanceantes tallos. Twaha cargaba al hombro con orgullo la única pistola del grupo, un mosquete británico de la primera época colonial, y a Mortenson le costaba creer que aspirasen a abatir algún animal con semejante antigualla.

Mortenson pudo ver el puente que había pasado de largo cuando regresaba del K2, un combado *zamba* de pelo de yak, amarrado entre unas enormes rocas situadas a ambos lados del Braldu. Se alegró ante aquella visión. Conducía a Askole y bordeaba el lugar que estaba empezando a considerar su segundo hogar. Era como mirar hacia el camino, menos interesante, que habría seguido su vida si no se hubiera desviado hacia Korphe.

Mientras ascendían, las paredes del cañón se estrechaban y la lluvia caía intensamente, empapándoles hasta los huesos. El sendero se aferraba a la vertiginosamente empinada ladera. Generaciones de baltis se habían protegido de las inundaciones levantando contrafuertes en forma de delgados bancos de rocas planas. Los hombres de Korphe, caminaban a lo largo de aquel saliente de apenas setenta centímetros de ancho con tanta seguridad como si siguieran paseando por campos llanos. Mortenson ponía sumo cuidado en cada uno de sus movimiento, inclinándose hacia la pared del cañón, que recorría con los dedos de las manos mientras avanzaba. No podía evitar pensar en la fatalidad de una caída desde esa altura.

Allí el río era tan feo como bellos eran los picos helados donde nacía. El Braldu, enmarañado en una catacumba de rocas negras y marrones, sepultado en fríos y húmedos recovecos donde apenas llegaba la luz del sol, y con aquel color marrón fangoso, parecía una serpiente retorciéndose. Resultaba difícil creer que aquel torrente inmundo fuera la fuente de vida de todos los cultivos de Korphe.

Cuando se aproximaron al morro del glaciar Biafo, paró de llover. El manto de nubes se disipó dejando al descubierto el Bakhor Das, uno de los picos situado hacia el este, haciéndolo brillar de una forma sorprendente por el reflejo de la luz. Los hombres conocían a aquella pirámide de cinco mil ochocientos metros como el K2 de Korphe, pues la pureza de su forma recordaba a la de su hermano mayor de la zona alta del Baltoro, y se alzaba sobre sus casas como una deidad protectora. En valles como el Braldu, el islam nunca ha logrado imponerse totalmente a las antiguas creencias animistas, y los hombres de Korphe se aferraron a aquella visión de su montaña como un buen presagio para la caza. Guiados por Twaha, entonaban al unísono un canto para confortar a las deidades del Karakórum, prometiendo que solo abatirían una cabra.

Para dar con ella, tendrían que ascender a una gran altitud. El célebre biólogo de campo George Schaller había seguido a la cabra montés y a sus primos por todo el Himalaya. Un recorrido realizado con Schaller en 1973 por la parte occidental de Nepal con el fin de estudiar el *bharal*, una oveja azul, se convirtió en la base de la obra maestra de Peter Matthiessen, *The Snow Leopard*. Matthiessen revistió su relato del largo trayecto a través de las altas montañas con un toque místico de peregrinación.

Las mayores montañas del mundo requieren más que una mera aproximación física. El propio Schaller, en su libro de *Stones of Silence*, confiesa que sus caminatas por el Karakórum, al que llamaba "la cordillera más escarpada de la tierra", eran, para él, tanto odiseas espirituales como expediciones científicas. "La adversidad y la decepción marcaron aquellos viajes", escribe Schaller, pero "las montañas crean adicción. Quería más del Karakórum".

Schaller había ascendido aquel mismo desfiladero dos décadas antes, recopilando datos sobre el íbice, conocido como el carnero de Marco Polo, y explorando terrenos que esperaba que el gobierno pakistaní preservara como el Parque Nacional del Karakórum. Pero durante los largos días que pasó encorvado realizando el trabajo de campo, Schaller se encontró a sí mismo admirando sin más la extraordinaria adaptación de la cabra montés a uno de los medios más inhóspitos del planeta.

El íbice alpino es una cabra montés grande y robusta que se distingue fácilmente por sus largos cuernos con forma de cimitarra, que los baltis valoran casi tanto como saborean la carne del animal. Schaller descubrió que la cabra montés pasta a mayor altitud que cualquier otro animal del Karakórum. La firmeza de sus pasos les permite vagar por estrechos salientes a altitudes de hasta cinco mil metros, muy superiores a las que alcanzan sus depredadores, los lobos y las onzas. Atravesando los lugares más recónditos donde pueda existir vegetación, arrancan brotes y hierbas alpinas y tienen que pasar de diez a doce horas buscando alimento para mantener su masa corporal.

Twaha se detuvo ante la lengua de hielo gris que indicaba el borde principal del glaciar Biafo y se sacó un pequeño objeto circular del bolsillo de la chaqueta que le había regalado Mortenson durante su primera visita a Korphe. Era un *tomar*, un "símbolo de valentía". Los baltis colgaban un *tomar* alrededor del cuello de todo recién nacido para protegerlo de los espíritus malignos a los que atribuían el doloroso y elevado índice de mortalidad infantil entre sus comunidades, y no podrían plantearse pasar por encima de algo tan peligroso como un río de hielo movedizo sin adoptar precauciones similares. Twaha ató el intricado medallón de lana granate y bermellón a la cremallera de la chaqueta de Mortenson. Cada uno de los hombres se colocó su propio *tomar*, y entonces avanzaron hacia el glaciar.

Al viajar junto a un grupo de hombres que cazaban para alimentarse, en lugar de hacerlo con occidentales que aspiraban a cimas con unas motivaciones más complejas, Mortenson vio aquel laberinto de hielo con otros ojos. No era de sorprender que los grandes picos del Himalaya hubieran permanecido inmaculados hasta mediados del siglo XX. Durante miles de años, los pueblos que vivían más cerca de las montañas no se habían planteado semejantes metas. Dedicaban todas sus energías a procurarse la comida y el calor necesarios para sobrevivir.

En ese sentido, los hombres baltis no eran tan diferentes de la cabra montés a la que perseguían.

Siguieron subiendo hacia el oeste, recorriendo un estrecho sendero que cruzaba sobre unos bloques de hielo movedizos y unas profundas charcas teñidas de azul tropical. El agua resonaba desde las profundidades de las grietas y el desprendimiento de rocas, causado por las bruscas subidas y bajadas de temperaturas, rompía el silencio. Cerca, hacia el norte, en algún lugar entre el manto de nubes bajas, estaba el Ogre, una escarpada pared de siete mil trescientos metros que tan solo había sido conquistada por los escaladores británicos Chris Bonington y Doug Scott en 1977, pero el Ogre se vengó durante el descenso, y Scott se vio obligado a arrastrase de regreso al campo base con las dos piernas rotas.

El Biafo se eleva a cinco mil cincuenta metros sobre el lago Snow antes de unirse con el glaciar Hispar, que desciende hasta el valle Hunza. Con una distancia de ciento veintiséis kilómetros entre sus dos morros, constituyen el sistema glaciar contiguo más largo fuera de los polos de la Tierra. Esta carretera natural era también el camino que habían seguido históricamente las bandas de atracadores hunza para saquear los pueblos del valle del Braldu. Pero el grupo de caza con el que viajaba Mortenson realizó la travesía sin otra compañía que la de algunas huellas de la onza que Twaha señalaba con excitación y la de dos tristes quebrantahuesos.

Al caminar sobre el quebradizo hielo con sus zapatillas deportivas, los pies de Mortenson no tardaron en helarse, pero Hussein, el padre de Tahira, sacó heno de su mochila y forró las Nike de Mortenson con algunos puñados. Con eso podría soportar el frío. Mortenson no podía evitar preguntarse cómo pasarían las noches en la montaña sin tiendas ni sacos de dormir. Pero los baltis ya cazaban en el Biafo mucho antes de que los occidentales llegaran con el equipamiento más moderno.

Cada noche, dormían en una serie de cuevas situadas a lo largo de la morena lateral del glaciar, tan conocida entre los baltis como los sería una cadena de abrevaderos para una caravana de beduinos. Todas las cuevas estaban provistas de broza seca y de pedazos de salvia y de enebro para las hogueras. De debajo de unos pesados montones de rocas, los hombres sacaban sacos de lentejas y arroz que habían almacenado allí en visitas anteriores, y con el *kurba*, las hogazas de pan con forma cráneo que cocían al fuego sobre unas piedras, tenían ya todo el combustible que necesitaban para continuar con la caza.

Después de cuatro días avistaron su primera cabra montés. Era el cadáver de un animal descarnado hasta los huesos por un quebrantahuesos y una onza. En un saliente situado por encima de los huesos, Twaha advirtió un rebaño de dieciséis cabras pastando, y gritó *¡skiin! ¡skiin!*, su nombre en balti. Sus enormes cuernos curvados se perfilaban contra el cielo, pero estaban a demasiada altura como para que los hombres pudieran alcanzarlas. Twaha supuso que una *rdo-rut*, una avalancha, había provocado la caída de la cabra muerta, ya que el cadáver estaba muy por debajo de la zona de pasto. Separó la blanqueada cabeza y los cuernos de la columna vertebral del animal y la amarró a la mochila de Mortenson.

El Biafo abre a través de los altos picos una zanja más profunda que la del Gran Cañón. Siguieron ascendiendo hasta el lugar donde se cruza con la larga cadena septentrional de Latok, que ha frustrado los intentos de más de diez expediciones. En dos ocasiones se abrieron paso avanzando sigilosamente en la dirección del viento hasta rebaños de íbices, pero los animales sentían su presencia, con una astucia que Mortenson no podía sino admirar, antes de que estuvieran a la distancia necesaria para poder disparar.

Justo antes del anochecer del séptimo día, fue Twaha quien divisó a un gran ciervo sobre un afloramiento situado unos veinte metros por encima de la posición del grupo. Volcó una lata de pólvora en su mosquete, añadió una bala acero, y lo prensó. Mortenson y los otros iban arrastrándose detrás de él, pegándose a la base de un precipicio que esperaban que disimulara su paso. Twaha desplegó las dos patas del cañón del arma, las fijó sobre una roca, y apretó el percusor silenciosamente. Mortenson vio cómo Twaha movía la boca para articular una oración mientras apretaba el gatillo.

La detonación fue ensordecedora, y dio lugar a una lluvia de pedruscos que caían rebotando por todas partes desde las alturas. Una capa de pólvora pintó la cara de Twaha de un negro como el de la de un minero del carbón. Mortenson estaba convencido de que Twaha había fallado el tiro porque el ciervo seguía en pie. Pero de pronto se le doblaron las patas delanteras, y Mortenson vio cómo la sangre caía de una herida en el cuello del animal. El ciervo luchó por volver ponerse en pie pero finalmente se rindió y·

149

cayó hacia un lado. "*¡Allah-u-Akbhar!*", gritaron al unísono todos los hombres.

La carnicería empezó bajo la oscuridad. Cargaron los trozos de la res muerta hasta una cueva y encendieron una hoguera. Hussein empuñó, con la habilidad de un experto, un cuchillo curvado tan largo como su antebrazo. Mantenía el ceño fruncido mientras fileteaba el hígado y lo repartía entre los hombres. A Mortenson lo único que le alegró de aquel pequeño banquete fue la posibilidad de comer algo caliente. Hussein era el único de los habitantes de Korphe que había abandonado el Braldu para estudiar secundaria en la lejana tierra baja de Lahore. Inclinado sobre el cadáver del animal en aquella cueva, con los antebrazos resbaladizos por la sangre, a Mortenson le pareció que estaba muy alejado de sus días de escuela en las calurosas llanuras del Punjab. Pero se dio cuenta de que podría ser el profesor perfecto para su escuela. Hussein podría, sin duda, tender un puente entre ambos mundos.

Cuando el grupo de caza regresó a Korphe, el monzón había amainado y el tiempo era frío y despejado. Marcharon hacia el pueblo para recibir una bienvenida de héroes. Twaha iba en cabeza sosteniendo en alto la cabeza del ciervo. Mortenson cargaba el lomo, y llevaba los cuernos de la víctima de la avalancha colocados sobre la cabeza como si fueran su propia cornamenta.

Los hombres repartieron pequeños trozos de grasa del animal entre los niños que se congregaron a su alrededor, que chupaban aquellas exquisiteces como si fueran caramelos. Los kilos de carne que cargaban en sus cestas se repartieron también entre las familias de los cazadores, y después de hervir la carne y de servir los sesos en un estofado con patatas y cebollas, Haji Ali añadió los cuernos que había traído su hijo a una fila de trofeos clavados sobre la entrada de su casa, orgullosa prueba de los días en que tenía el vigor necesario para cazar él mismo.

Mortenson le había llevado sus bocetos de los puentes que cruzaban la franja inferior del Braldu a un ingeniero del ejército pakistaní que vivía en la capital regional de Gilgit. Este examinó los dibujos de

Mortenson, sugirió algunas modificaciones para fortalecer la estructura, y trazó un plano detallado para el puente de Korphe, indicando la ubicación exacta de los cables. Su proyecto requería dos torres de casi veinte metros de altura que se coronarían con unos arcos de cemento con la anchura suficiente para permitir el tránsito de un carro tirado por yaks, y un arco de suspensión de noventa metros situado a veinte metros por encima de la línea de crecida del río.

Mortenson contrató a un equipo de albañiles de Skardu para supervisar la construcción de las torres. Hasta cuatro hombres de Korphe se necesitaban para levantar los bloques de piedras y colocarlos adecuadamente sobre la capa de cemento que los albañiles habían dispuesto. Los niños asistían al espectáculo y lanzaban gritos de ánimo mientras las caras de sus padres y sus tíos se enrojecían por el esfuerzo de mantener las piedras en alto. Bloque a bloque, se levantaron a ambos lados del río dos torres de tres pisos que se estrechaban en los extremos.

El tiempo despejado del otoño hacía agradables los largos días de trabajo y Mortenson se deleitaba cada tarde con los resultados tangibles que obtenía al medir el número de bloques que habían conseguido colocar durante la jornada. La mayor parte del mes de julio, mientras los hombres construían el puente, las mujeres se ocupaban de los cultivos. A medida que las robustas torres gemelas se elevaban por encima del río, las mujeres y los niños las veían crecer desde sus tejados.

Hasta la llegada del invierno, los habitantes de Korphe hacían todo lo posible por vivir al aire libre. La mayoría de familias hacían sus dos comidas diarias sobre el tejado de sus casas, y, tras una satisfactoria jornada de trabajo, a Mortenson le gustaba disfrutar de los últimos rayos del sol con la familia de Haji Ali, y charlar a través de los tejados con decenas de familias que hacían lo mismo.

Norberg-Hodge cita admirablemente al rey de otro país del Himalaya, Bután, que dice que el verdadero indicador del éxito de un país no es el producto nacional bruto, sino la "felicidad nacional bruta". Sobre sus cálidos y secos tejados, entre los frutos de su buena cosecha, comiendo, fumando, y cotilleando con el mismo sentido del ocio que unos parisinos sentados en la terraza de un café, Mortenson estaba seguro de que, a pesar de todas sus carencias, los baltis seguían conservando la clave para la felicidad, una vida sencilla que estaba desapareciendo en el mundo desarrollado a la velocidad que desaparecían los bosques vírgenes.

Por la noche, los solteros como Twaha y Mortenson aprovechaban las suaves temperaturas para dormir bajo las estrellas. En aquellos días, el balti de Mortenson ya era fluido, y Twaha y él se quedaban conversando hasta mucho después de que la mayoría de Korphe se fuera a dormir. Su tema estrella eran las mujeres. Mortenson rozaba ya los cuarenta, y Twaha estaba a punto de cumplir los treinta y cinco.

Twaha le contó a Mortenson lo mucho que echaba de menos a su esposa, Rhokia. Hacía nueve años que la había perdido al dar a luz a su única hija, Jahan. "Era muy guapa", le decía, mientras miraba hacia una Vía Láctea tan densa que los cubría como una manta. "Tenía la cara pequeña, como Jahan, y siempre estaba riendo y cantando, como una marmota".

"¿Volverás a casarte?", le preguntó Mortenson.

"Bueno, para mí eso es muy fácil", le explicó Twaha. Un día seré *nurmadhar* y ya poseo muchas tierras. Hasta ahora no me he enamorado de ninguna otra mujer". Bajó la voz con picardía, "pero a veces... me divierto".

"¿Puedes hacer eso sin casarte?", le preguntó Mortenson. Era algo por lo que había sentido curiosidad desde su llegada a Korphe, pero que nunca se había atrevido a preguntar.

"Sí, por supuesto", le contestó Twaha. "Con las viudas. Tenemos muchas viudas en Korphe".

Mortenson pensó en las atestadas casas que tenía debajo, donde los miembros de las numerosas familias dormían apiñados entre cojines. "¿Y dónde puedes hacerlo?"

"En el *handhok*, claro", le dijo Twaha. Todas las casas de Korphe tenían un *handhok*, una pequeña choza con el tejado de paja donde se almacenaba el grano. "¿Quieres que te busque una viuda? Creo que ya hay algunas enamoradas del doctor Greg".

"Gracias", respondió Mortenson. "No creo que fuera una buena idea".

"¿Tienes novia en tu pueblo?", le preguntó Twaha. Llegados a este punto, Mortenson le resumió sus principales fracasos amorosos de los últimos diez años, concluyendo con Marina, y no pudo evitar notar, mientras hablaba, que la herida parecía ahora mucho menos dolorosa.

"Ah, te dejó porque no tenías una casa. Esas cosas ocurren a menudo en el Baltistán, pero ahora tu puedes decirle que en Korphe tienes una casa y casi un puente", dijo Twaha.

"Ella no es la persona que quiero", dijo Mortenson, y se dio cuenta de que era así como lo sentía.

"Entonces será mejor que encuentres una mujer rápido", le dijo Twaha, "antes de que te hagas demasiado viejo y gordo".

El día que tendieron el primer cable entre las torres, los porteadores que regresaban del Baltoro trajeron la noticia de que se acercaba un grupo de americanos. Mortenson estaba en una roca situada junto a la franja norte del Braldu con los planos del ingeniero en las manos. Supervisaba cómo dos grupos de trabajadores extendían los cables principales con yuntas de yak para luego atarlas a las torres con la mayor fuerza que pudieran sin utilizar herramientas eléctricas. Entonces los más ágiles recorrían las cuerdas una y otra vez, enganchando cables de apoyo en los puntos de amarre que había trazado el ingeniero y atornillándolos fuertemente con abrazaderas.

Por la parte inferior de la franja norte del Braldu, se acercó un hombre americano de imponente aspecto que llevaba una gorra de béisbol blanca y se apoyaba en un bastón. A su lado, había un robusto guía autóctono que le acompañaba de forma protectora.

"Lo primero que pensé fue «Mirad a ese tío enorme sentado en esa roca»", dice George McCown, "que estará haciendo allí. Tenía el pelo largo. Vestía como los autóctonos, pero era evidente que no era pakistaní".

Mortenson se bajó de la roca y le tendió la mano. "¿Es usted George McCown?", le preguntó. McCown estrechó la mano de Mortenson y asintió con la cabeza sorprendido. "Pues feliz cumpleaños", le dijo Mortenson, y entregó al hombre un sobre cerrado.

George McCown era miembro de la Junta de la Fundación Americana del Himalaya, junto a Lou Reichardt y Sir Edmund Hillary. Había pasado su sesenta cumpleaños ascendiendo el K2 con dos de sus hijos, Dan y Amy, para visitar el campo base de una expedición que estaba copatrocinando. La tarjeta de felicitación de la Junta Directiva de laFundación había llegado a Askole, y las autoridades locales, desconcertadas, se la habían entregado a Mortenson, convencidos de que un americano encontraría el modo de localizar a otro americano.

McCown había sido presidente y director general de Boise Cascade Home and Land Corporation y había aumentado los beneficios de la compañía de mil a seis mil millones de dólares en seis años, antes de su escisión y posterior disolución. Aprendió bien la lección. En la década de los 80, fundó su primera empresa en Menlo Park, California, y empezó a comprar partes de otras compañías que se habían expandido demasiado y a un ritmo descontrolado. McCown estaba aún recuperándose de una operación en la rodilla, y tras haber pasado semanas caminando sobre el glaciar dudando de si su rodilla podría llevarlo de vuelta a la civilización, el encuentro con Mortenson le produjo una enorme satisfacción.

"Después de un mes fuera, de repente estaba hablando con una persona muy competente en un lugar que podía resultar muy hostil", recuerda McCown. "No podía haberme sentido más feliz de conocer a Mortenson".

Mortenson le explicó cómo había logrado reunir los fondos para el puente y la escuela tan solo gracias a la propaganda llevada a cabo por Tom Vaughan en el boletín informativo de la Fundación Americana del Himalaya. Ambos estaban encantados de su encuentro fortuito. "Greg es un tipo que gusta y en el que se puede confiar inmediatamente", dice McCown. "No tiene malicia alguna. Es un gigante amable. Al ver a todas aquellas personas trabajar con él para construir aquel puente, estaba claro que lo querían. Él trabajaba como uno más, y yo me preguntaba cómo demonios había conseguido eso un americano".

Mortenson se presentó al acompañante de McCrown en balti, y cuando él le respondió en urdu, Mortenson supo que no era balti sino un wakhi del remoto valle de Charpurson, en la frontera con Afganistán, y que se llamaba Faisal Baig.

Mortenson le preguntó a su compatriota si podría hacerle un favor. "En Korphe empezaba a sentirme abandonado, manejándolo todo excepto a mí mismo", dice Mortenson, y quería que aquel pueblo sintiera que no se trataba solo de mí, sino que había un montón de americanos más que volvían a casa interesados en ayudarles".

"Me pasó un grueso fajo de rupias", dice McCrown, "y me pidió que actuara como si fuera un gran jefe americano. Así que interpreté ese papel. Caminé por el pueblo como un patrón, pagándoles a todos sus sueldos, diciéndoles que estaban haciendo un gran trabajo, y que hicieran un último esfuerzo para poder acabar el puente lo más rápido posible".

Finalmente, McCown continuaría su viaje en compañía de su familia, pero ese día, mientras se tendían los cables entre las dos torres, se conectaría algo más que las franjas norte y sur del Braldu. Puesto que la vida para los extranjeros en Pakistán se estaba haciendo cada vez más peligrosa, Baig se ofrecería voluntario a ser el guardaespaldas de Mortenson, y desde su posición privilegiada de Menlo Park, McCrown se convertiría en uno de sus defensores más poderosos.

A finales de agosto, diez semanas después de haber perforado el entonces fangoso terreno de las riberas del río, Mortenson estaba de pie en medio del puente admirando los pulidos arcos de cemento de cada extremo, las macizas bases de tres pisos, y el tejido de cables que sujetaba todas las piezas. Haji Ali le pasó la última tabla y le pidió que la colocara en su lugar, pero Mortenson insistió en que fuera el jefe de Korphe quien culminara la construcción del puente. Haji Ali levantó la tabla sobre su cabeza y dio las gracias al misericordioso Alá por el extranjero que había tenido la amabilidad de enviar a su pueblo, y arrodillándose tapó el último hueco por el que se podían ver las violentas aguas del Braldu. Desde su puesto de observación a varios metros por encima de la franja sur del río, las mujeres y los niños de Korphe gritaban en señal de aprobación.

Arruinado una vez más, y sin querer echar mano de los fondos que aún quedaban para la escuela, Mortenson se preparó para volver a Berkeley y pasar el invierno y la primavera ganando el dinero necesario para regresar. Su última noche en Korphe, se sentó en el tejado con Twaha, Hussein y Haji Ali y concretó los planes para preparar el terreno sobre el que construir la escuela en verano. Hussein se había ofrecido a donar un campo llano que había sido de su esposa Hawa.

Tenía una vista perfecta del K2 de Korphe, el tipo de vista que Mortenson creía que animaría a los estudiantes a tener grandes aspiraciones. Aceptó con la condición de que Hussein fuera el primer profesor de la escuela de Korphe.

Sellaron el trato mientras tomaban un té exageradamente azucarado para la ocasión, se estrechaban las manos y se quedaron hablando con ilusión hasta altas horas de la noche.

A casi doscientos cincuenta metros por debajo, parpadeaban las luces de unas linternas en medio del Braldu. Eran los habitantes de Korphe, que paseaban con curiosidad de un extremo al otro de la barrera que hasta entonces los había separado completamente del mundo exterior, el mundo al que Mortenson tenía que regresar de mala gana.

CAPÍTULO 11

Seis días

Hay una vela en tu corazón, lista para encenderse.
Hay un vacío en tu alma, listo para llenarse.
Lo sientes, ¿verdad?

-Rumi

En la unidad de quemados del Centro Médico Alta Bates, los *led* rojos y verdes que parpadeaban desde los monitores parecían constelaciones de estrellas. A pesar de que eran las cuatro de la mañana, y de que estaba agotado, intentando sin éxito encontrar una posición cómoda en una silla de plástico tras el mostrador de enfermería, Mortenson sentía algo que no había sentido desde aquella tarde en que tiró la botella de Baileys a la papelera de la habitación del Beach Motel: felicidad.

Unos minutos antes, Mortenson había extendido una loción antibiótica en las manos de un niño de doce años a quien su padrastro había empujado contra una estufa, y le había cambiado los vendajes. El niño se estaba recuperando bien, al menos en el aspecto físico. Por lo demás, había sido una noche tranquila. Sabía que no era necesario viajar al otro lado del mundo para ser útil, allí también estaba ayudando, pero también sabía que cada turno que hacía y cada dólar que se acumulaban en su cuenta bancaria, le acercaban un poco más al día en que podría reanudar la construcción de la escuela de Korphe.

Estaba viviendo de nuevo en la misma habitación alquilada en la casa de Witold Dudzinsky, por lo que aquella sala medio vacía en la que ahora descansaba, le permitía disfrutar de una noche pacífica lejos del humo del tabaco y lejos del vodka. El uniforme de enfermero color arándano que llevaba puesto podía pasar por un pijama, y la luz era lo suficientemente tenue como para quedarse dormido si aquella incómoda silla se lo permitía.

Al terminar el turno, Mortenson volvió a casa dando un paseo. Mientras caminaba, bebiendo a sorbos un café y mordisqueando unas rosquillas recién compradas, veía como amanecía tras las colinas de Berkeley. Al llegar a casa, vio que, estacionado en doble fila delante de la furgoneta de Dudzinsky, había un Saab de color negro, y reclinada en el asiento del conductor, con todo el rostro, a excepción de los labios, oculto por una cascada de cabellos negros, estaba la Dra. Marina Villard. Mortenson se chupó el azúcar de los dedos, y abrió la puerta del conductor.

Marina se incorporó y se estiró hasta despertarse. "No contestabas el teléfono", le dijo.

"Estaba trabajando".

"Te dejé un montón de mensajes", le dijo. "Bórralos".

"¿Qué haces aquí?", le preguntó Mortenson.

"¿No te alegras de verme?".

Mortenson pensó que en realidad no se alegraba pero dijo: "Claro, ¿cómo estás?".

"Para serte sincera, no demasiado bien". Bajó la visera y se observó en el espejo, antes de retocarse el carmín de los labios.

"¿Qué fue de Mario?".

"Fue un error", contestó ella.

Mortenson no sabía qué hacer con las manos. Apoyó la taza de café sobre el techo del Saab y las mantuvo rígidamente a ambos lados del cuerpo.

"Te echo de menos", le dijo Marina. Levantó la palanca que tenía a la altura de la cadera para elevar el respaldo del asiento y el reposacabezas le dio un golpe un tanto brusco.

"¡Ay! ¿Tú me echas de menos a mi?".

Mortenson sintió correr por su interior algo más potente que la cafeína. Presentarse sin más, después de tanto tiempo era una locura. Después de todas las noches que había pasado dando vueltas en el suelo dentro del saco de dormir, intentando desterrar de sus pensamientos a aquella mujer y al sentido de la familia que había encontrado primero y perdido después. "Esa puerta ya está cerrada", dijo finalmente. Cerró la puerta del coche y subió a su habitación donde en seguida se quedó dormido.

En aquella época, cuando ya había un puente que unía la franja superior del Braldu y los materiales que había ordenado inventariar a Changazi estaban a punto de convertirse en una escuela, cuando ya no sentía que estaba escondiéndose en casa de Dudzinsky, sino tan solo ahorrando hasta poder regresar a Pakistán para completar su obra, Mortenson estaba encantado de hablar con cualquiera que tuviera alguna relación con el Karakórum.

Llamó a Jean Hoerni, que le envió un pasaje de avión para Seattle y le pidió que le llevara fotos del puente. En el ático de Hoerni, que tenía una impresionante vista panorámica del lago Washington, Mortenson conoció al hombre que tan intimidante le había parecido por teléfono. El científico era un hombre menudo, con un bigote caído y unos oscuros ojos que examinaban a Mortenson a través de unas enormes gafas. Aun teniendo setenta años, mostraba el arranque y el vigor de un alpinista nato. "Al principio, Jean me daba un poco de miedo", confiesa Mortenson. "Tenía fama de ser un verdadero cabrón, pero no pudo haber sido más amable conmigo".

Mortenson deshizo su macuto nada más llegar, y al poco tiempo se encontró sentado ante una mesa tomado café con Hoerni y mirando fotos, planos y mapas que iban desplegando en el suelo sobre una alfombra de intenso color crema. Hoerni, que había caminado hasta el campo base del K2 en dos ocasiones, habló con Mortenson de todos los pueblos que, como Korphe, no aparecían en los mapas, y tuvo el placer de hacer añadir con un rotulador negro un dato a uno de ellos: el nuevo puente que unía la franja superior del Braldu.

"La verdad es que Jean respondió a Greg muy rápidamente", re cuerda la viuda de Hoerni, Jennifer Wilson, quien más tarde sería miembro de la Junta Directiva del Central Asia Institute. Él valoraba la inocencia y falta de experiencia de Greg. Le gustaba el hecho de que fuera independiente. Jean era un emprendedor y respetaba los intentos individuales por lograr metas difíciles. Cuando leyó sobre Greg por primera vez en el boletín informativo de la Fundación Americana del Himalaya, me dijo: «Los americanos se preocupan por los budistas, no por los musulmanes. Este tipo no va a conseguir ayuda. Voy a tener que hacer algo»".

"Jean había conseguido muchas cosas a lo largo de su vida", explica Wilson, "pero el desafío de construir la escuela de Korphe le emocionaba tanto como su trabajo científico. Se sentía realmente vinculado a la región. Tras la marcha de Greg, me dijo: «Creo que este joven tiene el cincuenta por ciento de posibilidades de acabar esta obra con éxito, y si lo consigue, eso le abrirá muchas puertas»".

Cuando volvió a San Francisco, Mortenson llamó a George Mc-Cown y ambos recordaron el giro inesperado que los había llevado a encontrarse al otro lado de la Tierra, en un sendero que atravesaba el alto Braldu. McCown le invitó a un acto de la Asociación Americana del Himalaya que se iba a celebrar a principios de septiembre y cuyo programa incluía un discurso de Sir Edmund Hillary. Mortenson le dijo que se verían allí.

El miércoles 13 de septiembre de 1995, Mortenson llegó al Fairmont Hotel vestido con una chaqueta de lana marrón que había sido de su padre, un pantalón caqui y unos andrajosos náuticos de piel que calzaba sin calcetines. Situado sobre Nob Hill, el elegante hotel se erige en la única intersección donde convergen todas las líneas de tranvía de la ciudad, el emplazamiento perfecto para una tarde en la que se unirían varios caminos de la vida de Mortenson.

En 1945, diplomáticos de cuarenta países se reunieron en el Fairmont para redactar el borrador de la carta de Naciones Unidas. Cincuenta años después, en la multitud congregada en el dorado salón de baile veneciano para la cena benéfica anual de la Fundación Americana del Himalaya tenía la misma diversidad cultural. Capitalistas y administradores de fondos elegantemente trajeados se aglomeraban en el bar, codeándose con los alpinistas, que se movían inquietos, vestidos para la ocasión con americana y corbata. Las mujeres de la alta sociedad de San Francisco, engalanadas con terciopelo negro, se reían ante los chistes de monjes budistas tibetanos envueltos en túnicas color canela.

Mortenson se detuvo al entrar en la sala para aceptar un *kata*, los pañuelos blancos de seda para la oración que el personal de relaciones públicas iba colocando alrededor del cuello de los invitados. Se enderezó, toqueteando su pañuelo, y se dejó llevar por aquella marea de cerca de mil animadas voces mientras se orientaba. Estaba en una habitación llena de miembros privilegiados, la clase de lugar en el que nunca antes había estado, y Mortenson se sintió bastante fuera de lugar. Entonces George McCown le saludó desde el bar, donde estaba inclinado escuchando lo que le decía un hombre de menor estatura, un hombre al que Mortenson reconoció como Jean Hoerni. Avanzó hacia ellos y les dio un fuerte abrazo.

"Acabo de decirle a George que tiene que darte algo de dinero", le dijo Hoerni.

"Bueno, ya debería tener suficiente para acabar la escuela, si puedo reducir mis gastos", respondió Mortenson.

"Para la escuela no", le corrigió Hoerni. "Para ti. ¿De qué piensas vivir hasta que construyas ese lugar?"

"¿Qué te parecen veinte mil?", preguntó McCown.

Mortenson no encontraba la manera de responder. Sintió que la sangre se le concentraba en las mejillas.

"¿Debo entender eso como un sí?", insistió McCown.

"Tráele un cóctel", le dijo Hoerni sonriendo. "Creo que Greg está a punto de desmayarse".

Durante la cena, un atildado reportero gráfico sentado en la mesa de Mortenson se horrorizó tanto al ver que llevaba los tobillos desnudos en un banquete de etiqueta que abandonó la sala para ir a comprarle unos calcetines a la tienda de regalos del hotel. Aparte de aquello, Mortenson conserva escasos recuerdos de la cena de aquella velada, que pasó sumido en un estado de estupor, maravillándose de cómo sus problemas financieros habían desaparecido de un plumazo.

Pero escuchar hablar a uno de sus héroes personales después de la cena sí que fue una experiencia inolvidable para él. Sir Edmund caminó arrastrando los pies hasta el escenario, con un aspecto más parecido al del apicultor que había sido en otros tiempos que al de la celebridad galardonada por la corona británica que era. "*Ed from the Edge*", como solía Hillary referirse a sí mismo, tenía unas pobladas cejas bajo una mata de cabello ralo y fino y una dentadura horrible.

A la edad de setenta y cinco años, el ciudadano más famoso de Nueva Zelanda tenía ya una ligera barriga y había perdido la apariencia de una persona capaz de ascender a pie una montaña de ocho mil metros, pero para aquella sala abarrotada de entusiastas del Himalaya era un mito viviente.

Hillary empezó mostrando unas diapositivas de su primera expedición al Everest en 1953. Estaban teñidas de los brillantes e increíbles colores de las primeras películas Kodachrome, y en ellas quedaba inmortalizado en una eterna juventud, mirando con los ojos entrecerrados y bronceado por el sol. Hillary le restó importancia a su primera ascensión, diciendo que muchos otros podrían haberles superado a él y a Tenzing Norgay en la conquista de la cumbre del Everest. "Yo era un simple escalador de modestas aptitudes que estaba dispuesto a esforzarse y que tenía la imaginación y la resolución necesarias", le dijo a la silenciosa multitud. "Era un tipo normal. Fueron los medios los que trataron de convertirme en un personaje heroico, pero con los años he aprendido que, si uno se resiste a creer toda esa basura sobre uno mismo, puede evitar salir demasiado perjudicado".

Finalizadas las imágenes obligatorias del Everest, Hillary se detuvo en unas fotografías de los años sesenta y setenta, que mostraban a unos fornidos hombres occidentales y a unos menudos sherpas, trabajando juntos para construir escuelas y clínicas en Nepal. En una fotografía tomada durante la construcción de su primer proyecto humanitario, una escuela de tres clases completada en 1961, un Hillary descamisado avanzaba como un felino por la viga de un tejado, martillo en mano. Durante las cuatro décadas posteriores a su llegada a la cima del mundo, Hillary, en lugar de sentarse a disfrutar de su fama, regresó en numerosas ocasiones a la zona del Everest y, junto a su hermano pequeño Rex, construyó veintisiete escuelas, doce clínicas y dos aeródromos para permitir el acceso de provisiones a la región de Khumbu.

Mortenson estaba tan excitado que no podía estarse quieto. Excusándose ante sus compañeros de mesa, se dirigió a zancadas hacia la parte trasera de la sala y se pasó el resto de la exposición de Hillary caminando arriba y abajo, luchando con su deseo de absorber cada una de las palabras que oía y sus ganas de subirse

Check Out Receipt

McKinley Park

Saturday, October 6, 2018 12:22:12
PM

Item: R0604804876
Title: Woman's day. v 81 n 10 (October
2018)
Due: 10/27/2018

Item: R0325057342
Title: Tres tazas de té : la lucha de un
hombre por promover la paz-- escuela
a escuela
Due: 10/27/2018

Total items: 2

Medical Marijuana Info Session
October 20 1 pm

667

al primer avión que pudiera llevarlo a Korphe para ponerse manos a la obra.

"No sé si deseaba ser recordado por algo", oyó decir a Hillary. "He tenido grandes satisfacciones desde mi ascensión al Everest, pero lo que más ha valido la pena para mí ha sido la construcción de escuelas y consultorios médicos. Eso me ha producido mayor satisfacción que ningún otro paso que haya dado en una montaña".

Mortenson sintió una palmadita en el hombro y se giró. Una hermosa mujer vestida de negro le sonreía. Tenía el pelo rojo y corto, y resultaba muy familiar aunque no lograba saber por qué.

"Sabía quién era Greg", dice Tara Bishop. "Había oído hablar de lo que estaba intentando hacer y pensé que tenía una agradable sonrisa, así que digamos que me acerqué sigilosamente a él". Empezaron a mantener una conversación de esas que fluyen a la perfección, donde cada tema lleva a una nueva rama de interés común, una conversación que perdura a día de hoy.

Como tenían que susurrarse al oído, con el fin de no molestar a los que aún escuchaban a Hillary, había escasa distancia entre sus cabezas. "Greg jura que estaba realmente apoyando la cabeza en mi hombro", dice Tara. "Yo no lo recuerdo, pero es posible. Me cayó muy bien. Recuerdo que le miraba las manos, por lo enormes y fuertes que parecían, y me daban ganas de tocárselas".

El padre de Tara era Barry Bishop, un fotógrafo del *National Geographic* que alcanzó la cima del Everest el 22 de mayo de 1963, como miembro de la primera expedición americana que intentaba la ascensión. Había elegido la ruta hacia la cumbre examinando fotos que le había proporcionado su amigo Sir Edmund Hillary. Bishop documentó su agotadora ascensión para el *National Geographic*. "¿Qué hacemos cuando llegamos a la cumbre y nos desplomamos?", escribió Bishop. "Lloramos. Perdemos todas las inhibiciones, lloramos como niños. Con alegría por haber escalado la más poderosa de las montañas, con alivio por haber llegado al fin de la tortura de la ascensión."

Su alivio resultó ser algo prematuro. Durante el descenso, Bishop estuvo a punto de caerse desde un saliente de camino al Tíbet. Se quedó sin oxígeno, cayó en una grieta, y sufrió una congelación tan grave que tuvo que ser cargado a hombros por un grupo de porteadores sherpas hasta descender al pueblo de Namche Bazaar, para ser evacuado en helicóptero a un hospital de Katmandú. Al final de la expedición, Bishop había perdido las puntas de sus dedos meñiques, pero ni una pizca del respeto que sentía por los pioneros que, como Hillary, habían conquistado la cumbre del Everest. "En el silencio del hospital, [reflexionaba] sobre las lecciones que habíamos aprendido", escribió. "El Everest es una inmensidad dura y hostil. Quienquiera que le desafíe, le declara la guerra. Debe organizar el ataque con la habilidad y la crueldad de una operación militar, y cuando finaliza la batalla, la montaña permanece invencible. No hay verdaderos vencedores, solo supervivientes".

Barry Bishop sobrevivió para volver a su casa, a Washington, donde el presidente Kennedy los recibió a él y a sus compañeros de expedición como héroes en el Jardín Rosa de la Casa Blanca. En 1968, metió a su esposa Lila, a su hijo Brent y a su hija Tara en una caravana y condujo desde Ámsterdam hasta Katmandú. Se instalaron en Jumla, en el Nepal occidental, durante dos años, mientras Bishop completaba su investigación para un doctorado en rutas comerciales antiguas. George Schaller visitó su casa, durante los trayectos de ida y vuelta que realizó para el estudio de la fauna y flora nepalí en extinción.

Bishop sobrevivió para llevar a su familia de vuelta a Washington, D.C., donde fue nombrado presidente del Comité para la Investigación y Exploración del *National Geographic*. En Washington, recuerda Tara, el amigo de su padre Ed Hillary solía visitarles de vez en cuando, y los dos infatigables escaladores se pasaban noches enteras tumbados frente al televisor, bebiendo cerveza barata, recordando sus andanzas por el Everest, y viendo antiguas películas del oeste alquiladas que ambos adoraban. Sobrevivió para trasladarse en 1994 con su mujer a Bozeman, Montana, y para construir una de las bibliotecas sobre el Himalaya más selectas en el sótano de su casa.

Pero Barry Bishop no sobrevivió a su último viaje a San Francisco. Un año antes, cuando se dirigía acompañado por su esposa Lila a dar una charla en el mismo acto en el que estaban ahora Mortenson y Tara, el Ford Explorer en el que viajaban, que circulaba a ciento treinta kilómetros por hora, había virado bruscamente en la carretera de Pocatello, Idaho, y había dado cuatro vueltas de campana antes de detenerse en una cuneta arenosa. La madre de Tara llevaba puesto el cinturón de seguridad, por lo que sobrevivió con lesiones menores. Pero el padre de Tara no, y salió disparado del vehículo muriendo a causa de unas lesiones en el cráneo.

Tara Bishop se encontró contándole toda la historia al desconocido que tenía a su lado en aquel oscuro salón de baile: que el Explorer estaba lleno de sus dibujos de la infancia y de revistas que le traía su padre, que los desconocidos que había en el lugar del accidente habían recogido todos sus valiosos recuerdos de los puntos de la carretera por donde se habían desperdigado y se los habían devuelto, que ella y su hermano Brent habían regresado al lugar, para colgar una bandera de oración en los matorrales del borde de la carretera y derramar una botella de Bombay Gin, la ginebra favorita de su padre, sobre la sangre que manchaba la arena... "Lo más raro de todo era que no parecía extraño en absoluto", dice Tara. Abrirle mi corazón a Greg tenía más sentido que todo lo que había hecho desde la muerte de mi padre".

Cuando se encendieron las luces en el salón veneciano, donde hacía años Tony Bennet había debutado con su canción *I left my heart in San Francisco*, Mortenson sintió que su corazón le arrastraba hacia la mujer que acababa de conocer. "Tara llevaba tacones altos, cosa que nunca me había gustado demasiado", recuerda Mortenson. "Al final de la noche le dolían los pies y se puso unas botas militares. Me sentía como un adolescente. Viéndola ataviada con aquel minúsculo vestido negro y aquellas grandes botas supe que era la mujer ideal para mí".

Juntos, le presentaron sus respetos a Hillary, quien le dijo a Tara lo mucho que había sentido la noticia del fallecimiento de su padre. "Fue increíble", dice Mortenson. "Estaba más emocionado de haber conocido a Tara que de hablar con un hombre al que había idolatrado durante años". Mortenson presentó a Tara a Jean Hoerni y George McCown, y se unieron a la fila que salía al vestíbulo. "Para entonces Tara ya sabía que no tenía coche y se ofreció a llevarme a casa", explica Mortenson. "Yo había quedado con unos amigos, pero fingí que no era así para quedarme con Tara". Mortenson había llegado al Fairmont Hotel en el que se había convertido en su estado habitual, solo y sin un duro, pero se marchaba con la promesa de un salario para un año completo y con su futura mujer del brazo.

Mientras zigzagueaban a través del distrito financiero de San Francisco con el Volvo gris de Tara, Mortenson le contaba sus anécdotas. Sobre su infancia en Moshi, sobre el pimentero, el hospital de su padre y la escuela de su madre. Mientras cruzaban el puente Bay Bridge, sobre las oscuras aguas de la bahía de San Francisco, Mortenson estaba construyendo otro puente, alargando acontecimientos para unir dos vidas.

Aparcaron delante del apartamento de Dudzinsky. "Te invitaría a subir", le dijo Mortenson, "pero aquello es un infierno". Se quedaron sentados en el sedán y charlaron durante más de dos horas, sobre Baltistán, y sobre los obstáculos a los que se enfrentaba para construir la escuela de Korphe, sobre el hermano de Tara, Brent, que estaba organizando su propia expedición al Everest. "Recuerdo que tuve un pensamiento muy claro mientras estaba sentada junto a él en el coche", confiesa Tara Bishop. "Ni siquiera nos habíamos tocado aún, pero recuerdo que pensé: «Quiero pasar con esta persona el resto de mi vida». Era un sentimiento muy sereno y muy hermoso".

"¿No te importará que te secuestre, verdad?", le preguntó ella volviendo a arrancar el coche. Cuando llegaron a su estudio, un garaje reformado en el bonito vecindario Rockridge de Oakland, Tara Bishop sirvió dos copas de vino y le dio a Mortenson un primer y prolongado beso. Tashi, su terrier tibetano, corría entre sus pies, ladrando con violencia al desconocido.

"Bienvenido a mi vida", le dijo Tara, retirándose para admirar la cara de Mortenson.

"Bienvenida a mi corazón", le dijo él, y la estrechó entre sus brazos.

A la mañana siguiente, un jueves, volvieron a cruzar Bay Bridge, esta vez en dirección al Aeropuerto Internacional de San Francisco. Mortenson tenía una reserva para un vuelo a Pakistán con British Airways con fecha de salida para el domingo, pero le contaron su historia a una empleada del mostrador y la convencieron para que le permitiera aplazar su vuelo para el domingo de la semana siguiente sin aplicarle ningún recargo.

En aquellos tiempos Tara estaba acabando un doctorado en la Escuela de Psicología Profesional de California, antes de embarcarse en su carrera de psicología clínica. Una vez finalizadas las clases, disponía de mucho tiempo libre, y a Mortenson ya no le quedaban turnos de hospital reservados, por lo que pasaban juntos todo el día, disfrutando de su buena suerte. En el anticuado Volvo de Tara, condujeron durante tres horas hacia el sur hasta Santa Cruz y se alojaban junto a la playa, en casa de unos parientes de Mortenson. "Greg era sorprendente", dice Tara. "Se sentía muy cómodo compartiendo su vida y su familia conmigo. Había pasado antes por algunas relaciones bastante horribles y recuerdo que pensaba «sí, esto sí que es estar con la persona adecuada»".

El domingo siguiente el vuelo de Mortenson a Pakistán despegaba sin él, mientras ellos conducían de vuelta a Bay Areas. "¿Entonces cuándo nos casamos?", le preguntó Tara Bishop, y se giró para mirar al pasajero que llevaba a su lado, un hombre al que había conocido hacía tan sólo cuatro días.

"¿Qué te parece el martes?", le contestó Mortenson.

El martes 19 de septiembre, Greg Mortenson, vestido con un pantalón caqui, una camisa de seda virgen color marfil, y un chaleco tibetano bordado, subió las escaleras del ayuntamiento de Oakland cogido de la mano de su prometida, Tara Bishop. La novia vestía una chaqueta de lino y una minifalda floreada, y por deferencia al gusto del hombre que estaba a punto de convertirse en su marido, se dejó sus zapatos de salón en casa y caminó hacia su boda con unas sandalias planas.

"Pensábamos que solo tendríamos que firmar unos papeles y obtener una licencia y luego lo celebraríamos con nuestros padres cuando Greg regresara de Pakistán", cuenta Tara, pero el ayuntamiento de Oakland ofrecía un servicio muy completo. Por ochenta y tres dólares, la pareja fue acompañada a una sala de actos por un juez local que les ordenó quedarse en pie contra una pared, bajo un arco de flores de plástico blancas grapadas a un tablón informativo. Una mujer hispana de mediana edad llamada Margarita, que estaba trabajando en la secretaría del juez, se ofreció voluntaria como testigo y lloró durante la ceremonia.

Seis días después de haberse hablado por primera vez en el salón de baile del Hotel Fairmont, Greg Mortenson y Tara Bishop hicieron sus votos matrimoniales. "Cuando el juez llegó a la parte que dice «en la riqueza y en la pobreza» Greg y yo soltamos una carcajada", recuerda Tara. "Por entonces yo ya había visto el lugar donde vivía Greg, y cómo sacaba los cojines del sofá cada noche para colocar encima su saco de dormir. Recuerdo haber pensado dos cosas: «Voy a casarme con un hombre que no tiene cama, y, Dios, cuánto le quiero»".

Los recién casados llamaron a algunos amigos que no salían de su asombro y les pidieron que se reunieran con ellos en un restaurante italiano de San Francisco para celebrarlo. Uno de los amigos de Mortenson, James Bullock, era un operario de tranvía. Insistió en que se encontraran con él en la orilla del lago San Francisco, en la glorieta del tranvía situada junto al embarcadero. En plena hora punta, Bullock los acomodó en su abarrotado vehículo dorado y carmesí, y tocó la campana para anunciar su boda al resto de pasajeros. Mientras avanzaban ruidosamente por el distrito financiero, los ciudadanos de San Francisco les lanzaban cigarros, dinero y les felicitaban a gritos.

Tras su última parada, Bullock cerró las puertas y llevó a los recién casados en un *tour* privado alrededor de San Francisco, tocando la campana durante todo el camino. El tranvía que avanzaba mágicamente, subió por Nob Hill, pasando por el Hotel Fairmont, hasta las estrechas y vertiginosas calles donde la fascinante vista de San Francisco se disipa hacia el norte. Cogido del brazo de su esposa, Greg Mortenson contempló cómo el sol del poniente besaba el Pacífico más allá del Golden Gate, y cómo teñía la isla del Ángel de un color rosa que pasaría a considerar desde aquel momento como el color de la felicidad. Al sentir un cansancio desconocido en sus mejillas, se dio cuenta de que llevaba días sin parar de sonreír.

"Cuando la gente se entera de cómo me casé con Tara, siempre reacciona con asombro", dice Mortenson, "pero haberme casado con ella seis días después de haberla conocido no me parece raro. Es el tipo de cosas que hacían mis padres y a ellos les fue bien. Lo que me sorprendió es que en ese tiempo, llegué a conocer a Tara por completo. Encontré a la persona junto a la que estaba destinado a vivir".

El domingo siguiente, Mortenson preparó su macuto, se metió en el bolsillo su bolsa con billetes de cien dólares, y condujeron de nuevo hasta el aeropuerto. Tras aparcar en la rampa de salidas, le costó mucho bajarse del coche. Se giró hacia su mujer, que sonreía bajo el hechizo del mismo pensamiento. "Lo preguntaré", le dijo Mortenson, "pero no sé si me permitirán volver a hacerlo".

Mortenson pospuso su viaje dos veces más, llevando en cada ocasión su equipaje hasta el aeropuerto por si no le dejaban cambiar la fecha. No tenía por qué preocuparse. La historia de Greg y Tara se había convertido en la leyenda romántica del mostrador de pasajes de Bristish Airways, y los empleados se saltaban las normas una y otra vez para darle a Mortenson más tiempo para conocer a su flamante nueva esposa. "Fueron dos semanas muy especiales, un tiempo secreto para nosotros solos", dice Mortenson. "Nadie sabía que seguía en la ciudad y nos limitamos a atrincherarnos en el apartamento de Tara, intentando compensar todos los años que habíamos pasado sin conocernos".

"Finalmente, tras darle no pocas vueltas, decidí llamar a mi madre", dice Tara. "Estaba en Nepal a punto de partir con una expedición"

"Antes de contarme nada me dijo que me sentara. Uno no olvida una llamada como aquella", recuerda Lila Bishop. "Mi hija no paraba de mencionar la palabra 'maravilloso', pero todo lo que yo oía era 'seis días'".

"Le dije: «Mamá, acabo de casarme con el hombre más maravilloso del mundo»", recuerda Tara, "Se sorprendió muchísimo. Se mostró un poco escéptica, pero hizo lo posible por mostrarse feliz por mí. Me dijo: «Bueno, tienes treinta y un años y has besado muchos sapos. Si crees que él es tu príncipe, estoy segura de que lo es»".

La cuarta vez que el Volvo se detuvo frente a la terminal Bristish Airways del aeropuerto, Mortenson se despidió con un beso de aquella mujer que sentía conocer de toda la vida y arrastró su macuto hasta el mostrador de pasajes.

"¿De verdad se quiere ir esta vez?", bromeó una azafata. "¿Está seguro de estar haciendo lo correcto?"

"Sí, estoy haciendo lo correcto", le dijo Mortenson, y se giró para despedirse por última vez de su esposa. "Nunca he estado tan seguro de algo".

CAPÍTULO 12

La lección de Haji Ali

*Puede parecer absurdo creer que una cultura "primitiva" del Himalaya
tenga algo que enseñar a nuestra sociedad industrializada,
pero nuestra búsqueda de un futuro mejor sigue remontándose a una
antigua conexión entre la tierra y nosotros,
una interconexión que las culturas ancestrales nunca han abandonado.*

-Helena Norberg-Hodge

En la puerta de la casa de Changazi, en Skardu, un guardián pequeño incluso para los estándares baltis le denegó la entrada. Yakub, el ayudante de Changazi, tenía la barbilla despoblada y la constitución menuda de un niño de doce años. Sin embargo, era un hombre adulto de treinta y tantos.

Mortenson sacó de su mochila la desgastada bolsa Ziploc donde guardaba todos los documentos importantes y rebuscó en ella hasta que dio con el inventario de las provisiones para la escuela que le había elaborado Changazi en su viaje anterior. "Necesito recoger esto", dijo Mortenson, sosteniendo la lista para que Yakub pudiera examinarla.

"Changazi Sahib está en "Pindi" ", le dijo Yakub.

"¿Cuándo volverá a Skardu?", le preguntó Mortenson.

"En uno o dos meses, máximo", le respondió Yakub, tratando de cerrar la puerta. "Volver entonces".

Mortenson apoyó una mano contra la puerta, para evitar que se cerrara. "Llamémosle ahora".

"No posible", le dijo Yakub. "La línea a 'Pindi' está cortada".

Mortenson hizo un enorme esfuerzo por no mostrar su enfado. ¿Es que todos los empleados de Changazi tenían su misma e interminable lista de excusas? Mortenson estaba considerando si seguir presionando o regresar con un agente de policía, cuando apareció por detrás de Yakub un anciano de aspecto majestuoso que tenía un bigote delicadamente cuidado y llevaba un *topi* de una lana marrón excepcionalmente fina. Se trataba de Ghulam Parvi, un contable al que Changazi había recurrido en busca de ayuda para poner en orden sus cuentas. Parvi se había licenciado en empresariales en una de las universidades más selectas de Pakistán, la Universidad de Karachi. Sus logros académicos eran poco habituales entre los baltis, y era conocido y respetado en todo Skardu como un devoto erudito chiita. Yakub se apartó con deferencia del camino del anciano. "¿Puedo servirle en algo, señor?", le preguntó Parvi, utilizando el inglés más cultivado que Mortenson había oído en Skardu.

Mortenson se presentó a sí mismo, expuso su problema y le entregó a Parvi el recibo para que lo revisara. "Este es un asunto muy interesante", le dijo Parvi. "Usted está luchando por construir una escuela para niños baltis y, aunque Changazi sabía que me interesaría mucho su proyecto, no me ha contado nada. Qué curioso".

Durante un tiempo, Ghulam Parvi había trabajado como director de una organización llamada SWAB, Social Welfare Association Baltistan (Asociación para el Bienestar Social de Baltistán). Bajo su dirección, la SWAB había logrado la construcción de dos escuelas de educación primaria en las afueras de Skardu, antes de que los fondos prometidos por el gobierno pakistaní se agotaran y él se viera obligado a aceptar algún que otro trabajo como contable. A uno de los lados de la entrada de madera verde de la casa de Changazi, había un extranjero con dinero para hacer realidad la escuela de Korphe. Al otro, para ayudarle, estaba el hombre más cualificado del norte de Pakistán, un hombre que compartía sus metas.

"Podría perder el tiempo con los libros de contabilidad de Changazi durante las dos próximas semanas y aún así seguirían sin tener sentido", le dijo Parvi, enrollándose al cuello una bufanda de color beige. "¿Quiere que veamos qué ha sido de sus materiales?"

Acobardado por Parvi, Yakub les condujo en el Land Cruiser de Changazi hasta un miserable solar en construcción cercano a la orilla del Indo, a menos de dos kilómetros al suroeste de la ciudad. Aquello era el armazón de un hotel que Changazi había empezado a construir antes de quedarse sin dinero. El edificio de barro de una sola planta se erigía sin tejado, en medio de la basura vertida por encima de una valla de unos tres metros de altura. A través de las ventanas sin cristales, se podían ver los montones de materiales cubiertos con lonas de plástico azul. Mortenson sacudió el candado de la valla y se volvió hacia Yakub. "Solo Changazi tiene la llave", dijo, evitando los ojos de Mortenson.

A la tarde siguiente, Mortenson regresó con Parvi, que sacó un cizalla para cortar cadenas del maletero del taxi que los había llevado hasta allí. Al acercarse a la puerta, un guardián armado se levantó de la roca donde había estado adormilado y empuñó un rifle de caza. Parecía que, después de todo, había sido posible localizar a Changazi en "Pindi", pensó Mortenson. "No pueden pasar", dijo el guardián en balti. "Este edificio ha sido vendido".

"Puede que este Changazi vista con túnicas blancas, pero creo que es un hombre con una alma extremadamente negra", le dijo Parvi a Mortenson, en señal de disculpa.

No había sentimiento de disculpa alguno en su tono cuando Parvi se volvió para enfrentarse al mercenario que custodiaba la puerta. El balti hablado puede tener un fuerte timbre gutural. El discurso de Parvi le cayó como un mazazo al guardián, como los golpes de un cincel sobre una roca, socavando su voluntad de impedirles el paso. Cuando Parvi se calló al fin y elevó la cizalla hacia la cadena de la puerta, el guarda bajó su arma, sacó una llave de su bolsillo y les acompañó adentro.

Una vez en el interior de las húmedas habitaciones del hotel abandonado, Mortenson levantó las lonas azules y comprobó que faltaba al menos un tercio de su cemento, madera, y láminas corrugadas para el tejado. Le resultaba imposible justificar la totalidad de la carga que había subido por la autopista del Karakórum pero lo que quedaba era suficiente para iniciar las obras. Con la ayuda de Parvi, hizo las gestiones necesarias para que se le enviaran los materiales a Korphe.

"Sin Ghulam Parvi, nunca habría conseguido nada en Pakistán", declara Mortenson. "Mi padre logró construir su hospital porque contó con la ayuda de John Moshi, un compañero tanzano inteligente y competente. Parvi es mi John Moshi. Cuando intentaba construir la primera escuela, no tenía ni idea de lo que estaba haciendo. Parvi me enseñó cómo hacer las cosas".

Antes de partir hacia Korphe en todoterreno, Mortenson estrechó la mano de Parvi con afecto y le agradeció su ayuda. "Hágame saber si puedo ayudarle en algo más", le dijo Parvi, con una ligera reverencia. "Lo que está haciendo por los estudiantes del Baltistán es absolutamente loable".

Las rocas parecían más unas ruinas antiguas que los bloques para la construcción de una nueva escuela. A pesar de que estaba subido a una altiplanicie en lo alto del río Braldu, bajo un perfecto clima otoñal que dejaba completamente a la vista el K2 de Korphe, a Mortenson le desanimaba. el panorama que tenía ante él.

El invierno anterior, antes de marcharse de Korphe, Mortenson había clavado estacas en el suelo helado y las había atado con un cordón de nailon rojo y azul, marcando la planta de cinco habitaciones que imaginaba para la escuela. Le había dado a Haji Ali dinero suficiente para contratar obreros en los pueblos de la ribera del río que le ayudaran a extraer y a transportar las rocas, y cuando llegó, esperaba encontrar puestos al menos los cimientos de la escuela. Sin embargo, lo único que encontró fueron unos cuantos montones de piedras apilados en un terreno vacío.

Mientras examinaba el lugar con Haji Ali, Mortenson tenía que esforzarse por ocultar su decepción. Entre sus cuatro trayectos al aeropuerto con su esposa y su lucha por reclamar los materiales de construcción, había llegado allí a mediados de octubre, casi un mes más tarde de lo que había acordado con Haji Ali. Aquella semana debían estar construyendo las paredes, pensó. Mortenson volvió su enfado hacia sí mismo, culpándose. No podía pasarse toda la vida volviendo a Pakistán. Ahora que estaba casado, necesitaba forjarse una carrera. Quería acabar la escuela para empezar a plantearse qué hacer con su vida profesional, y ahora el invierno retrasaría una vez más la construcción. Furioso, le dio una patada a una piedra.

"¿Qué pasa?", le preguntó Haji Ali en balti. "Pareces un carnero joven a punto embestir".

Mortenson respiró hondo. "¿Por qué no habéis empezado?", le preguntó.

"Doctor Greg, discutimos su plan tras su regreso a su pueblo", le explicó Haji Ali, "y llegamos a la conclusión de que era una tontería pagar a los perezosos hombres de Munjung y Askole. Saben que la escuela la está construyendo un extranjero rico, así que trabajarán poco y exigirán mucho. Así que cortamos las piedras nosotros mismos. Nos llevó todo el verano, porque muchos de los hombres tuvieron que marcharse a trabajar de porteadores, pero no se preocupe. Tengo su dinero guardado bajo llave en un lugar seguro de mi casa".

"No me preocupa el dinero", le dijo Mortenson, "pero quería tener el tejado colocado antes del invierno para que los niños pudieran tener un lugar donde estudiar".

Haji Ali apoyó una mano sobre el hombro de Mortenson, y le dio al impaciente americano un apretón paternal. "Doy las gracias al misericordioso Alá por todo lo que ha hecho usted, pero el pueblo de Korphe ha vivido aquí sin escuela durante seiscientos años", le dijo sonriendo. "¿Qué importa un invierno más?"

Caminando de vuelta a la casa de Haji Ali, a través de un corredor de gavillas de trigo listas para la siega, Mortenson se veía obligado a parar cada pocos metros para saludar a los aldeanos que le daban la bienvenida. Las mujeres volvían de los campos con los cestos cargados de grano a sus espaldas. Cosidos en los *urdwas* que llevaban en la cabeza, titilando vivamente, Mortenson advirtió los filamentos azules y rojos de su cordón de nailon. Nunca se desperdiciaba nada de Korphe.

Aquella noche, tumbado bajo las estrellas en el tejado de Haji Ali junto a Twaha, Mortenson pensó en lo solo que se había sentido la última vez que había dormido en aquel lugar. Imaginó a Tara, recordando el cariñoso modo en que se despidió de él a través de cristal del aeropuerto de San Francisco, y se le hizo una burbuja de felicidad tan poderosa que no pudo contenerla.

"Twaha, ¿estás despierto?", preguntó Mortenson.

"Sí, despierto".

"Tengo algo que decirte. Me he casado".

Mortenson oyó un chasquido y miró entrecerrando los ojos hacia el haz de luz de la linterna que acaba de traerle a su amigo desde América. Twaha se incorporó a su lado, estudiándole la cara con la novedosa luz eléctrica para ver si estaba bromeando.

La linterna se cayó al suelo y Mortenson sintió como le aporreaban en los brazos y los hombros en señal de felicitación. Twaha se dejó caer en el montón de paja que utilizaba como cama suspirando de felicidad. "Haji Ali dijo que el doctor Greg tenía un aspecto diferente esta vez", dijo Twaha, riéndose. "Realmente lo sabe todo". Jugueteó con la linterna encendiéndola y apagándola. "¿Puedo saber su buen nombre?"

"Tara".

"Ta... ra", repitió Twaha, analizando el nombre, que en su lengua, en urdu, significaba estrella. "¿Es bonita tu Tara?"

"Sí", contestó Mortenson, sintiendo cómo se sonrojaba. "Preciosa".

"¿Cuántas cabras y carneros tienes que pagarle a su padre?", le preguntó Twaha.

"Su padre está muerto, como el mío", le contestó Mortenson, "y en América no pagamos un precio por una novia".

"¿Lloró cuándo se separó de su madre?"

"No le habló a su madre de mí hasta que nos casamos".

Twaha se quedó callado por unos instantes, considerando las exóticas costumbres matrimoniales de los americanos.

Mortenson había sido invitado a numerosas bodas desde su llegada a Pakistán. Los detalles de las ceremonias nupciales de los baltis variaban en función de cada pueblo, pero el elemento central de todas las ceremonias que había presenciado era el mismo: la angustia de la novia ante la idea de abandonar a su familia para siempre.

"Normalmente, en toda boda, hay un momento solemne en el que se puede ver a la novia y a su madre aferrándose la una a la otra, llorando", explica Mortenson. "El padre del novio amontona sacos de harina, bolsas de azúcar y promete cabras y carneros, mientras que el padre de la novia se cruza de brazos y da la espalda, exigiendo más.

Cuando considera que el pago es justo, se gira y asiente con la cabeza, y entonces comienza el jaleo. He visto a parientes de la familia del novio intentando, literalmente, arrancar con todas sus fuerzas a la novia de los brazos de su madre, mientras las mujeres gritan y lloran. Cuando una novia abandona un pueblo aislado como Korphe, sabe que es probable que no vuelva a ver a su familia jamás".

A la mañana siguiente, Mortenson halló un precioso huevo cocido en su plato, junto a su desayuno habitual de *chapatti* y *lassi*. Sakina le sonreía con orgullo desde la entrada de su cocina. Haji Ali peló el huevo para Mortenson y le explicó. "Así tendrás las fuerzas necesarias para criar muchos niños", le dijo, mientras Sakina se reía discretamente tras su chador.

Haji Ali se sentó a su lado pacientemente hasta que se acabó una segunda taza de té con leche. En sus labios se dibujó una sonrisa que acabó explotando en el centro de su espesa barba. "Vamos a construir una escuela", le dijo.

Haji Ali se subió al tejado y convocó a todos los hombres de Korphe a una reunión en la mezquita local. Mortenson, que cargaba cinco de las palas que había recuperado del hotel abandonado de Changazi, siguió a Haji Ali a través de los fangosos callejones que llevaban a la mezquita, mientras iban saliendo hombres de todas las puertas.

La mezquita de Korphe se había adaptado a los cambios de su entorno a lo largo de los siglos, tanto como las gentes que la llenaban con su fervor. Los baltis, que no tenían lenguaje escrito, compensaban esa carencia transmitiendo de generación en generación una minuciosa historia oral. Todos los baltis sabían recitar su árbol genealógico, remontándose a veinte generaciones, y todos los habitantes de Korphe conocían la leyenda de aquel edificio de madera reforzado con murallas de barro que aparecía en las guías turísticas. Llevaba cerca de quinientos años alzándose en aquel lugar, y había servido de templo budista antes de que el islam se introdujera en el Baltistán.

Por primera vez desde su llegada a Korphe, Mortenson cruzó la puerta y puso un pie dentro. Durante sus visitas había mantenido una distancia respetuosa con la mezquita y con el líder religioso de Korphe, Sher Takhi. Mortenson no estaba seguro del sentimiento que le producía a aquel hombre la presencia de un infiel en el pueblo, un infiel que proponía educar a las niñas de Korphe. Sher Takhi le sonrió y le condujo hasta una alfombra de oración situada en la parte trasera de la sala. Era delgado y tenía la barba salpicada de canas. Como la mayoría de baltis que vivían en las montañas, parecía décadas mayor de lo que realmente era.

Sher Takhi, que llamaba a los dispersos fieles a la oración cinco veces al día sin contar con la ayuda de ningún amplificador, llenaba la pequeña sala con su retumbante voz. Dirigía a los hombres en un *dua* especial, pidiendo a Alá su bendición y su orientación para cuando empezaran con la construcción de la escuela. Mortenson rezaba tal y como le había enseñado el sastre, cruzando los brazos y doblándose por la cintura. Los hombres de Korphe sostenían los brazos rígidos a cada lado y se inclinaban hasta quedarse casi tendidos boca abajo en el suelo. Mortenson se dio cuenta de que el sastre le había instruido en el ritual de oración sunita.

Unos meses antes, Mortenson había leído en los periódicos de Islamabad sobre la última oleada de violencia entre sunitas y chiitas ocurrida en Pakistán. Un autobús que se dirigía a Skardu había pasado por la garganta del Indo recorriendo la autopista del Karakórum. Justo al pasar por Chilas, una región de predominio chiita, una docena de hombres enmascarados y armados con Kaláshnikovs bloquearon la carretera y obligaron a los pasajeros a bajarse. Separaron a los chiitas de los sunitas y degollaron a dieciocho hombres chiitas ante la mirada horrorizada de sus esposas e hijos. Ahora él estaba rezando como un sunita en el corazón del Pakistán chiita. Mortenson sabía que entre las corrientes enfrentadas del islam, la gente se mataba por mucho menos.

"Estaba dividido entre mi interés por aprender rápidamente el ritual de oración chiita y mi esfuerzo por aprovechar al máximo la oportunidad de estudiar las antiguas tallas budistas de las paredes", dice Mortenson. "Si los baltis respetaban el budismo tanto como para practicar su fe al lado de las extravagantes esvásticas y ruedas de la vida budistas", pensó Mortenson mientras fijaba la mirada en las tallas de madera, "probablemente eran lo suficientemente tolerantes como para soportar a un infiel que rezaba como le había enseñado un sastre".

Esta vez fue Haji Ali quien proporcionó la cuerda. Era un cordel tejido al estilo de la zona, y no su cordón de nailon azul y rojo. Con la ayuda de Mortenson, tomó las medidas correctas, sumergió el cordel en una mezcla de calcio y cal, y empleó el ancestral método del pueblo para señalar las dimensiones de un solar de construcción. Haji Ali y Twaha tensaron el cordel y lo apoyaron en el suelo, formando unas líneas blancas en el sitio donde se levantarían las paredes de la escuela. Mortenson repartió las cinco palas y se turnó con otros cincuenta hombres para excavar sin parar durante toda la tarde hasta que abrieron una zanja, de aproximadamente un metro de ancho por un metro de profundidad, alrededor del perímetro de la escuela.

Cuando finalizaron la zanja, Haji Ali señaló con la cabeza hacia dos grandes rocas que se habían tallado ex profeso para ese momento, y seis hombres las elevaron, las arrastraron trabajosamente hasta la zanja, y las dejaron caer en la esquina de los cimientos que daba al K2 de Korphe. Haji Ali pidió entonces el *chogo rabak*.

Twaha se retiró con paso firme y decidido y regresó con un gigantesco animal de color ceniza con unos grandiosos cuernos curvados. "Normalmente hay que arrastrar a un carnero para hacer que se mueva, pero aquél era tan grande que arrastraba a Twaha, que hacía todo lo posible por oponer resistencia mientras el animal le conducía hacia su propia ejecución".

Twaha detuvo la *rabak* sobre la piedra angular y lo agarró por los cuernos. Con sumo cuidado, giró la cabeza del animal hacia La Meca mientras Sher Takhi salmodiaba el pasaje en que Alá le pide a Abraham que sacrifique a su hijo, antes de permitirle que lo reemplace por un carnero una vez superada su prueba de lealtad. En el Corán, la historia se narra de un modo muy parecido al de los capítulos de Abraham e Isaac en la Torá o en la Biblia. "Al observar aquella escena salida de las historias de la Biblia que había aprendido en la escuela dominical", dice Mortenson, "pensé en lo mucho que tenían en común las diferentes religiones, en cómo era posible remontarse en muchas de sus tradiciones hasta dar con el mismo origen".

Hussain, un hábil porteador que tenía la constitución de un luchador de sumo, hacía de verdugo del pueblo. Los porteadores del

Baltoro cobraban por cada veinticinco kilos de carga. Hussain era conocido por ser capaz de cargar tres veces más que cualquier otro porteador, ya que nunca transportaba menos de setenta kilos. Desenfundó un cuchillo de unos cuarenta centímetros y lo apoyó ligeramente sobre el pelo que se erizaba en la garganta del carnero. Sher Takhi alzó las manos, con las palmas hacia arriba, por encima de la cabeza del *rabak* y pidió a Alá permiso para quitarle la vida. Entonces asintió con la cabeza al hombre que sostenía el cuchillo.

Hussain apoyó bien los pies en el suelo para hacer fuerza e introdujo la hoja del cuchillo limpiamente en la tráquea del carnero, siguiendo hasta la yugular. Empezó a manar de la herida un chorro de sangre caliente, que salpicó los pilares y que poco a poco se redujo hasta apagarse con los últimos latidos del corazón del animal. Resoplando por el esfuerzo, Hussain serró la médula espinal, y Twaha sostuvo la cabeza en alto por los cuernos. Mortenson miraba los ojos del animal, y estos le devolvían la mirada, tan apagada y ausente como antes que de que Hussain blandiera su cuchillo.

Las mujeres prepararon arroz y *dal* mientras los hombres despellejaban y descuartizaban al carnero. "Aquel día no hicimos nada más", dice Mortenson. "De hecho, apenas hicimos nada aquel otoño. A Haji Ali le corría prisa santificar la escuela, pero no construirla. Nos limitamos a celebrar una gran fiesta. Para unas personas que probablemente comían carne en contadas ocasiones, aquel ágape era mucho más importante que una escuela".

Todos los residentes de Korphe recibieron una porción de carne. Cuando acabaron de roer el último hueso y de absorber el último trozo de médula, Mortenson se unió a un grupo de hombres que encendieron una hoguera junto al lugar que algún día, esperaba, se convertiría en el patio de la escuela. Mientras la luna se imponía sobre el K2 de Korphe, danzaron alrededor del fuego y le enseñaron a Mortenson versos del gran poema épico himalayo de Gezar, un hombre muy querido en gran parte del mundo, y le introdujeron en su inagotable repertorio de canciones folklóricas baltis.

Juntos, los baltis y el enorme americano bailaban como locos y cantaban canciones sobre reinos alpinos enfrentados, sobre la violencia de los guerreros de Pathan que invadían el país procedentes de Afganistán, y sobre batallas entre rajás baltis y desconocidos conquistadores europeos que al principio entraban desde el oeste en tiempos de Alejandro Magno, y más tarde, acompañados por asalariados gurkhas, lo hacían desde la India británica hacia el sur y el este. Las mujeres de Korphe, que ya estaban acostumbradas a tener al infiel en el pueblo, estaban de pie junto al fuego, con las caras encendidas, mientras daban palmadas y cantaban con sus maridos.

Mortenson pudo constatar que los baltis tenían una historia muy interesante y una rica tradición. El hecho de que no estuviera escrita no la hacía menos real. Aquellas caras que rodeaban el fuego necesitaban más ayuda que formación, y la escuela era un lugar donde podrían ayudarse a sí mismos. Mortenson examinó el solar. Ocupaba poco más que la zanja poco profunda salpicada ahora con la sangre del carnero. Probablemente no lograría avanzar mucho antes de regresar a casa con Tara, pero durante la noche de baile la escuela se hizo real en su mente. Pudo ver el edificio finalizado alzándose ante él con la misma claridad que el K2 de Korphe, iluminado por la luna creciente.

El casero de Tara Bishop se negó a permitir que la pareja se instalara en el cómodo garaje transformado en apartamento, así que Mortenson transportó a su habitación en casa de Dudzinski las pocas cosas de su esposa que cabían allí y metió el resto en su pequeño almacén. Al ver los libros y lámparas de ella apoyados contra los elefantes tallados en ébano de su padre, Mortenson sintió que sus vidas se entrelazaban como los elefantes.

Tara retiró de la pequeña herencia que le había dejado su padre el dinero suficiente para comprar un futón de tamaño extra grande que ocupaba la mayor parte del suelo de su pequeña habitación. Mortenson estaba maravillado con los efectos positivos que tenía el matrimonio en su vida. Por primera vez, desde que se había trasladado a California, pasó de dormir en el suelo a dormir en una cama y, por primera vez en años, tenía alguien con quien poder comentar la odisea que había vivido desde la primera vez que había llegado a Korphe.

"Cuanto más hablaba Greg de su obra, más me daba cuenta yo de lo afortunada que era", dice Tara. "Le apasionaba tanto Pakistán que aquella pasión se extendía a todo lo que hacía".

A Jean Hoerni también le maravillaba la pasión de Mortenson por el pueblo del Karakórum. Los invitó a él y a Tara a pasar el día de Acción de Gracias en Seattle. Hoerni y su mujer, Jennifer Wilson, sirvieron una comida tan extravagante que a Mortenson le recordó a los banquetes en los que había participado en el Baltistán, durante sus primeras negociaciones por los materiales de la escuela. A Hoerni le encantaba oír los detalles, por lo que Mortenson le describió los secuestros en todoterreno, la cena doble en Khane, el yak entero que Changazi había servido en Kuardu... Apenas probó bocado, mientras se concentraba en describir cómo habían puesto los cimientos de la escuela de Korphe, el sacrificio del *chogo rabak*, y la larga velada de fuego y danza.

Aquel día de Acción de Gracias, Mortenson tenía mucho que agradecer. "Escucha", le dijo Hoerni después de la cena, mientras estaban sentados ante la chimenea con unas enormes copas de vino. "Tú amas lo que estás haciendo en el Himalaya y no parece que se te dé tan mal. ¿Por qué no te dedicas a ello? Los niños de esos otros pueblos cuyas gentes han intentado sobornarte también necesitan escuelas, y ningún miembro de los círculos de escaladores moverá un solo dedo para ayudar a los musulmanes. Tienen el cerebro demasiado ocupado con sherpas y tibetanos, por los budistas. ¿Qué te parece si creo una fundación y te hago director? Podrías construir una escuela cada año. ¿Qué me dices?".

Mortenson apretó la mano de su esposa. La idea le parecía tan buena que le daba miedo decir algo. Le daba miedo que Hoerni cambiara de opinión. Bebió un sorbo de vino.

Aquel invierno, Tara Bishop se quedó embarazada. Con un hijo en camino, el viciado apartamento de Witold Dudzinski parecía el lugar menos adecuado para vivir. La madre de Tara, Lila Bishop, había oído elogiosos comentarios sobre el carácter de Mortenson de sus contactos en el mundo del alpinismo e invitó a la pareja a visitar el elegante taller de artesanía que tenía en el centro histórico de Bozeman, Montana. Mortenson se adaptó enseguida a la vida de campo. Sentía que

Berkeley representaba la vida de escalador que ya había dejado atrás. Lila Bishop se ofreció a prestarles el dinero necesario para dar la entrada de una pequeña casa en el vecindario.

A principios de primavera, Mortenson cerró por última vez la puerta del trastero de almacenaje número 114 de Berkeley y condujo hasta Montana con su esposa en una furgoneta. Se trasladaron a una cuidada casa de planta baja a dos manzanas de la de la madre de Tara. Tenía un amplio patio vallado donde podrían jugar los niños, lejos del humo viciado, de polacos alcohólicos y de bandas de adolescentes armados con pistolas.

En mayo de 1996, cuando Mortenson rellenaba sus formularios de llegada en el aeropuerto de Islamabad, su bolígrafo vaciló indeciso ante la casilla que indicaba "ocupación". Durante años había escrito "escalador". En aquella ocasión garabateó "director, Central Asia Institute". Hoerni le había sugerido el nombre. El científico había puesto en marcha un proyecto que pretendía desarrollar tan rápido como una de sus compañías de semiconductores, desplegándose para construir escuelas y otros proyectos humanitarios más allá de Pakistán, en la gran multitud de aldeas que se extendían por los senderos de la Ruta de la Seda. Mortenson tenía muchas dudas. Había tenido demasiados problemas para empezar con la construcción de una sola escuela como para pensar a la escala de Hoerni. Pero tenía un salario anual de 21.798 dólares con el que podía contar y la orden de empezar a pensar a largo plazo.

Desde Skardu, Mortenson envió un mensaje al pueblo de Mouzafer ofreciéndole un sueldo fijo si iba a Korphe y ayudaba con la escuela. También visitó a Ghulam Parvi antes de partir "hacia los altos". Parvi vivía en un exuberante vecindario situado en las colinas meridionales de Skardu. Su casa amurallada estaba ubicada al lado de una ornamentada mezquita que él había ayudado a levantar en un terreno donado por su padre. Mientras tomaban el té en el patio de Parvi, rodeados de hermosos manzanos y albaricoqueros, Mortenson expuso su modesto plan de futuro –acabar la escuela de Korphe y construir otra escuela en otro lugar del Baltistán al año siguiente– y le pidió a Parvi que participara. Puesto que Hoerni le había autorizado, le ofreció un sueldo para complementar sus ingresos como contable.

"Pude ver la grandeza del corazón de Greg enseguida", dice Parvi. "Ambos queríamos lo mismo para los niños del Baltistán. ¿Cómo podía darle la espalada a una persona así?".

En compañía de Makhmal, un experto albañil que le había presentado Parvi en Skardu, Mortenson llegó a Korphe un viernes por la tarde. Al cruzar el nuevo puente que llevaba al pueblo, a Mortenson le sorprendió ver a la docena de mujeres de Korphe que caminaban hacia él engalanadas con sus mejores chadores y con los zapatos de vestir que calzaban solo en ocasiones especiales. Le hicieron una reverencia en señal de bienvenida, antes de seguir caminando a toda prisa para ir a visitar a familiares de pueblos vecinos con motivo del *Juma*, el día sagrado. "Ahora que podían regresar en la misma tarde, las mujeres de Korphe habían empezado a visitar a sus familias todos los viernes", explica Mortenson. "El puente reforzó los vínculos maternales del pueblo, e hizo que las mujeres se sintieran infinitamente más felices y menos aisladas. ¿Quién habría pensado que algo tan simple como un puente podría otorgarles esa libertad a las mujeres?".

En la otra orilla de Braldu, estaba Haji Ali, erguido como siempre, en el punto más alto del precipicio. Flanqueado por Twaha y Jahan, volvió a darle la bienvenida a "su hijo americano" con un fuerte abrazo y saludó calurosamente al invitado que había venido con él desde la gran ciudad.

A Mortenson le encantó ver a su viejo amigo Mouzafer asomar tímidamente por detrás de Haji Ali. También él abrazó a Mortenson, y apoyó una mano en su corazón en señal de respeto cuando se separaron para mirarse el uno al otro. Mouzafer parecía haber envejecido bastante desde la última vez que lo había visto y tenía mala cara.

"¿*Yong chiina yot?*", le preguntó Mortenson, preocupado, saludándole al estilo tradicional balti. "¿Cómo estás?".

"Aquel día me encontraba bien, gracias a Alá", dice Mouzafer, que habla una década después, con la suave cadencia de un anciano que se está quedando sordo. "Solo un poco cansado". Como descubriría Mortenson aquella noche durante una cena de *dal* y arroz en casa de Haji Ali, Mouzafer acababa de concluir una aventura de dieciocho días. Un desprendimiento de rocas había vuelto a bloquear el único camino entre Skardu y Korphe, y Mouzafer, que acababa de regresar de un viaje de ida y vuelta de más de doscientos kilómetros por el Baltoro con una expedición japonesa, había dirigido a un pequeño grupo de porteadores para que cargaran sacos de cemento de más de cuarenta kilos a lo largo de los casi treinta kilómetros que había hasta Korphe. Mouzafer, entonces un hombre menudo de más de sesenta años, había realizado más de veinte trayectos soportando su pesada carga, saltándose comidas y caminando día y noche para que el cemento llegara al solar de construcción a tiempo para el regreso de Mortenson.

"Cuando conocí a Greg Mortenson por primera vez en el Baltoro, era un muchacho muy agradable y conversador", recuerda Mouzafer, "siempre bromeaba y abría su corazón a las personas pobres como los porteadores. Cuando le perdí y pensé que podía haber muerto en el hielo, me pasaba las noches despierto, rogando a Alá que me permitiera salvarle, y cuando volví a encontrarle, prometí protegerle para siempre con todas mis fuerzas. Desde entonces ha aportado muchas cosas a los baltis. Soy pobre, y tan solo le puedo ofrecer mis oraciones y la fuerza de mi espalda. Eso fue lo que aporté, con mucho gusto, para la construcción de la escuela. Más tarde, cuando regresé a mi pueblo después de los días cargando cemento, mi esposa miró mi pequeño rostro y me dijo: «¿Qué te ha pasado? ¿Has estado en la cárcel?»", cuenta Mouzafer con una sonrisa.

A la mañana siguiente, antes de las primeras luces, Mortenson caminaba hacia delante y hacia atrás sobre el tejado de Haji Ali. Ahora estaba allí en calidad de director de una organización. Tenía mayores responsabilidades que la construcción de una sola escuela en un pueblo aislado. La fe que Jean Hoerni había depositado en él era una carga pesada para sus anchos hombros, y estaba decidido a no pasar por más reuniones ni banquetes interminables; gestionaría con rapidez la construcción de la escuela.

Cuando el pueblo se congregó en el solar, Mortenson se presentó con una plomada, un nivel y un libro de contabilidad en la mano. "Conseguir poner en marcha la construcción era como dirigir una orquesta", dice Mortenson. "Primero utilizábamos dinamita para volar las rocas y obtener piedras más pequeñas, y luego teníamos a varias personas serpenteando en medio del caos como una melodía, llevando las piedras a los albañiles. Entonces el albañil Makhmal transformaba las piedras en unos ladrillos sorprendentemente regulares con tan solo dos golpes de cincel. Grupos de mujeres cargaban agua desde el río, que mezclaban con el cemento en grandes agujeros que habíamos cavado en el terreno. Los albañiles aplanaban el cemento, y colocaban los ladrillos en filas que se elevaban lentamente. Finalmente, se abalanzaban sobre el lugar decenas de niños del pueblo que metían astillas de piedra entre las grietas de los ladrillos".

"A todos nos hacía mucha ilusión ayudar", dice Tahira, la hija del profesor Hussein, que en aquel entonces tenía diez años. "Mi padre me dijo que la escuela sería algo muy especial, aunque yo no tenía ni idea de lo que era una escuela. Todos los miembros de mi familia ayudaron".

"El doctor Greg trajo unos libros de su país", dice Jahan, la nieta de Haji Ali, que tenía entonces nueve años, y que acabaría un día graduándose junto a Tahira en la primera clase de la escuela de Korphe, "y en ellos había fotografías de escuelas, así que tenía cierta idea de lo que aspirábamos a construir. El doctor Greg tenía un aspecto muy distinguido con su ropa limpia, y los niños de las fotos también parecían muy limpios. Recuerdo que pensé: si voy a su escuela, quizá algún día también me convierta en una persona distinguida".

Durante todo el mes de junio se fueron levantando las paredes de la escuela, pero cuando la mitad del equipo se ausentaba durante un día determinado para atender a sus cultivos o a sus animales, el ritmo era demasiado lento para el gusto de Mortenson. "Intentaba ser exigente pero justo", dice Mortenson. "Me pasaba el día en la obra, desde la salida a la puesta del sol, utilizando mi nivel para asegurarme de que las paredes eran uniformes y mi plomada para comprobar que estaban rectas. Siempre llevaba la libreta en la mano, y controlaba con cuidado cada rupia que se gastaba. No quería decepcionar a Jean Hoerni, así que era severo con la gente".

Una despejada tarde de principios de agosto, estando en la obra, Haji Ali le dio a Mortenson una palmadita en el hombro y le sugirió dar un paseo. El anciano hizo caminar al otrora escalador cuesta arriba durante una hora, demostrando que tenía unas piernas lo suficientemente fuertes como para humillar a un hombre mucho más joven. Mortenson pensó que estaba perdiendo un tiempo precioso y, cuando se detuvieron en un estrecho saliente en lo alto del pueblo, no paraba de jadear, tanto por el pensamiento de todas las tareas que no estaba supervisando como por el esfuerzo realizado.

Haji Ali esperó a que Mortenson recobrara el aliento, y le ordenó que contemplase la vista. El aire tenía una renovada claridad solo apreciable con la altitud. Más allá del K2 de Korphe, los picos de hielo del interior del Karakórum acuchillaban implacables el indefenso cielo azul. Más de trescientos metros por debajo, Korphe, con su verdor y sus campos de cebada en proceso de maduración, se veía pequeño y vulnerable, como una balsa de vida a la deriva en un mar de roca.

Haji Ali llegó hasta arriba y apoyó una mano en el hombro de Mortenson. "Estas montañas llevan aquí mucho tiempo", le dijo, "y nosotros también". Alcanzó su suntuoso *topi* marrón de lana de cordero, el único símbolo de autoridad que solía llevar el *nurmadhar* de Korphe, y se lo centró sobre el cabello canoso. "No puedes decirle a las montañas qué hacer", le dijo, con un tono de gravedad que paralizó a Mortenson tanto como la panorámica. "Debes aprender a escucharlas. Así que ahora te pido que me escuches a mí. Por la misericordia de Alá todopoderoso, has hecho mucho por mi pueblo, y lo valoramos. Pero ahora debes hacer algo más por mí".

"Lo que sea", le respondió Mortenson.

"Siéntate, y cállate", le dijo Haji Ali. "Los estás volviendo locos a todos".

"Entonces extendió la mano y cogió mi plomada, mi nivel y mi libro de contabilidad, y emprendió la bajada de vuelta a Korphe", cuenta Mortenson. "Le seguí hasta su casa, inquieto por lo que estaba haciendo. Cogió la llave que llevaba siempre colgada del cuello con una cinta de cuero, abrió un armario decorado con una descolorida talla de madera, y guardó mis cosas allí, junto con una pata curada de cabra, sus alfombras de oración y su viejo mosquete británico. Cuando terminó le pidió a Sakina que nos trajera té".

Mortenson esperó nervioso durante media hora mientras Sakina preparaba el *paiyu cha*. Haji Ali recorría con los dedos el texto del

Corán, la más preciada de sus posesiones, girando las páginas al azar y recitando casi en silencio oraciones árabes.

Cuando tuvieron los boles de porcelana con té de manteca hirviendo y humeando en sus manos, Haji Ali empezó a hablar. "Si quieres prosperar en el Baltistán, debes respetar nuestras costumbres", le dijo, soplando su bol. "La primera vez que compartes el té con un balti, eres un desconocido. La segunda vez que tomas el té, eres un invitado especial. La tercera vez que compartes una taza de té, pasas a ser parte de la familia, y por nuestra familia, estamos dispuestos a hacer lo que sea, hasta morir", le explicó, estrechando cariñosamente la mano de Mortenson. "Doctor Greg, debes dedicar tiempo a compartir esas tres tazas de té. Es posible que seamos incultos, pero no somos tontos. Llevamos mucho tiempo viviendo y sobreviviendo aquí".

"Aquel día, Haji Ali me enseñó la lección más importante de mi vida", dice Mortenson. "Los americanos creemos que uno tiene que conseguir sus propósitos de forma inmediata. Somos el país de los almuerzos de trabajo de treinta minutos y de los entrenamientos de dos minutos. Nuestros líderes pensaron que su campaña de "terror" podría poner fin a la guerra de Irak antes de que empezara. Haji Ali me enseñó a compartir tres tazas de té, a ralentizar el ritmo y a tener la construcción de relaciones en tanta consideración como la construcción de proyectos. Me enseñó que tenía que aprender del pueblo con el que trabajaba más de lo que podía esperar enseñarles yo".

Tres semanas después, con Mortenson como espectador en lugar de como capataz, las paredes de la escuela superaban ya la altura del americano y lo único que faltaba era colocar el tejado. Las vigas que le había robado Changazi nunca se recuperaron, y Mortenson volvió a Skardu, donde supervisó con la ayuda de Parvi la compra y la construcción de unas vigas de madera con la resistencia necesaria para soportar las fuertes nieves que incomunicaban Korphe durante el invierno.

Como era de esperar, a los todoterrenos que transportaban la madera hacia Korphe los detuvo otro desprendimiento que había cortado el paso, a treinta kilómetros de su destino. "A la mañana siguiente, mientras Parvi y yo discutíamos qué hacer, vimos una gran nube de polvo que bajaba por el valle", dice Mortenson. "Haji Ali se había enterado de su problema de algún modo, y los hombres de Korphe habían caminado durante toda la noche. Llegaron dando palmadas y cantando y con unos ánimos increíbles en unas personas que no habían dormido. Aunque eso no fue lo más sorprendente de todo. Sher Takhi había venido con ellos e insistió en llevar la primera carga".

"Se supone que los santos varones de los pueblos no deben degradarse realizando trabajo físico, pero él no cedió, y encabezó durante todo el camino nuestra columna de treinta y cinco hombres cargados con las vigas para el tejado, a lo largo de los treinta kilómetros que había hasta Korphe. Sher Takhi había padecido la polio de niño, y caminaba cojeando, por lo que debió de ser una tortura para él, pero nos llevó por el valle del Braldu, sonriendo bajo su carga. Era su modo de prestar, como ulema conservador, su apoyo a la educación de los niños de Korphe, incluso a las niñas".

Pero no todas las gentes del Braldu compartían las posturas de Sher Takhi. Una semana después, Mortenson estaba de pie con el brazo apoyado en el hombro de Twaha, admirando la habilidad con que Makhmal y su equipo colocaban las vigas del tejado en su lugar, cuando se oyó un grito entre los niños desperdigados por los tejados de Korphe. Un grupo de desconocidos estaba cruzando el puente, advirtieron, y se dirigían hacia el pueblo.

Mortenson siguió a Haji Ali hasta su atalaya, un risco en lo alto del río. Vio que se acercaban cinco hombres. Uno de ellos, que parecía ser el líder, iba a la cabeza de la procesión. Los cuatro hombres fornidos que iban detrás llevaban unos garrotes hechos de ramas de álamo que golpeaban contra las palmas de sus manos a cada paso que daban. El líder era un delgado anciano de aspecto enfermizo que se apoyaba en un bastón mientras ascendía hacia Korphe. Se detuvo, groseramente, a unos cincuenta metros de Haji Ali, e hizo que el *nurmadhar* caminara a su encuentro.

Twaha se inclinó hacia Mortenson. "Ese hombre es Haji Mehdi. No bueno", le susurró.

Mortenson ya conocía a Haji Mehdi, el *nurmadhar* de Askole. "Aparentaba ser un fervoroso devoto musulmán", dice Mortenson, "pero gestionaba la economía de todo el valle del Braldu como un capo de la mafia. Se llevaba un porcentaje de todas las ovejas, cabras o pollos que vendían los baltis, y estafaba a los escaladores, cobrando unos precios escandalosos por las provisiones. Si alguien le vendía un simple huevo a una expedición sin pagarle su parte, Haji Mehdi le enviaba a sus secuaces para darle una paliza a garrotazos".

Después de que Haji Ali abrazara a Mehdi, el *nurmadhar* de Askole rechazó su invitación a tomar té. "Hablaré en público, para que todos podáis oírme", dijo ante la multitud reunida alrededor del risco. "He oído que ha venido un infiel a corromper a niños musulmanes, tanto a chicos como a chicas, con sus enseñanzas", espetó Haji Mehdi. "Alá prohíbe la educación de las mujeres, y yo prohíbo la construcción de esta escuela".

"Acabaremos nuestra escuela", dijo Haji Ali sin alterarse. "Tanto si lo prohíbes como si no".

"Mortenson dio un paso al frente, esperando distender la violencia concentrada en el ambiente. "Tomemos un té y discutamos el asunto".

"Sé quién es usted, *kafir*", le dijo Mehdi, empleando el término más despectivo para referirse a un infiel, "y no tengo nada que decirle".

"¿Y tú, acaso no eres musulmán?, preguntó Mehdi, girándose amenazante hacia Haji Ali. "Hay un solo Dios. ¿Veneras a Alá? ¿O a este *kafir*?"

Haji Ali le dio una palmada a Mortenson en el hombro. "Nadie más ha venido aquí antes para ayudar a mi pueblo. Te he pagado dinero cada año pero no has hecho nada por mi pueblo. Este hombre es mejor musulmán que tú. Merece mi devoción más que tú".

Los hombres de Haji Mehdi toqueteaban sus garrotes con inquietud. Alzó una mano para que no se movieran. "Si te empeñas en mantener la escuela de tu *kafir*, debes pagar un precio", le dijo Mehdi, bajando los párpados. "Exijo doce de tus carneros más grandes".

"Como desees", le respondió Haji Ali, dándole la espalda para enfatizar cómo se había rebajado. "¡Traed los *chogo rabak*!", ordenó.

"Hay que entender que en esos pueblos un carnero es como una combinación entre un hijo primogénito, una vaca de granja y una mascota familiar", explica Mortenson. "El deber más sagrado del hijo mayor de toda familia era cuidar de sus carneros, y estaban desconsolados".

Haji Ali permaneció de espaldas a los visitantes hasta que se acercó un niño de doce años, arrastrando las bestias de gruesa cornamenta y pesadas patas. Cogió las bridas y ató a los carneros entre sí. Todos los niños lloraban al entregar sus bienes más preciados a su *nurmadhar*. Haji Ali condujo la fila de carneros, que mugían con tristeza, hacia Haji Mehdi, y le lanzó la correa sin pronunciar palabra. Entonces se dio media vuelta y se llevó a su pueblo hacia el terreno de la escuela.

"Fue una de las cosas más humillantes que he visto en mi vida", dice Mortenson. "Haji Ali se limitó a entregar la mitad de la riqueza del pueblo a aquel sinvergüenza, pero sonreía como si acabara de tocarle la lotería".

Haji Ali se detuvo ante el edificio que tanto trabajo había costado levantar a los habitantes del pueblo. Se erigía firme ante el K2 de Korphe, con unas acogedoras paredes de piedra, enyesadas y pintadas de amarillo, y con unas gruesas puertas aislantes de madera. Los niños de Koprhe nunca más volverían a arrodillarse sobre el suelo helado durante sus lecciones. "No estéis tristes", dijo a la abatida multitud. "Mucho después de que todos esos carneros estén muertos y comidos, nuestra escuela seguirá en pie. Haji Mehdi tiene alimento para hoy, pero ahora nuestros niños tienen educación para siempre".

Tras el anochecer, estando junto a la luz de la hoguera que ardía en su *balti*, Haji Ali le hizo señas a Mortenson para que se sentara a su lado. Cogió su sobado y grasiento Corán y lo sostuvo ante las llamas. "¿Ves lo bello que es el Corán?", le preguntó Haji Ali.

"Sí".

"No puedo leerlo", le confesó. "No puedo leer nada. Ese es el mayor pesar de mi vida. Haré lo que sea para que los niños de mi pueblo nunca experimenten este sentimiento. Pagaré cualquier precio para que reciban la educación que merecen".

"Sentado allí a su lado", recuerda Mortenson, "comprendí que todas las dificultades por las que había pasado desde que había prometido construir la escuela hasta conseguir finalizarla, no significaba nada en comparación con los sacrificios que él estaba dispuesto a hacer por su pueblo. Allí estaba aquel hombre analfabeto, que apenas había salido de su pueblo del Karakórum", dice Mortenson, "pero aún así es el hombre más sabio que he conocido jamás".

CAPÍTULO 13

Una sonrisa debería ser algo más que un recuerdo

Los waziris son la tribu más extendida en la frontera, pero su civilización es un estado poco desarrollado. Son una estirpe de ladrones y asesinos, y la palabra waziri es deplorada incluso por las tribus mahometanas vecinas. Han sido descritos como libertinos y criminales, como exaltados y alegres, como respetuosos pero vanidosos. Los mahometanos de un asentamiento estable tienden a considerarlos bárbaros de la peor calaña,

-de la edición de 1911 de la *Encyclopedia Britannica*

Desde la habitación que tenía en el destartalado *haveli* de la segunda planta del hotel, Mortenson observaba el avance de un chico sin piernas, que se arrastraba entre el caos del Khyber Bazaar sobre un patinete de madera. No parecía tener más de diez años, y las cicatrices de sus muñones evidenciaban que había sido víctima de una mina anti-personas. Con la cabeza al nivel de los tubos de escape de los taxis que pasaban a su lado, el muchacho avanzaba con gran dificultad delante de un grupo de clientes parados frente a una carreta donde un anciano removía un caldero con té de cardamomo. No muy lejos del chico,

Mortenson vio cómo un conductor se subía a una furgoneta Datsun cargada con prótesis y encendía el motor.

Mortenson estaba pensando en lo mucho que necesitaba aquel niño un par de las piernas artificiales amontonadas como leña en aquella furgoneta, y en lo poco probable que era que llegara a recibirlas, ya que seguramente habían sido sustraídas a alguna organización benéfica por algún Changazi local, cuando vio que la furgoneta retrocedía hacia el niño. Mortenson no hablaba pashto, la lengua autóctona más extendida en la zona. "¡Cuidado!", gritó en urdu, esperando que le entendiera, pero no tenía por qué preocuparse. Gracias al desarrollado instinto de supervivencia que era necesario para mantenerse con vida en las calles de Peshawar, el niño percibió el peligro rápidamente y se escabulló como un cangrejo hacia el bordillo.

Peshawar es la capital del salvaje oeste de Pakistán, y sin haber concluido la construcción de la escuela en Korphe, Mortenson había llegado a aquella ciudad fronteriza viajando por la antigua Grand Trunk Road en su nuevo rol de director del Central Asia Institute (CAI).

Al menos eso fue lo que se dijo a sí mismo.

Peshawar es también la entrada al paso de Khyber. En ese camino que une Pakistán y Afganistán estaban llevándose a cabo movimientos importantes. Algunos de los estudiantes de las *madrassas* de Peshawar, las escuelas teológicas islámicas, habían cambiado sus libros a por Kaláshnikovs y estaban marchando a través del paso para unirse a un movimiento guerrillero que amenazaban con derrocar a los ampliamente despreciados gobernantes de Afganistán.

Aquel agosto de 1996, ese ejército formado en su mayoría por adolescentes, que se hacían llamar "talibanes", o "estudiantes del islam", lanzó una ofensiva sorpresa e invadió Jalalabad, una gran ciudad del lado afgano del paso de Khyber. Los guardias de los cuerpos fronterizos huían mientras que miles de jóvenes barbados ataviados con turbantes y con los ojos perfilados con el oscuro *surma* afluían por el paso en cientos de furgonetas, cargando Kaláshnikovs y ejemplares del Corán.

Los agotados refugiados que huían de los enfrentamientos se extendían por el este, poniendo a prueba la capacidad de los fangosos campos de las afueras de Peshawar. Mortenson había planeado marcharse dos días antes, en busca de posibles localizaciones para construir nuevas escuelas, pero la expectación que se palpaba en el ambiente le retenía en Peshawar. Las teterías bullían con conversaciones sobre las victorias relámpago de los talibanes, y los rumores se difundían más rápido que las balas de las armas que los hombres disparaban hacia el cielo, a todas horas, en señal de celebración: unos decían que los batallones talibanes se estaban concentrando en los alrededores de Kabul, la capital, otros que ya la habían invadido. Según esos rumores, el presidente Najibullah, líder del corrupto régimen postsoviético de Afganistán, probablemente había huido a Francia o había sido ejecutado en un estadio de fútbol.

En medio de aquella tormenta política, el decimoséptimo hijo de una adinerada familia saudita tomaba un avión privado de Ariana Airlines. Se dice que Osama Bin Laden estaba de un humor de perros cuando aterrizó en la abandonada base aérea de las afueras de Jalalabad, con varios maletines llenos de billetes de cien dólares de origen más que sospechoso y un séquito de expertos guerrilleros curtidos en anteriores campañas de Pakistán contra la Unión Soviética. Las presiones de Estados Unidos y Egipto habían dado lugar a su expulsión de su cómoda residencia de Sudán. Al ser despojado de su nacionalidad saudita, había elegido trasladarse a Afganistán: el caos que se vivía en el país era perfecto para sus intereses, pero no así su falta de comodidades. Después de quejarse ante sus anfitriones talibanes de la mala calidad de la residencia que le habían buscado, dirigió su creciente furia hacia el pueblo al que consideraba responsable de su exilio: los americanos.

La misma semana que Greg Mortenson estaba en Peshawar, Bin Laden hizo pública su primera llamada a la lucha armada contra Estados Unidos. En su "declaración de Jihad abierta sobre los que ocupan el país de los dos lugares sagrados", refiriéndose a Arabia Saudita, donde había destinados por entonces cinco mil soldados estadounidenses, exhortaba a sus seguidores a atacar a los americanos allá donde los encontraran, y a "causarles tanto daño como les fuera posible infligir".

Como la mayoría de americanos, Mortenson aún no había oído de Bin Landen. Sentía que tenía un asiento de primera fila en un momento importante de la historia y se resistía a abandonar la ciudad, y también tenía el problema de encontrar al acompañante adecuado. Antes de partir desde Korphe, Mortenson había comentado sus planes con Haji Ali. "Prométeme una cosa", le había dicho el viejo *nurmadhar*. "No vayas solo a ningún sitio. Búscate a un anfitrión en el que poder confiar, lo mejor sería el jefe de un pueblo, y espera a que te invite a su casa a tomar el té. Solo así estarás seguro".

Encontrar a alguien en quien confiar en Peshawar estaba resultando más difícil de lo que había imaginado Mortenson. Al ser el centro neurálgico de la economía sumergida de Pakistán, la ciudad estaba llena de personajes desagradables. El opio, las armas y las alfombras eran el alma de la ciudad, y los hombres que había conocido desde que había llegado tenían un aspecto tan sucio y una reputación tan dudosa como el barato hotel en el que se alojaba. El destartalado *haveli* donde había dormido durante las últimas cinco noches había sido en otros tiempos la casa de un rico comerciante. La habitación de Mortenson había servido de puesto de observación para las mujeres de la familia. Como estaba abierta a la calle a través de una celosía esculpida en arenisca, las mujeres podían observar la actividad del bazar, sin necesidad de aparecer en público e infringir el *purdah*.

Mortenson valoraba su posición estratégica detrás de aquel enrejado. Aquella mañana el *chokidar* del hotel le había advertido de que era mejor para un extranjero no dejarse ver. Aquel día era *juma*, viernes, el día en que los ulemas lanzaban los sermones más exaltados en las mezquitas atestadas de excitados jóvenes. El fervor del *juma* combinado con las explosivas noticias procedentes de Afganistán podría suponer una situación de riesgo para cualquier extranjero.

Desde el interior de su habitación, Mortenson oyó como llamaban a la puerta y la abrió. Badam Gul se deslizó por delante de él con un cigarrillo entre los labios, un paquete bajo el brazo, y una tetera sobre una bandeja. Mortenson había conocido a aquel hombre, que también se alojaba en el hotel, la noche antes, junto a una radio en el vestíbulo en la que habían estado escuchando un informe de la BBC sobre los rebeldes talibanes que habían invadido Kabul.

Gul le dijo que era del Waziristán y que se ganaba la vida buscando especies raras de mariposas de toda Asia Central y vendiéndolas a museos europeos. Mortenson supuso que transportaba algo más que mariposas en sus trayectos por las fronteras de la región, pero no quiso entrar en detalles. Cuando Gul supo que Mortenson quería visitar la zona que habitaba su tribu al sur de Peshawar, se ofreció voluntario para servirle como guía hasta Ladha, su pueblo natal. Haji Ali no lo habría aprobado, pero Tara salía de cuentas en un mes, el bien afeitado Gul tenía cierto aire de respetabilidad y Mortenson no tenía tiempo como para buscar a alguien mejor.

Gul sirvió el té antes de abrir su paquete, que estaba envuelto con un papel de periódico que mostraba fotos de unos jóvenes con barba posando en su camino a la guerra, y le dio el contenido al americano. Mortenson sostuvo en alto un gran *shalwar kamiz* blanco, sin cuello, decorado con un fino bordado de plata en el pecho y un chaleco gris pálido. "Lo mismo que viste el hombre *wazir*", le dijo Gul, encendiéndose un segundo cigarro con la colilla del primero. "He conseguido el más grande del bazar. ¿Puede pagarme ahora?"

Gul contó las rupias minuciosamente antes de metérselas en el bolsillo. Acordaron partir a primera hora de la mañana. Mortenson pagó una llamada de tres minutos al telefonista del hotel y llamó a su casa. Le dijo a Tara que se dirigía a un lugar desde donde no podría llamarla durante unos días, y le prometió regresar a tiempo para darle a su bebé la bienvenida al mundo.

El Toyota sedán gris estaba esperando cuando Mortenson bajó cuidadosamente las escaleras a la mañana siguiente, temeroso de que se le rompieran las costuras de su traje nuevo. La parte superior de su *shalwar* se le apretaba por los hombros y los pantalones solo le llegaban hasta la mitad de las pantorrillas. Gul, que sonreía como para tranquilizarle, le dijo que había recibido una llamada inesperada para un negocio en Afganistán. Sin embargo, tenía la buena noticia de que el conductor, un tal Sr. Khan, era oriundo de un pequeño pueblo situado cerca de Ladha y que había accedido a llevarle allí. Por un momento Mortenson pensó en echarse atrás, pero al final se subió al coche con cautela.

Salieron hacia el Sur. Mortenson descorrió la cortina blanca de encaje que protegía el asiento trasero de las miradas indiscretas. Las grandes paredes curvadas del fuerte de Bala Hisar se alzaban imponentes sobre la retirada ciudad, que brillaba con la ardiente luz del amanecer como un volcán inactivo a punto de despertar.

A cien kilómetros al sur de la ciudad, se adentraron en el Waziristán, la región más agreste de la frontera noroeste de Pakistán, unos feroces territorios tribales que conformaban una zona de choque entre Pakistán y Afganistán. Los waziris eran un pueblo marginado, y como tal, había atraído el interés de Mortenson. "Parte de lo que me atraía de los baltis, supongo, era que estuvieran tan desamparados", dice Mortenson. "Sus recursos y su talento eran explotados por el Gobierno pakistaní, que les daba muy poco a cambio, y ni siquiera les permitía votar".

Mortenson había pensado que los waziris estaban también desamparados. Desde que Jean Hoerni le nombrase director de la nueva organización, Mortenson se había jurado adquirir tanta experiencia como extrañeza les producía aquel cargo a sus oídos: director del Central Asia Institute. Durante el invierno, entre las visitas con Tara a la comadrona y los trabajos de acondicionamiento de la habitación del piso de arriba donde se desarrollaría la vida del niño, leyó todos los libros que pudo encontrar sobre Asia Central, y no tardó en hacerse una idea de lo que era la región: bandos de poderes tribales repartidos en su día arbitrariamente por los europeos en estados que mostraban escasa consideración por la alianza primaria de cada tribu con su propia gente.

Ninguna otra tribu atrajo su interés tanto como los waziris. Aquellas gentes, que no profesaban lealtad ni a Pakistán ni a Afganistán, eran pastunes, y se aliaban principalmente con tribus de esa etnia. Desde los tiempos de Alejandro Magno, los extranjeros se habían encontrado con una violenta resistencia cada vez que enviaban tropas a la zona. Tras cada derrota de los cada vez más extensos y mejor equipados ejércitos que llegaban al Waziristán, crecía la mala fama de la región. Tras perder a cientos de sus hombres ante un pequeño grupo de guerrilleros, Alejandro Magno ordenó que a partir de entonces sus tropas bordearan las tierras de "los demonios de los desiertos". A los británicos no les fue mucho mejor, ya que perdieron dos guerras contra los waziris y contra la mayor tribu pastún.

En 1893, unas ensangrentadas tropas británicas se replegaron del Waziristán hacia la Línea Durand, la frontera que crearon entre la India británica y Afganistán. Esa línea se trazó en el centro del territorio de la tribu pastún, en un intento británico de dividir y conquistar, pero nadie ha conseguido conquistar a los waziris. Aunque Waziristán ha sido oficialmente parte de Pakistán desde 1947, la poca influencia que ha ejercido sobre ellos Islamabad era el resultado del pago de sobornos a los líderes tribales y a los caciques locales.

Mortenson admiraba a aquel pueblo que había mostrado una resistencia tan firme ante las grandes potencias del mundo. Antes de ascender al K2, también había leído relatos que hablaban mal de los baltis y se preguntaba si los waziris eran igualmente incomprendidos. Mortenson recordó haber oído que los baltis eran ásperos con los forasteros y que eran groseros y poco amistosos. Ahora sabía que no había nada más lejos de la realidad y creía que en aquel lugar encontraría más gente necesitada a la que podía ayudar.

El Toyota pasó por seis controles de la milicia antes de entrar en Waziristán propiamente dicho. Mortenson estaba convencido de que le detendrían y le harían regresar. En cada puesto, los centinelas corrían las cortinas del sedán y escrutaban al enorme extranjero sudoroso vestido con aquel traje tan desfavorecedor, y en cada ocasión, Khan alcanzaba el bolsillo de la chaqueta de aviador que llevaba puesta a pesar del intenso calor y contaba las rupias necesarias para que el coche pudiera seguir avanzando hacia el Sur.

La primera impresión que tuvo Mortenson del Waziristán fue de admiración por las personas que habían conseguido sobrevivir en aquel entorno. Descendieron por un sendero de gravilla, atravesando un valle completamente llano y desierto alfombrado de piedrecillas negras. Las piedras absorbían el calor del sol y vibraban con él, haciendo que el paisaje pareciera una visión de un sueño febril.

La mitad de las pardas montañas que tenían a unos quince kilómetros al oeste pertenecía, en teoría, a Pakistán. La otra mitad era propiedad de Afganistán. Los británicos habían tenido un humor un tanto extraño al configurar la frontera en un páramo tan indefendible, pensó Mortenson. Cinco años después, las fuerzas estadounidenses comprobarían de primera mano la inutilidad de perseguir a las guerrillas en aquellas colinas. Había tantas cuevas como montañas, todas conocidas por las diferentes generaciones de contrabandistas que recorrían aquellos pasos. El laberinto de Tora Bora, justo al otro lado de la frontera, despistaría a las Fuerzas Especiales de Estados Unidos que intentaron sin éxito, según los autóctonos que proclamaron haberlo protegido, evitar que Osama Bin Laden y sus camaradas de Al Qaeda se introdujeran en el Waziristán.

Al atravesar aquel desolador paisaje de piedras negras, Mortenson sintió que había entrado en una sociedad medieval de ciudades-estado en guerra. Los antiguos fuertes británicos, ocupados ahora por soldados pakistaníes que cumplían durante un año un duro servicio militar, estaban fuertemente asegurados. Las casas tribales de los waziris se elevaban sobre las altiplanicies pedregosas a ambos lados del camino. Al estar rodeadas de murallas de tierra de seis metros de altura, eran prácticamente invisibles. Mortenson confundió con espantapájaros las figuras solitarias que había sobre muchas de las torres de vigilancia de estas casas, hasta que pasaron lo suficientemente cerca como para ver a un hombre armado que seguía su trayectoria por el fondo del valle a través del visor de su rifle.

Los waziris practicaban el *purdah*, no solo para sus mujeres, sino para todos los forasteros. Desde al menos el año 600 a. C, los waziris se habían resistido a la influencia de mundo exterior, prefiriendo mantener el Waziristán tan puro y oculto como sus mujeres.

Pasaron por fábricas ilegales de armamento, donde los artesanos waziris hacían habilidosas réplicas de muchas de las armas automáticas que se conocen, e hicieron una parada para comer en Bannu, la localidad más grande del Waziristán, donde se abrieron paso entre un denso tráfico de carros de burros y furgonetas *pick-up*. Mientras el conductor iba a buscar una tienda donde le vendieran tabaco, Mortenson, sentado en una tetería intentó entablar conversación con los hombres sentados en la mesa más cercana, el tipo de ancianos que Haji Ali le había aconsejado que buscara. El urdu de Mortenson provocó miradas de perplejidad, por lo que se prometió a sí mismo que cuando volviera a Montana dedicaría algo de tiempo a aprender pastún.

En el otro extremo de la polvorienta calle estaba la *Madrassa-I-Arabia* construida por los sauditas, donde dos años más tarde John Walker Lindh, el "talibán americano", iría a estudiar la rama fundamentalista del islam llamada "wahhabismo". Se dice que Lindh, recién salido del clima fresco de Marin County, languideció bajo el yunque del sol del Waziristán, y que cruzó los pasos por Afganistán con el fin de continuar su formación en una *madrassa* de las montañas con un clima más moderado, una *madrassa* financiada por otro saudí, Osama Bin Laden.

Durante toda la tarde, siguieron adentrándose en el Waziristán, mientras Mortenson practicaba unos cuantos saludos formales en pastún que le había enseñado el conductor. "Era la zona más inhóspita que se pueda imaginar, pero era también maravillosamente serena", dice Mortenson. "Realmente nos estábamos adentrando en el corazón de las zonas tribales y estaba emocionado de haber llegado tan lejos". Justo cuando el sol se ponía hacia el lado de Afganistán, llegaron a Kot Landdgarkhel, el pueblo de Khan que constaba tan solo de dos tiendas que flanqueaban una mezquita de arenisca y mostraba el deterioro propio de los lugares remotos del mundo. Una sucia cabra picaza se estiró en medio del camino, abriendo tanto las patas que parecía la víctima de un atropello. Khan saludó gritando a los hombres que había en un almacén situado detrás de la mayor de las dos tiendas, y estos le dijeron al conductor que metiera el coche dentro, donde podría guardarlo durante la noche.

La escena del interior del almacén hizo que Mortenson se pusiera inmediatamente alerta. Había seis hombres waziris con bandoleras de munición cruzadas sobre el pecho desplomados sobre varios cajones de embalaje y fumando hachís de un narguile de varios cuellos. Amontonados contra las paredes, Mortenson vio bazucas, lanzagranadas y cajas de AK-47 nuevos y engrasados. Advirtió cómo sobresalían las antenas de unas radios militares escondidas tras cajas de Gatorade sabor limón y loción hidratante Oil of Olay, y se dio cuenta de que se había metido por error en medio de una amplia y minuciosa operación de contrabando.

Los waziris, como todos los pastunes, se rigen por el código de *Pashtunwali*. El *badal*, las contiendas sangrientas por venganza, y la defensa de *zan*, *zar* y *zameen*, es decir, familia, patrimonio y tierra, son los pilares centrales del *Pashtunwali*. También lo es la *nenawatay*, la hospitalidad y el asilo para los visitantes que llegan en busca de ayuda. El secreto para evitar el peligro era llegar como visitante en lugar de hacerlo como invasor. Mortenson se bajó del coche ataviado con su ridículo traje y se puso a caminar hacia ellos intentando parecer lo más amable posible puesto que sería peligroso buscar otro lugar donde quedarse después del anochecer.

"Puse en práctica todo lo que había aprendido en el Baltistán y saludé a todos los hombres con tanto respeto como sabía", recuerda Mortenson. "Con las pocas palabras en pastún que me había enseñado Khan durante el trayecto, les pregunté cómo estaban sus familias y si se encontraban en buen estado de salud". Muchos de los hombres waziris habían luchado al lado de las Fuerzas Especiales en su cruzada por expulsar a los soviéticos de las tierras pastunes de Afganistán. Cinco años antes de que los B52 empezaran a bombardear aquellas colinas esos hombres todavía saludaban a los americanos con simpatía.

"El más desaliñado de los traficantes, que olía como si desprendiera aceite de hachís por los poros, le ofreció a Mortenson una boquilla de narguile, que él rechazó con la mayor educación posible. "Probablemente debí haber fumado un poco para hacer amigos, pero no quería sentirme más paranoico de lo que ya estaba", dice Mortenson.

Khan y el miembro más mayor de la banda, un hombre alto con unas gafas de aviador rosadas y un poblado bigote negro que le colgaba, como un murciélago, del labio superior, discutían acaloradamente en pastún sobre qué hacer con el forastero durante la noche. Cuando acabaron, el conductor le dio una prolongada calada al narguile y se giró hacia Mortenson. "Haji Mirza tiene el gusto de invitarte a su casa", le dijo, soltando humo entre los dientes. Mortenson se relajó. Ahora estaría a salvo. Era un visitante invitado.

Subieron cuesta arriba durante media hora más en medio de la oscuridad, pasando por higueras que emanaban un olor tan dulce como el olor a hachís que desprendían las prendas de los waziris. El grupo caminó en un silencio solo interrumpido por el tintineo rítmico de las culatas de las armas al chocar con las cartucheras. Llegaron a una casa situada en la cima de un altiplano y Haji Mirza llamó a la puerta. Se oyó cómo se descorrían desde dentro los cerrojos de las enormes puertas de madera encajadas en una muralla de barro de seis metros de altura que se abrieron lentamente. Un asombrado guardia examinó a Mortenson a la luz de una lámpara de queroseno y dio la sensación de que quisiera descargar su AK-47 sobre el forastero, solo por precaución. Tras un gruñido de Haji Mirza, se apartó y dejó pasar a todo el grupo.

"Estando a tan solo un día de camino del mundo moderno, realmente sentí que habíamos viajado a la Edad Media", confiesa Mortenson. "No había que cruzar ningún foso, pero me sentí así cuando caminaba hacia el interior". Las murallas eran gigantescas, y las tenebrosas habitaciones estaban débilmente iluminadas con unas parpadeantes linternas. A quince metros por encima del patio había una torre de vigilancia que permitía a los francotiradores alcanzar a cualquiera que se acercara sin invitación previa.

Mortenson y su conductor fueron conducidos a una habitación situada en el centro de la casa que estaba llena de alfombras. Para cuando llegó el tradicional *shin chai*, un té aromatizado con cardamomo, el conductor se había recostado sobre un cojín, se había echado la chaqueta de cuero sobre la cabeza y había puesto a Mortenson tremendamente nervioso al empezar a roncar. Haji Mirza salió para supervisar la preparación de la cena, y Mortenson tomó té durante dos horas más, en medio de un incómodo silencio, junto a cuatro de sus secuaces hasta que se sirvió la comida.

Mahnam do die, anunció Haji Mirza, "la cena". El sabroso olor a cordero hizo salir a Khan de debajo de su chaqueta. A pesar de su aspecto urbanita, el conductor seguía sacando un puñal ante la visión de carne asada, como la docena de waziris que participaban en el banquete. El criado de Haji Mirza colocó una humeante bandeja de *Kabuli pilau*, arroz con zanahorias, clavo y pasas, en el suelo, junto al cordero, pero los hombres solo tenían ojos para el animal. Le atacaron con sus largos puñales, arrancando la tierna carne de los huesos y metiéndosela en la boca con las hojas de sus cuchillos. "Solía pensar que los baltis comían carne con entusiasmo", dijo Mortenson, "pero aquella fue la comida más primaria y primitiva en la que he participado jamás". Tras diez minutos de tirones y gruñidos, el cordero había quedado reducido a huesos, y los hombres eructaban y se limpiaban la grasa de las barbas".

Los waziris se tumbaron sobre las almohadas y se encendieron pipas y cigarros de hachís. Mortenson aceptó un cigarrillo que le tendió uno de los waziris y se lo fumó diligentemente hasta la colilla, como debía hacer un invitado de honor. A medianoche, a Mortenson le pesaban los párpados, y uno de los hombres desplegó una alfombra para que durmiera sobre ella. No lo había hecho tan mal, pensaba. Había establecido contacto con al menos un anciano de una tribu, aunque colocado por el hachís, y pensaba persuadirle al día siguiente para que le presentara a más gente y poder empezar así a sondear qué le parecería al pueblo la presencia de una escuela.

Un grito se abrió camino en el sueño de Mortenson. Justo antes de despertarse, soñaba que estaba de nuevo en Khane, escuchando cómo Janjungpa le preguntaba gritando a Akhmalu la razón por la que su pueblo necesitaba una escuela de alpinismo en lugar de una escuela para niños. Cuando se incorporó, lo que veía no tenía sentido. Una lámpara de queroseno colgaba delante de su cara, formando sombras que se retorcían grotescamente por las paredes. Detrás de la lámpara, Mortenson pudo ver el cañón de un AK-47 apuntándole directamente al pecho.

Detrás del arma, un hombre con una enmarañada barba y un turbante gris gritaba violentamente en una lengua que no entendía. Eran las dos de la madrugada. Mortenson había dormido tan solo dos horas, y mientras luchaba por comprender lo que le estaba pasando, el verse privado del sueño que tanto necesitaba le molestaba más que los ocho desconocidos que le apuntaron con sus armas.

Le hicieron levantarse bruscamente y le arrastraron hacia la puerta. Mortenson examinó la oscura habitación en busca de Khan o de los hombres de Haji Mirza, pero estaba completamente solo con aquellos hombres armados.

Alguien le cubrió la cabeza con un turbante y se lo ató por detrás. "Recuerdo que pensé: «Está tan oscuro aquí fuera que no podría ver nada incluso sin el turbante»", cuenta Mortenson. Le llevaron por un sendero en medio de la más absoluta oscuridad, empujándole para que caminara más deprisa y sosteniéndole cuando tropezaba en las rocas con sus sandalias planas. Una vez en el extremo del sendero, le indicaron con la punta de las armas que se subiera a la parte trasera de una furgoneta y los hombres se apiñaron junto a él.

"Condujeron durante unos cuarenta y cinco minutos", explica Mortenson. "Al fin me había despertado del todo y estaba temblando, en parte porque hacía frío viajando por el desierto en un vehículo descubierto, y también porque ahora estaba realmente asustado". Los hombres que se apretujaban a su lado discutían violentamente en pastún, y Mortenson supuso que estaban decidiendo qué hacer con él. Pero, para empezar, ¿por qué le habían secuestrado? Y, ¿dónde estaban los guardias armados de Haji Mirza cuando aquella *lashkar*, banda, había irrumpido en la casa sin disparar tiro alguno?

El pensamiento de que aquellos hombres eran cómplices de Mirza cayó a Mortenson como un jarro de agua fría. Apretujados junto a él, sus secuestradores olían a humo y a suciedad, y cada minuto que pasaba sentía que le alejaba un poco más de volver a ver a su esposa.

El vehículo se desvió de la carretera, y subió dando tumbos por un escarpado sendero. Mortenson sintió cómo el conductor pisaba el freno, y la furgoneta giraba bruscamente antes de detenerse. Unas fuertes manos le levantaron y le tiraron al suelo. Oyó a alguien que intentaba abrir una cerradura a tientas, y luego una gran puerta metálica que se abría. Mortenson cruzó a trompicones la puerta, frotándose con las manos la parte superior de los brazos, y siguió por un pasillo que resonaba a medida que avanzaban, hasta llegar a una oscura habitación. Oyó cómo se cerraba de un golpe la puerta exterior. Entonces le destaparon los ojos.

Se encontró en una austera habitación de techo alto, de unos tres metros de ancho por seis de largo. Una lámpara de queroseno ardía en el alféizar de la única ventana que había, cerrada desde el exterior con tablones de madera. Se giró hacia los hombres que le habían llevado allí, tratando de mantener la calma, intentando reunir la claridad necesaria para pronunciar algún que otro cumplido, algo que le permitiera ganarse su simpatía, y vio cómo se cerraba una robusta puerta tras ellos. A través de la gruesa madera, oyó el desalentador sonido de un candado que se cerraba.

En un rincón oscuro al otro lado de la habitación, Mortenson vio una manta y un catre. Un sentimiento primario le indicó que era mejor dormir que permanecer dando vueltas por la habitación, preguntándose qué iba a sucederle. Así que se tumbó en el frágil catre, con los pies sobresaliendo treinta centímetros del borde, se echó la manta con olor a humedad por el pecho, y se quedó profundamente dormido.

Cuando abrió los ojos, vio a dos de sus secuestradores agachados a los pies de su cama y la luz del día colándose a través de los listones de la ventana. *"Chai"*, le dijo el que tenía más cerca, sirviéndole una taza de un tibio té solo. Bebió un sorbo de la taza de plástico mostrando entusiasmo, sonriendo a los hombres, mientras los examinaba. Tenían el aspecto curtido de hombres que han pasado la mayor parte de su vida al aire libre, pasando por muchas privaciones. Le pareció que tendrían unos cincuenta años y sus barbas eran tan espesas y enmarañadas como el manto de los lobos en invierno. Un franja roja recorría toda la frente del que le había servido el té, y Mortenson supuso que era una herida de metralla, o la línea que señalaba el paso de una bala casi mortal. Habían sido *mujahadeen*, concluyó, veteranos de la guerra de guerrillas afganas contra los soviéticos, pero, ¿qué eran ahora? y, ¿qué pensaban hacer con él?

Mortenson se bebió su taza de té e hizo ver que necesitaba ir al baño. Los guardias se colgaron los Kaláshnikovs al hombro y le llevaron a un patio. Las paredes de seis metros de altura le impedían ver el campo, y advirtió que había un hombre vigilando desde la torre que se elevaba sobre la esquina del otro lado de la casa. El hombre de la cicatriz señaló una puerta con el cañón de su Kaláshnikov, y Mortenson entró en un compartimiento con una taza turca, en el suelo. Apoyó la mano en la puerta para cerrarla, pero el secuestrador sin cicatriz la mantuvo abierta con un pie y entró con él mientras el otro los observaba desde el exterior. "Siempre usaba tazas turcas y cubos de agua, estaba acostumbrado", dice Mortenson, "pero hacerlo bajo la atenta mirada de aquellos dos hombres era demasiado. La verdad es que tener que limpiarme mientras me miraban era algo extremadamente aterrador".

Cuando acabó, los guardias giraron los cañones de sus armas hacia el camino por donde habían venido y llevaron a Mortenson de nuevo a la habitación. Se sentó con las piernas cruzadas sobre su catre e intentó entablar una conversación con ellos, pero los guardias no mostraron interés alguno por descifrar los gestos y señales que hacía con las manos. Tomaron sus posiciones junto a la puerta, se pusieron a fumar hachís sin parar, y le ignoraron.

"Empecé a deprimirme de verdad", dice Mortenson. "Pensaba que aquella situación podría alargarse durante mucho tiempo". Con la pequeña ventana candada y la luz de la lámpara parpadeando a baja intensidad, la habitación estaba prácticamente a oscuras. La depresión de Mortenson era mayor que su miedo, por lo que se quedó dormido, despertándose de vez en cuando mientras pasaban las horas.

Cuando despertó finalmente, advirtió algo en el suelo, al lado del borde de su catre. Lo recogió. Era un destrozado ejemplar de la revista *Time* de noviembre de 1979, de hacía diecisiete años. Bajo un titular de portada que decía "La prueba de las voluntades", una colorida imagen del Ayatolá Khomeini con el ceño fruncido se imponía como un alma en pena sobre una fotografía añadida de un Jimmy Carter de aspecto frustrado.

Mortenson hojeó las páginas, desgastadas por el tiempo, que detallaban los primeros días de la crisis de los rehenes en Irán. Con una sensación de inquietud en el estómago, afrontó las fotos de unos indefensos americanos con los ojos vendados a merced de unas multitudes fanáticas. ¿Había colocado alguien aquel ejemplar de *Time* allí para transmitir algún mensaje? ¿O acaso se trataba de un gesto hospitalario de sus anfitriones, que habían puesto a su disposición el único material escrito en inglés que tenían? Miró con disimulo a los guardias para ver si había cambiado la expresión de sus rostros, pero seguían charlando tranquilamente mientras fumaban hachís, y parecía que seguían sin prestarle atención.

No podía hacer nada más que leer. Orientando las páginas hacia la lámpara de queroseno, leyó con atención un artículo especial, redactado con el rimbombante estilo de *Time*, sobre la terrible experiencia vivida por los rehenes estadounidenses en Teherán. Los detalles eran aportados por cinco secretarias de la embajada y por siete marines de raza negra, que fueron liberados poco después de la toma de la embajada. Mortenson se enteró de que los rehenes de color habían sido liberados en una rueda de prensa bajo una pancarta que decía "Negros oprimidos, el gobierno de Estados Unidos es nuestro enemigo común".

El sargento de la marina Ladell Maples relataba que le habían obligado a grabar declaraciones que elogiaban la revolución iraní y que le habían dicho que le pegarían un tiro si hablaba mal de ella.

Kathy Jean Gross, que hablaba un poco de farsi, contaba que había trabado una especie de amistad con una de sus guardianas y se preguntaba si aquello había sido la causa de su liberación.

Mortenson leyó cómo los rehenes eran obligados a dormir en el suelo atados de pies y manos. Se les soltaba para comer, para ir al baño y para que los fumadores pudieran satisfacer su vicio. "Algunos estábamos tan desesperados por permanecer desatados durante más tiempo que los que no fumaban empezaron a hacerlo", declaró a *Time* una mujer llamada Elizabeth Montagne.

El reportaje especial acababa con una nota absolutamente desalentadora del equipo de redactores de *Time*: "La Casa Blanca estaba preparada para la posibilidad, espeluznante pero realista, de que los rehenes tengan que pasar las Navidades con los militantes de Khomeini en la embajada de Teherán". Mortenson sabía lo que los periodistas nunca sospecharon en noviembre de 1979: que pasarían más de dos Navidades antes de que la odisea de 444 días de los rehenes llegara a su fin.

Mortenson cerró la revista. Al menos a él nadie le había atado ni amenazado con pegarle un tiro. Todavía. Las cosas podrían ir peor, pensó, pero resultaba espantoso imaginarse 444 días en aquella oscura habitación. Aunque no pudiera hablar pastún, decidió que encontraría el modo de seguir el ejemplo de Kathy Jean Gross. Hallaría alguna manera de comunicarse con aquellos hombres.

Después de comer con desgana un poco de *dal* y de *Kabuli pilau*, Mortenson se pasó gran parte de la segunda noche despierto, probando y rechazando varias estrategias. Su revista *Time* hablaba de la sospecha de los secuestradores iraníes de que algunos de sus rehenes eran agentes de la CIA. ¿Podía ser esa la razón por la que le habían secuestrado? ¿Acaso sospechaban que era un agente enviado para investigar sobre aquel nuevo fenómeno de los talibanes? Era posible, pero con sus limitadas nociones lingüísticas no tenía manera de explicar el trabajo que hacía por los niños de Pakistán, así que descartó la persuasión.

¿Le habían secuestrado para exigir un rescate? A pesar de que seguía aferrándose a la esperanza de que los waziris fueran personas realmente bienintencionadas e incomprendidas, tuvo que admitir que el dinero podía ser un motivo, pero una vez más, carecía del pastún necesario para convencerles de la ridícula cantidad de dinero que tenía. ¿Le habían secuestrado porque era un infiel que había entrado sin autorización en un territorio fundamentalista? Dándole vueltas a aquella idea mientras los guardias disfrutaban de un sueño químicamente inducido, pensó que era probable, y gracias a un sastre, sería capaz de influir en sus secuestradores sin hablar su lengua.

En su segunda mañana en aquella habitación, cuando los guardias le despertaron para el té, se sintió preparado. "¿El Corán?", dijo, imitando a un hombre de fe que hojeaba el libro sagrado. Los guardias le entendieron enseguida, ya que el árabe es el idioma de culto para los musulmanes de todo el mundo. El de la cicatriz en la frente dijo algo en pastún que Mortenson no logró descifrar, pero quiso pensar que habían tomado nota de su petición.

No fue hasta la tarde del tercer día cuando un anciano, a quien Mortenson tomó por el mulá del pueblo, llegó sosteniendo un polvoriento Corán cubierto de terciopelo verde. Mortenson le dio las gracias en urdu, por si acaso, pero no se produjo cambio alguno en los ojos del anciano. Mortenson llevó el libro a la alfombra que tenía en el suelo y realizó el *wudu*, la ablución menor que se hace cuando no se dispone de agua suficiente, antes de abrirlo respetuosamente.

Mortenson se inclinó hacia el libro sagrado, fingiendo que lo estaba leyendo, pronunciando tranquilamente versos coránicos que había aprendido bajo la mirada sin ojos del maniquí de un sastre de Rawalpindi. El entrecano mulá asintió con la cabeza una vez, como si quisiera mostrar su satisfacción, y le dejó solo con los guardias. Mortenson pensó en Haji Ali que, aunque tampoco sabía leer el árabe, giraba con ternura las páginas de su Corán, y sonrió reconfortándose con aquel pensamiento.

Rezaba cinco veces al día cuando oía la llamada de una mezquita cercana, rindiendo culto según el modo sunita de aquellas tierras, y estudiando minuciosamente el Corán, pero si su plan estaba surtiendo algún efecto, no notaba cambio alguno en el comportamiento de sus guardias. Cuando no hacía ver que leía el Corán, Mortenson cambiaba a su revista *Time* para entretenerse.

Había decidido evitar la historia sobre la crisis de los rehenes, ya que había notado que le invadía una gran inquietud cada vez que la releía. Se evadió durante treinta minutos de la habitación en la que se encontraba leyendo una aduladora reseña sobre un famoso candidato que acababa de hacer público su deseo de aspirar a la presidencia, Ronald Reagan. "Ha llegado la hora de que dejemos de preocuparnos de si le gustamos a alguien y de que nos lancemos a recuperar el respeto del mundo", declaró Reagan a los editores de *Time*, "Así que ningún dictador volverá a invadir nuestra embajada y a llevarse a nuestra gente". Bajo el mandato de Bill Clinton, el respeto hacia Estados Unidos había ido mejorando alrededor del mundo, pensaba Mortenson, pero, ¿cómo podría eso ayudarle exactamente? Aunque un diplomático americano pudiera emplear su prestigio para intentar liberarle, nadie sabía dónde estaba.

El cuarto y quinto día transcurrieron lentamente. Por la noche los breves y feroces estallidos de los disparos de las armas automáticas resonaban en el exterior de la casa, y eran respondidos con réplicas tartamudas desde la torre de vigilancia.

Durante el día, Mortenson miraba a escondidas a través de los listones de la ventana, pero la vista –que daba a una pared lisa de la muralla exterior de la casa– no le aportaba alivio alguno contra el tedio de la habitación. Mortenson estaba desesperado por encontrar alguna distracción. Pero tan solo contaba con los numerosas ocasiones en que podía leer la crítica mordaz de *Time* sobre el impacto cultural del test del coeficiente intelectual de Stanford-Binet, o un informe de cómo los girasoles se estaban convirtiendo en el cultivo industrial más importante de Dakota del Norte.

Los anuncios eran la respuesta. Eran como ventanas abiertas a casa.

En mitad de la que calculaba que era la quinta noche, sintió cómo una ola de angustia se apoderaba de él, subiéndole desde los pies por las rodillas, y amenazando con ahogarlo de desesperación. Echaba de menos a Tara como si fuera una de sus extremidades. Le había dicho que regresaría en uno o dos días y le apenaba no poder consolarla. Daría lo que fuera, pensaba, por ver la foto que se había hecho con ella el día de su boda. En aquella foto, él la sostenía en brazos delante del tranvía que les había llevado por aquel trayecto de ensueño a través de San Francisco. Tara sonreía a la cámara y parecía tan feliz como siempre la había visto. Se maldijo a sí mismo por haberse dejado la cartera dentro del macuto en su hotel de Peshawar.

Gracias a su fuerza de voluntad, Mortenson mantenía a raya la angustia mientras pasaba las páginas de la revista en busca de algo que le uniera al cálido mundo que había dejado atrás. Se detuvo en un anuncio de Chevrolet Classic Estate Wagon, fijándose en la guapa y sonriente madre que había sentada en el asiento del pasajero, y en algo que le decían los dos adorables niños que iban sentados en la parte trasera del seguro vehículo, de bajo consumo y revestido de paneles de madera.

Durante casi dos horas, estuvo enfrascado en un anuncio a doble página de cámaras Kodak Instamatic. En las ramas de un árbol de Navidad, colgadas como adornos, había fotos de una familia indiscutiblemente feliz. Un abuelo distinguido le enseñaba a su nieto rubio cómo utilizar su nuevo regalo: una caña de pescar. Una radiante mamá observaba cómo unos niños de sonrosadas mejillas desenvolvían cascos para fútbol y armaban jaleo con un cachorrito de perro. A pesar de que Mortenson había pasado las Navidades de su infancia en África, y de que lo más parecido a un árbol tradicional que había llegado a tener era un pequeño pino artificial que desempolvaban cada año, se aferró a aquel salvavidas lanzado desde el mundo que conocía, un mundo que nada tenía que ver con aquella habitación con olor a queroseno ni con aquellos malvados hombres que le vigilaban.

Al amanecer de su sexto día de cautiverio, Mortenson estaba examinando un anuncio de un producto de higiene bucal de la marca WaterPik. El eslogan decía "Una sonrisa debería ser algo más que un recuerdo", y el texto ofrecía información objetiva sobre una "bacteria llamada sarro que crece y se desarrolla bajo la línea de las encías", pero Mortenson fue mucho más allá de las palabras escritas. La foto de tres generaciones de una sólida familia americana de pie frente al porche de una robusta casa de ladrillo era más de lo que podía soportar. El modo radiante en que sonreían y en que se apoyaban los unos en los otros reflejaba todo el amor y la preocupación que él sentía hacia Tara, sentimientos que ninguna de las personas de aquel lugar tenían hacia él.

Percibió, antes de verlo, que había alguien de pie a los pies de la cama. Mortenson levantó la mirada, y se cruzó con la de un hombre fornido. Tenía una barba plateada recortada al estilo intelectual, y sonrió con simpatía mientras saludaba a Mortenson en pastún. Luego dijo en inglés: "Usted debe de ser el americano".

Mortenson se levantó para estrecharle la mano y la habitación empezó a darle vueltas por la debilidad. Durante cuatro días, a medida que aumentaba su depresión, se había limitado a tomar un poco de arroz y algo de té. El hombre le sujetó por los hombros y ordenó traer el desayuno.

Entre bocados de *chapatti* caliente, Mortenson compensó los seis días que llevaba sin hablar. Cuando le preguntó al amable hombre su nombre, este se detuvo pensando un momento antes de decirle: "Llámeme Khan", el equivalente a "Smith" del Waziristán.

Aunque era waziri, "Khan" había estudiado en una escuela británica de Peshawar y hablaba con las cadencias cortadas de sus días de colegio. No explicó la razón por la que había ido a verle, pero se entendía que había sido llamado para formarse un juicio del americano. Mortenson le habló de su obra en Pakistán, prolongando la historia a lo largo de varias tazas de té verde. Le explicó que planeaba construir muchas más escuelas para los niños más marginados de Pakistán, y que había ido al Waziristán para ver si sus servicios eran requeridos allí.

Esperó ansioso a la reacción de Khan, deseando que su detención fuera declarada como un malentendido y que se le permitiera regresar pronto a Peshawar, pero no obtuvo semejante consuelo del enorme hombre que tenía frente a él. Khan cogió la revista *Time* y la hojeó como distraídamente, con la mente claramente en otra parte. Se detuvo en un anuncio del ejército estadounidense y Mortenson intuyó peligro. Señalando una foto de una mujer vestida con ropas de camuflaje que manejaba una radio de campaña, Khan preguntó: "Hoy en día tu ejército americano envía mujeres al campo de batalla, ¿verdad?"

"Normalmente no", respondió Mortenson, intentando ser diplomático, "pero en nuestra cultura las mujeres son libres de elegir cualquier profesión". Sintió que incluso aquella respuesta contenía una pizca de ofensa. Su mente buscaba a toda velocidad temas en los que pudieran tener una postura común.

"Mi esposa está a punto de dar a luz a nuestro primer hijo, un *zoi*, niño", le dijo Mortenson, y necesito volver a casa para su nacimiento".

Varios meses antes a Tara le habían hecho una ecografía, y Mortenson había visto la borrosa imagen acuática de su hija, "pero sabía que para un musulmán el nacimiento de un hijo varón era algo muy importante", explica Mortenson. "Me sabía mal mentirle, pero pensé que el nacimiento de un hijo podría hacer que me dejaran marchar".

Khan seguía mirando con el ceño fruncido el anuncio del ejército. "Le dije a mi mujer que para estas fechas ya estaría de vuelta en casa", insistió Mortenson, "y seguro que está muy preocupada. ¿Puedo llamarla para decirle que estoy bien?"

"Aquí no hay teléfonos", le dijo el hombre que se hacía llamar Khan.

"¿Y qué tal si me lleva a uno de los puestos del ejército pakistaní? ¿Podría llamar desde allí?"

Khan suspiró. "Me temo que no es posible", le dijo. Le miró a los ojos, una mirada persistente que insinuaba una simpatía que no se le permitía mostrar. "No se preocupe", le dijo, recogiendo el servicio de té y despidiéndose. "Estará bien".

En la tarde del octavo día, Khan volvió a visitar a Mortenson. "¿Le gusta el fútbol?", le preguntó.

Mortenson intentó descubrir si la pregunta escondía segundas intenciones, pero concluyó que no había ninguna. "Claro", le contestó. "Jugué a fútbol en la universidad", le dijo, y mientras traducía del inglés americano al británico se dio cuenta de que Khan se refería al balompié.

"Entonces vamos a entretenerle con un partido", le dijo Khan, señalando la puerta. "Vamos".

Siguió la ancha espalda de Khan al cruzar la gran puerta delantera y, mareado por estar de nuevo al aire libre, Mortenson pudo ver el lugar en el que estaba por primera vez en una semana. En la parte inferior de un empinado camino de gravilla, junto a los minaretes de una deteriorada mezquita, pudo ver una carretera que dividía el valle, y en lado opuesto, a menos de dos kilómetros, vio las torres fortificadas de un puesto del ejército pakistaní. Mortenson se planteó correr hacia allí para escapar, pero se acordó del francotirador que había en la torre de vigilancia de sus captores. Así que siguió a Khan cuesta arriba, hasta un campo pedregoso donde doce jóvenes barbados que no había visto nunca estaban jugando un partido de fútbol con una habilidad sorprendente, intentando pasar el balón por los postes que formaban unas pilas de cajones de munición vacíos.

Khan le llevó hasta una silla de plástico blanca que se había colocado junto al campo en su honor, y Mortenson observó con diligencia cómo los jugadores levantaban nubes de polvo que se pegaban a su sudoroso *shalwar kamiz*, antes de que se oyera un grito desde la torre de vigilancia. El centinela había divisado unos movimientos en el puesto del ejército. "Lo siento mucho", dijo Khan, empujando a Mortenson de nuevo hacia el interior de las altas murallas de tierra.

Aquella noche, Mortenson luchó por dormir pero no lo consiguió. Por su comportamiento y por el respeto que le mostraban los otros, se dio cuenta de que Khan era probablemente un emergente comandante talibán, pero ¿qué significaba eso para él? ¿Era el partido de fútbol una señal de que le liberarían pronto? ¿O era el equivalente al último cigarro de un condenado a muerte?

A las cuatro de la mañana, cuando vinieron a por él, obtuvo una respuesta. El propio Khan le vendó los ojos, le echó una manta a los hombros, y le llevó suavemente del brazo hacia el exterior para subirlo a parte trasera de una atestada furgoneta. "En aquel entonces, antes del 11-S, no se acostumbraba a decapitar a los extranjeros", explica Mortenson, "y no parecía tan malo morir de un disparo, pero la idea de que Tara tuviera que criar sola a nuestra hija y de que, probablemente, nunca sabría lo que me había pasado me volvía loco. Podía imaginarme su dolor y su incertidumbre y eso me parecía lo más horrible de todo".

Alguien le ofreció a Mortenson un cigarrillo, pero él lo rechazó. Ya no hacía falta mostrarse cortés, y el sabor de un cigarro no era el último que quería tener en su boca. Durante la media hora que condujeron, aunque se envolvió apretadamente la manta alrededor de los hombros, no pudo dejar de temblar, pero cuando la furgoneta tomó un camino de tierra, hacia el sonido del fuego intenso de unas armas automáticas disparándose, Mortenson empezó a sudar.

El conductor frenó y el vehículo se deslizó hasta detenerse en medio de la ensordecedora algarabía de una gran multitud de AK-47 disparando al aire. Khan le quitó a Mortenson la venda de los ojos y le apretó contra su pecho. "Mire", le dijo. "Le dije que todo saldría bien". Por encima del hombro de Khan, Mortenson vio a cientos de enormes waziris barbados, bailando alrededor de hogueras y lanzando al aire sus armas. A Mortenson le sorprendió ver que sus caras encendidas no reflejaban sed de sangre sino un estado de éxtasis casi absoluto.

Los lashkar con los que había venido saltaron de la furgoneta gritando de alegría y añadieron el fuego de sus armas a la descarga de fusilería. Debía de estar a punto de amanecer, pero Mortenson vio ollas hirviendo al fuego y cabras asándose sobre las llamas.

"¿Qué es esto?", gritó, mientras seguía a Khan entre el frenesí de los hombres que danzaban, desconfiando de que hubiera llegado el fin de sus ocho días en peligro. "¿Por qué estoy aquí?"

"Es mejor que no le explique demasiado", le gritó Khan en medio de los disparos. "Digamos que hemos considerado otras... contingencias. Hubo una disputa y podíamos haber tenido un problema muy grande, pero ahora todo se ha resuelto por el *jirga* y estamos celebrando una fiesta. Una fiesta antes de llevarle de vuelta a Peshawar".

Mortenson aún no se lo podía creer, pero el primer puñado de rupias le ayudó a convencerse de que su terrible experiencia finalmente había acabado. El guardia de la cicatriz en la frente se tambaleó hacia él, con la cara sonriente encendida tanto por las llamas como por el hachís. Agitó con una mano un fajo de billetes rosas de cien rupias de aspecto sucio y asqueroso, y los metió en el bolsillo del pecho del *shalwar* de Mortenson.

Mortenson, boquiabierto, se giró hacia Khan para obtener alguna explicación. "¡Para sus escuelas!", le gritó al oído. "¡Así, *Inshallah*, construirá muchas más!"

Otros muchos waziris dejaron de disparar sus armas el tiempo necesario para abrazar a Mortenson y para traerle humeantes tajadas de cabra, y le hicieron donaciones similares. Cuando se hizo de día, y tuvo llenos el estómago y el bolsillo de su *shalwar*, Mortenson sintió que se deshinchaba el miedo que le había estado oprimiendo el pecho durante ocho días.

Atolondradamente, se unió a la celebración, dejando que le cayera por la barba de ocho días la grasa de cabra, y haciendo los viejos pasos tanzanos que creía haber olvidado ante los gritos de ánimo de los waziris, bailando con la felicidad absoluta que da la libertad.

CAPÍTULO 14

Equilibrio

La aparente oposición entre la vida y la muerte ha desaparecido.
No destroces, ni ataques ni huyas. Ya no quedan recipientes ni cosas que
guardar. Todo se resuelve en una resplandeciente libertad sin límites.

-de la *Warrior Song* de *King Gezar*

El extraño utilitario aparcado en la entrada de la casa de Mortenson en Montana mostraba más barro que pintura. Una placa de matrícula hecha por encargo decía "RECEPTOR DE BEBÉ".

Mortenson entró en su cómoda y acogedora casa, sorprendido, como siempre que lo hacía, de que fuera suya. Dejó sobre la mesa de la cocina las bolsas de la tienda de comestibles llenas con las cosas que se le habían estado antojado a Tara —fruta fresca y media docena de helados Häagen Dazs de diferentes sabores— y fue a buscar a su esposa.

La encontró en la pequeña habitación del piso de arriba, en compañía de una corpulenta mujer. "Está aquí Roberta, cariño", le dijo Tara tendida boca abajo en la cama. Mortenson, que llevaba tan solo una semana en Bozeman, había estado tres meses en Pakistán, y todavía se estaba acostumbrando a ver a su pequeña mujer con ese aspecto de fruta madura. Mortenson saludó con la cabeza a la comadrona, sentada al borde de la cama.

"Hola".

"Hola", le dijo Roberta con un marcado acento de Montana, y le dijo a Tara: "Voy a ponerle al corriente de lo que estábamos hablando. Estábamos comentando dónde debería tener lugar el parto, y Tara me ha dicho que le gustaría traer al mundo a su niña aquí, en la cama. Yo estoy de acuerdo. Esta habitación trasmite mucha paz".

"A mí me parece bien", dijo Mortenson, cogiendo la mano de Tara, y así era. Después de todos los años que había trabajado como enfermero le alegraba poder mantener a su esposa alejada de los hospitales. Roberta les dio un número de teléfono y les dijo que la llamaran a su cabaña de las montañas en cualquier momento, de día o de noche, en cuanto empezaran las contracciones.

Durante el resto de la semana, Mortenson se mostró tan protector con Tara que ella se sentía agobiada por sus atenciones y le enviaba a pasear para poder dormir un poco. Después de haber estado en el Waziristán, el otoño en Bozeman le parecía demasiado perfecto para ser real. Aquellos largos paseos a través de calles cubiertas de hojas secas por los alrededores de su casa, en los que pasaba por delante de estudiantes del Montana State que jugaban con sus perros en cuidados parques, eran el antídoto que necesitaba para olvidar los ocho días que había pasado secuestrado en una pequeña habitación sin ventilación.

Después de que le devolvieran sano y salvo a su hotel de Peshawar, con casi cuatrocientos dólares en billetes rosas de cien rupias donados por los waziris en los bolsillos, Mortenson había llevado la foto de Tara hasta una oficina estatal de telefonía y la había mirado con cariño mientras llamaba a casa, donde era la medianoche del domingo.

Tara ya estaba despierta.

"Hola, cariño, estoy bien", le dijo entre el ruido de la conexión.

"¿Dónde estabas? ¿Qué ha pasado?"

"Me detuvieron".

"¿Qué quieres decir con que te detuvieron? ¿Fue el Gobierno?" Oía el terror que transmitía la voz de Tara.

"Es difícil de explicar", le dijo, intentando no asustar aún más a su esposa, "pero vuelvo a casa. Nos vemos pronto". Durante sus tres largos días de viaje hasta casa, se sacó la foto de Tara del billetero repetidas veces, fijando la mirada en ella, sintiendo que era la mejor medicina para olvidar lo que había vivido.

En Montana, Tara también se estaba recuperando. "La verdad es que los primeros días en que no supe nada de él, pensé: así es Greg, siempre perdiendo la noción del tiempo, pero tras una semana sin noticias suyas, estaba hecha un lío. Pensé en llamar al Departamento de Estado de los EEUU e incluso lo hablé con mi madre, pero sabía que Greg estaba en una zona conflictiva y que podíamos provocar un conflicto internacional. Me sentía muy vulnerable, sola y embarazada, y sentía todos los miedos imaginables. Cuando al fin llamó desde Peshawar, yo ya había empezado a hacerme a la idea de que podía haber muerto".

A las siete de la mañana del 13 de septiembre de 1996, justo un año después de la profética velada en el Fairmont Hotel, Tara sintió la primera contracción.

A las 7:12 de la tarde, con un disco de cantos de monjes tibetanos que había elegido su padre sonando de fondo, Amira Eliana Mortenson hizo su primera aparición en el planeta. "Amira", porque significaba "líder femenino" en persa, y "Eliana", que significa "regalo de Dios" en Chagga, la lengua tribal de la región del Kilimanjaro, en honor a su querida hermana difunta Christa Eliana Mortenson.

Cuando se fue la comadrona, Mortenson se quedó tumbado en la cama, arropando a su mujer y a su hija. Colgó un *tomar* multicolor que le había regalado Haji Ali en el cuello de la niña, y luchó con el corcho de la primera botella de champán que había comprado en su vida.

"Dámela", le dijo Tara riéndose, y le cambió a Mortenson el bebé por la botella. Mientras su mujer sacaba el corcho, Mortenson cubría la pequeña y suave cabeza de su hija con una de sus enormes manos. Sentía una felicidad tan grande que los ojos se le inundaron de lágrimas. Parecía imposible, pensó, que los ocho días que había pasado en aquella habitación con olor a queroseno y aquel momento en que se encontraba tan cómodo junto a su familia en el calor de una acogedora habitación de una casa situada en una hermosa calle arbolada, fueran parte del mismo mundo.

"¿Qué pasa?", le preguntó Tara.

"Shh", susurró él, acariciándole una arruga de la frente con la mano que tenía libre antes de aceptar una copa de champán. "Shh".

La llamada telefónica desde Seattle demostró el avance incesante del planeta hacia el equilibrio. Jean Hoerni quería saber el momento exacto en que podría ver una foto de la escuela de Korphe acabada. Mortenson le informó del secuestro y de sus planes de volver a Pakistán después de pasar algunas semanas conociendo a su nueva hija.

Hoerni estaba tan ansioso e impaciente por los progresos de la escuela que Mortenson le preguntó cuál era su preocupación. Hoerni se enfadó un poco antes de admitir que le habían diagnosticado una mielofibrosis, una forma letal de leucemia. Sus médicos le habían dicho que podría morir en cuestión de meses. "Debo ver esa escuela antes de morir", le dijo Hoerni. "Prométeme que me traerás una foto lo antes posible".

"Lo prometo", le dijo Mortenson, disimulando el nudo de dolor que se le había formado en la garganta por aquel viejo de mal genio, aquel hombre controvertido que, por alguna razón, había decidido depositar sus esperanzas en el más inverosímil de los héroes: en él.

Aquel otoño el tiempo en Korphe era despejado, pero hacía un frío anormal para la época. Las bajas temperaturas habían hecho que las familias del pueblo se retiraran de sus tejados antes de lo previsto para apiñarse alrededor de las humeantes hogueras. Mortenson se había separado de su nueva familia tras unas pocas semanas, con el propósito de cumplir la promesa a Hoerni. Cada día los hombres del pueblo y él ataban mantas sobre sus *shalwars* y se subían al tejado de la escuela para colocar las últimas vigas. Nervioso, Mortenson mantenía siempre un ojo puesto en el cielo, preocupado de que la nieve pudiera obligar a paralizar el trabajo de nuevo.

Twaha recuerda lo mucho que le sorprendió la facilidad con que se adaptó Mortenson al frío clima de Korphe. "A todos nos preocupaba que el Dr. Greg tuviera que dormir dentro de las casas con el humo y los animales, pero aquellas cosas no parecían importarle", dice. "Veíamos que tenía unos hábitos peculiares, muy diferentes a los de otros europeos. No era exigente para la comida ni para los ambientes. Comía todo lo que le ponía mi madre y dormía con nosotros en medio del humo, como un balti más. Gracias a los excelentes modales del Dr. Greg y a que nunca nos mentía, mis padres y yo llegamos a quererle mucho".

Una noche, Mortenson le confesó con timidez a Haji Ali la historia de su secuestro justo después de que el jefe tomara su ración de *naswar* de sobremesa. El *nurmadhar* escupió en el fuego el rollo de tabaco que había estado mascando para poder hablar con mayor claridad.

"¡Fuiste solo!", le reprochó Haji Ali. "¡No buscaste la hospitalidad del jefe de un pueblo! Si quieres aprender una sola cosa de mí, aprende bien esta lección: nunca vayas solo a ningún lugar de Pakistán. Prométemelo".

"Lo prometo", dijo Mortenson, añadiendo una nueva promesa a la pesada colección de juramentos que le hacían hacer los ancianos del pueblo.

Haji Ali separó un nuevo rollo de *naswar*, y lo ablandó dentro de su mejilla, con aire pensativo. "¿Dónde construirás la nueva escuela", le preguntó.

"Creo que viajaré al valle de Hushe", le dijo Mortenson. "Visitaré unos cuantos pueblos y veré quién...".

"¿Puedo darte otro consejo?", le interrumpió Haji Ali.

"Por supuesto".

"¿Por qué no nos lo dejas a nosotros? Convocaré una reunión de todos los ancianos del Braldu y veremos los pueblos que están dispuestos a donar tierra y mano de obra para una escuela. Así no tendrás que volver a recorrer todo el Baltistán como un cuervo, comiendo aquí y allá", le dijo Haji Ali riéndose.

"Una vez más, un balti analfabeto le enseñaba a un occidental el mejor modo de llevar el desarrollo a su, atrasada, región", dice Mortenson. "Desde entonces, con todas las escuelas que he construido, he tenido presente el consejo de Haji Ali y he avanzado lentamente, de pueblo en pueblo y de valle en valle, visitando los lugares con los que ya habíamos entablado relaciones, en lugar de intentar jugarme el pellejo en lugares en los que no tenía ningún contacto, como en el Waziristán".

A principios de diciembre, ya se habían calafateado todas las ventanas de la escuela de Korphe y se habían instalado las pizarras en cada una de las cuatro aulas. Lo único que faltaba era clavar las láminas de metal corrugado en el tejado. Las láminas de aluminio tenían los bordes afilados y podían resultar peligrosas cuando el viento que soplaba por el desfiladero las agitaba pues podían cortar como las hojas de una sierra. Mortenson mantenía su botiquín a mano mientras trabajaba, y ya había tenido que curar varias heridas producidas por alguna que otra pieza de metal que había salido volando.

Ibrahim, uno de los albañiles, le pidió a Mortenson que bajara del tejado para atender una urgencia médica. Mortenson examinó al robusto y bien parecido porteador, en busca de marcas de cortes, pero Ibrahim le agarró de la muñeca y le llevó a su casa. "Se trata de mi mujer, doctor Sahib", le dijo nervioso. "Su bebé no está bien".

Ibrahim se encargaba de la única tienda de Korphe, una austera habitación en su propia casa donde los vecinos del pueblo podían comprar té, jabón, cigarrillos y otros artículos básicos. En el establo de la planta baja del edificio donde vivía Ibrahim, Mortenson encontró a su esposa, Rhokia, rodeada de unas ovejas inquietas y de unos parientes desesperados. Mortenson se enteró de que Rhokia había dado a luz a una niña hacía dos días, y que no se había recuperado desde entonces. El olor a carne putrefacta era insoportable. Bajo la luz de una lámpara de aceite, exploró a Rhokia, que estaba tendida en una cama de heno cubierta de sangre. Con el permiso de Ibrahim, le tomó el pulso, que era alarmantemente alto. "Tenía la cara gris y estaba inconsciente", recuerda Mortenson. "No había expulsado la placenta después del parto y corría el peligro de morir de un *shock* séptico".

La consternada hermana de Rhokia sostenía en sus brazos a la niña, que apenas estaba consciente. El bebé, advirtió Mortenson, también estaba casi muerto. Como la familia creía que Rhokia había sido envenenada, no le habían dado a la niña para que la amamantara. "Dar el pecho estimula el útero, forzándole a expulsar la placenta", explica Mortenson. "Así que insistí en que le permitieran amamantar al bebé, y le di a Rhokia un antibiótico para tratar el *shock*", pero durante todo el día, incluso cuando el bebé empezó a recobrar energías, Rhokia permaneció tumbada sobre la paja, gimiendo de dolor cuando recuperaba la consciencia.

"Sabía lo que tenía que hacer", dice Mortenson, "pero me preocupaba mucho cómo se lo tomaría Ibrahim". Mortenson apartó al porteador a un lado. Ibrahim era uno de los hombres de Korphe con más mundo. Llevaba el pelo largo y un afeitado apurado, imitando el estilo de los alpinistas extranjeros para los que había trabajado, pero seguía siendo un balti. Mortenson le explicó, con mucha calma que necesitaba introducirse en el interior de su esposa para eliminar la sustancia causante de su enfermedad.

Ibrahim le dio una afectuosa palmada en la espalda y le dijo que hiciera lo que fuera necesario. Mientras sostenía la lámpara de queroseno, Mortenson se lavó las manos con una jarra de agua caliente, introdujo una en el útero de Rhokia y extrajo la placenta en descomposición.

Al día siguiente, desde el tejado de la escuela, Mortenson vio a Rokhia paseando por el pueblo, arrullando a la saludable niña que llevaba atada con una manta. "Me sentí feliz de haber conseguido ayudar a la familia de Ibrahim", dice Mortenson. Para un balti, permitir que un hombre extranjero, un infiel, tuviera aquel tipo de contacto íntimo con su mujer, suponía un gesto de confianza increíble. Me sentía abrumado de lo mucho que habían llegado a confiar en mí".

Desde aquel día, Mortenson se dio cuenta de que las mujeres de Korphe dibujaban círculos en el aire con las manos extendidas cuando pasaba junto a sus casas, bendiciéndole a su paso.

En la tarde del 10 de diciembre de 1996, Mortenson se agachó sobre el tejado de la escuela de Korphe junto Twaha, Hussein y un equipo de construcción lleno de alegría, y clavó el último clavo para la compleción del edificio mientras caían los primeros copos de nieve de la estación sobre sus desnudas y enrojecidas manos. Haji Ali aplaudía el gran logro desde el patio. "Le pedí a Alá todopoderoso que retrasara la nieve hasta que acabara la obra", le dijo sonriendo, "y gracias a su infinita gloria así ha sido. ¡Ahora baja de ahí y tomemos un té!"

Aquella tarde, a la luz de una hoguera que ardía en su *balti*, Haji Ali abrió su armario y le devolvió a Mortenson su nivel, su plomada y su cuaderno de notas. Luego le entregó un libro de contabilidad. Mortenson lo hojeó y le sorprendió ver unas ordenadas columnas de cifras que se extendían página tras página. Era algo que podría mostrarle con orgullo a Jean Hoerni. "El pueblo había registrado cada rupia invertida en la escuela, incluyendo el coste de cada ladrillo, clavo y tabla, y los sueldos pagados para su instalación. Utilizaron el antiguo método de contabilidad británico", dice, "y su trabajo era mucho mejor del que podría haber hecho yo".

Bajando por el valle del Braldu, en dirección a Skardu, Islamabad, y a su casa en Montana, el todoterreno de Mortenson atravesó una tormenta de nieve que anunciaba que el invierno golpeaba ya al Karakórum con toda sus fuerzas. El conductor, un anciano con un ojo de cristal, se asomaba por la ventanilla cada dos por tres para retirar el hielo que se acumulaba en el parabrisas, que no tenía limpiador. Mientras el todoterreno patinaba a lo largo del helado desfiladero, por encima del barranco donde desparecía el Braldu, los pasajeros se pegaban los unos a los otros en busca de apoyo cada vez que el conductor soltaba el volante y elevaba las manos, ofreciendo oraciones a Alá para que les ayudara a sobrevivir a la tormenta.

La nieve y el viento de casi ochenta kilómetros por hora, impedía ver el camino. Mortenson apretó el volante con sus grandes manos e intentó mantener el Volvo sobre la invisible calzada. El trayecto de Bozeman al hospital donde había sido ingresado Jean Hoerni, en Hailey, Idaho, no debía haber durado más de siete horas. Habían salido de casa hacía doce, con unos pocos copos cayendo sobre las desnudas ramas de los árboles de Bozeman, y ahora, a las diez de la noche, estando en plena tormenta de nieve, aún les quedaban más de cien kilómetros para llegar a su destino.

Mortenson apartó la vista de la nieve para mirar la sillita para niños que llevaba detrás, donde dormía Amira. "Conducir solo en medio de una tormenta en el Baltistán era un riesgo aceptable", pensó Mortenson, pero arrastrar a su mujer y a su hija por aquel desolado lugar azotado por la nieve solo para llevarle una foto a un hombre moribundo era imperdonable, sobre todo porque se encontraban a muy pocos kilómetros del lugar donde había tenido lugar el accidente mortal del padre de Tara.

Al pasar por una valla publicitaria que anunciaba que estaban entrando en el Parque Nacional de los Cráteres de la Luna, consiguió ver el arcén y se apartó de la carretera aparcando marcha atrás hasta dejar la parte trasera del vehículo de cara al viento y decidió esperar hasta que pasara la tormenta. Con las prisas por visitar a Hoerni, Mortenson había olvidado poner anticongelante en el radiador, y temía no poder volver a encender el Volvo si lo apagaba, así que lo dejó encendido. Durante las dos horas siguientes, antes de que la tormenta empezara a remitir y pudieran reemprender la marcha, miró cómo dormían Tara y Amira, mientras veía como descendía el nivel del indicador de gasolina.

Después de dejar a sus adormiladas esposa e hija en la casa de Hoerni en Hailey, Mortenson se fue hasta el Centro Médico de Blaine County. El hospital, construido para tratar las lesiones traumatológicas de los visitantes de la cercana estación de esquí de Sun Valley, tenía tan solo ocho habitaciones pero al estar en el principio de la temporada alta, siete de ellas estaban libres. Mortenson pasó de puntillas por al lado de una enfermera del turno de la noche, que dormía detrás del mostrador de recepción, y caminó hacia la luz que se extendía por el pasillo desde la última puerta a la derecha.

Encontró a Hoerni sentado en la cama. Eran las dos de la madrugada.

"Llegas tarde", le dijo Hoerni. "Otra vez".

Mortenson cruzó la puerta con torpeza. Le impactó ver la rapidez con que había avanzado la enfermedad de Hoerni. La delgadez de su cara dejaba casi a la vista los huesos, y Mortenson tuvo la sensación de estar hablando con una calavera. "¿Cómo te encuentras, Jean?", le preguntó, acercándose para apoyar las manos en sus hombros.

"¿Tienes la maldita foto?", le preguntó Hoerni.

Mortenson puso su mochila en la cama, con cuidado para no golpear las frágiles piernas de Hoerni, unas piernas de alpinista que lo habían llevado por un circuito alrededor del monte Kailash, en el Tíbet, tan solo un año antes. Colocó un sobre de papel en las nudosas manos de Hoerni y observó su cara mientras lo abría.

Jean Hoerni sacó la copia de veinte por veinticinco que había hecho Mortenson en Bozeman y la sostuvo tembloroso. Entrecerró los ojos para examinar la foto de la escuela de Korphe que había tomado Mortenson la mañana de su partida. "*¡Magnifique!*", exclamó Hoerni, haciendo un gesto de aprobación ante la robusta estructura color mantequilla y las molduras recién pintadas de carmesí, y recorrió con un dedo la fila de harapientos y sonrientes estudiantes que estaban a punto de empezar su formación académica en el edificio.

Hoerni descolgó el teléfono que había junto a la cama y llamó a la enfermera nocturna. Cuando llegó a la puerta, le pidió que le trajera un martillo y un clavo.

"¿Para qué lo quieres, cielo?", le preguntó adormilada.

"Para colgar en la pared la foto de la escuela que estoy construyendo en Pakistán".

"Me temo que no puedo hacerlo", respondió ella en un tono tranquilizador con el que pretendía apaciguar al enfermo. "Normas".

"¡Compraré este hospital si es necesario!", espetó Hoerni, incorporándose en la cama y asustándola para que se moviera. "¡Tráigame un maldito martillo!".

La enfermera volvió al cabo de un rato con una grapadora. "Esto es todo lo que he podido encontrar", le dijo.

"Quita eso de la pared y pon esto", le ordenó Hoerni. Mortenson descolgó una acuarela de dos gatitos jugando con un ovillo de hilo, quitó el clavo que la sujetaba, y fijó con la grapadora la foto de la escuela de forma que quedara en la línea de visión de Hoerni.

Se giró hacia él y lo vio encorvado al teléfono, ordenándole a un operador extranjero que le localizara un número determinado en Suiza. *"Salut"*, dijo Hoerni finalmente, a un amigo de la infancia de Ginebra. *"C'est moi, Jean. He construido una escuela en el Karakórum del Himalaya"*, presumió. *"¿Qué has hecho tú en los últimos cincuenta años?"*.

Hoerni tenía casas en Suiza y en Sun Valley, pero eligió morir en Seattle. En Navidad, había sido trasladado al Hospital Virginia Mason, sobre la cima del Pill Hill de Seattle. Desde su habitación privada, cuando el tiempo estaba despejado, tenía una bonita vista de Elliot Bay y de los escarpados picos de la península Olímpica, pero Hoerni, cuya salud empeoraba a gran velocidad, se pasaba la mayor parte del tiempo mirando un documento legal que guardaba a mano en su mesita de noche.

"Jean se pasó sus últimas semanas de vida modificando su testamento", explica Mortenson. "Siempre que se enfadaba con alguien, y siempre había alguna persona con quien se enojaba, cogía un gran rotulador negro y la tachaba del testamento. Después llamaba a su abogado patrimonial, Franklin Montgomery, en cualquier momento, fuera de día o de noche, y se aseguraba de eliminarlos de la herencia".

Por última vez en su vida, Mortenson ejerció de enfermero nocturno. Dejó a su familia en Montana y se quedó junto a Hoerni durante las veinticuatro horas, bañándole, cambiándole las cuñas y ajustándole el catéter, feliz de tener los conocimientos necesarios para hacerle más cómodos sus últimos días.

Mortenson enmarcó otra foto de veinte por veinticinco de la escuela de Korphe y la colgó encima de la cama del hospital, y conectó la videocámara que le había regalado Hoerni antes de su último viaje a Pakistán para mostrarle algunos vídeos que había grabado de la vida en Korphe. "Jean no se fue tranquilo. Le daba rabia morir", dice Mortenson, pero mientras estaba tendido en la cama, cogido de la mano de Mortenson, mirando el vídeo de los niños de Korphe cantando dulcemente con su inglés imperfecto, "Mary, Mary, tenía un, tenía un, corderito, corderito", su ira se relajaba.

Un día, Hoerni apretó la mano de Mortenson con la sorprendente fuerza de los moribundos. "Me dijo: «Te quiero como a un hijo»", recuerda Mortenson. El aliento de Hoerni tenía el olor a acetona dulce que desprenden a menudo las personas que están a punto de morir, y me di cuenta de que ya no le quedaba mucho tiempo".

"Jean era conocido por sus logros científicos", dice su viuda, Jennifer Wilson, "pero creo que se preocupó tanto o más por aquella pequeña escuela de Korphe. Pensó que realmente estaba dejando un legado importante al mundo".

Hoerni también quiso asegurar el terreno del Central Asia Institute con tanta solidez como los cimientos de la escuela de Korphe. Por eso dotó a la organización con un fondo de un millón de dólares antes de ingresar en el hospital.

El día de Año Nuevo de 1997, Mortenson volvió de la cafetería y encontró a Hoerni vestido con un blazer de cachemira y unos pantalones, tirando del catéter que tenía en el brazo. "Necesito ir a mi apartamento durante unas horas", le dijo. "Llama a una limusina".

Mortenson convenció a un asustado médico de la plantilla para que dejara salir a Hoerni bajo su cuidado, y pidió un Lincoln negro que les condujo al ático que Hoerni tenía a orillas del Lago Washington. A pesar de que estaba demasiado débil para sostener el teléfono, Hoerni hojeó una libreta de direcciones y ordenó, según Mortenson, enviar flores a varios amigos con quien había perdido el contacto hacía años.

"Bon", le dijo, después de pedir el último ramo. "Ahora me puedo morir. Llévame de vuelta al hospital".

El 12 de enero de 1997, la larga y controvertida vida del visionario que ayudó a fundar la industria de los semiconductores y el Central Asia Institute llegó a su fin. Al mes siguiente, Greg Mortenson se compró el primer traje decente de su vida y leyó un panegírico ante una multitud de familiares y colegas de profesión de Hoerni congregada para un acto en su memoria en la capilla de la Universidad de Stanford, en el corazón cultural del Silicon Valley que Hoerni contribuyó a crear. "Jean Hoerni tuvo la previsión de llevarnos al siglo XXI con una tecnología de vanguardia", dijo Mortenson a los dolientes reunidos, "pero también tuvo la inusual visión de mirar atrás para ayudar a personas que siguen viviendo como hace siglos".

CAPÍTULO 15

Mortenson en acción

*No son los golpes de martillo, sino la danza del agua,
la que cantea las piedras a la perfección.*

-Rabindranath Tagore

A las tres de la madrugada, estando en la "oficina" de Bozeman, Montana, del Central Asia Institute, un lavadero reformado en el sótano de su casa, Greg Mortenson se enteró de que el *sher* de Chapko, un pueblo del valle del Braldu, había emitido una *fatwa* contra él. Era media tarde en Skardu, donde Ghulam Parvi gritaba desde el teléfono que Mortenson había pagado para que instalaran en su casa.

"¡Ese mulá no tiene nada que ver con el islam", gritaba Parvi. "¡Es un sinvergüenza preocupado por el dinero! ¡No ganará nada emitiendo una *fatwa*!"

Por el veneno en la voz de Parvi, Mortenson comprendió la gravedad del problema que representaba la *fatwa*, pero estando en pijama en su casa, a medio mundo de distancia, medio dormido, con los pies descalzos apoyados cómodamente en un conducto de la calefacción, le resultaba difícil sentir la gran preocupación que parecía merecer el acontecimiento.

"¿Puede ir a hablar con él y ver si puede solucionarlo?", le preguntó Mortenson.

"Tiene que venir usted aquí. No accederá a recibirme a menos que le lleve una maleta llena de rupias. ¿Quiere que haga eso?"

"Nosotros no pagamos sobornos y no vamos a hacerlo ahora", le dijo Mortenson, reprimiendo un bostezo para no ofender a Parvi. "Tenemos que hablar con un mulá más poderoso que él. ¿Conoces a alguien?" "Tal vez", contestó Parvi. "¿Mismo programa mañana? ¿Llamará a la misma hora?"

"Sí, a la misma hora", le dijo Mortenson. "*Khuda hafiz*".

"Vaya usted con Alá también, señor", se despidió Parvi.

Mortenson había adquirido una rutina diaria que seguiría durante la década siguiente, marcada por las trece horas de diferencia horaria entre Bozeman y el Baltistán. Se iba a la cama a las nueve de la noche, después de hacer sus llamadas "matutinas" a Pakistán. Se levantaba entre las dos y las tres de la madrugada, a tiempo para contactar con los pakistaníes antes del fin de la jornada laboral. Consumido por la gestión del Central Asia Institute, a penas dormía más de cinco horas por la noche.

Mortenson caminó hacia la cocina sin hacer ruido para preparar una cafetera, y luego volvió al sótano para redactar el primer correo electrónico del día: "Para: Todos los miembros de la Junta del CAI", escribió. "Asunto: *fatwa* emitido contra Greg Mortenson, texto: ¡Saludos desde Bozeman! Acabo de hablar por teléfono con el nuevo director de proyectos del CAI de Pakistán, Ghulam Parvi. (Os da las gracias, ¡su teléfono funciona bien!). Parvi me ha dicho que un *sher* de la zona, un líder religioso al que no le gusta la idea de que eduquemos a las niñas, ha emitido una *fatwa* contra mí, con el objetivo de impedir que el CAI construya más escuelas en Pakistán. Para vuestra información, una *fatwa* es una norma religiosa, y Pakistán se rige por un código civil, pero también por la *Shariat*, un sistema de leyes islámico como el que se aplica en Irán.

En los pequeños pueblos de montaña donde trabajamos, un mulá local, incluso uno sinvergüenza, tiene más poder que el gobierno pakistaní. Parvi me ha preguntado si quería sobornarle. (Le he dicho que de ninguna manera). De todos modos, este tipo nos puede causar muchos problemas. Le he pedido que intente que algún ulema importante se le imponga y os haré saber cómo le va, pero esto significa que probablemente tendré que volver por allí en breve para solucionar el problema, *Inshallah*. Paz, Greg".

Jean Hoerni le dejó a Mortenson 22.315 dólares en su testamento, la cantidad de dinero que el científico consideró que se había gastado Mortenson de su bolsillo en Pakistán, y le dejó en una posición desconocida: a cargo de una organización caritativa con unos fondos de casi un millón de dólares. Mortenson le pidió a la viuda de Hoerni, Jennifer Wilson, que formara parte del la nueva Junta Directiva, junto con su viejo amigo Tom Vaughan, el neumólogo y escalador de Marin County que le había ayudado a desahogarse durante sus días más tristes en Berkeley. El Dr. Andrew Marcus, presidente del Departamento de Ciencias de la Tierra del estado de Montana, también aceptó formar parte, pero la incorporación más sorprendente a la junta fue la de la prima de Jennifer Wilson, Julia Bergman.

En octubre de 1996, Bergman había viajado a Pakistán con un grupo de amigos que alquilaron un enorme helicóptero ruso MI-17 desde Skardu con la esperanza de poder contemplar el K2 desde el cielo. Cuando regresaban, el piloto les preguntó si querían visitar un pueblo típico. Fueron a aterrizar justo debajo de Korphe y, cuando los niños del pueblo supieron que Bergman era americana, la cogieron de la mano y la llevaron a ver una nueva y curiosa atracción americana: una robusta escuela de color amarillo construida por otro americano, que se levantaba en aquel lugar por primera vez.

"Miré una señal que había delante de la escuela y vi que se había construido gracias a una donación de Jean Hoerni, el marido de mi prima Jennifer", cuenta Bergman. "Jennifer me dijo que Jean estaba intentando construir una escuela en algún lugar del Himalaya, pero aterrizar en el punto exacto de una cordillera que se extiende a miles de kilómetros me pareció más que una casualidad. No soy una persona religiosa", confiesa Bergman, "pero sentí que había llegado allí por alguna razón y me puse a llorar sin parar".

Pocos meses después, en el funeral de Hoerni, Bergman se presentó a Mortenson. "¡Yo he estado allí!", le dijo, estrechando entre sus brazos al perplejo hombre que acababa de conocer. "¡He visto tu escuela!"

"Tú eres la rubia del helicóptero", le dijo Mortenson, agitando la cabeza ante el asombro. "¡Me dijeron que había estado en el pueblo una extranjera pero no lo creí!"

"Esto es un mensaje. Estaba destinado a pasar", le dijo Julia Bergman. "Quiero ayudar. ¿Hay algo que pueda hacer?"

"Bueno, quiero conseguir libros para montar una biblioteca para la escuela de Korphe", le dijo Mortenson.

Bergman tuvo de nuevo la sensación de que aquello era una señal del destino. "Soy bibliotecaria", le dijo.

Después de enviar el correo electrónico a Bergman y a los demás miembros de la Junta Directiva, Mortenson escribió una carta a un servicial ministro que había conocido en su último viaje y a Mohammed Niaz, el director de Educación de Skardu, pidiéndoles consejo sobre el *sher* de Chakpo. Después, se arrodilló bajo la tenue luz de su escritorio y se puso a revolver entre las pilas de libros que tenía, apoyados contra las paredes, hasta que encontró lo que estaba buscando, un *fakhir*, un tratado de gran erudición sobre la aplicación de la ley islámica en la sociedad moderna, traducido del farsi. Se tomó otras cuatro tazas de café, concentrado en la lectura, hasta que oyó los pasos de Tara en la cocina del piso de arriba. .

Tara preparó la mesa de la cocina, atendiendo a Amira, y se sirvió un tazón de café con leche. Mortenson no quería perturbar aquella tranquila escena familiar con lo que tenía que decir, pero tenía que hacerlo. Le dio los buenos días a su esposa con un beso y le dijo. "Tengo que ir por allí antes de lo que habíamos pensado".

En una helada mañana de marzo en Skardu, los seguidores de Mortenson se reunieron para tomar té en lo que se había convertido en su sede informal, el vestíbulo del Hotel Indus. El Indus era perfecto para Mortenson. A diferencia de los escasos centros turísticos que había en Skardu, generalmente situados en zonas apartadas de idílicos paisajes, aquel hotel limpio y económico se había construido, sin ostentación alguna, en la carretera principal de la ciudad, entre la casa de Changazi y una gasolinera PSO, por la que pasaban con gran estruendo los Bedfords de vuelta a Islamabad.

En el vestíbulo, bajo un tablón de anuncios donde los escaladores colgaban fotos de expediciones recientes, había dos grandes mesas de madera que eran perfectas para acoger las prolongadas veladas regadas de té que se necesitaban para hacer cualquier negocio en la ciudad. Aquella mañana, sentados alrededor de la mesa estaban ocho de los colaboradores de Mortenson, que extendían mermelada china en las excelentes *chapatti* del hotel, y bebían sorbos de un té con leche como le gustaba a Parvi, extremadamente dulce.

Mortenson se maravillaba de la eficiencia con la que había conseguido convocar a aquellos hombres procedentes de lejanos rincones del norte de Pakistán, a pesar de que sus apartados valles carecían de teléfonos. No debía haber pasado ni una semana entre que Mortenson enviara una nota con un conductor de todoterreno hasta el día en que la persona a la que había convocado llegaba a Skardu.

Desde el valle de Hushe, a ciento sesenta kilómetros al este, Mouzafer había llegado caminando junto a un amigo, un antiguo porteador y cocinero del campo base conocido como "Apo", es decir, "viejo", Razak. En la mesa, junto a ellos Haji Ali y Twaha devoraban su desayuno, felices por tener una excusa para dejar por algún tiempo el valle del Baldru, que seguía cubierto por una gruesa capa de nieve, y Faisal Baig había llegado al vestíbulo justo aquella mañana, después de haber recorrido más de trescientos kilómetros desde el escarpado valle de Chapurson situado al oeste, en la frontera con Afganistán.

Mortenson había llegado dos días antes, tras un trayecto de cuarenta y ocho horas en autobús por la autopista del Karakórum, en compañía de la incorporación más reciente a su singular equipo, un taxista de Rawalpindi de unos cuarenta años llamado Suleman Minhas.

Tras el secuestro de Mortenson, Suleman le había recogido por casualidad en el aeropuerto de Islamabad. De camino a su hotel, Mortenson le explicó los detalles de su reciente detención en Waziristán, y Suleman, furioso de que sus compatriotas hubieran hecho pasar a un visitante una experiencia tan terrible, se había vuelto tan protector con él como una gallina clueca. Convenció a Mortenson para que se alojara en un económico hotel de Islamabad, en un lugar mucho más seguro del que fuera su antigua residencia, el Hotel Khyaban, donde los ataques bomba sectarios habían empezado a aterrorizar al vecindario casi cada viernes después de las oraciones del *Juma*.

Suleman había ido cada día para supervisar la recuperación de Mortenson, llevándole bolsas de caramelos y medicamentos para los parásitos que había contraído en Waziristán y sacándole a comer a su asador preferido. Después de que su todoterreno fuera detenido por un control de carretera policial cuando ambos se dirigían al aeropuerto para que Mortenson tomara un vuelo de vuelta a casa, Suleman se había ganado la aprobación de los agentes con unas palabras tan sencillamente encantadoras que Mortenson le ofreció trabajo como "mediador" del CAI en Islamabad antes de coger su avión.

En el vestíbulo del Indus, Suleman estaba sentado como un Buda sonriente al lado de Mortenson, con los brazos cruzados y apoyados en la panza, y entreteniendo a toda la mesa, entre caladas de *Marlboros* que Mortenson le había traído de América, con anécdotas de la vida de un taxista de la gran ciudad. Aquel hombre, que pertenecía a la mayoría pakistaní punjabi, nunca había estado en las montañas y parloteaba sin parar, aliviado de que aquellos hombres que vivían en el extremo del mundo conocido hablaran urdu además de sus lenguas nativas.

Mohammed Ali Changazi pasó por delante del hotel, ataviado con sus blancos ropajes, visibles a través de las cristaleras del vestíbulo, y el viejo Apo Razak, con una sonrisa lasciva de bufón bajo su nariz aguileña, se inclinó hacia adelante y les contó a los hombres un rumor sobre el éxito que había tenido Changazi al conquistar a dos hermanas alemanas que habían llegado a Skardu juntas en la misma expedición.

"Sí, ya veo que es un hombre muy religioso", dijo Suleman en urdu, moviendo la cabeza para dar mayor énfasis a sus palabras, y actuando para la mesa. "Seguro que reza seis veces al día, y que se lava seis veces al día también", dijo señalando su regazo. Tras la sonora carcajada que estalló en toda la mesa Mortenson tuvo claro que sus instintos le habían guiado bien al reunir a aquel grupo tan variopinto.

Mouzafer y los hombres de Korphe eran musulmanes chiitas, igual que los vecinos de Skardu Ghulam Parvi y Makhmal, el albañil. Apo Razak, un refugiado de la Cachemira ocupada por la India, era sunita, como Suleman, y el imponente guardaespaldas, Faisal Baig, pertenecía a la secta ismaelita. "Estábamos todos allí sentados riendo y tomando té en paz", recuerda Mortenson. "Un infiel y representantes de tres ramas del islam enfrentadas, y pensé que si podíamos llevarnos así de bien, podíamos lograr cualquier cosa. La política británica era "divide y vencerás", pero yo abogo por el "une y vencerás".

Ghulam Parvi explicó con calma al grupo el asunto de la *fatwa*, una vez que su enfado se había calmado lo suficiente como to tomarse el problema con con más objetividad. Le dijo a Mortenson que le había organizado un encuentro con Syed Abbas Risvi, el líder religioso de los musulmanes chiitas del norte de Pakistán.

"Abbas es un hombre bueno, pero desconfiado ante los extranjeros", le dijo Parvi. "Cuando vea que usted respeta el islam y nuestras costumbres podrá serle de gran ayuda, *Inshallah*".

Parvi también le dijo que Sheik Mohammed, un erudito religioso adversario del *sher* de Chakpo, había solicitado junto a su hijo, Mehdi Ali, la construcción de una escuela del CAI en su pueblo de Hemasi, y que había escrito una carta al Consejo Supremo de Ayatolás de Qom pidiendo a los líderes religiosos de Irán, la máxima autoridad para los chiitas del mundo, que dictaminara si la *fatwa* estaba justificada.

Haji Ali anunció que se había reunido con todos los ancianos de los pueblos del Braldu y que habían elegido Pakhora, una comunidad extraordinariamente pobre al sur del valle del Braldu gobernada por su gran amigo Haji Mousin, como lugar para construir la segunda escuela del CAI.

Makhmal el albañil, cuyo trabajo en Korphe había sido tan profesional, pidió una escuela para su pueblo natal de Ranga, en los alrededores de Skardu, y dijo que se podía contar con los miembros de su numerosa familia, todos ellos habilidosos trabajadores de la construcción, para acabar el proyecto rápidamente.

Mortenson pensó en lo feliz que se habría sentido Hoerni sentado en aquella mesa. Pudo oír claramente su consejo de no guardar rencor a los pueblos que en su día habían protagonizado aquel desagradable tira y afloja por su primera escuela: "Los niños de todos esos pueblos también necesitan escuelas".

Pensó en los niños pastores a los que había dado clase el día que salió corriendo del banquete de Changazi, en la sed con que engullían incluso su absurda lección sobre la palabra inglesa para designar "nariz", y propuso construir una escuela en Kuardu, el pueblo de

Changazi, puesto que allí los ancianos ya habían accedido a donar un terreno.

"Así pues, Dr. Greg", le dijo Ghulam Parvi, dando golpecitos con la punta del bolígrafo en el bloc donde había estado tomando notas. "¿Qué escuela se construirá este año?"

"Todas, *Inshallah*", respondió Mortenson.

Mortenson sintió que su vida se aceleraba. Tenía una casa, un perro, una familia, y antes de marcharse, Tara y él habían hablado de tener más hijos. Había construido una escuela, había sido amenazado por un enfurecido mulá, y había constituido una Junta Directiva americana y reclutado a una desaliñada plantilla pakistaní. Tenía cincuenta mil dólares del dinero del CAI en la mochila y mucho más en el banco. Los abandonados y necesitados niños del norte de Pakistán aguantaban con tanta firmeza como las altas montañas que rodeaban Skardu. Con la *fatwa* pendiendo sobre su cabeza como una espada de Damocles, ¿quién sabía cuánto tiempo le permitirían seguir trabajando en Pakistán? Era hora de entrar en acción con todas las fuerzas que pudiera reunir.

Por cincuenta y ocho dólares, compró un Toyota Land Cruiser verde militar con el par de torsión de extremo bajo para poder atravesar cualquier obstáculo que pudieran arrojarle las carreteras del Karakórum. Contrató a un experimentado conductor que fumaba como un carretero, llamado Hussain, que compró rápidamente una caja de dinamita y la escondió bajo el asiento del pasajero, para abrirse paso volando las rocas caídas de los desprendimientos si fuera necesario y no tener que esperar a la llegada de las patrullas estatales de carretera; y acompañado de Parvi y Makhmal, que regateaban con determinación, Mortenson compró en los comercios de Skardu los materiales de construcción suficientes para empezar la construcción de tres escuelas en cuanto se descongelara el terreno.

Por segunda vez en la vida de Greg Mortenson, una gasolinera resultaba fundamental para su implicación en el islam. Una cálida tarde de abril, bajo una fina llovizna junto a los surtidores de la gasolinera PSO, Mortenson conoció a Syed Abbas Risvi. Parvi le explicó que era mejor que se encontraran en un lugar público, hasta que el ulema se decidiera a recibir al infiel, y le sugirió aquel concurrido solar situado junto al hotel de Mortenson.

Abbas llegó con dos ayudantes más jóvenes que él, ambos dotados de una espléndida barba, que le rodeaban de modo protector. Era alto y delgado, y llevaba la barba recortada del típico erudito chiita que había eclipsado a sus iguales en la *madrassa* de Najaf, Irak. Llevaba un riguroso turbante negro bien ceñido a la frente. Abbas escudriñó a aquel gigante americano que vestía ropa pakistaní a través de un par de anticuadas gafas cuadradas, antes de tenderle la mano para darle un firme apretón.

"*As-Salaam Alaaikum*", le dijo Mortenson, haciendo una reverencia con la mano apoyada en el corazón en señal de respeto. "Es un gran honor conocerle, Syed Abbas", continuó en balti. "El Sr. Parvi me ha hablado mucho de su sabiduría y de su compasión por los pobres".

"Hay algunos europeos que vienen a Pakistán con la intención de destruir el islam", dice Syed Abbas, "y al principio me preocupaba que el Dr. Greg fuera uno de ellos, pero aquel día le miré al corazón cuando estaba junto al surtidor de gasolina y vi lo que realmente era: un infiel, sí, pero un hombre noble que dedica su vida a la educación de los niños. Decidí en ese mismo momento que le prestaría todo mi apoyo".

Mortenson había necesitado más de tres años de pasos en falso, de fracasos y de retrasos, para hacer que la escuela de Korphe pasara de ser una promesa a ser una realidad. Tras haber asumido sus errores, y ahora que al fin disponía del dinero necesario para hacer realidad sus sueños, de una plantilla y de un ejército de apasionados voluntarios decididos a mejorar las vidas de los niños baltis, el CAI de Greg Mortenson construyó otras tres escuelas de educación primaria en tan solo tres meses.

Makhmal fue fiel a su palabra. Junto a su familia de albañiles ca chemires lideraron la construcción de una escuela, una replica de la de Korphe, en su pueblo, Ranga, que estuvo terminada en tan solo diez semanas. En un lugar donde las escuelas a menudo tardaban años en edificarse, aquel ritmo era inaudito. Aunque Ranga quedaba a menos de trece kilómetros de Skardu, el gobierno nunca había proporcionado educación a los niños del pueblo. Al no poder permitirse el coste del transporte ni el de las cuotas de los colegios privados de Skardu, los niños de Ranga habían permanecido sin tener acceso a la educación. Tras una primavera de actividad frenética, la suerte de aquellos niños había cambiado para siempre.

En Pakhora, Haji Mousin, amigo de Haji Ali, aprovechó al máximo la oportunidad que se le brindaba. Tras convencer a gran parte de los hombres del pueblo para que no aceptaran trabajos como porteadores hasta que se construyera la escuela, el *nurmadhar* reunió un amplio y entusiasta equipo de trabajadores no cualificados. Zaman, un contratista local, rechazó un trabajo de construcción en el ejército e invirtió todos sus esfuerzos en la construcción de una bonita escuela de piedra con forma de U, rodeada por la sombra de una alameda. "Zaman hizo una trabajo increíble", dice Mortenson. "En uno de los pueblos más remotos de Pakistán, construyó en doce semanas una escuela que era infinitamente superior a cualquiera que hubiera podido hacer el Gobierno pakistaní, y con la mitad del coste de un proyecto que el estado habría tardado años en finalizar".

En Kuardu, el pueblo de Changazi, los ancianos estaban tan decididos a sacar adelante su escuela con éxito que donaron un terreno para su construcción en el mismísimo centro del pueblo, y derribaron una casa de piedra de dos pisos para que la escuela estuviera en una ubicación excelente. Como todo lo relacionado con Changazi, la construcción de la escuela de Kuardu sobrepasó los estándares locales. Los hombres de Kuardu construyeron unos sólidos cimientos de piedra a casi dos metros de profundidad y levantaron las paredes el doble de ancho, con el empeño de que la escuela se erigiera imponente en el centro de la ciudad para siempre.

Durante toda la primavera y todo el verano, Mortenson estuvo dando vueltas como loco por el Baltistán con su Land Cruiser verde. Su equipo y él llevaron sacos de cemento a las diversas obras que se habían quedado sin provisiones, hicieron conducir a Makhmal hacia el norte del Braldu para ajustar unas vigas mal colocadas del tejado de la escuela de Pakhora, y revisaron los trabajos del taller de madera de Skardu donde se estaban fabricando los quinientos pupitres que había encargado.

Cuando era evidente que todos los proyectos se completarían antes de lo previsto, Mortenson lanzó un ambicioso despliegue de nuevas iniciativas. Parvi le informó de que había más de cincuenta niñas que estudiaban apretujadas en una escuela que solo contaba con un aula, en el pueblo de Torghu Balla en la franja sur del Indo. Con los materiales que habían sobrado de los otros proyectos, Mortenson vio cómo se ampliaba la escuela con la construcción de dos aulas más.

Durante un viaje para visitar el pueblo de Mouzafer, Halde, en el valle de Hushe, donde había prometido a los ancianos que construiría una escuela al año siguiente, Mortenson se enteró de las dificultades que atravesaba una escuela estatal que había en el pueblo vecino de Khanday. Allí, un entregado profesor local llamado Ghulam luchaba por seguir dando clases a noventa escolares, a pesar de llevar más de dos años sin recibir un sueldo del Gobierno. Indignado, Mortenson se ofreció a pagarle un salario, y contrató a dos profesores más con el fin de reducir la proporción profesor-estudiantes a un nivel razonable.

Durante sus viajes, Syed Abbas había oído a cientos de baltis elogiar el carácter de Mortenson y hablar con entusiasmo del sinfín de actos de *zakat* que había realizado durante el tiempo que había pasado entre ellos. Syed Abbas envió a un mensajero al Hotel Indus para invitar a Mortenson a su casa.

Mortenson, Parvi y el líder religioso estaban sentados con las piernas cruzadas en el suelo del salón de Syed Abbas sobre unas finísimas alfombras iraníes, mientras el hijo de Abbas les traía té verde servido en tazas de porcelana rosa y galletas azucaradas sobre una bandeja holandesa caprichosamente decorada con molinos de viento.

"Me he puesto en contacto con el *sher* de Chakpo y le he pedido que retire su *fatwa*", dijo Syed Abbas, suspirando, "pero se ha negado. Ese hombre no obedece al islam. Obedece a su propia mente. Quiere desterrarle de Pakistán".

"Si usted cree que estoy haciendo algo contra el islam, dígame que me marche de Pakistán para siempre y lo haré", le dijo Mortenson.

"Siga con su obra", dijo Syed Abbas, "pero manténgase alejado de Chakpo. No creo que esté en peligro, pero no puedo asegurárselo". El ulema supremo de los chiitas de Pakistán le entregó un sobre a Mortenson. "He escrito una carta para usted en la que declaro que cuenta con mi apoyo. Puede serle útil, *Inshallah*, con algunos mulás de otros pueblos".

Evitando pasar por Chakpo, Mortenson volvió a Korphe con el Land Cruiser, para organizar la ceremonia de inauguración de la escuela. Mientras mantenía una reunión sobre el tejado con Haji Ali, Twaha y Hussein, la esposa de este último, Hawa, y Sakina se sentaron con atrevimiento junto a los hombres y preguntaron si podían hablar. "Valoramos todo lo que está haciendo por nuestros niños", dijo Hawa. "Pero las mujeres quieren que le pida algo más".

"¿De qué se trata?", preguntó Mortenson.

"El invierno aquí es muy duro. Nos pasamos el día sentadas bajo el frío como animales, sin poder hacer nada. Si lo quiere Alá, nos gustaría tener un centro para las mujeres, un lugar para charlar y coser".

Sakina tiró de la barba de Haji Ali en broma. "Y para escapar de nuestros maridos".

Para el mes de agosto, mientras esperaban la llegada de los invitados a la ceremonia de inauguración de la escuela, Hawa presidía con entusiasmo el Centro Vocacional para Mujeres de Korphe. En una habitación en desuso de la parte trasera de la casa de Haji Ali, las mujeres de Korphe se reunían cada tarde, y aprendían a manejar las cuatro nuevas máquinas de coser de la marca Singer que Mortenson había comprado, bajo la tutela de Fida, un experto sastre de Skardu. Además, Fida transportó junto con las máquinas, fardos de tela y cajas de hilos hasta las "zonas altas".

"Los baltis tenían una larga, aunque un poco olvidada, tradición en la elaboración de tejidos y en costura", dice Mortenson. "Tan solo necesitaban un poco de ayuda para revivir aquella práctica en extinción. La idea de Hawa era una manera tan sencilla de reconocimiento hacia las mujeres, que decidí que, a partir de aquel día, crearía centros vocacionales en todos los lugares donde construyera una escuela".

A principios de agosto de 1997, Greg Mortenson presidía triunfal la ascensión por el valle del Braldu de un convoy de todoterrenos. Con él en el Land Cruiser verde iba sentada Tara, y en su regazo, Amira Mortenson, que no tenía ni un año. Su séquito incluía agentes de policía, comandantes militares, políticos locales, y los miembros de la Junta Directiva del CAI, Jennifer Wilson y Julia Bergman, que llevaba meses reuniendo una colección de libros culturalmente adecuados para la biblioteca de Korphe.

"Fue impresionante ver al fin el lugar del que Greg había hablado tan apasionadamente durante años", recuerda Tara. "Me hizo ver con mayor claridad toda esa parte de mi marido".

Los todoterrenos aparcaron junto al puente y, mientras la procesión de occidentales lo cruzaba, los habitantes de Korphe gritaban entusiasmados ante su llegada desde el risco que quedaba encima. La pequeña escuela amarilla, recién pintada para la ocasión y engalanada con carteles y banderas de Pakistán, se podía distinguir perfectamente mientras el grupo ascendía hasta Korphe.

Dos años antes, la madre de Mortenson, Jerene, había visitado Korphe, y recuerda lo abrumada que se sintió ante la visión de la obra de su hijo. "Solo el ver la escuela desde la distancia hizo que pasara el resto del camino llorando", cuenta Jerene. "Sabía lo mucho que se había esforzado Greg para la construcción de aquel edificio, lo mucho que había trabajado y lo mucho que se preocupaba. Ver que tus hijos alcanzan una meta así, tiene más significado que cualquier cosa que uno haya hecho en la vida".

"El día de la inauguración, conocimos a Haji Ali y a su esposa, y todos los habitantes del pueblo fueron cogiendo a Amira por turnos", recuerda Tara. "Ella estaba encantada, era una pequeña muñeca rubia con la que todos querían jugar".

La escuela estaba limpia y ordenada. En cada clase había colocados decenas de pupitres nuevos, sobre alfombras con el grosor suficiente para proteger a los alumnos del frío. Las paredes estaban decoradas con coloridos mapas del mundo y con retratos de líderes de Pakistán, y en el patio, sobre un escenario situado bajo una pancarta escrita a mano que proclamaba "Bienvenidos, queridos amigos", se pronunciaron discursos durante horas bajo un sol implacable, mientras sesenta estudiantes de Korphe esperaban con paciencia sentados en cuclillas.

"Fue el día más emocionante de mi vida", dice Tahira, la hija del director de la escuela, Hussein. "El Sr. Parvi nos entregó a cada uno libros nuevos y no me atrevía a abrirlos, ya que eran muy bonitos. Nunca antes había tenido mis propios libros".

Jennifer Wilson escribió un discurso sobre lo mucho que le habría gustado a su marido, Jean Hoerni, presenciar aquel día, e hizo que Ghulam Parvi lo tradujera a la fonética balti para poder dirigirse directamente a la multitud en su propia lengua. Al terminar, entregó a cada estudiante un uniforme escolar nuevo, pulcramente doblado dentro de un envoltorio de celofán.

"No podía apartar la mirada de las mujeres extranjeras", dice Jahan, quien, junto a Tahira, sería un día la primera mujer formada de la larga historia del valle del Braldu. "Se veían tan elegantes. Antes, siempre que veía a las gentes de la ciudad salía corriendo, avergonzada de mis sucias prendas, pero aquel día sostuve el primer conjunto limpio y nuevo que había poseído en mi vida", dice Jahan, "y recuerdo que pensaba: «Quizá no debería sentirme tan avergonzada. Quizá algún día, si lo quiere Alá, puede que yo también me convierta en una dama»".

El director Hussein y los dos profesores nuevos que habían venido para trabajar con él dieron discursos, y también lo hicieron Haji Ali y cada uno de los dignatarios visitantes. Todos menos Greg Mortenson. "Mientras se pronunciaban los discursos, Greg permaneció en un segundo plano, apoyado en una pared", dice Tara, "sosteniendo un bebé que alguien le había puesto en los brazos. Era el bebé más sucio que había visto jamás, pero él no parecía fijarse. Simplemente permanecía allí, feliz, meciéndole entre sus brazos, y me dije: «He aquí la esencia de Greg. Siempre recordaré este momento»".

Por primera vez en la historia, los niños del pueblo de Korphe se embarcaron en la tarea diaria de aprender a leer y a escribir en un edificio protegido contra las inclemencias del tiempo. Junto a Jennifer Wilson, Mortenson vertió las cenizas de Jean Hoerni por el puente construido gracias a la donación del científico, hacia las violentas aguas del río Braldu. Mortenson regresó a Skardu con su familia. Durante los días que pasó enseñándole a Tara su patria adoptiva, conduciendo hacia las colinas del sur de Skardu para compartir una comida en casa de Parvi, o haciendo excursiones hacia el cristalino lago Satpara situado al sur de la ciudad, llegó al convencimiento de que le estaba siguiendo un agente del temido servicio de inteligencia de Pakistán, el ISI.

"El tipo que asignaron para seguirme no debía de ocupar un puesto muy alto en la organización", dice Mortenson, "porque hacía un trabajo mediocre. Tenía el pelo de un brillante color rojo y se desplazaba por los alrededores sobre una moto Suzuki roja, así que era inconfundible, y pasara por donde pasara, allí estaba él, fumando, aparentando que no me observaba. Yo no tenía nada que esconder, así que decidí que lo mejor era dejar que él mismo lo comprobara y se lo informara a sus superiores".

Hubo otro vecino de Skardu que le prestó una incómoda atención a la familia de Mortenson. Una tarde, Mortenson dejó a Tara y Amira en el asiento trasero de su Land Cruiser mientras iba a comprar unas botellas de agua mineral en el bazar. Tara aprovechó para darle el pecho a Amira con discreción. Cuando Mortenson volvió, vio a un hombre con la cara presionada sobre la ventana del Land Cruiser, mirando lascivamente a su esposa. Su guardaespaldas Faisal Baig también vio al *voyeur*, y lo sacó de allí antes de que lo hiciera Mortenson.

"Faisal se llevó al tipo a la vuelta de la esquina, a un callejón, para que Tara no tuviera que ver cómo le golpeaba hasta dejarle inconsciente", dice Mortenson. "Fui corriendo a decirle a Faisal que parase, y le tomé el pulso al hombre, para asegurarme de que no le había matado".

Mortenson quiso llevarle al hospital, pero Baig pateó y escupió a la figura tendida boca abajo en el suelo e insistió en que se quedara donde le correspondía estar, tirado en la alcantarilla. "Este *shetan*, este demonio, tiene suerte de que no le haya matado", dijo Baig. "Si lo hiciera nadie de Skardu lo desaprobaría". Años después, Mortenson se enteró de que los habitantes del Skardu le hicieron semejante vacío cuando se corrió la voz de cómo le había faltado el respeto a la esposa del Dr. Greg, que el hombre se vio obligado a trasladarse a otro lugar.

Después de embarcar a su esposa y a su hija en un avión de vuelta a casa, Mortenson se quedó en Pakistán dos meses más. El éxito del Centro Vocacional para Mujeres llevó a los hombres de Korphe a plantearse si había algo que Mortenson pudiera hacer para hacerles ganar también a ellos un dinero extra.

Con el apoyo del hermano de Tara, Brent Bishop, Mortenson organizó el primer programa de formación de porteadores de Pakistán, el Karakórum Porter Training and Enviromental Institute. Bishop era un próspero escalador del Everest, como lo había sido su difunto padre y convenció a uno de sus patrocinadores, Nike, para que donara fondos y equipamiento para el proyecto. "Los porteadores baltis trabajaban con gallardía en algunos de los terrenos alpinos más duros de la tierra", dice Mortenson, "pero carecían de formación en alpinismo". En una expedición guiada y organizada por Mouzafer, Mortenson, Bishop y ochenta porteadores ascendieron el Baltoro. Apo Razak, veterano experto en alimentar a grandes grupos en lugares inhóspitos, hizo de cocinero jefe. Una vez en el glaciar, los alpinistas americanos les instruyeron en primeros auxilios, en rescates en grietas, y en los tipos de cuerdas básicos para la escalada.

También se centraron en la reparación del daño medioambiental infligido al Baltoro durante cada temporada de escalada, construyendo letrinas de piedra en los campamentos que había a lo largo del glaciar esperando acabar con los desechos congelados que dejaban las expediciones a su paso.

Y para los porteadores que regresaban tras cada ascensión al glaciar con cestas vacías, crearon un programa anual de reciclaje, que permitió retirar más de una tonelada de latas, vidrio y plástico de los campos base del K2, de Broad Peak y del Gasherbrum durante aquel primer año. Mortenson dispuso que los desechos reciclables se llevaran a Skardu y se aseguró de que los porteadores recibían el pago por sus esfuerzos en libras.

Cuando el invierno volvió a abrazar los valles del Karakórum, Mortenson regresó a casa, a la tranquilidad de su sótano en Bozeman, finalizado el año más ajetreado de su vida.

"Cuando pienso en todo lo que logramos aquel año, a pesar de la *fatwa*, no me explico cómo lo hice, cómo tenía tantas energías", confiesa Mortenson.

Pero sus enormes esfuerzos habían servido para hacerle más consciente aún del océano de necesidades que le esperaba. En medio de miles de llamadas nocturnas a Pakistán, de correos electrónicos a su Junta Directiva y de un sinfín de cafeteras, empezó a planear su ataque primaveral a la pobreza de Pakistán.

CAPÍTULO 16

La caja de terciopelo rojo

Ningún humano, ningún ser viviente, sobrevive durante mucho tiempo bajo el cielo eterno. Las mujeres más bellas, incluso los hombres más sabios, Mohammed, que oyen la propia voz de Alá, todos se marchitan y mueren. Todo es pasajero. El cielo sobrevive a todo. Incluso al sufrimiento.

-Bowa Johar, poeta balti, y abuelo de Mouzafer Ali

Mortenson se imaginó al mensajero viajando inexorablemente hacia el sureste. Pensaba que el documento con el fallo del Consejo Supremo viajaría dentro de las alforjas de algún emisario desde Irán hasta Afganistán, y que un poni de montaña bordearía la llanura de Shomali, llena de minas, para avanzar lentamente hacia los elevados pasos del Hindu Kush y cruzar finalmente a Pakistán. En su mente, Mortenson intentaba aminorar la marcha del mensajero sembrando su camino con desprendimientos de rocas y avalanchas de nieve. Así tardaría años en llegar que era lo que Mortenson esperaba, porque si lo que traía eran malas noticias podría ser desterrado para siempre de Pakistán.

En realidad, la caja de terciopelo rojo que contenía el fallo del Consejo se envió desde Qom a Islamabad, llegó a Skardu en un avión PIA 737 y fue entregada a los clérigos chiitas más importantes del norte de Pakistán para que hicieran una lectura pública.

"Mientras el Consejo Supremo había estado considerando el caso de Mortenson, se habían enviado espías para indagar en los asuntos de aquel americano que trabajaba en el centro chiita de Paskistán", dice Parvi. "Empecé a recibir noticias desde muchas de nuestras escuelas de la visita de unos hombres que querían saber si estas eran centros de reclutamiento cristianos o si promovían el libertinaje occidental".

"Finalmente, yo mismo recibí la visita de un ulema iraní en mi casa. Me preguntó directamente, «¿Has visto alguna vez a este infiel beber alcohol o intentar seducir a mujeres musulmanas?» Le dije sinceramente que nunca había visto beber al Dr. Greg, y que era un hombre casado, que respetaba a su esposa y a sus hijos y que nunca provocaría a ninguna chica balti. También le dije que podía quedarse para investigar todo lo que hiciera falta y sin ningún problema en cualquiera de las escuelas, y que yo gestionaría su transporte y le pagaría los gastos en el momento que quisiera marcharse. «Hemos estado en sus escuelas», me dijo, y me agradeció con cortesía el tiempo que le había dedicado".

A principios de abril de 1998, Parvi apareció en la puerta de la habitación de Mortenson del Hotel Indus y le dijo que les habían convocado a ambos.

Mortenson se afeitó y se puso el más limpio de los cinco *shalwar kamiz* que ya había acumulado por aquel entonces.

La mezquita de Imam Bara, como muchas de las del Pakistán chiita, apenas se dejaba ver desde el mundo exterior. Sus altas paredes de tierra carecían de adornos, a excepción de un alto minarete pintado de verde y azul coronado con unos altavoces desde los que se llamaba a los fieles a la oración.

Fueron conducidos por un gran patio, y atravesaron una puerta con forma de arco. Mortenson descorrió una cortina de terciopelo color chocolate y se acercó a la zona sagrada de la mezquita, un lugar nunca antes visitado por un infiel, asegurándose de cruzar el umbral cuidadosamente con el pie derecho primero, para evitar cualquier ofensa.

Allí estaban los ocho imponentes miembros del consejo de ulemas con sus turbantes negros. Por la frialdad con que le saludó Syed Abbas Risvi, Mortenson se temió lo peor. Acompañado de Parvi, se sentó pesadamente sobre una alfombra de Ishafan tejida con un exquisito estampado de hojas de parra. Syed Abbas le hizo una señal al resto del consejo para que se uniera a ellos formando un círculo sobre la alfombra, y entonces se sentó él mismo, colocando una pequeña caja de terciopelo rojo frente a él, sobre la alfombra.

Siguiendo paso a paso el ritual establecido, Syed Abbas levantó la tapa de la caja, sacó de su interior un pergamino enrollado con una cinta roja, lo desplegó y desveló a Mortenson la decisión sobre su futuro. "Querido *compasivo ante los pobres*", tradujo de la elegante caligrafía farsi, "nuestro sagrado Corán nos dice que todos los niños deben recibir educación, incluidas nuestras hijas y hermanas. Su noble obra sigue los principios máximos del islam: atender a los pobres y a los enfermos. En el sagrado Corán no hay ley que prohíba que un infiel preste ayuda a nuestros hermanos y hermanas musulmanes, por consiguiente", concluía la sentencia, "ordenamos a todos los clérigos de Pakistán que no interfieran en sus nobles intenciones. Cuenta con nuestro permiso, con nuestras bendiciones y con nuestras oraciones".

Sonriendo, Syed Abbas enrolló el pergamino, lo guardó en la caja de terciopelo rojo, y se la entregó a Mortenson que le tendió la mano.

Con la cabeza todavía dándole vueltas, Mortenson estrechó la mano de cada uno de los miembros del consejo. "¿Significa esto que...", intentó preguntar. "La *fatwa*, ¿está...?".

"Olvídese de todas esas tonterías, de pueblos estrechos de miras", le dijo Parvi sonriendo. "Contamos con la bendición del *mufti* más importante de Irán. Ahora ningún chiita se atreverá a entrometerse en nuestra obra, *Inshallah*".

Syed Abbas ordenó que trajeran el té. "Quiero hablar con usted de otro asunto", le dijo, relajándose ahora que había cumplido con todas las formalidades. "Me gustaría proponer una pequeña colaboración".

Aquella primavera, la noticia sobre el fallo del consejo se extendió rápidamente por todo el Baltistán fluyendo de pueblo en pueblo como el agua del deshielo que recorría sus valles desde las alturas del Karakórum. Las tranquilas reuniones matutinas de Mortenson en el Hotel Indus se volvieron tan concurridas que tuvieron que trasladarlas a una sala de banquetes del piso de arriba, donde los encuentros eran cada vez más escandalosos. Cada día que pasaba en Skardu y ahora que contaba con la aprobación del Consejo Supremo de ayatolás, llegaban emisarios de distintos pueblos de Pakistán con peticiones para nuevos proyectos.

Mortenson tuvo que empezar a comer en la cocina del hotel, donde podía al menos acabarse una tortilla o un plato de curry vegetal sin tener que contestar a ninguna nota en la que le pidieran un préstamo para poner en marcha una empresa de extracción de piedras semipreciosas o fondos para la reconstrucción de la deteriorada mezquita de algún pueblo.

Su vida había entrado en una nueva fase, aunque él todavía no lo apreciaba del todo. A pesar de que, al principio, lo intentaba, ya no disponía de tiempo suficiente para hablar con todo aquel que venía a hacerle una petición. Había estado muy ocupado en otras épocas de su vida, pero ahora le parecía que al día le faltaban unas cinco o seis horas. Se propuso filtrar como fuera el aluvión de solicitudes que le llegaban y quedarse con los pocos proyectos que merecieran la pena y que pudiera llevar a cabo con los medios de los que disponía.

Syed Abbas, cuya influencia se extendía por muchos de los valles de aquellas agrestes montañas, tenía un agudo sentido de las necesidades de cada comunidad. Le dijo a Mortenson que coincidía con él en que la educación era la única estrategia a largo plazo para combatir la pobreza, pero apuntó que los niños del Baltistán se enfrentaban a un problema más inmediato. En pueblos como Chunda, en el fondo del valle de Shigar, dijo Syed Abbas, moría uno de cada tres niños antes de su primer cumpleaños. La falta de higiene y de agua potable eran los culpables, alegó.

Mortenson incluyó con entusiasmo esa nueva iniciativa en su obra. Para hacer crecer una planta había que regarla; los niños tenían que vivir el tiempo necesario para beneficiarse de la escuela. Junto a Syed Abbas, visitó al *nurmadhar* de Chunda, Haji Ibrahim, y le convenció para que pusiera a los hombres del pueblo a su disposición. Los habitantes de los pueblos vecinos pidieron permiso para unirse al proyecto, y, con cientos de trabajadores cavando zanjas durante diez horas al día, completaron la obra en tan solo una semana. Con los tres mil seiscientos metros de cañerías que Mortenson les proporcionó, los cinco pueblos del valle pudieron recibir agua potable fresca gracias a la instalación de varias fuentes públicas.

"Llegué a respetar y a depender de la visión de Syed Abbas", dice Mortenson. "Es el tipo de líder religioso que más admiro. Su compasión se traduce en acciones, no solo en palabras. No se limita a encerrarse con sus libros. Syed Abbas cree que hace falta implicarse para hacer del mundo un lugar mejor. Gracias a su obra, las mujeres de Chunda dejaron de tener que caminar largas distancias en busca de agua potable, y, de la noche a la mañana, la tasa de mortalidad infantil de una comunidad de dos mil personas se redujo a la mitad".

En una reunión celebrada antes de que Mortenson partiera hacia Pakistán, la Junta Directiva había aprobado la construcción de tres escuelas más durante la primavera y el verano de 1998. La escuela de Mouzafer estaba entre sus prioridades. Durante sus últimas visitas, Mouzafer no le había parecido el mismo. La fuerza de aquel hombre que le había sacado del Baltoro se estaba apagando y estaba perdiendo el oído. Como a tantos hombres baltis que habían trabajado durante años bajo las inclemencias del tiempo, la vejez le acechaba como un depredador implacable.

Halde, el pueblo de Mouzafer, estaba al sur del exuberante valle de Hushe. Situado junto a la orilla del río Shyok, justo donde este se ralentiza y se ensancha antes de encontrarse con el Indus, Halde era el lugar más perfecto que Mortenson había visto en Pakistán. Varios canales de riego recorrían un mosaico de campos de cultivo que se extendían hasta la ribera. Los caminos del pueblo estaban flanqueados de albaricoqueros y moreras. "Halde es mi especie de Shangri-La. Es el tipo de lugar adonde podría llevar un montón de libros, quitarme los zapatos, y esconderme durante mucho tiempo", dice Mortenson; pero no podía permitirse ese lujo. Mouzafer, sin embargo, que había puesto fin a sus días de caminatas por las montañas, tenía la intención de pasar sus últimos años de vida tranquilamente en su pequeño pueblo natal, rodeado de huertos y de sus hijos y de los hijos de estos, a muchos metros por debajo de la tierra del hielo eterno.

Gracias a un proceso que Parvi, Makhmal y él habían perfeccionado, consiguió una parcela de terreno situado entre dos arboledas de albaricoqueros y, con la ayuda del pueblo, construyeron una robusta escuela de piedra de cuatro aulas en solo tres meses, por poco más de doce mil dólares. El abuelo de Mouzafer, Bowa Jahar, había sido un poeta reconocido en todo Baltistán. Mouzafer había trabajado como un simple porteador durante toda su vida adulta, y no gozaba de ningún estatus especial en Halde, pero el hecho de que hubiera ayudado a traer una escuela al pueblo le otorgó un nuevo nivel de respeto a aquel buen hombre, que extraía rocas para la construcción y que levantaba vigas para el tejado a pesar de que otras manos más jóvenes intentaban quitarle la carga de los hombros.

De pie junto a Mortenson frente a la escuela acabada, observando cómo los niños de Halde se estiraban poniéndose de puntillas para mirar a través de los cristales las misteriosas aulas donde empezarían a recibir sus clases en otoño, Mouzafer cogió una mano de Mortenson entre las suyas.

"Mis días en las alturas han llegado a su fin, Greg Sahib", le dijo. "Me gustaría trabajar con usted por muchos años, pero Alá, en su sabiduría, ha agotado la mayor parte de mis fuerzas".

Mortenson abrazó a aquel hombre que en tantas ocasiones le había ayudado a encontrar su camino. A pesar de que Mouzafer hablaba de debilidad, sus brazos conservaban la fuerza suficiente para cortarle la respiración a un gigante americano. "¿Qué harás?", le preguntó Mortenson.

"Ahora mi trabajo", dijo Mouzafer con sencillez, "es dar agua a los árboles".

Mohammed Aslam Khan había vivido su infancia antes de la construcción de las carreteras, en el extremo más alto del valle de Hushe, bajo la sombra de los glaciares colgantes del Masherbrum. En el pueblo de Hushe nunca pasaba nada. La vida allí transcurría con normalidad. En verano, los niños como Aslam conducían los rebaños de ovejas y cabras a pastos más altos mientras las mujeres elaboraban yogur y queso. Desde los pastos, se podía ver cómo la montaña a la que llamaban Chogo Ri, "gran montaña", conocida en el resto del mundo como K2, atravesaba los cielos superando con creces la altura del enorme Masherbrum.

En otoño, Aslam se turnaba con otros chicos del pueblo para conducir a un grupo de seis jadeantes yaks en círculos alrededor de un poste, con el fin de que sus pesados cascos trillaran el trigo recién cosechado, y durante el largo invierno, se arrimaba al fuego tanto como podía, compitiendo con sus cinco hermanos, sus tres hermanas y el ganado de la familia por conseguir el lugar más caliente en los días más fríos.

Aquella era su vida. Así era como los chicos de Hushe podían esperar pasar su vida, pero el padre de Aslam, Golowa Ali, era el *nurmadhar* de Hushe. Todo el mundo decía que Aslam era el niño más inteligente de la familia, y su padre tenía otros planes para él.

A finales de la primavera, cuando el mal tiempo había remitido, aunque el Shyok seguía fluyendo impetuoso con agua del deshielo, Golowa Ali despertó a su hijo antes de las primeras luces del alba y le dijo que se preparara para abandonar el pueblo. Aslam no podía entender lo que quería decir, pero cuando vio que su padre le había hecho el equipaje, envolviendo un pedazo de *churpa*, un fuerte queso de oveja, en un fardo de ropa, se puso a llorar.

No tenía permitido cuestionar la voluntad de su padre, pero Aslam desafió al jefe del pueblo de todos modos.

"¿Por qué tengo que irme?", le preguntó, volviéndose hacia su madre en busca de apoyo, pero, a la luz de una parpadeante lámpara de aceite, Aslam comprobó con asombro que ella, también, estaba llorando.

"Vas a ir a la escuela", le dijo su padre.

Durante dos días, Aslam caminó hacia el sur con su padre. Como todos los chicos de Hushe, había deambulado por aquellos estrechos senderos de montaña que se aferraban a los bordes de los precipicios como la hiedra a las rocas, pero nunca había estado tan lejos de casa. Allí abajo la tierra era arenosa y no tenía nieve. A sus espaldas, el Masherbrum había perdido la inmensidad tranquilizadora que lo situaba como el centro de su universo conocido. Era simplemente una montaña entre otras muchas.

Cuando el camino llegó a su fin en la ribera del Shyok, Golowa Ali colgó una bolsita que contenía dos monedas de oro alrededor del cuello de su hijo con un cordel. "Cuando, *Inshallah*, llegues al pueblo de

Khaplu, encontrarás una escuela. Dale al Shaib que dirige la escuela estas monedas para pagar tu formación".

"¿Cuándo volveré a casa?", preguntó Aslam, intentando controlar el temblor de sus labios.

"Sabrás cuándo hacerlo", le respondió su padre. Golowa Ali infló seis vejigas de yak y las ató formando un *zaks*, una balsa, el medio tradicional balti para vadear un río cuando su caudal era demasiado profundo como para cruzarlo a pie.

"Ahora agárrate fuerte", le dijo.

Aslam no sabía nadar.

"Cuando mi padre me puso en el agua no me pude controlar y rompí a llorar. Él era un hombre fuerte, pero mientras yo flotaba hacia el sur por el Shyok, pude ver que él también tenía lágrimas en los ojos".

Aslam se aferró al *zaks* mientras el Shyok le alejaba de la vista de su padre. Ahora que nadie le observaba, atravesó los rápidos, llorando a lágrima viva, temblando por el frío del agua del deshielo. Tras unos momentos aterradores que podían haber durado diez minutos o dos horas, Aslam se dio cuenta de que se movía a un ritmo más lento a medida que se ensanchaba el río. Vio a algunas personas al otro lado del río y remó con las manos en su dirección, con mucho miedo a que el *zaks* se soltara con el movimiento de los brazos.

"Un anciano me sacó del agua y me envolvió en una cálida manta de pelo de yak", explica Aslam. "Yo seguía tiritando y llorando, y me preguntó la razón por la que había cruzado el río, así que le conté lo que me había ordenado mi padre".

"No tengas miedo", le tranquilizó el anciano. "Eres un chico valiente para haber venido tan lejos desde casa. Un día, cuando regreses, serás honrado por todo el mundo". Le puso dos arrugados billetes de rupias en la mano y le acompañó hasta el camino que llevaba a Khaplu, donde lo dejó en compañía a otro anciano.

De este modo, Aslam y su historia se extendieron por el sur del valle de Hushe. Fue pasando de mano en mano, y cada hombre que le acompañaba hacía una pequeña contribución para su educación. "La gente era tan generosa que me sentí muy animado", recuerda Aslam. "No tardé en matricularme en una escuela estatal de Khaplu, y en estudiar con todo mi empeño".

Los estudiantes de la bulliciosa Khaplu, la mayor localidad que había visto Aslam en su vida, eran cosmopolitas comparados con él. Se burlaban de Aslam por su aspecto. "Yo llevaba zapatos de piel de yak y ropa de lana, mientras que el resto de los alumnos vestían de uniforme", dice Aslam. Los profesores, que me tenían lástima, hicieron un fondo común para comprarme una camisa blanca, un jersey granate y unos pantalones negros para que no desentonara entre los otros chicos. Se ponía el uniforme cada día y lo limpiaba tan bien como podía cada noche, y después de su primer año de colegio, cuando volvió a subir el valle de Hushe para ver a su familia, causó la impresión que le había predicho el anciano que le había sacado del Shyok.

"Cuando llegué", cuenta Aslam, "iba limpio y vestido con mi uniforme. Todo el mundo me miraba y me decía lo mucho que había cambiado. Todo el mundo me honraba. Me di cuenta de que debía estar a la altura de aquel honor".

En 1976, después de que Aslam se graduara con honores en la décima promoción de la escuela de Khaplu, le ofrecieron un puesto en el gobierno de los Territorios del Norte, pero decidió volver a su pueblo natal de Hushe y, tras la muerte de su padre, fue elegido *nurmadhar*. "Había visto cómo vivía la gente en otros lugares y era mi deber trabajar por la mejora de la calidad de la vida en mi pueblo", dice Aslam.

Elevando una petición a los funcionarios gubernamentales que le habían ofrecido trabajo, Aslam ayudó a persuadir a la administración de los Territorios del Norte para abrir un camino de tierra que subiera por el valle hasta Hushe. También les insistió hasta que destinaron fondos para construir una pequeña escuela para veinticinco chicos en una granja con muchas corrientes de aire, aunque tuvo problemas para convencer a las familias de su pueblo de que enviaran a sus hijos a estudiar a aquel austero edificio, en lugar de quedarse trabajando los campos. Los hombres le abordaban a su paso, intentando sobornarle entre susurros con manteca y sacos de harina si eximía a sus hijos de ir a la escuela.

Cuando sus propios hijos alcanzaron la edad de ir al colegio, Aslam se dio cuenta de que necesitaba ayuda si aspiraba a educarlos a todos. "Había sido bendecido nueve veces", dice Aslam. "Tengo cuatro hijos y cuatro hijas, pero mi hija Shakeela es la más inteligente de todos. Sin embargo, no tenía donde proseguir sus estudios y era demasiado joven para viajar. A pesar de que por mi pueblo habían pasado cientos de alpinistas durante muchos años, ninguno se había ofrecido a ayudar a nuestros niños. Empecé a oír rumores sobre un *angrezi* que estaba construyendo escuelas que admitían tanto a chicos como a chicas de todo el Baltistán, y decidí ir en su busca.

En la primavera de 1997, Aslam viajó dos días en todoterreno hasta Skardu y preguntó por Mortenson en el Hotel Indus, pero le dijeron que había partido hacia el norte del valle del Braldu y que podría pasar semanas allí. "Dejé una carta para el *angrezi,* invitándole a mi pueblo", dice Aslam, "pero nunca supe de él". Entonces, un día de junio de 1998, cuando estaba en su casa de Hushe, Aslam se enteró a través de un conductor de todoterreno de que el *angrezi* estaba a tan solo unos cuantos pueblos al sur del valle, en Khane.

"Aquella primavera había vuelto a Khane", dice Mortenson, "con la intención de convocar una *jirga,* una gran reunión, para que nadie prestara su apoyo a Jangjungpa y así poder construir una escuela allí", pero Janjungpa, que no estaba dispuesto a renunciar a su fantasía de una escuela de escaladores propia, había contactado con la policía local, y les había dicho lo necesario para despertar sospechas sobre un forastero en aquella sensible región fronteriza. "Dijo que yo era un espía, al servicio de la India, su enemigo acérrimo".

Mientras Mortenson luchaba por apaciguar a un policía que le exigía el pasaporte para inspeccionarlo, Aslam llegó en un todoterreno que le habían prestado y se presentó. "Le dije: «Soy el *nurmadhar* de Hushe y llevo un año intentando conocerle»", recuerda Aslam. "Le dije: «Por favor, esta noche, venga a Hushe y asista a nuestra fiesta del té»". Mortenson estaba empezando a creer que Khane era un lugar maldito. Ya no quería que la luna llena, que se tambaleaba sobre el borde del cañón, cayera y se estrellara contra aquel pueblo, pero estaba contento de tener una excusa para marcharse de allí.

Aslam, que era tan innovador en el campo educativo como en el resto de ámbitos de su vida, había pintado las paredes de su casa con unos llamativos diseños geométricos en colores primarios. Para Mortenson, tenía un aire vagamente africano que le hizo sentirse como en casa de inmediato. Sentado sobre el tejado, estuvo tomándose un *paiyu cha* hasta bien entrada la noche con su nuevo amigo *nurmadhar*, escuchando la historia de la odisea de Aslam. Para cuando el sol naciente tiñó los glaciares colgantes del Masherbrum de un rosa pálido, como pastelitos descomunales colgando sobre ellos a la hora del desayuno, Mortenson ya había accedido a transferir a aquel otro pueblo, cuyo jefe había recorrido tan larga distancia río abajo para completar su propia educación, los fondos destinados para la construcción de la escuela de Khane.

"Tras haberle buscado por todo el Baltistán, me sorprendió mucho encontrar al fin al Dr. Greg", dice Aslam. "Esperaba tener que suplicarle a un *angrezi Sahib* como un pobre hombre, pero él me habló como un hermano. Greg me pareció un hombre muy amable, de buen corazón y con un encanto natural. La primera vez que le conocí, realmente me enamoré de su personalidad. Desde que construimos la escuela, ese sentimiento se ha hecho cada vez más fuerte, y, finalmente, ese amor se ha extendido a todos mis hijos y a todas las familias de Hushe".

El edificio que construyeron Aslam y el resto de hombres de su pueblo en el verano de 1998, con los fondos y la ayuda del CAI de Mortenson, es quizá la escuela más bella del norte de Pakistán. Mortenson le entregó los detalles del diseño de la escuela al *nurmadhar*, y la contribución de Aslam quedó patente en los ribetes de madera tallada, pintados de color escarlata, que adornan cada una de las ventanas, los bordes del tejado y la entrada. Junto a las tapias que rodean el patio, los girasoles crecían sobrepasando a los estudiantes más mayores a lo largo de los cálidos meses, y la vista a la que tenían acceso los alumnos desde cada clase era inspiradora: el tejado del mundo, representado por la cumbre del Masherbrum.

En una casa que acaba de alquilar, cerca de la Instituto Gubernamental para Chicas a la que asiste actualmente en Khaplu, la hija mayor de Aslam, Shakeela, simboliza el camino que abrió la escuela de Hushe durante su primer año de funcionamiento. Sentada junto a su distinguido padre, con las piernas cruzadas sobre una alfombra de lana, Shakeela, dotada de una gran belleza y desenvoltura para sus quince años, sonríe mientras habla, escondida tras un chador de color crema.

"Al principio, cuando empecé a ir al colegio, mucha gente del pueblo me decía que una chica no tenía por qué hacer eso", cuenta Shakeela. "Me decían que acabaría trabajando en el campo, como todas las mujeres, así que no tenía por qué llenarme la cabeza con las tonterías que venían en los libros, pero yo sabía lo mucho que valoraba mi padre mi formación, así que intenté hacer oídos sordos a las habladurías y persistí en mis estudios".

"He intentado animar a todos mis hijos", dice Aslam, señalando a dos de los hermanos mayores de Shakeela, estudiantes universitarios que conviven con ella en Khaplu y que la protegen, "pero advertí unas aptitudes especiales en esta niña desde que era pequeña".

Shakeela se cubre la cara con el chador avergonzada, y luego se lo retira para hablar. "No soy una estudiante tan especial", dice, "pero fui capaz de acabar el colegio de Hushe con buenas notas".

"Adaptarse a la vida cosmopolita de Khaplu ha resultado difícil. El medio aquí es muy extremo", opina. "Todo es muy rápido y todo está al alcance". Le enseña a su padre un examen de física que ha hecho hace poco, del que se avergüenza por haber sacado solo un 82 por ciento. "Aquí las clases son muy difíciles, pero me estoy acostumbrando", dice. "En Hushe, era la alumna más avanzada. Aquí al menos dispongo de algún estudiante de curso superior o de algún profesor para ayudarme cuando me pierdo".

Ahora que había una carretera por la que podía descender, el camino de Shakeela hacia la formación superior en Khaplu no era tan peligrosa a nivel físico como lo había sido para su padre, pero, a su manera, su trayectoria brilló con la misma intensidad. "Shakeela es la primera chica del valle de Hushe que tuvo el privilegio de acceder a la formación académica superior", dice Aslam con orgullo. "Y ahora, todas las niñas de Hushe la admiran".

El elogio de su padre hace que Shakeela se retire, brevemente, tras sus chador. "La mentalidad de los habitantes de Hushe está empezando a cambiar", dice Shakeela, volviendo a descubrirse. "Ahora, cuando vuelvo a mi pueblo, veo que todas las familias mandan a las niñas al colegio, y me dicen: «Shakeela, estábamos equivocados. Hacías bien en leer tantos libros y has sido muy valiente al marcharte a estudiar lejos de casa. Estás trayendo honor al pueblo»".

Si llega a dominar nuevas asignaturas como la física, Shakeela dice que quiere llegar tan lejos como le lleve su formación, aunque su ideal sería asistir a una escuela de medicina. "Me gustaría ser médico y poder ir a trabajar allá donde me necesiten", dice. "He aprendido que el mundo es un lugar muy grande y que yo he visto una parte muy pequeña".

Los buenos resultados académicos de Shakeela están influyendo no solo en las mujeres del valle de Hushe, sino también en sus hermanos mayores. Yakub, de dieciocho años, fue a la Universidad de Lahore durante un año, pero suspendió seis de sus ocho asignaturas. Ahora, matriculado en un colegio local de Khaplu, ha retomando sus estudios con la esperanza de obtener un puesto de funcionario. "No tengo elección", dice Yakub, "Mi hermana me está presionando. Ella se esfuerza mucho, así que también yo debo hacerlo".

Al examinar un fajo con los últimos trabajos de Shakeela, Aslam encuentra un examen en el que su hija ha obtenido un cien por cien, un examen de urdu. Sostiene la hoja con ternura, como si fuera una pepita de oro encontrada entre las aguas del Shyok. "Por estas bendiciones, doy las gracias al todopoderoso Alá", dice Aslam, "y a Míster Greg Mortenson".

Durante todo el otoño y el invierno de 1998, las gentes del norte de Pakistán hablaron maravillas de Mortenson. Al volver a Peshawar, aquella ciudad que seguía fascinándole, Mortenson pasó por los campos de refugiados que hacían un gran esfuerzo por cobijar, alimentar y educar a cientos de miles de desplazados que huían de un Afganistán prácticamente conquistado por la despiadada corriente fundamentalista talibán del islam. Construir escuelas bajo unas condiciones tan apocalípticas estaba claramente fuera de lugar. Aún así, organizó a ochenta profesores para que dieran clase a cuatro mil estudiantes en el campo de refugiados de Shamshatoo, al suroeste de Peshawar, y se comprometió a garantizarles un sueldo mientras los refugiados permanecieran en Pakistán.

Pero Mortenson todavía hizo mucho más aquel año. Ante la proliferación de enfermedades oculares en el norte de Pakistán, Mortenson habló con el Dr. Geoff Tabin, un cirujano americano especializado en cataratas, para que accediera a intervenir de forma gratuita a sesenta ancianos de Skardu y de Gilgit, y envió al Dr. Niaz Ali, el único oftalmólogo del Baltistán, al reconocido Hospital Oftalmológico Tilanga de Nepal para que recibiera formación la especializada que le permitiera operar él mismo después de que el Dr. Tabin regresara a Estados Unidos.

Tras asistir a una conferencia de expertos en desarrollo en Bangladesh, Mortenson decidió que las escuelas del CAI formarían a los estudiantes solo hasta quinto curso y que se centrarían en incrementar la presencia de las niñas en las aulas. "Cuando se educa a los niños, estos tienden a marcharse a las ciudades en busca de trabajo", explica Mortenson, "pero las chicas se quedan en casa, se convierten en las líderes de la comunidad, y transmiten lo que han aprendido. Si uno realmente quiere cambiar una cultura, reconocer los derechos de las mujeres, mejorar la higiene básica y la asistencia sanitaria, y combatir las elevadas tasas de mortalidad infantil, la clave está en educar a las niñas".

Dando tumbos en su Land Cruiser verde por los pueblos donde operaba la CAI, Mortenson mantenía reuniones con los ancianos en las que les pedía que se firmara un compromiso para aumentar la matriculación de las niñas en cada escuela un diez por ciento anual si querían que el CAI continuara prestándoles su apoyo. "Si las chicas consiguen al menos llegar a quinto curso", dice Mortenson, "todo cambia".

La Junta Directiva del CAI también iba evolucionando. A ella se incorporó la esposa de George McCown, Karen, que había fundado una escuela concertada en Bay Area, y también Abdul Jabbar, un profesor pakistaní del City College de San Francisco. La junta estaba ahora formada en su totalidad por profesionales de la educación.

Ahora que habían construido varias escuelas que ya estaban en pleno funcionamiento, Julia Bergman, con la ayuda de dos profesores del City College, Joy Durighello y Bob Irwin, organizó un taller de formación docente que se impartiría cada verano en Skardu, y recopiló una biblioteca permanente con recursos para todos los profesores del CAI. Ese mismo verano, en las reuniones que se celebraron en Skardu, junto a Ghulam Parvi, los expertos profesores traídos por

Bergman a Pakistán desde Estados Unidos, y a todos los instructores pakistaníes de la plantilla del CAI, Mortenson estableció una filosofía educativa.

Las escuelas del CAI impartirían exactamente el mismo currículum que cualquier buen colegio público pakistaní. No habría ninguna de esas clases de "culturas comparativas" tan populares en aquel entonces en occidente, nada que los conservadores líderes religiosos pudieran tachar de "antiislámico" como excusa para cerrar las escuelas, pero tampoco permitirían que las escuelas predicaran la exaltada corriente integrista islámica inculcada en muchas de las *madrassas* del país.

"No quiero enseñar a los niños de Pakistán a pensar como americanos", declara Mortenson. "Solo quiero que tengan una educación equilibrada, sin extremismos. Esa idea está en el centro de lo que hacemos".

Cada proyecto culminado con éxito aumentaba la reputación de Mortenson en el norte de Pakistán. Su foto empezó a exponerse sobre las chimeneas de las casas y en los salpicaderos de los todoterrenos. Obligados como están por la prohibición del islam contra los falsos ídolos, los pakistaníes desaprueban el sinfín de deidades que empapelan los parabrisas del país hindú situado al este, pero como en la India, algunas figuras públicas de Pakistán estaban empezando a ser excesivamente famosas.

El campeón de críquet Imran Khan se había convertido en una especie de santo secular, y difundiéndose más allá de la oficina central de Mortenson en Skardu, por encima de las resecas dunas, a través de los sinuosos desfiladeros, y hacia los valles azotados por los elementos del Baltistán, la leyenda del amable infiel llamado Dr. Greg también estaba creciendo.

CAPÍTULO 17

Cerezos en la arena

Creo que el subcontinente indio y la Línea de Control de Cachemira, se pueden considerar, actualmente, los lugares más peligrosos del mundo.

-Bill Clinton, antes de abandonar Washington para realizar una visita diplomática a la India y a Pakistán con el fin de conseguir un acuerdo de paz entre ambos países

Fátima Batool recuerda que el primer estallido se oyó perfectamente desde la batería de infantería india, a tan solo doce kilómetros al otro lado de la montaña. Recuerda oír el grácil silbido del primer proyectil mientras salía disparado por el cielo azul, y cómo su hermana Aamina y ella, que estaban trabajando en la siembra de alforfón, se miraron la una a la otra justo antes de la primera explosión.

En Brolmo, su pueblo del valle de Gultori, un lugar que aparecía situado en los mapas del ejército indio con la denominación "Cachemira ocupada por Pakistán", nunca pasaba nada extraordinario. Al menos eso era lo que le parecía a Fátima, de diez años. Recuerda que estaba mirando la cara de su hermana mayor cuando el cielo empezó a cantar una melodía desconocida, y cómo su propio desconcierto se reflejó en los grandes ojos de Aamina, que la miraban como diciendo: "He aquí algo extraordinario".

Pero, de lo que pasó tras la tormenta de fuego y metralla procedente del primer proyectil de ciento cincuenta y cinco milímetros, Fátima prefiere recordar lo menos posible. Las imágenes están todavía

261

demasiado calientes, como las piedras enterradas en el carbón que usaban para cocer hogazas de *kurba*. Pudo ver cadáveres y restos humanos en el trigal, mientras aumentaba la intensidad de los estallidos, de los silbidos y de las explosiones que se producían con una frecuencia que acabó convirtiéndolas en un alarido continuo.

Aamina agarró la mano de Fátima y, juntas, se unieron a los aterrorizados habitantes del pueblo, que corrían todo lo rápido que les permitían sus piernas hacia un mismo lugar, hacia las cuevas donde poder ponerse a cubierto.

Fátima no puede o no quiere recordar como Aamina volvió a verse bajo el fuego enemigo. Cree que tal vez, su hermana mayor estaba guiando a niños más pequeños hacia adentro. Eso habría sido propio del carácter de Aamina, dice Fátima. Sobre el proyectil que impactó en aquel momento, en el exterior de la entrada de la cueva, Fátima no conserva recuerdo alguno. Todo lo que puede decir es que, tras la explosión, el *hayaat* de su hermana, su espíritu, se rompió, y ninguna de sus vidas volvió a ser igual.

En medio de la noche del 27 de mayo de 1999, en su oficina del sótano de su casa de Montana, Mortenson recorrió los servicios de noticias de última hora para obtener detalles sobre el enfrentamiento que había estallado repentinamente en Cachemira. Nunca había oído hablar de algo parecido.

Desde la partición que separó a la India de Pakistán, Cachemira había sido una zona conflictiva. La India, con su superioridad militar, fue capaz de apoderarse de la mayor parte del antiguo principado y, aunque la India había prometido celebrar unas elecciones para que los cachemires pudieran decidir su propio futuro, la abrumadora mayoría musulmana de Cachemira nunca había tenido semejante oportunidad.

Para la gente de Pakistán, Cachemira se convirtió en un símbolo de la opresión que sentían que habían sufrido los musulmanes tras el fin del colonialismo británico, y para los indios, Cachemira representaba una línea trazada al azar, a lo largo de una cordillera de picos de más de cinco mil metros. Se convirtió en la joya territorial del Frente de Liberación Jammu-Kashmir, un grupo de guerrilleros a los que la India tachaba de terrorista para no permitir que le arrebatase la soberanía de la zona. A ambos lados, la línea trazada por encima de inhóspitos glaciares a instancias del británico Lord Mountbatten sigue siendo una herida abierta que les recuerda sus humillaciones coloniales.

En 1971, tras décadas de enfrentamientos, ambos países acordaron la creación de una Línea de Control, trazada a lo largo de un terreno tan escarpado e inhóspito que en realidad ya constituía por sí solo una barrera efectiva para las incursiones militares. "Los informes que estaba leyendo sobre el elevado número de bajas me impactaban", recuerda Mortenson. "Durante la mayor parte de los seis años que llevaba en Pakistán, los enfrentamientos a lo largo de la Línea de Control se libraban como un anticuado pacto de caballeros".

"Tanto el ejército indio como el pakistaní levantaron puestos de observación y baterías de artillería a lo largo de la ruta que llevaba a los glaciares. Justo después de su *chai* matutino, los indios lanzaban uno o dos proyectiles hacia los puestos de Pakistán con sus grandes pistolas Bofors de fabricación sueca, y las fuerzas de Pakistán replicaban con unos cuantos disparos tras finalizar la oración de la mañana. Había pocas bajas, y cada mes de septiembre, cuando volvía el frío, ambos bandos abandonaban sus puestos hasta la primavera".

Pero en abril de 1999, en medio de un deshielo extraordinariamente prematuro, el primer ministro del Gobierno de Pakistán, Nawaz Sharif, decidió poner a prueba la disposición de la India para el combate. Un año antes, Pakistán había dejado atónito al mundo llevando a cabo con éxito cinco ensayos con armas nucleares, y el hecho de alcanzar la capacidad destructiva de su vecino hindú provocó un aumento desmesurado del orgullo nacional y tanta aprobación para el Gobierno de Pakistán, que Sharif construyó una replica a escala de la cumbre de Chagai Hills donde había sido detonada la "bomba musulmana" junto a un paso elevado situado en Zero Point, el lugar donde se cruzaban "Pindi" e Islamabad.

Aquel mes, cerca de ochocientos guerreros islámicos armados hasta las cejas cruzaron la Línea de Control a través del Gultori y tomaron posiciones a lo largo de las cadenas montañosas del interior de la Cachemira india. Según la India, miembros de la Brigada de Infantería Ligera del Norte, el cuerpo de elite destinado a la protección de gran parte de los Territorios del Norte de Pakistán, se habían vestido de civiles y habían logrado la invasión colaborando con *mujahadeen* contrarios al régimen. Aquellas tropas combinadas se fueron introduciendo tan furtivamente que pasaron inadvertidos durante casi un mes, hasta que los observadores del ejército indio se dieron cuenta de que las montañas que daban a sus posiciones del interior y de las inmediaciones de la ciudad de Kargil estaban ocupadas por Pakistán y sus aliados.

El primer ministro de la India Atal Bihari Vajpayee acusó a Sharif de invadir la India. Sharif respondió que los invasores eran "luchadores libres", que operaban con independencia del ejército de Pakistán, y que habían decidido de forma espontánea unirse a la lucha por la liberación de los musulmanes de Cachemira de sus opresores hindúes, pero los talones de pago de la Brigada de Infantería Ligera del Norte y las tarjetas de identidad que más tarde los indios denunciaron haber hallado en los soldados muertos sugerían una historia diferente.

El 26 de mayo de 1999, Vajpayee ordenó a las fuerzas aéreas indias que entraran en acción contra Pakistán por primera vez en más de veinte años. Oleada tras oleada, MiG indios y aviones cazabombarderos Mirage descargaban sus municiones sobre las posiciones de las trincheras, y los luchadores pakistaníes que ocupaban las cimas, armados con los misiles Stinger proporcionados por los americanos a los *mujahadeen* de Afganistán para abatir en su día las aeronaves soviéticas, derribaron un MiG y un helicóptero de combate en los primeros días de lo que se conocería como "Conflicto de Kargil".

Las guerras no declaradas, como la "acción policial" de los estadounidenses en Vietnam, como se le llamó a aquella contienda en los primeros años, con frecuencia parecen inofensivas por esas denominaciones oficiales. "Conflicto" está muy lejos de describir la cantidad de explosivos que se lanzaron entre sí las fuerzas indias y pakistaníes durante 1999. Las fuerzas pakistaníes mataron a cientos de soldados indios y, según la India, había miles de civiles atrapados en el fuego cruzado. El ejército indio, mucho más poderoso, disparó al día cinco mil proyectiles de artillería, balas de morteros y misiles.

Durante la primavera y el verano de 1999, más de doscientos cincuenta mil proyectiles, bombas y misiles indios habían impactado sobre Pakistán, según GlobalSecurity.org. No se habían registrado tal cantidad de detonaciones en ningún lugar de la Tierra desde la Segunda Guerra Mundial. Y, aunque el ejército indio lo sigue negando, los testimonios de la población civil sugieren que muchas de aquellas municiones se disparaban indiscriminadamente sobre pueblos que tenían la mala suerte de estar situados en el margen de la Línea de Control, pueblos como el de Fátima Batool.

Mortenson, que se sentía impotente, daba vueltas por su sótano mientras llamaba a sus contactos del ejército pakistaní, y las noticias que le llegaban le robaban las pocas horas de sueño de que solía disfrutar. Torrentes de refugiados que huían de los enfrentamientos estaban cruzando a pie los pasos elevados y acercándose a Skardu, agotados, heridos y muy necesitados de servicios que nadie en el Baltistán estaba preparado para proporcionar. Las respuestas no estaban en aquellas pilas de libros amontonados contra las paredes y que rebosaban en las estanterías hasta llegar al suelo. Estaban en Pakistán.

Mortenson reservó su vuelo.

El Deosai Plateau es, a mediados de junio, uno de los parques naturales más bellos del mundo, pensó Mortenson, mientras ascendía en su Land Cruiser hacia el Baltistán. Los altos prados que asomaban entre las montañas estaban teñidos por el violeta de las flores de altramuz. Rebaños de *bharal* de gigantescos cuernos, que vivían alejados de los asentamientos humanos, observaban impasibles el avance del vehículo, y hacia el oeste, vista desde aquel ángulo desconocido, la Pared del Rupal del Nanga Parbat, la mayor vertical de roca de la Tierra, cautivaba a Mortenson.

Hussein, Apo y Faisal habían llegado a Islamabad para recoger a Mortenson, y Apo le había convencido para realizar el viaje de treinta y seis horas hacia Skardu por los caminos a menudo intransitables de Deosai, ya que la autopista del Karakórum estaba atestada de convoyes militares que transportaban provisiones para la zona en conflicto y que cargaban camiones de *shahids*, mártires, a casa para sus funerales.

Mortenson no esperaba encontrar a nadie en Deosai, ya que los elevados pasos de este altiplano de más de cuatro mil metros de altitud, fronterizo con la India, estaban aún cubiertos de nieve, pero tanto para dirigirse hacia la zona del Conflicto de Kargil como para salir de ella, multitud de furgonetas *pick-up*, las caravanas de la guerra de los talibanes, viajaban abarrotadas de luchadores barbados con turbantes negros. Aquellos guerreros que se dirigían en sus furgones hacia el noreste agitaban sus Kaláshnikovs, sus lanzagranadas y sus lanzamisiles mientras pasaban. Los heridos que se dirigían hacia el suroeste apretaban sus vendajes con orgullo.

"¡Apo!", gritó Mortenson por encima del motor, después de que cuatro convoyes que habían pasado pegando bocinazos obligaran a su Land Cruiser a apartarse hacia un lado del camino, "¿has visto alguna vez tantos talibanes?"

"Los *kabulis* siempre vienen", le contestó Apo, empleando el término local para referirse a aquellos forasteros a los que despreciaba por la violencia que habían traído al Baltistán, "pero nunca en tan grandes cantidades". Apo agitó la cabeza con arrepentimiento. "Deben de tener mucha prisa", dijo, escupiendo por la ventana el tabaco de mascar marca Copenhagen que Mortenson le había traído desde Montana, "por convertirse en mártires".

El fervor bélico se había adueñado de Skardu cuando llegaron. Por la ciudad circulaban, con gran estruendo, Bedfords procedentes de las primeras líneas de batalla, cargados de ataúdes cubiertos solemnemente con la bandera pakistaní. Los helicópteros sobrevolaban la ciudad en cifras que Mortenson no había visto nunca, y los pastores nómadas *gojars*, los gitanos de Pakistán, hacían pasar a rebaños de asustadas cabras a través del denso tráfico de militares, mientras las guiaban en su larga marcha hacia la India, donde servirían para alimentar a las tropas de Pakistán.

En la puerta del Hotel Indus, había dos furgonetas Toyota negras con las placas de matrícula color azul claro características de los Emiratos Árabes Unidos y la palabra SURF inexplicablemente pintada en las puertas, y en el vestíbulo, mientras Mortenson abrazaba a Ghulam el director y a su hermano menor Nazir, vio por encima de sus hombros a dos hombres barbados tomando té en una de las mesas de tablones. Su ropa, como la de Mortenson, estaba cubierta de polvo.

"El tipo más grande levantó la mirada de su té y dijo: «¡*Chai!*», haciéndome señales", dice Mortenson. "Diría que tenía unos cincuenta y que debía medir alrededor del metro noventa, cosa que se me sorprendió porque estaba acostumbrado a ser el hombre más alto del Baltistán. Tenía, no sé cómo decirlo, los carrillos caídos, y una barriga enorme. Sabía que, con esa complexión, era imposible que hubiera estado subiendo por pasos de casi cinco mil quinientos metros, así que imaginé que debía de ser un comandante".

Dando la espalda a los hombres, Ghulam el director arqueó las cejas ante Mortenson en señal de advertencia.

"Lo sé", dijo Mortenson caminando hacia ellos.

Se dio un apretón de manos tanto con el hombre gigante como con su acompañante, que tenía una barba descuidada que le llegaba casi a la cintura y los antebrazos llenos de marcas como la madera vieja. Cuando Mortenson se sentó junto a ellos, vio un par de AK-47 bien engrasados en el suelo, entre sus pies.

"*Pe khayr raghie*", dijo el hombre en pastún. "Bienvenido".

"*Khayr ose*", contestó Mortenson, ofreciendo sus respetos en pastún, lengua que había estado estudiando desde su secuestro en Waziristán.

"*¡Kenastel!*", ordenó el comandante, "Siéntate"

Mortenson obedeció, y se pasó al urdu, para asegurarse de que sabía lo que decía. Llevaba un *kaffiyek* de cuadros blancos y negros envuelto en la cabeza, del tipo que se asocia a Yasir Arafat. Se lo había puesto para evitar que el polvo del Desoai se le metiera entre los dientes, pero los hombres lo interpretaron como una afiliación política y le ofrecieron un té.

"El gigante se presentó como Gul Mohammed", cuenta Mortenson. "Me preguntó si era americano. Pensé que lo descubrirían de todos modos, así que les dije que sí lo era". Mortenson hizo una señal casi imperceptible a Faisal Baig, que estaba de pie vigilando a unos metros de la mesa, y el guardaespaldas se echó hacia atrás y se sentó con Apo y Parvi.

"¡De acuerdo, Bill Clinton!", dijo Gul Mohammed en inglés, levantando el pulgar con entusiasmo. Es posible que Clinton haya fracasado, a la larga, en la consecución de la paz entre Israel y Palestina, pero, aunque con retraso, envió a las fuerzas americanas a Bosnia en 1994 para detener la matanza de musulmanes a manos de los serbios cristianos, un hecho que los *mujahadeen* como Gul nunca olvidarían.

Aquel hombre enorme apoyó sus manos en señal de apreciación sobre los hombros del americano. Mortenson recibió una bofetada de olor corporal y de aroma a cordero asado. "Eres un soldado", le afirmó, más que preguntarle.

"Lo fui", respondió Mortenson. "Hace mucho tiempo. Ahora construyo escuelas para niños".

"¿Conoce al teniente coronel Samuel Smith, de Fort Worth, en Texas?", le preguntó el hombre más delgado. "Él también fue un soldado americano. Juntos aplastamos a los soviéticos como si fueran chinches en Spin Boldak", le explicó, golpeando el talón de sus botas de combate contra el suelo.

"Lo siento", dijo Mortenson. "América es grande".

"Grande y poderosa. Tuvimos a Alá de nuestro lado en Afganistán", dijo Gul sonriendo, "y también misiles americanos Stinger".

Mortenson les preguntó a los hombres si venían del frente y Gul Mohammed parecía aliviarse contando lo que había visto allí. Le dijo que los *mujahadeen* estaban luchando con gran valentía, pero que las fuerzas aéreas indias estaban llevando a cabo una terrible matanza entre los hombres que intentaban alcanzar las posiciones de las cimas de las montañas. "También su artillería Bofors es muy potente", explicaba Gul. "Suecia dice que es un país pacífico, pero vende armas mortíferas".

Los hombres le hicieron a Mortenson muchas preguntas acerca de su trabajo y asintieron en señal de aprobación cuando supieron que estaba educando a cuatro mil niños sunitas afganos refugiados en Peshawar además de a los niños chiitas del Baltistán. Gul le dijo que vivía en el valle de Daryle, que no quedaba lejos del puente que habían bloqueado los *mujahadeen* cinco años antes, cuando Mortenson subía la escuela de Korphe hacia la autopista del Karakórum sobre su Bedford alquilado. "En mi valle tenemos una gran necesidad de escuelas", dijo Gul. "¿Por qué no vienes con nosotros y construyes diez o veinte por allí? Incluso para las niñas, no hay problema".

Mortenson le explicó que el CAI operaba con un presupuesto reducido y que todos los proyectos de escuelas debían contar con la aprobación de su Junta Directiva. Contuvo una sonrisa al imaginarse presentando semejante petición, y prometió que plantearía el asunto en la próxima reunión de la junta.

Hacia las nueve de la noche, a pesar del aire cargado del vestíbulo del Hotel Indus, Mortenson sintió que se le empezaban a cerrar los ojos. Había dormido muy poco durante su viaje por el Desoai. Con la hospitalidad dictada por el *Pasjtunwali*, los comandantes le preguntaron a Mortenson si le gustaría pasar un rato en su habitación. Ghulam y Nazir tenían una pequeña y tranquila habitación en la parte trasera del hotel y, de esta forma, le decían que estaba a su disposición. Mortenson les devolvió la cortesía y se despidió.

A medio camino del pasillo que conducía a su habitación, un flacucho pelirrojo de ojos azules salió disparado en su dirección desde la puerta de la cocina y agarró a Mortenson de una manga. Aghá Ahmed, el desequilibrado mozo de cocina y botones del Hotel Indus, había estado observando el vestíbulo a través de los listones de la puerta. "¡Doctor Greek!" gritó en señal de advertencia, con el volumen suficiente para que se enterara todo el mundo, y con una burbuja de saliva formándosele, como siempre, en la comisura de la boca. "¡Talibanes!"

"Lo sé", dijo Mortenson, sonriendo, y caminó arrastrando los pies para irse a dormir.

Syed Abbas llamó a Mortenson por la mañana. Mortenson nunca le había visto enfadarse. Normalmente, el clérigo actuaba con una serena dignidad y pronunciaba las palabras con la misma contención con que toqueteaba su *tasbih*, el rosario islámico, pero aquella mañana, el discurso de Syed Abbas fluyó como un río embravecido. La guerra estaba provocando una catástrofe entre la población civil del Gultori, le dijo Abbas. Nadie sabía el número de habitantes de la zona que habían sido asesinados o mutilados por las bombas y la artillería indias, pero ya habían llegado dos mil refugiados a Skardu, y otros miles esperaban, escondidos en cuevas, para poder reunirse con ellos cuando pasara lo peor de los enfrentamientos.

Syed Abbas le dijo que se había puesto en contacto con la administración de los Territorios del Norte y con el Alto Comisionado de Naciones Unidas para los Refugiados, y que ambas instituciones habían rechazado su petición de ayuda. El Gobierno local alegó que no disponía de los recursos para manejar la crisis, y la ONU dijo que no podía acudir en auxilio de las familias del Gultori que huían de los enfrentamientos porque no eran refugiados, sino desplazados dentro de un mismo estado ya que no habían cruzado fronteras internacionales.

"¿Qué necesita la gente?".

"De todo", le dijo Abbas. "Pero, sobre todo, agua".

Conduciendo hacia el oeste de Skardu, Syed Abbas llevó a Mortenson, a Apo y a Parvi a ver la nueva ciudad de tiendas hechas con lonas de plástico que se había levantado en las dunas de arena de los alrededores del aeropuerto. Abandonaron la carretera, se quitaron los zapatos y atravesaron varias dunas hasta llegar al campo de refugiados, mientras los soldados de las fuerzas aéreas de Pakistán, armados con Mirage de fabricación francesa, gritaban desde sus coches patrulla. Alrededor del aeropuerto, había soldados de artillería antiaérea en estado de alerta máxima, colocados en emplazamientos protegidos con sacos de arena.

Los refugiados habían sido relegados a la única zona de Skardu que nadie quería. El campamento, situado en medio de las dunas, carecía de una fuente de agua natural, y estaba a más de una hora a pie del río Indo. La cabeza de Mortenson estaba a punto de estallar, no solo por el calor que emanaban las dunas, sino porque estaba considerando la inmensidad de su misión. "¿Cómo podemos traer agua aquí?", preguntó. "Estamos muy por encima del río".

"Sé de algunos proyectos en Iran", dijo Abbas. "Los llaman 'proyectos de elevación de agua'. Tendremos que cavar a gran profundidad para llegar a las aguas subterráneas y colocar surtidores, pero con la ayuda de Alá, es posible".

Syed Abbas, con sus ropajes negros abombados, iba en cabeza señalando los lugares donde creía podría sondar para obtener agua subterránea. "Ojalá los occidentales que malinterpretan a los musulmanes pudieran haber visto a Syed Abbas en acción aquel día", dice Mortenson. "Constatarían que la mayoría de personas que practican las verdaderas enseñanzas del islam, incluso los ulemas conservadores como Syed Abbas, creen en la paz y en la justicia, y no en el terror. Del mismo modo que la Torá y la Biblia predican la consideración por los afligidos, el Corán instruye a todos los musulmanes a tener como prioridad la atención a las viudas, a los huérfanos y a los refugiados.

Al principio, la ciudad de tiendas de campaña parecía desierta porque sus habitantes estaban apiñados bajo las lonas, intentando resguardarse del sol. Apo, que también había sido desplazado de su pueblo natal, Dras, que lindaba con el Gultori en el lado indio de la frontera, deambuló por las tiendas, tomando nota de las provisiones que se necesitaban con más urgencia.

Mortenson, Parvi y Syed Abbas se quedaron de pie en un claro que había en el centro de las tiendas, discutiendo la logística del proyecto de elevación de agua. Parvi estaba seguro de poder convencer a su vecino, el director del Departamento de Obras Públicas de Skardu, para que les prestara maquinaria terrestre pesada si el CAI accedía a comprar las tuberías y las bombas de agua.

"¿Cuántas personas viven aquí?", preguntó Mortenson

"Ahora más de mil quinientas", le dijo Syed Abbas. "La mayoría hombres. Han venido en busca de trabajo y de refugio antes de traerse a sus mujeres e hijos. En unos meses podemos encontrarnos con cuatro mil o cinco mil refugiados a los que atender".

Al salir por la abertura de una tienda, Apo Razak vio a los hombres que conversaban. Si había algo que nunca cambiaba en las visitas de Mortenson al Baltistán, era la sonrisa burlesca que había dibujada en la cara del viejo cocinero que se había pasado la vida proporcionando comida y comodidades a grandes grupos en lugares inhóspitos, pero su rostro, cuando se acercaba, estaba inusitadamente serio y su boca, inmóvil como una veta de cuarzo en el granito.

"Doctor Greg", le dijo, cogiéndole de la mano y llevándole hacia las tiendas. "Basta de hablar. ¿Cómo puede saber lo que necesita la gente si no se lo pregunta?".

Ataviado con un solideo negro, Mullah Gulzar estaba sentado bajo una lona azul y se esforzó por levantarse cuando Apo presentó a Mortenson. Aquel anciano clérigo del pueblo de Brolmo estrechó la mano de Mortenson y se disculpó por no disponer de los medios para ofrecerle un té. Cuando se sentaron con las piernas cruzadas sobre un mantel de plástico que cubría la arena caliente, Apo le dio un disimulado codazo al mulá para que contara su historia.

La luz que se filtraba a través de la lona azul se reflejaba en sus enormes gafas y ocultaba sus ojos mientras hablaba, dándole a Mortenson la inquietante impresión de estar escuchando a un hombre ciego.

"No queríamos venir aquí", dijo Mullah Gulzar, mesándose su larga barba. "Brolmo es un buen lugar, o lo era. Nos quedamos tanto tiempo como pudimos, escondiéndonos en las cuevas durante el día, y trabajando los campos durante la noche. Si hubiéramos trabajado de día, ninguno de nosotros habría sobrevivido, porque caían proyectiles a todas horas. Finalmente, los canales de riego se destrozaron, los campos se arruinaron y las casas se hicieron añicos. Sabíamos que nuestras mujeres y nuestros hijos morirían si no hacíamos algo, así que atravesamos las montañas hasta llegar a Skardu. Yo no soy joven y me costó mucho".

"Cuando llegamos a la ciudad de Skardu, el ejército nos dijo que nos instaláramos aquí", continuó Mullah Gulzar, "y cuando vimos a este lugar, decidimos volver a casa, pero el ejército no nos lo permitió. Nos dijeron: «No tenéis hogar al que volver. Está destruido». Aún así, pensábamos volver en cuanto pudiéramos, esto no es vida. Ahora nuestras mujeres e hijos tendrán que venir a esta tierra yerma y, ¿qué podemos decirles?"

Mortenson estrechó una mano del viejo mulá entre las suyas. "Les ayudaremos a traer agua aquí para sus familias", le prometió.

"Gracias a Alá todopoderoso por eso", dijo el mulá, "pero el agua es solo el principio. Necesitamos comida, medicamentos y educación para nuestros hijos. Ahora esta es nuestra casa. Me avergüenza pedirle tantas cosas, pero no ha venido nadie más".

El anciano clérigo alzó la cabeza hacia el cielo del que le protegía a duras penas la lona azul, como si proyectara sus lamentos directamente hacia los oídos de Alá. Desde su nuevo ángulo, el reflejo desapareció de sus gafas y Mortenson vio que el mulá tenía los ojos llenos de lágrimas.

"Y no tenemos nada. Por su *mal-la khwong*, por su generosidad de hacer realidad nuestras oraciones, no puedo ofrecerle nada", le dijo Mullah Gulzar. "Ni siquiera un té".

La construcción del primer proyecto de elevación de agua de la historia del norte de Pakistán duró ocho semanas. Fiel a su palabra, Ghulam Parvi convenció a su vecino para que les dejará utilizar la maquinaria terrestre que necesitaban. El director del Departamento de Obras Públicas de Skardu también donó todas las tuberías que requería el proyecto, y aparecieron doce tractores prestados por el ejército para mover las piedras. Mortenson visitó con paciencia la oficina pública de telefonía una y otra vez hasta que, finalmente, consiguió contactar con San Francisco. Solicitó, y se le concedió, permiso para emplear seis mil dólares de los fondos del CAI para el proyecto.

Mortenson encargó potentes bombas y generadores Honda en Gilgit. Con todos los hombres del pueblo de Brolmo trabajando las veinticuatro horas del día, construyeron un enorme tanque de cemento, capaz de almacenar el agua suficiente para abastecer a una comunidad de cinco mil personas, y tras cavar a una profundidad de casi cuarenta metros hallaron el agua subterránea que extraer para llenar el tanque. Ahora los hombres de Brolmo podían empezar a construir casas de barro y a transformar aquellas desiertas extensiones en un nuevo hogar para sus familias rodeado de verdor, pero primero hacía falta que sus mujeres e hijos sobrevivieran al viaje hasta Skardu.

Durante sus días en las cuevas, Fátima Batool no podía parar de llorar, y Aamina, que siempre había sido la persona que consolaba a su hermana pequeña, no era capaz de ocuparse ni de sí misma. Las heridas físicas que le había causado la metralla a Aamina eran leves, pero el daño le había traspasado la piel. Desde el día en que el proyectil de artillería cayera a su lado estando delante de la cueva, tras haber lanzado un sonoro grito por el miedo y el dolor y haberse desmayado, Aamina no había vuelto a hablar. Ni una sola palabra. Algunas mañanas, acurrucada en la cueva junto al resto, cuando los proyectiles caían sin tregua, empezaba a temblar y emitía una especie de gimoteo suplicante, pero era un sonido animal y a Fátima no le proporcionaba consuelo alguno.

"La vida en las cuevas era muy dura", dice Nargiz Ali, amiga de Fátima. "Nuestro pueblo, Brolmo, era un lugar muy bonito, con albaricoqueros y hasta cerezos, en una pendiente junto al río Indo, pero tan solo podíamos observarlo desde la distancia y ver cómo lo destruían. No podíamos ir allí. Yo era en aquel entonces muy pequeña y otros parientes me tenían que meter dentro de las cuevas cuando empezaban a caer los proyectiles. No podía salir a jugar fuera ni a cuidar de los animales, ni siquiera a recoger la fruta que primero veíamos madurar y después pudrirse".

"Durante los días de lluvia o, por ejemplo, cuando nevaba, era muy difícil cocinar o comer allí, pero nos quedamos durante mucho tiempo, porque justo al otro lado del *nullah* estaba la India, y era muy peligroso salir al exterior".

Un día, dice Nargiz, cuando volvían a casa tras haber estado hurgando entre los escombros en busca de provisiones, su tío Hawalda Abrahim recibió el impacto de un proyectil. "Era un hombre muy cariñoso y quisimos resguardarle enseguida, pero tuvimos que esperar hasta la noche, hasta estar seguros de que no caerían más proyectiles, para meterle dentro de la cueva", cuenta Nargiz. "Normalmente, la gente solía lavar los cuerpos sin vida, pero el suyo estaba tan destrozado, que no pudimos hacerlo. Tan solo pudimos juntar sus miembros y envolverlos en una tela".

Los pocos hombres que quedaban en Brolmo mantuvieron una *jirga* y anunciaron después, a todos los niños como Fátima y Nargiz, que había llegado la hora de ser valientes. Debían aventurarse hacia el exterior, y recorrer un largo camino, porque quedarse en las cuevas no podía considerarse como una vida.

Empaquetaron lo poco que pudieron rescatar de sus casas y partieron en mitad de la noche, caminando hacia un pueblo vecino que consideraban lo suficientemente alejado como para estar fuera del alcance de la artillería india. Aquella mañana, por primera vez en meses, tuvieron el placer de observar el amanecer desde el exterior, al aire libre, pero mientras cocían *kurba* para el viaje en una hoguera, empezaron a caer proyectiles otra vez, acechándoles en su avance por el fondo del valle. Probablemente les había visto algún observador desde las crestas situadas al sur, cree Fátima, y habría decidido dispararles.

"Cada vez que explotaba un proyectil, Aamina se agitaba, lloraba y se tiraba al suelo", dice Fátima. "En aquel lugar no había cuevas, así que lo único que podíamos hacer era correr. Me da vergüenza admitir que estaba tan aterrorizada que dejé de tirar de mi hermana y corrí por salvarme a mí misma. Temía que pudieran matarla, pero quedarse sola debía de ser más espantoso para ella que el bombardeo, y corrió para unirse al resto del grupo".

Durante tres semanas, los supervivientes de Brolmo caminaron hacia el noroeste. "A menudo, caminábamos por senderos abiertos por los animales que no eran en absoluto aptos para personas", dice Fátima. "Teníamos que dejar atrás, en el fuego, todo nuestro *kurba* cuando empezaban a caer los proyectiles, así que pasamos mucha hambre. La gente cortaba plantas silvestres para obtener alimento y se comía las pequeñas bayas para mantenerse con vida, aunque nos provocaban dolor de estómago"

Tras sobrevivir a aquella odisea, los últimos habitantes del pueblo de Brolmo llegaron, exhaustos y consumidos, a Skardu, donde el ejército les condujo hasta su nuevo hogar. Allí, en las dunas de las inmediaciones del aeropuerto, Fátima y el resto de supervivientes empezarían el largo proceso de aprender a olvidar lo que habían vivido y empezar de nuevo. Todos excepto Aamina Batool. "Cuando llegamos a nuestro nuevo pueblo, Aamina se tumbó y nunca volvió a levantarse", dice Fátima. "Nadie pudo revivirla y ni siquiera el hecho de volver a estar segura al fin, con su padre y sus tíos, parecía alegrarle. Murió a los pocos días".

Al hablar de la muerte de su hermana cinco años después, mientras permite que el recuerdo salga a la superficie por unos momentos antes de volver a reprimirlo, la angustia visible en la cara de Fátima parece tan real como debió de serlo aquel día.

En su pupitre, en la clase de quinto curso de la Escuela de Gultori para Niñas Refugiadas, que el Central Asia Institute construyó sobre las dunas de arena de las inmediaciones del aeropuerto de Skardu en el verano de 1999, en el momento más álgido del "Conflicto de Kargil", Fátima Batool, de quince años, se deja caer el chador blanco por la cara, protegiéndose de las numerosas preguntas con la tela.

Su compañera de clase Nargiz Ali, de catorce años, retoma el hilo de la historia, y explica cómo llegó a sentarse en ese pupitre, bajo un colorido mapa físico del mundo, mientras acaricia la libreta, el lápiz y el sacapuntas recién estrenados que le ha proporcionado una institución caritativa con sede en un lugar que ha intentado localizar sin éxito en ese mapa: Bozeman, Montana.

"Cuando llegamos tras la larga caminata, estábamos, desde luego, muy felices de ver a todos nuestros familiares", dice Nargiz, "pero luego, cuando miré hacia el lugar donde se suponía que teníamos que vivir, me sentí asustada e insegura. No había casas. Ni árboles. Ni una mezquita. Ningún tipo de instalación. Entonces Syed Abbas trajo a un enorme *angrezi* para hablar con nosotros. Nos dijo que si estábamos dispuestos a trabajar con esfuerzo, nos ayudaría a construir una escuela, y, como ya sabe, cumplió con su *chat-ndo,* su promesa".

Las alumnas de quinto curso de la Escuela de Gultori para Niñas Refugiadas, como Fátima y Nargiz, estaban a la zaga de la mayoría de estudiantes de su edad. Dado que su formación académica no empezó hasta que huyeron de los pueblos de sus antepasados, la media de edad de las alumnas de quinto curso era de quince años. Sus hermanos tenían un trayecto de una hora a pie hasta los colegios estatales de los pueblos vecinos, que acogieron a la mayoría de estudiantes refugiados, pero para las diecinueve niñas de Gultori, que nunca habrían podido ver el interior de una escuela, aquel edificio era el único punto de luz al final de un largo túnel de miedo y de lucha.

Esa es la razón por la que, a pesar de lo mucho que le había costado hablar de la terrible experiencia, Fátima Batool se retira el chador y se endereza en su pupitre, para contarles a los visitantes algo más. "He oído a algunas personas que dicen que los americanos son malos", dice suavemente, "pero nosotros amamos a los americanos. Ellos han sido las personas más amables con nosotros. Son los únicos que se preocuparon por ayudarnos".

En los últimos años, algunos de los refugiados han regresado al Gultori, a las nuevas escuelas que el Central Asia Institute ha construido allí desde entonces, esculpidas dentro de cuevas, para que los alumnos estén resguardados de los proyectiles que pueden seguir cayendo desde la India cuando se enfrían las relaciones entre ambos países, pero Nargiz y Fátima siguen viviendo en el nuevo pueblo de las afueras de Skardu. Ahora es su hogar, dicen.

Más allá del patio arenoso de la escuela de cinco aulas, hay ahora unas filas ordenadas de casas de barro que se extienden hacia el horizonte, algunas equipadas, incluso, con ese símbolo definitivo de residencia permanente, una antena parabólica. Y dando sombra a esas casas, donde una vez estuvieron las implacables dunas, hay hoy cerezos, nutridos por un proyecto de elevación de agua, que crecen verdes y robustos, creciendo entre la arena de forma tan increíble como las estudiantes que vuelven a casa tras la jornada escolar pasando por debajo de sus ramas, las chicas del Gultori.

CAPÍTULO 18

La figura amortajada

Que nada te perturbe, que nada te asuste. Todo pasa.
Dios no cambia. La paciencia lo consigue todo.

-Madre Teresa de Calcuta

Colocar las doscientas sillas le estaba llevando más tiempo de lo que había pensado. En la mayoría de los actos, en iglesias y universidades donde realizaba aquella ponencia y pasaba sus diapositivas, había alguien dispuesto a echarle una mano. Pero allí, en la tienda *Mr. Sports* de Apple Valley, Minnesota, todos los miembros de la plantilla estaban haciendo el inventario del almacén para unas rebajas postnavideñas, así que Mortenson trabajó solo.

A las 18:45, cuando faltaban quince minutos para que empezara su charla, Mortenson había desplegado más de cien sillas metálicas, colocándolas en filas ordenadas entre los estantes de los sacos de dormir térmicos y un expositor cerrado con llave que mostraba valiosos aparatos electrónicos como GPS, altímetros y linternas para avalanchas. Se presionó para ir más deprisa, abriendo las sillas bruscamente y estampándolas en su sitio con la misma sensación de urgencia que había experimentado mientras trabajaba en el puente de Korphe.

No tardó en estar empapado en sudor. Cada vez era más consciente del peso que había ganado desde su intento fallido de subir el K2, y por eso se resistía a quitarse la gruesa camisa verde que llevaba, sobre todo en una habitación que en pocos minutos estaría repleta de deportistas en plena forma. Colocó rápidamente las últimas sillas a las 19:02 y caminó jadeando entre las filas, depositando un ejemplar del boletín informativo del Central Asia Institute en cada una de las doscientas sillas. Al dorso de cada folleto había grapado un sobre para donaciones, dirigido a un apartado de correos del CAI de Bozeman.

Lo que conseguía recaudar en aquellos sobres hacía aquellas presentaciones más llevaderas. Con las cuentas del CAI descendiendo hacia la insolvencia, Mortenson daba ahora un promedio de una charla por semana cuando no estaba en Pakistán. Había pocas cosas que le costaran más que ponerse delante de una multitud de personas y hablar de sí mismo, pero lo mucho que significaba para los niños de Pakistán lo que ganaba en una de esas tardes, incluso en una mala, le hacía seguir arrastrando su maleta de aeropuerto en aeropuerto.

Revisó el viejo proyector de diapositivas que había reparado hacía poco con cinta americana, para asegurarse de que había preparado el carrusel correcto; se tocó el bolsillo del pantalón, para comprobar que el puntero láser que utilizaba para destacar los picos del Karakórum estaba en su lugar, y se volvió hacia su público.

Mortenson se encontró solo ante doscientas sillas vacías.

Había colgado carteles en los campus de las universidades de la zona, suplicado publicidad a los editores de los periódicos locales y concedido una breve entrevista a primera hora de la mañana para un programa matutino de una emisora de radio, y esperaba encontrarse la sala llena, así que se apoyó en un estante, esperando a que llegara su público.

Sonrió de oreja a oreja cuando vio a una señora vestida con una parka naranja de Gore-Tex y con unas largas trenzas grises recogidas en un moño que se le acercaba, pero ella bajó la mirada disculpándose, comprobó los datos técnicos de un saco de dormir color berenjena con relleno polar que había en un estante y se lo llevó a la caja.

A las 19:30, Mortenson seguía mirando hacia un mar de sillas vacías.

Por encima del altavoz del establecimiento, un empleado suplicó a los cazadores de gangas que rebuscaban entre los artículos rebajados, que tomaran asiento en alguna de las doscientas sillas vacías. "Amigos, tenemos a ¡un escalador de talla mundial listo para mostrarles excelentes diapositivas del K2! ¡Pasen y vean!"

Dos vendedores que llevaban unos chalecos verdes y que ya habían acabado con el inventario se sentaron en la última fila. "¿Qué debo hacer?, preguntó Mortenson. "¿Debo dar la charla de todos modos?"

"Es sobre la ascensión al K2, ¿verdad?", dijo un joven empleado con barba, cuyas rastas rubias, embutidas en un sombrero de lana plateada, le hacían parecer un paquete caliente de palomitas.

"Algo así", dijo Mortenson.

"Muy bien, colega", le dijo. "¡Adelante!"

Después de mostrar las imágenes imprescindibles del K2, y de relatar los detalles de su intento fallido por alcanzar la cima hacía siete veranos, Mortenson introdujo con torpeza el quid de su presentación. Contó historias y mostró fotos de las escuelas fundadas por el CAI que estaban en funcionamiento, deteniéndose en imágenes de las más recientes: dos escuelas en el valle de Gultori, que se habían construido empotradas en las entradas de unas cuevas, con el fin de que los proyectiles que seguían cayendo —ahora que el "Conflicto" de Kargil había acabado oficialmente— no impidieran que los miles de habitantes que regresaban para reconstruir sus casas destrozadas mandaran a sus hijos a estudiar a un lugar seguro.

Mientras aparecían en la pantalla las imágenes que había captado tan solo un mes antes, de Fátima, Nargiz y sus compañeras de clase, felices con sus libros de texto nuevos en la recién construida Escuela para Niñas Refugiadas de Gultori, Mortenson advirtió que había un cliente masculino de mediana edad con aspecto de catedrático apoyado en una esquina, intentando examinar discretamente un expositor de relojes digitales multifunción. Mortenson se detuvo para dirigirle una sonrisa, y el hombre tomó asiento, fijando la mirada en la pantalla.

Animado ahora que su público había aumentado en un cincuenta por ciento, Mortenson habló ardientemente durante treinta minutos más, describiendo la miseria a la que se enfrentan los niños del Karakórum todos los días y revelando sus planes para iniciar la construcción de escuelas durante la primavera siguiente en el extremo del norte de Pakistán, a lo largo de la frontera con Afganistán.

"Construyendo relaciones y logrando que una comunidad invierta su propia tierra y su mano de obra, podemos construir una escuela que educará a miles de niños por menos de veinte mil dólares. Eso es casi la mitad de lo que le costaría al Gobierno de Pakistán construir la misma escuela, y una quinta parte de lo que emplearía el Banco Mundial en el mismo proyecto".

Mortenson concluyó la charla parafraseando una de sus citas favoritas de la Madre Teresa. "Puede que lo que estamos intentado hacer sea solo una gota en el océano", dijo Mortenson, sonriendo cálidamente a su público de tres espectadores, "pero el océano sería más pequeño sin esa gota".

Mortenson valoró el aplauso, incluso aunque procediera de seis manos, tanto como el alivio que sintió al acabar el discurso. Cuando apagó el proyector y empezó a recoger los folletos del CAI de las sillas vacías, los dos empleados se pusieron a ayudarle, mientras le hacían preguntas. "¿Tiene algo así como un programa de voluntarios por allí?", preguntó el compañero del chico de las rastas. "Porque yo he trabajado en la construcción y podría, no sé, ir allí y clavar algunos clavos".

Mortenson le explicó que dado el limitado presupuesto del CAI ("más limitado que nunca en los últimos años", pensó), resultaba demasiado caro enviar voluntarios estadounidenses a Pakistán, y le dirigió a otras ONG que operaban en Asia y que sí aceptaban ese tipo de colaboración.

El chico de la barba y las rastas rebuscó en uno de sus bolsillos y le dio a Mortenson un billete de diez dólares. "Me iba a tomar un par de cervezas después del trabajo", le dijo, arrastrando los pies, "pero, la verdad es que...".

"Gracias", le dijo Mortenson sinceramente, estrechándole la mano, antes de doblar el billete y meterlo en el sobre de papel vacío que se había traído para recolectar donativos. Retiró los últimos folletos y los apretujó con los otros en su bolso de viaje, suspirando ante el sobrepeso con el que había recorrido medio país por diez dólares, y con el que ahora tendría que volver a casa.

En la última silla de la última fila, junto al expositor de relojes digitales, Mortenson vio un sobre arrancado del dorso del boletín informativo del CAI. En el interior había un cheque nominativo por valor de veinte mil dólares.

Mortenson no se enfrentaba a un mar de asientos vacíos cada semana. En el noroeste del Pacífico, había empezado a tener gran aceptación entre los aficionados a las actividades al aire libre, sobre todo después de que los detalles de su historia llegaran al gran público. En febrero de 1999, el *Oregonian* se convirtió en la primera publicación americana importante que narró la historia de Mortenson. El escritor Terry Richard atrajo la atención de sus lectores hacia las escasas probabilidades de éxito de un antiguo alpinista que escalaba un tipo de pico diferente al físico. "Se trata de una parte del mundo donde se desconfía de los americanos y a menudo se les odia", escribió Richard, "pero no a Greg Mortenson, un residente de Montana de cuarenta y un años que dedica su vida a la construcción de escuelas en pueblos remotos de los valles y montañas de Pakistán".

Richard describió la misión de Mortenson a sus lectores, y apuntó que la ayuda humanitaria destinada al otro lado del mundo estaba teniendo mayor efecto en sus vidas del que podían imaginarse los americanos. "El Pakistán rural, una zona de gran inestabilidad política, es un caldo de cultivo para terroristas que comparten un sentimiento antiamericano", explicó Richard. "Muchos jóvenes analfabetos acaban en campamentos [terroristas]", citó a Mortenson. "Si aumentamos el nivel de alfabetización, reduciremos las tensiones considerablemente".

"En una de las regiones más inestables del mundo, la labor [de Mortenson] está dando sus frutos", concluyó Richard.

Al mes siguiente, el editor de viajes del *San Francisco Examiner,* John Flinn, escribió un artículo que daba publicidad a una próxima charla de Mortenson en Bay Area, ofreciendo un resumen de su extraordinaria trayectoria vital, que concluía diciendo: "Es algo que plantearse la próxima vez que se pregunten: ¿Qué puede cambiar una sola persona?" Aquel invierno, cuando Mortenson pasó sus diapositivas en Portland y en San Francisco, los organizadores del evento tuvieron que contener a los cientos de personas que querían acceder a las atestadas salas.

Con el fin del milenio, Mortenson y el CAI se habían convertido en una causa que apoyaban muchos de los principales alpinistas de Estados Unidos. Antes de morir en octubre de 1999 a causa de una avalancha inesperada en el Shishapangma de Nepal, Alex Lowe, vecino y amigo de Mortenson y en aquella época uno de los alpinistas más reconocidos del mundo, presentó a Mortenson en un acto de recaudación de fondos celebrado en Montana. "Mientras que la mayoría intentamos escalar nuevas cimas", dijo Lowe ante un público formado por alpinistas, "Greg ha estado moviendo él solo montañas aún más grandes. Lo que ha logrado, a base de pura tenacidad y determinación, es increíble. Ha realizado un tipo de ascensión que todos deberíamos intentar".

El mundo del alpinismo se hizo eco del mensaje de Lowe. "Muchos de nosotros pensamos en ayudar, pero Mortenson sencillamente lo hace", dice el popular escalador Jack Tackle, que donó veinte mil dólares para ayudar al CAI a fundar una escuela de educación primaria para las niñas de Jafarabad, en el norte del valle de Shigar.

Sin embargo, cuanto más aumentaba su popularidad en Pakistán, y cuanta mayor admiración suscitaba entre la comunidad alpinista, más decepcionaba a las personas que trabajaban con él en América.

Cuando no estaba dando tumbos por los caminos de tierra de Pakistán o cargando maletas llenas de folletos del CAI para hacer presentaciones en su propio país, Mortenson se recluía celosamente para pasar tiempo junto a su familia en Bozeman y para concentrarse en el silencio de su sótano.

"Incluso cuando estaba en el país, no solíamos saber de Greg durante semanas", dice Tom Vaughan, antiguo director de la Junta Directiva del CAI. "Y no respondía a las llamadas ni a los correos electrónicos. La junta discutió sobre la necesidad de que Greg diera cuenta de cómo empleaba el tiempo, pero comprendimos que eso no funcionaría. Greg hace simplemente lo que quiere".

"Lo que teníamos que hacer era entrenar a unos cuantos Greg Juniors", dice la viuda de Hoerni, Jennifer Wilson, "personas a las que Greg pudiera delegar algunos proyectos. Él rechazó la propuesta. Dijo que no tenía dinero suficiente para alquilar una oficina ni para contratar personal, pero su negativa hacía que se quedara empantanado en los detalles de un proyecto teniendo que rechazar otros. Esa es la razón por la que me distancié del CAI. Había logrado muchas cosas, pero sentía que podíamos hacer más si Greg dirigía la organización con mayor responsabilidad".

"Seamos honestos", dice Tom Vaughan. "La verdad es que el CAI es Greg. No me importaba autorizar cualquier proyecto en el que quisiera trabajar, pero sin Greg, el CAI está acabado. Entiendo los riesgos que corre en esa zona del mundo, son parte de su trabajo, pero empezó a molestarme lo poco y mal que cuidaba de sí mismo. Dejó de escalar y de hacer ejercicio. Dejó de dormir. Empezó a ganar tanto peso que ya no parecía un alpinista. Entiendo que decidiera entregarse por completo a su obra", dice Vaughan, "¿pero si muere de un ataque de corazón qué podrá hacer?".

A regañadientes, Mortenson accedió a contratar a una ayudante, Christine Slaughter, para trabajar con él unas horas al día ordenando su sótano, que hasta él podía ver que se estaba convirtiendo en un lugar caótico. Pero durante el invierno de 2000, Mortenson estaba demasiado preocupado por la drástica disminución de los fondos del CAI –su saldo bancario había caído por debajo de los cien mil dólares– como para expandir las operaciones americanas de la organización. "Lo cierto es que había llegado a un punto en el que podía montar una escuela por unos doce mil dólares", dice Mortenson, "La mayoría de nuestros trabajadores de Pakistán se emocionaban al ganar cuatrocientos o quinientos dólares al año. Era difícil pensar en pagarle a alguien un salario americano con el que se podían hacer tantas cosas allí".

Mortenson ganaba entonces un salario anual de veintiocho mil dólares. Unido al precario sueldo de Tara como psicóloga clínica a media jornada en Montana State, se las apañaban para sobrevivir con los gastos mensuales pero, dada la delicada situación económica del CAI, la conciencia de Mortenson no le habría permitido aceptar más dinero, aunque la Junta Directiva le hubiera ofrecido un aumento.

Es por eso que la idea de un donante adinerado que solucionara todos sus problemas de un plumazo persistía en los pensamientos de Mortenson. A los ricos les cuesta desprenderse de sus fortunas. Lo había aprendido muy bien desde que escribiera aquellas primeras quinientas ochenta cartas. Pero Jean Hoerni también le había enseñado el gran valor que podía tener un solo donativo si era cuantioso. Cuando un donante potencial de Atlanta empezó a llamar a la oficina del CAI tentándole con un cebo económico, Mortenson picó el anzuelo y reservó un vuelo.

"Llevo toda la vida ahorrando", le explicó la anciana viuda a Mortenson por teléfono. "He acumulado una fortuna con al menos seis ceros a la derecha y después de leer sobre su trabajo sé que he estado ahorrando para esto. Venga a Atlanta para que hablemos de mi donación".

En la sala de llegadas del aeropuerto Hartsfield, Mortenson encendió su teléfono móvil y recuperó un mensaje donde se le decía que cogiera una lanzadera hasta un hotel que quedaba a quince minutos, y que luego caminara hasta un aparcamiento situado en las proximidades.

Una vez en el allí, encontró a Vera Kurtz, de setenta y ocho años, encorvada sobre la rueda de repuesto de su viejo Ford Fairlane. El maletero y los asientos traseros del vehículo estaban llenos de periódicos y de latas, así que se subió en el asiento del pasajero y metió su bolsa de mano entre el salpicadero y su pecho. "La señora me había hecho dar aquella vuelta inútil para evitar tener que pagar unos pocos dólares en el aparcamiento del aeropuerto. Cuando vi que ni siquiera lograba deshacerse de los diarios y las latas que amontonaba en su coche, debí haber dado media vuelta y regresado a casa, pero aquella línea de su carta donde hablaba de los seis ceros se me había quedado grabada. Eso fue lo que me hizo entrar y cerrar la puerta".

Mientras Mortenson apretaba las asas de su bolsa, Vera conducía en sentido contrario por las calles, amenazando con el puño a los conductores que le pitaban en señal de advertencia. Una vez en su rancho, Mortenson tuvo que esquivar enormes montones de revistas y periódicos, de más de diez años de antigüedad hasta que llegó a la mesa de la cocina de Vera, junto a un fregadero atascado lleno de agua sucia. "Desenroscó un par de esas minibotellas de whisky que llevaba años recopilando de sus viajes en avión, sirvió unas copas, y me obsequió con un ramo de rosas que parecía reciclado", cuenta Mortenson. "Las flores eran marrones y estaban casi marchitas"

Después de un tiempo prudencial, Mortenson intentó dirigir la conversación hacia la donación de Vera al CAI, pero su anfitriona tenía su propia agenda. Le explicó sus planes para los tres próximos días: una visita al High Museum of Art, un paseo por el Jardín Botánico de Atlanta y tres charlas que había organizado para Mortenson en una biblioteca local, en un colegio universitario y en un club de viajes. Setenta y dos horas nunca le habían sugerido a Mortenson una perspectiva tan deprimente. Se estaba planteando si aguantarlas o no cuando un golpe en la puerta anunció la llegada de un masajista que había contratado Vera.

"Trabajas demasiado, Greg", le dijo Vera, mientras el masajista montaba su mesa plegable en el único espacio libre que había en el salón.

"Ambos esperaban que me desnudara allí mismo", dice Mortenson, "pero me excusé y me fui al baño a pensar. Pensé que ya que había sufrido tanto levantando el CAI, que podría dejarme llevar por lo que fuera que quisiera hacer Vera en los tres días siguientes, sobre todo si existía la posibilidad de obtener un gran donativo al final de aquella odisea".

Mortenson rebuscó en el armario algo que fuera lo suficientemente grande para envolvérselo por la cintura. La mayoría de las toallas que almacenaba Vera tenían descoloridos logotipos de hoteles, y eran demasiado pequeñas para cubrirle. Sacó una sábana grisácea del armario de ropa de cama, se la ató tan fuerte como pudo alrededor de la cintura, y salió arrastrando los pies para que le dieran un masaje.

A las dos de la madrugada, Mortenson estaba roncando hundido en el colchón de Vera, cuando se encendieron las luces y le despertaron. Vera había insistido en dormir en el sofá y en cederle la cama. Abrió los ojos para encontrarse con la visión fantasmagórica de aquella mujer de setenta y ocho años de pie frente a él con un salto de cama transparente.

"La tenía justo delante", dice Mortenson. "Estaba demasiado sorprendido como para decir algo".

"Estoy buscando mis calcetines", le dijo Vera, rebuscando interminablemente entre los cajones de su tocador, mientras Mortenson escondía la cabeza debajo de la almohada.

En su vuelo de vuelta a Bozeman, con las manos vacías, Mortenson se dio cuenta de que su anfitriona nunca había tenido la intención de hacer un donativo. "No me hizo ni una sola pregunta sobre mi trabajo, ni sobre los niños de Pakistán", confiesa Mortenson. "Era simplemente una mujer solitaria que quería un visitante, y me dije a mí mismo que tendría que andar con más ojo en el futuro".

Pero a pesar de aquello, Mortenson siguió picando el anzuelo con que le tentaban algunos admiradores ricos. Tras un concurrido discurso en el Mountain Film Festival de Banff, Mortenson aceptó una invitación de Tom Lang, un adinerado contratista local que insinuó que estaba a punto de hacer una gran donación, y que le propuso celebrar una fiesta de recaudación de fondos para el CAI en su residencia la noche siguiente.

Lang había diseñado su casa de diez mil metros cuadrados él mismo, hasta la falsas pinturas de las paredes del gran salón donde los invitados bebían aquel vino barato servido tan a menudo por los ricos, y las estatuas de yeso de unos caniches de más de dos metros de alto que custodiaban ambos lados de la chimenea.

Lang presentó a Mortenson a sus invitados con el mismo orgullo con el que mostraba su cuarto de baño con sanitarios a medida y los caniches de la chimenea, y aunque Mortenson colocó un montón de folletos del CAI en un lugar destacado de la mesa del bufé, al final de la velada, no había obtenido ni un solo centavo de Lang. Habiendo aprendido ya la lección con Vera Kurtz, Mortenson le insistió a su anfitrión para que le hablara de su donación. "Hablaremos de eso mañana", le dijo Lang, "pero primero vas a montar en un trineo de perros.

"¿A montar en trineo?"

"No puedes venir a Canadá y no probarlo", le dijo Lang.

Estando en un cálido refugio situado a una hora al oeste de Banff, donde se sentaron después de su experiencia con el trineo, Mortenson se pasó la mayor parte de la tarde siguiente escuchando la epopeya autocomplaciente de Lang que narraba cómo un valiente contratista, armado tan solo de polvo y determinación, había conquistado el mercado inmobiliario de Banff.

La madre de Mortenson, Jerene, había volado desde Wisconsin para asistir a su discurso, pero apenas pudo ver a su hijo durante su visita de tres días. Mortenson, para no variar, había regresado a Montana con las manos vacías.

"Me pone enferma ver a Greg rindiendo pleitesía a todos esos ricachones", dice Jerene Mortenson. "Son ellos los que deberían inclinarse ante él".

En la primavera de 2000, Tara Bishop se había cansado de que su marido, cuando no estaba en Pakistán, se pasara el día viajando por todo el país. Estando en el séptimo mes de embarazo de su segundo hijo, convocó una reunión con su marido en la mesa de la cocina.

"Le dije a Greg que me encantaba el fervor con que se entregaba a su trabajo", dice Tara, "pero le recordé que también tenía un deber con su familia. Necesitaba dormir más, hacer ejercicio y estar en casa el tiempo suficiente para tener una vida juntos". Hasta entonces, Mortenson solía marcharse de casa para pasar tres o cuatro meses en Pakistán. "Acordamos poner el límite en dos meses", dice Tara. "Cuando pasaba más de dos meses fuera, todo aquí se hacía muy raro sin él".

Mortenson también le prometió a su esposa que aprendería a gestionar mejor el tiempo. La Junta Directiva del CAI reservaba cada año un pequeño presupuesto para que Mortenson tomara cursos en materias como gestión, desarrollo, y política asiática. "Nunca tenía tiempo para ir a las clases", dice Mortenson. "Así que me gastaba el dinero en libros. Muchas veces, cuando la gente pensaba que estaba en mi sótano sin hacer nada, estaba leyendo aquellos libros. Empezaba a las 3:30, intentando aprender más sobre financiación del desarrollo, y cómo mejorar como director".

Pero las lecciones que había aprendido en el Karakórum le habían enseñado que había respuestas que no se hallaban en los libros. Así que Mortenson diseñó un curso intensivo de desarrollo personalizado. A través de sus lecturas, llegó a la conclusión de que los mejores programas de desarrollo rural que se estaban implementando en el mundo en aquel entonces estaban en Filipinas y en Bangladesh.

Durante un mes que se tomó libre, Mortenson dejó atrás Pakistán y Bozeman y voló hasta el sureste asiático.

En Cavita, a una hora al sur de Manila, Mortenson visitó el Instituto para la Reconstrucción Rural, dirigido por John Rigby, un amigo de Lila Bishop. Rigby le enseñó a Mortenson cómo montar pequeños negocios para los pobres de las zonas rurales, como taxis-bicicleta o puntos de venta de tabaco, que podían producir beneficios rápidamente y requerían una modesta inversión.

En Bangladesh, el país que se había llamado en otros tiempos Pakistán Oriental, Mortenson visitó la Asociación para la Reconstrucción Rural. "Mucha gente llama a Bangladesh la axila de Asia por su pobreza extrema", dice Mortenson, "pero allí, la iniciativa para la educación de las niñas es todo un éxito. Llamé a algunas puertas y visité varias ONG que llevaban mucho tiempo proporcionando educación a las niñas. Tuve la oportunidad de ver cómo unas mujeres maravillosas y fuertes mantenían reuniones y trabajaban por el reconocimiento de sus hijas".

"Seguían la misma filosofía que yo", dice Mortenson. "La idea del que fuera galardonado con el Premio Nobel, Amartya Sen, de que se puede cambiar una cultura proporcionando a las niñas las herramientas para acceder a una formación que les permita mejorar su vida. Era asombroso ver aquella idea en acción, funcionando tan bien tras una sola generación, y me animó a luchar por la educación de las niñas de Pakistán".

Durante el turbulento vuelo de las líneas aéreas Birman Airways que le llevó de Dacca a Calcuta, Mortenson se convenció de la urgente necesidad de educar a las niñas de las zonas rurales. Al ser el único extranjero del avión, las azafatas le llevaron a la zona de primera clase, donde se sentó entre quince atractivas chicas que lucían unos saris nuevos y brillantes. "Eran jóvenes y estaban aterradas", cuenta Mortenson. "No sabían cómo abrocharse los cinturones de seguridad ni las joyas que llevaban, y cuando llegamos al aeropuerto, vi con impotencia cómo unos agentes corruptos las sacaron bruscamente del avión y se las llevaron evitando a los oficiales de la aduana. No podía hacer nada por ellas. Solo podía imaginarme la horrible vida de prostitución a la que se dirigían".

A través de los titulares de los diarios que había expuestos en los quioscos del Aeropuerto Internacional de Calcuta, Mortenson supo que uno de sus héroes, la Madre Teresa de Calcuta, había fallecido tras una larga enfermedad. Como hacía una breve escala en Calcuta antes de coger el vuelo a casa, decidió intentar ir a presentarle sus respetos.

"¿Hachís? ¿Heroína? ¿Chica masaje? ¿Chico masaje?", le preguntó el taxista, cogiendo a Mortenson del brazo dentro de la zona de llegadas, donde se suponía que no podía acceder. "¿Qué quiere? Lo que sea, no hay problema".

Mortenson se echó a reír, impresionado ante la determinación de aquel hombrecillo sombrío. "La Madre Teresa acaba de morir. Me gustaría visitarla", le dijo Mortenson. "¿Puede llevarme allí?"

"No hay problema", contestó, moviendo la cabeza mientras cogía la maleta de Mortenson.

El conductor fumaba frenéticamente mientras circulaban en su taxi negro y amarillo, y se asomaba tanto por la ventana que Mortenson tenía de vez en cuando una vista panorámica del terrible tráfico de la ciudad a través del parabrisas. Se pararon en un mercado de flores donde Mortenson le dio unos diez dólares en rupias y le pidió que escogiera un arreglo foral adecuado para un funeral. "Me dejó sentado allí, sudando, y volvió al cabo de unos treinta minutos, portando en los brazos un enorme y colorido ramo de claveles y rosas", dice Mortenson. "Era tan grande que apenas cabía en el asiento trasero".

Al anochecer, en el exterior de la Casa Madre de las Misioneras de la Caridad, cientos de dolientes se aglomeraban alrededor de las puertas en silencio, sosteniendo velas y colocando ofrendas frutales e incienso en el pavimento.

El conductor se bajó y sacudió la puerta de metal sonoramente. ¡Este Sahib ha venido desde América para presentarle sus respetos! Gritó en bengalí. ¡Abran! Un anciano *chokidar* que custodiaba la entrada se levantó y volvió con una joven monja vestida con un hábito azul que miró de arriba abajo al polvoriento viajero y a su ofrenda floral antes de hacerle señas para que entrara. Caminando a disgusto hacia el interior, condujo a Mortenson por un pasillo en el que resonaban unas oraciones lejanas, y le señaló un cuarto de baño.

"¿Por qué no lavar primero?", le sugirió en un inglés con acento eslavo.

La Madre Teresa estaba tendida sobre un sencillo catre, en el centro de una habitación iluminada con las miles de velas parpadeantes que habían llevado sus devotos. Mortenson empujó suavemente los otros ramos que había, hizo espacio para su ramo y tomó asiento contra una pared. La monja que le acompañaba le dejó a solas con la Madre Teresa.

"Me senté en aquel rincón sin tener ni idea de qué hacer", confiesa Mortenson. "Ella había sido uno de mis héroes desde niño".

La Madre Teresa de Calcuta, una mujer natural de Albania nacida en el seno de la familia de un próspero constructor de Kosovo, vino al mundo con el nombre de Agnes Gonxha Bojaxhiu. Desde los doce años, según decía, se había sentido llamada a trabajar con los pobres, y empezó a formarse para la obra misionera. Siendo adolescente, ingresó en la orden irlandesa de las Hermanas de Nuestra Señora de Loreto movida por su compromiso de proporcionar educación a las niñas. Durante dos décadas, dio clases en la Escuela Superior de Santa María en Calcuta, donde acabaría ocupando el cargo de directora. Pero, según contaba, en 1946 recibió una llamada de Dios que le ordenaba servir a los "más pobres de entre los pobres". En 1948, tras recibir la dispensa especial del papa Pío XII para trabajar de forma independiente, fundó una escuela al aire libre para los niños sin hogar de Calcuta.

En 1950, la mujer ya por aquel entonces conocida como Madre Teresa recibió un permiso especial del Vaticano para fundar su propia orden, las Misioneras de la Caridad, cuya misión era velar por "los hambrientos, los desnudos, los sin hogar, los lisiados, los leprosos, toda esa gente que se siente indeseada, rechazada y sin cariño, para traerlos de vuelta a la sociedad, esa sociedad para la que se han vuelto una carga y que los evita".

Mortenson, que sentía un cariño especial por los desvalidos de la sociedad, admiraba la resolución con que aquella mujer había ayudado a las comunidades más abandonadas del mundo. Durante su niñez en Moshi, había sabido de uno de sus primeros proyectos fuera de la India, una residencia para enfermos terminales en Dar es Salaam, Tanzania. Cuando fue galardonada con el Premio Nobel en 1979, la popularidad de la Madre Teresa se había convertido en el motor que propulsaba los orfanatos, residencias y escuelas de las Misioneras de la Caridad alrededor del mundo.

Mortenson había oído las críticas manifestadas, durante sus últimos años de vida, por aquella mujer que yacía ahora sobre un catre. Había leído cómo defendía su práctica de aceptar donaciones procedentes de fuentes sucias, como narcotraficantes, miembros de bandas de delincuentes y políticos corruptos que esperaban comprar así su camino a la salvación. Tras haber vivido en sus propias carnes la lucha por recaudar fondos para los niños de Pakistán, sintió que entendía lo que había llevado a la monja a decir: "No me importa de dónde procede el dinero. Todo vale si es para servir a Dios".

"Estaba sentado en aquel rincón mirando fijamente a aquella figura amortajada", recuerda Mortenson. "Se veía tan pequeña, cubierta con aquella tela, y recuerdo que pensé lo increíble que era que una persona tan diminuta tuviera una influencia tan enorme en la humanidad".

Las monjas, que entraban en la habitación para presentar sus respetos, se habían arrodillado para tocar los pies de la Madre Teresa. Mortenson advirtió que la muselina que envolvía el cuerpo había perdido color por el roce de cientos de manos, pero no le parecía correcto tocarle los pies. Se arrodilló sobre el frío suelo de baldosas, junto a la difunta y colocó una de sus enormes manos sobre la minúscula mano de ella.

La monja que le había llevado hasta allí volvió, y le encontró arrodillado. Le hizo una seña con la cabeza, como para decirle, "¿Has terminado?". Mortenson siguió sus discretas pisadas por el oscuro pasillo hasta salir al calor y al clamor de Calcuta.

Su taxista estaba sentado en cuclillas, fumando, y se levantó de un salto cuando vio que se acercaba su sueldo del día. "¿Éxito? ¿Éxito?", preguntaba, mientras conducía al distraído americano hasta el Hotel Ambassador. "Ahora", le dijo, "¿quiere un poco masaje?".

Meses después, en el invierno de 2000, protegido de nuevo en la seguridad de su sótano, Mortenson reflexionaría a menudo sobre aquellos extraños momentos pasados junto a la Madre Teresa. Le maravillaba cómo ella había sobrevivido sin hacer apenas viajes a su ciudad natal, lejos de la miseria y del sufrimiento, que le permitieran descansar y prepararse para reanudar su lucha. Aquel invierno,

Mortenson estaba completamente agotado. El hombre que se había dañado en su caída en el Monte Sill, el día de la muerte de Christa, nunca se le había curado del todo. Había probado con el yoga y con la acupuntura, pero todo fue en vano. A veces el dolor era tan punzante que se llegaba a tomar entre quince y veinte pastillas Advil al día para poder concentrarse en el trabajo.

Mortenson intentó, también en vano, sentirse cómodo con el proceso de convertirse en un personaje público de Estados Unidos, pero era tal el número de personas que querían obtener algo de él que con frecuencia se escondía en su sótano e ignoraba los cientos de correos electrónicos y de llamadas telefónicas que recibía.

Le contactaban alpinistas en busca de ayuda para organizar expediciones a Pakistán que se ofendían cuando un antiguo colega no dejaba lo que fuera que estuviera haciendo para ayudarles. Le llamaban continuamente periodistas y directores de cine, que aspiraban a acompañarle en su próximo viaje, con el objetivo de explotar los contactos que había hecho durante sus siete años en la zona para conseguir acceder a regiones restringidas antes de que lo hicieran sus competidores. Recibía largas y pesadas cartas de médicos, glaciólogos, sismólogos, etnólogos, y biólogos de campo, escritas en un lenguaje técnico casi incompresible, donde se pedían respuestas detalladas para cuestiones académicas sobre Pakistán.

Cuando estaba en casa, y con el fin de identificar las causas de su deseo de esconderse y con el objetivo de idear estrategias para combatir el creciente malestar que le producían aquellos que reclamaban de él más tiempo del que podía dar, Mortenson empezó a visitar con regularidad a un terapeuta que le recomendó Tara.

La casa de su suegra, Lila Bishop, se convirtió en otro de los refugios de Mortenson, sobre todo su sótano, donde se pasaba horas enfrascado en la biblioteca de alpinismo de Barry Bishop, leyendo sobre la migración de los baltis desde el Tíbet, o estudiando un singular volumen encuadernado con las exquisitas imágenes en blanco y negro del K2 y de sus picos vecinos, captadas por Vittorio Sella durante la expedición del duque de Abruzzi en 1909.

Poco a poco Mortenson empezó a permitirse el separarse de los libros para acompañar a su familia cuando se reunía en el piso de arriba a la hora de la cena. Lila Bishop, por aquel entonces, coincidía con su hija en su opinión respecto a Mortenson. "Tuve que admitir que Tara tenía razón, algo pasaba con el "Sr. Maravilloso", dice Lila. Y, como su hija, había llegado a la conclusión de que el gigante y agradable hombre estaba hecho de otra pasta. "Una noche nevosa estábamos haciendo una barbacoa, y le pedí a Greg que fuera a dar una vuelta al salmón", cuenta Lila. "Al cabo de un rato miré hacia la puerta del patio y vi a Greg descalzo sobre la nieve, levantando el pescado con la pala y dándole la vuelta, como si fuera lo más normal del mundo, y creo que, para él, lo era. Fue entonces cuando comprendí que no es un ser humano común. Es de una especie diferente".

Durante el resto de aquel invierno, en su propio sótano, Mortenson se obsesionó con los informes que recibía detallando la catástrofe que se estaba produciendo en el norte de Afganistán. Más de diez mil afganos, en su mayoría mujeres y niños, se habían desplazado hacia el norte huyendo de las tropas talibanes hasta llegar a una zona fuera de su competencia en la frontera tajika. En las islas situadas en medio del río Amu Darya, aquellos refugiados habían levantado chozas de barro y se estaban muriendo de hambre poco a poco.

Mientras enfermaban y morían, los soldados talibanes les disparaban como si fuera un deporte, lanzando granadas que dibujaban arcos en el cielo hasta que impactaban sobre los aterrorizados refugiados. Cuando intentaban huir hacia Tayikistán, utilizando troncos para cruzar el río, recibían los disparos de las tropas rusas que vigilaban la frontera, decididas a no permitir que el creciente caos de Afganistán se extendiera por su patio trasero.

"Desde que empecé a trabajar en Pakistán, no he dormido mucho", confiesa Mortenson, "pero aquel invierno apenas dormí. Me pasaba las noches despierto, dando vueltas por mi sótano, tratando de hallar el modo de ayudar a aquella gente".

Mortenson envió cartas a editores de periódicos y a miembros del Congreso estadounidense, con el fin de despertar su indignación. "Pero a nadie le importaba", dice Mortenson. "La Casa Blanca, el Congreso, la ONU; todos permanecían en silencio. Llegué a soñar que, armado con un AK-47, hacía que Faisal Baig reuniera a algunos hombres, y cruzábamos la frontera hacia Afganistán para luchar nosotros mismos por los refugiados".

"La realidad es que fracasé en mis intentos de que alguien se preocupara. Tara puede confirmar que fue una auténtica pesadilla. No podía dejar de pensar en aquellos niños que vivían bajo el frío y que nunca tendrían la oportunidad de crecer, indefensos en aquel inhóspito lugar entre grupos de hombres armados, muriendo a causa de la disentería que contraían por beber agua del río, o de inanición. La verdad es que me estaba volviendo loco. Me sorprende que Tara me soportase aquel invierno".

"En tiempos de guerra, a menudo se oye a los líderes –cristianos, judíos y musulmanes– decir «Dios está de nuestro lado», pero eso no es cierto. En la guerra, Dios está del lado de los refugiados, de las viudas, de los huérfanos".

El estado de ánimo de Mortenson no mejoró hasta el 24 de julio de 2000. Aquel día, se arrodilló en la cocina para echar con delicadeza agua caliente por la espalda desnuda de Tara. Apoyó sus manos en los hombros de su mujer, masajeando sus tensos músculos, pero Tara tenía la mente a kilómetros de aquel masaje. Estaba concentrada en la difícil tarea a la que se enfrentaba. Su nueva comadrona, Vicky Cain, le había sugerido parir a su segundo hijo en el agua. Su bañera era demasiado pequeña, así que la comadrona les trajo un enorme abrevadero para caballos, lo encajó entre el fregadero y la mesa de la cocina, y lo llenó de agua caliente.

Llamaron a su hijo Khyber Bishop Mortenson. Hacía tres años, antes de la inauguración de la escuela de Korphe, Mortenson había llevado a su esposa y a su hija de un año a ver el paso de Khyber. Su postal navideña de aquel año mostraba una foto de Greg y Tara en la frontera afgana, vestidos con un traje tribal, sosteniendo a Amira en brazos y dos AK-47 que les habían prestado en broma los guardias fronterizos. El pie de la foto decía "Paz en la Tierra".

Dos horas después de que su hijo llegara al mundo en un abrevadero para caballos, Mortenson se sintió plenamente feliz por primera vez en muchos meses. El simple tacto de su mano en la cabeza de su hijo era una inyección de energía. Más adelante, llevarían al bebé a la clase de preescolar de Amira para que la niña presumiera ante sus compañeros mostrándoles y describiéndoles a su hermanito.

Amira, que ya entonces se sentía más cómoda hablando en público de lo que jamás lo estaría su padre, reveló a sus compañeros el milagro de los minúsculos deditos de los pies y de las manos de su hermano, mientras su padre lo sostenía con sus enormes manos, como si fuera un balón de fútbol.

"Es muy pequeño y tiene arrugas", decía una niña rubia de cuatro años. "¿Los bebés tan pequeños crecen hasta hacerse grandes como nosotros?"

"*Inshallah*", le dijo Mortenson.

"¿Qué?"

"Espero que sí, cariño".

CAPÍTULO 19

Un pueblo llamado Nueva York

Los tiempos de la aritmética y la poesía forman parte del pasado. Hoy en día, hermanos míos, tomad clases de Kaláshnikovs y lanzagranadas.

-Grafiti pintado en la pared del patio de la escuela de Korphe

¿Qué es eso?", preguntó Mortenson. "¿Qué estamos mirando?"
"Una madraza, Greg Sahib", le dijo Apo.

Mortenson le pidió a Hussein que se detuviera para poder ver mejor aquel nuevo edificio. Se bajó del todoterreno y se apoyó en el capó mientras Hussein se quedaba holgazaneando en el asiento, tirando despreocupadamente la ceniza de su cigarrillo entre sus pies, sobre la caja de madera con dinamita.

Mortenson valoraba el estilo constante y metódico con que su conductor circulaba por los peores caminos por lo que le daba reparo criticarle, pero no le gustaba la idea de acabar volando por los aires, así que se prometió que envolvería la dinamita con una lona de plástico cuando volvieran a Skardu.

Mortenson se enderezó con un resoplido y examinó la nueva estructura que dominaba el lado oeste del valle de Shigar, en el pueblo de Gulapor. Era un edificio de más de ciento ochenta metros de longitud, escondido de los transeúntes tras unas murallas de seis metros. Parecía algo que habría esperado encontrar más bien en el Waziristán, pero no a unas horas de Skardu. "¿Estás seguro de que no es una base militar?", preguntó Mortenson.

"Este lugar es nuevo", respondió Apo. "Una madraza wahhabi".

"¿Por qué necesitan tanto espacio?"

"Madraza wahhabi es como...", intentó decir Apo, que buscaba una palabra inglesa. Se conformó emitiendo un zumbido.

"¿Abeja?", preguntó Mortenson.

"Sí, como la casa de la abeja". Las madrazas wahhabis tienen muchos estudiantes escondidos dentro".

Mortenson volvió a subirse al vehículo, y se sentó detrás de la caja de dinamita.

A ochenta quilómetros al este de Skardu, Mortenson advirtió dos destacados minaretes que atravesaban la vegetación de los alrededores de un humilde pueblo llamado Yugo, "¿De dónde saca esta gente el dinero para una mezquita nueva como ésta?", preguntó Mortenson.

"Esto también wahhabi", le dijo Apo. "Los jeques vienen de Kuwait y Arabia Saudí con maletas llenas de rupias. Se llevan al mejor estudiante. Cuando el chico vuelve al Baltistán, tiene que tomar cuatro esposas".

Cuando llevaban veinte minutos descendiendo por el camino, Mortenson vio una mezquita idéntica a la nueva de Yugo, presidiendo el empobrecido pueblo de Xurd.

"¿Wahhabi?", preguntó Mortenson, con una creciente sensación de miedo.

"Sí, Greg", le dijo Apo, con un tono que confirmaba lo evidente "están en todas partes".

"Me había enterado de que la secta saudita wahhabi llevaba años construyendo mezquitas a lo largo de la frontera afgana", dice Mortenson, "pero aquella primavera, la primavera de 2001, me asombró ver todas las edificaciones que estaban levantando aquí, en el corazón del Baltistán chiita. Por primera vez comprendí la magnitud de lo que estaban intentando hacer y eso me asustó".

El wahhabismo es una rama conservadora y fundamentalista del islam sunita y la religión oficial del estado de Arabia Saudí. Muchos seguidores de la secta consideran el término ofensivo y prefieren llamarse *al-Muwahhidun,* "los monoteístas". Sin embargo, en Pakistán y en otros países pobres más afectados por el proselitismo de los wahhabis, el término está muy arraigado.

"Wahhabi" deriva del término *Al-Wahhab,* cuyo significado literal en árabe es "persona generosa", uno de los pseudónimos de Alá. Y es esta generosidad –el, en apariencia inagotable, suministro de dinero que los agentes wahhabis pasan clandestinamente a Pakistán, tanto en maletas como a través de un sistema de transferencia de fondos ilocalizable llamado *hawala*– la que ha formado su imagen entre la población de Pakistán. Gran parte del dinero del petróleo procedente del golfo Pérsico va dirigido a la incubadora más virulenta del integrismo religioso en Pakistán: las madrazas wahhabis.

Es imposible precisar cifras exactas en un fenómeno tan hermético, pero uno de los pocos informes que aparecen en la prensa saudita, sometida a una extremada censura, apunta al impacto masivo que está teniendo sobre los estudiantes más pobres de Pakistán la hábil inversión de los beneficios del petróleo.

En diciembre de 2000, la publicación saudita *Ain-Al-Yaqeen* informó de que una de las cuatro principales organizaciones de proselitismo wahhabi, la Fundación Al Haramain, había construido "mil cien mezquitas, escuelas y centros islámicos en Pakistán y en otros países musulmanes, y proporcionado empleo y sueldo a tres mil proselitistas durante el año anterior".

Según *Ain-Al-Yaqeen,* la más activa de las cuatro organizaciones, la Organización Internacional para la Liberación Islámica, que posteriormente sería acusada por la comisión del 11-S de haber prestado un apoyo directo a los talibanes y a Al Qaeda, completó la construcción de tres mil ochocientas mezquitas, invirtió cuarenta y cinco millones de dólares en "educación islámica", y empleó a más de seis mil profesores, muchos en Pakistán, a lo largo del mismo periodo.

"En 2001, el CAI tenía operaciones diseminadas por toda la zona norte de Pakistán, desde las escuelas que estábamos construyendo a lo largo de la Línea de Control y hacia el este, hasta las diversas iniciativas nuevas que estábamos desarrollando al oeste a lo largo de la frontera afgana", dice Mortenson. "Pero nuestros recursos eran una miseria comparados con los de los wahhabis. Cada vez que iba a supervisar alguno de nuestros proyectos, parecía que se hubieran levantado diez madrazas wahhabis en los alrededores de la noche a la mañana".

El deficiente sistema educativo de Pakistán convirtió el avance de la doctrina wahhabi en una cuestión puramente económica. Un porcentaje mínimo de los niños ricos del país asistía a colegios privados de élite, un legado del sistema colonial británico, pero, como Mortenson sabía, había extensas zonas del país que solo contaban con las pocas escuelas públicas de Pakistán, centros que pasaban numerosas dificultades y que carecían de los fondos necesarios. El sistema de las madrazas se dirigía a los estudiantes más pobres desatendidos por el sistema público. Al ofrecer comida y alojamiento gratuitos y construir escuelas en zonas donde no había otras, las madrazas proporcionaban a los padres pakistaníes la única oportunidad de educar a sus hijos. "No quiero dar la impresión de que todos los wahhabis son malos", dice Mortenson. "Muchas de sus escuelas y mezquitas están haciendo una gran labor para ayudar a los pobres de Pakistán, pero algunas parecen tener el único fin de adiestrar a militantes para la *jihad*".

En 2001, un estudio del Banco Mundial estimó que había al menos veinte mil madrazas educando en el currículum islámico a nada más y nada menos que dos millones de estudiantes de Pakistán. El periodista Ahmed Rashid, con sede en Lahore, quizá la principal autoridad mundial sobre la relación existente entre la educación de las madrazas y el aumento del integrismo islámico, calculó que más de ochenta mil de esos jóvenes estudiantes de las madrazas se habían convertido en reclutas talibanes. No todas las madrazas eran caldos de cultivo para el integrismo, pero el Banco Mundial concluyó que entre el quince y el veinte por ciento de sus estudiantes estaban recibiendo adiestramiento militar, además de un currículum que enfatizaba la *jihad* y el odio a Occidente a expensas de asignaturas como matemáticas, ciencias y literatura.

Rashid narra su experiencia en las madrazas wahhabis de Peshawar en su libro superventas *Taliban*. "Los niños se pasaban el día estudiando el Corán, las enseñanzas del profeta Mahoma y los principios fundamentales de la ley islámica interpretada por unos profesores, que eran casi analfabetos", escribe. "Ni los profesores ni los alumnos tenían base alguna en matemáticas, ciencias, historia o geografía".

Aquellos estudiantes de las madrazas eran "los desarraigados e inquietos, los desempleados y los humildes", concluye Rashid. "Admiraban la guerra porque era la única ocupación a la que tenían posibilidad de adaptarse. La simple creencia en un islam mesiánico y puritano que les habían inculcado a la fuerza unos simples mulás rurales era el único sostén con el que podían contar para dar sentido a sus vidas.

"La labor que está llevando a cabo Mortenson al construir escuelas es proporcionar a los estudiantes lo que más necesitan: una educación equilibrada y las herramientas para salir de la pobreza", dice Rashid. "Pero necesitamos a muchos más como él. Sus escuelas son solo un grano de arena en el desierto cuando se tiene en cuenta la magnitud del problema en Pakistán. Fundamentalmente, el estado está fallando a sus estudiantes a escala masiva y poniéndoles las cosas demasiado fáciles a los integristas de las numerosas madrazas para llevar a cabo su reclutamiento.

La más famosa de estas madrazas, la *Darul Uloom Haqqunia*, con tres mil alumnos, situada en la ciudad de Attock, cerca de Peshawar, llegó a denominarse la "Universidad de la *Jihad*" porque de entre sus graduados destacaban el jefe supremo de los talibanes Mullah Omar y la mayoría de sus principales líderes.

"La cabeza me daba vueltas al pensar en los wahhabis", dice Mortenson. "No se trataba de un mero grupo de jeques árabes que se bajaban de vuelos procedentes del Golfo con maletas llenas de dinero. Se estaban llevando a Arabia Saudí y a Kuwait a los estudiantes más brillantes de las madrazas para someterles a diez años de adoctrinamiento, y más tarde les animaban a tomar cuatro esposas al regresar a casa y a reproducirse como conejos".

"Apo tenía mucha razón al comparar las madrazas wahhabis con colmenas. En estos centros proliferan generación tras generación estudiantes con el cerebro lavado y se persigue el objetivo de que en veinte, cuarenta, e incluso sesenta años, sus ejércitos integristas tengan el tamaño necesario para extenderse, como un enjambre, por Pakistán y por el resto del mundo islámico".

A principios de septiembre de 2001, el desnudo minarete rojo de una mezquita wahhabi construida recientemente y el edificio de una nueva madraza se habían erigido tras las murallas de piedra del centro de la propia ciudad de Skardu, como un signo de exclamación para destacar la creciente inquietud que había sentido Mortenson durante todo el verano.

El 9 de septiembre, Mortenson viajaba en el asiento de atrás de su Land Cruiser verde, en dirección al valle de Chapurson, en el extremo norte de Pakistán. Desde el asiento del copiloto, George McCown admiraba la majestuosidad del valle de Hunza. "Habíamos cruzado el paso de Khunjerab desde China", cuenta, "y habíamos recorrido el trayecto más bello de la Tierra, viendo manadas de camellos vagando por prístinos parques naturales antes de llegar a los increíbles picos de Pakistán".

Se dirigían hacia Zuudkhan, el pueblo de Faisal Baig, el guardaespaldas de Mortenson, con motivo de la inauguración de tres proyectos financiados por el CAI que acababan de concluirse -un proyecto acuífero, una pequeña planta de energía hidráulica y un ambulatorio. McCown, que había hecho un donativo personal de ocho mil dólares para aquellos proyectos, acompañaba a Mortenson para ver los cambios a los que había dado lugar su dinero. Tras ellos, Dan, el hijo de McCown, y Susan, su nuera, conducían un segundo todoterreno.

Se pararon a hacer noche en Sost, un antiguo caravasar de la Ruta de la Seda reconvertido en posada para los camioneros que se dirigían a China. Mortenson abrió el teléfono móvil nuevo que se acababa de comprar para el viaje y llamó a su amigo, el general de brigada Bashir, que estaba en Islamabad, para confirmar que en dos días dispondrían de un helicóptero para recoger al grupo en Zuudkhan.

Durante el último año de Mortenson en Pakistán, habían cambiado muchas cosas. Ahora vestía un chaleco de fotógrafo sobre su sencillo *shalwar kamiz,* con bolsillos suficientes para guardar todo lo que necesitaba llevar encima. Tenía un bolsillo para los dólares que tenía que cambiar, otro para los fajos de billetes de rupias que permitían sus transacciones diarias, uno en el que podía meter las cartas que le entregaban para solicitar nuevos proyectos y otro para los recibos que generaban los proyectos que ya estaban en marcha y que tenía que presentar a los meticulosos contables americanos. En los abultados bolsillos del chaleco guardaba la cámara de vídeo digital con la que documentaba su labor para los donantes a los que tenía que rendir cuentas cada vez que regresaba a Estados Unidos.

Pakistán también había cambiado. El golpe al orgullo nacional ocasionado por la derrota aplastante de las fuerzas pakistaníes durante el "Conflicto de Kargil" había conducido a una profunda crisis en el Gobierno del primer ministro Nawaz Sharif, elegido democráticamente. Con el golpe militar sin derramamiento de sangre que le destituyó de la presidencia, el general Pervez Musharraf había pasado a ocupar su cargo. Ahora en Pakistán imperaba la ley marcial, y Musharraf había tomado la presidencia con la promesa de rechazar a las fuerzas integristas islámicas a las que culpaba de la decadencia que estaba viviendo el país.

Mortenson aún tenía que entender los motivos de Musharraf, pero estaba agradecido por el apoyo que el nuevo Gobierno militar brindaba al CAI. "Musharraf se ganó mis respetos en cuanto tomó medidas contundentes contra la corrupción", explica. "Por primera vez en todo el tiempo que llevaba en Pakistán, empecé a encontrarme en los remotos pueblos de montaña, con auditores militares que iban allí para confirmar la existencia de escuelas y clínicas subvencionadas por el Gobierno. Y, también por primera vez, los habitantes del Braldu me decían que habían recibido algunos fondos procedentes de Islamabad. Eso me sugería mucho más que el abandono y la retórica sin contenido de los gobiernos de Sharif y de Bhutto".

Cuando el alcance de sus operaciones se extendió por todo el norte de Pakistán, los pilotos del ejército ofrecieron sus servicios al tenaz americano cuya obra admiraban, llevándole en pocas horas desde Skardu hasta pueblos lejanos a los que habría tardado días en llegar con su Land Cruiser.

El general de brigada Bashir Baz, íntimo confidente de Musharraf, había sido el primero en utilizar helicópteros para llevar hombres y material a los puestos de combate situados sobre la cresta del glaciar de Siachen, el campo de batalla a mayor altitud del mundo. Después de contribuir a la retirada de las tropas, abandonó el servicio activo para dirigir una compañía de transporte aéreo patrocinada por el ejército llamada Askari Aviation. Cuando disponía de tiempo y de un avión libre, hacía que sus hombres llevaran a Mortenson a los rincones más remotos del país. "He conocido a muchas personas en mi vida, pero a ninguna como Greg Mortenson", declara Bashir. "Teniendo en cuenta lo mucho que trabaja por los niños de mi país, ofrecerle un vuelo de vez en cuando es lo menos que puedo hacer".

Mortenson marcó un número, y orientó hacia el sur la antena del teléfono móvil hasta que oyó la voz cultivada de Bashir entre las interferencias. Las noticias sobre el país cuyas cumbres podía ver por encima de las cadenas montañosas del oeste eran impactantes. "¿Cómo?", exclamó Mortenson. "¿Que Massoud ha muerto?"

Bashir acababa de recibir un informe no confirmado de los servicios de inteligencia pakistaníes según el cual el afgano Ahmed Shah Massoud había sido asesinado por miembros de Al Qaeda que se habían hecho pasar por periodistas. No obstante, le dijo Bashir, la recogida en helicóptero seguía en pie como habían previsto.

"Si la noticia es cierta", pensó Mortenson, "Afganistán explotará".

La información resultó ser exacta. Massoud, que desde el ascenso de los talibanes al poder en Afganistán, se había convertido en el líder militar de la Alianza del Norte, una coalición de oposición formada por antiguos *mujahadeen* cuyas destrezas militares habían impedido que los talibanes invadieran la parte más septentrional del país, había sido asesinado el 9 de septiembre por dos argelinos entrenados por Al Qaeda que decían ser dos cineastas belgas de origen marroquí que estaban rodando un documental. Tras rastrear los números de serie, el servicio de inteligencia francés reveló que habían robado la videocámara al reportero gráfico Jean-Pierre Vincendet el invierno anterior, mientras trabajaba en un suplemento sobre los escaparates navideños de los centros comerciales de Grenoble.

Los terroristas suicidas cargaron la cámara de explosivos y la detonaron durante la entrevista con Massoud en su residencia de Khvajeh Ba Odin, a una hora en helicóptero hacia el oeste de Sost, donde Mortenson acababa de pasar la noche. Massoud murió quince minutos después, en su Land Cruiser, mientras sus hombres le llevaban corriendo hacia un helicóptero preparado para trasladarle a un hospital de Dushanbe, en Tayikistán, pero ocultaron la noticia al mundo durante el tiempo que les fue posible, temiendo que su muerte envalentonara a los talibanes para lanzar una ofensiva sobre el último enclave libre del país.

Ahmed Shah Massoud era conocido como el León del Panjshir, por la ferocidad con que había defendido su país de los invasores soviéticos, repeliendo a fuerzas superiores de su ancestral valle de Panjshir nueve veces con unas brillantes tácticas de guerrilla. Muy querido entre sus partidarios, y despreciado por aquellos que habían vivido su asedio a Kabul, era el Che Guevara de su país. Aunque bajo su gorro marrón, con su barba desaliñada y su rostro de belleza demacrada, se parecía más bien a Bob Marley.

Para Osama Bin Laden y sus emisarios apocalípticos, los diecinueve hombres en su mayoría sauditas que subieron a bordo de aviones estadounidenses portando cuchillas, la muerte de Massoud era una buena noticia pues significaba la derrota del único líder capaz de unir a los caudillos del norte de Afganistán en torno a la ayuda militar americana que seguramente les iba a caer encima, como las torres que estaban a punto de desmoronarse a medio mundo de distancia.

A la mañana siguiente, el día 10, el convoy de Mortenson ascendió por el valle de Chapurson. Viajando a tan solo veinte kilómetros por hora, condujeron sus todoterrenos por los escarpados caminos de tierra, entre glaciares despedazados que colgaban de cumbres de más de seis mil metros como comida mordisqueada por los dientes de un tiburón.

Zuudkhan, la última localidad de Pakistán, apareció al final del valle. El color pardo de sus casas de barro era tan parecido al del terreno polvoriento del valle que no advirtieron la presencia del pueblo hasta que se hallaron en su interior. En el campo de polo de Zuudkhan, Mortenson vio a su guardaespaldas Faisal Baig, orgulloso en medio de un grupo de habitantes de su pueblo que esperaban conocer a los invitados. Allí, en casa, vestía el traje tradicional de la tribu wakhi, un chaleco de lana marrón toscamente tejido, un *skiihd* de lana blanca en la cabeza, y unas botas de montar hasta las rodillas. Destacando sobre la multitud congregada para saludar a los americanos, se mantenía firme oculto tras las gafas oscuras de aviador que le había enviado McCown como regalo.

George McCown es un hombre bastante grande, pero Baig le levantó del suelo sin esfuerzo y le estrechó en un cálido abrazo. "Faisal es un verdadero tesoro", dice McCown. "Nos habíamos mantenido en contacto desde nuestro viaje al K2, cuando nos ayudó a mí y a mi pobre rodilla a descender por el Baltoro y prácticamente le salvó la vida a mi hija Amy, a la que cargó durante la mayor parte del descenso cuando se puso enferma, y luego nos presentó con sumo orgullo en su pueblo. Organizó una bienvenida real".

Una banda de músicos que tocaban cuernos y tambores acompañaba el avance de los visitantes por la larga y ensortijada línea de recepción formada por los trescientos habitantes de Zuudkhan. Mortenson, que ya había estado en el pueblo en varias ocasiones para supervisar la marcha de los proyectos, y que ya había compartido muchas tazas de té en el proceso, fue recibido como un familiar más. Los hombres de Zuudkhan le abrazaron aunque no con tanta fuerza como Faisal Baig. Las mujeres, ataviadas con *shalwar kamiz* de llamativos colores y los chadores típicos de los wakhis, hacían el saludo *dast ba*, posando las palmas de sus manos cariñosamente sobre la mejilla de Mortenson y besándose luego el dorso, como dictaba la tradición local.

Con Baig en cabeza, Mortenson y McCown supervisaron los nuevos conductos que se habían construido para canalizar agua por una empinada alcantarilla desde un arroyo de montaña hasta el norte del valle, y encendieron ceremoniosamente el pequeño generador accionado por el agua. Aquel generador sería suficiente para romper la monotonía de la oscuridad durante unas horas cada noche en las pocas casas de Zuudkhan en cuyos techos colgaban unos recién instalados dispositivos de iluminación.

Mortenson se detuvo en el nuevo ambulatorio, adonde la primera trabajadora de asistencia sanitaria de Zuudkhan acababa de regresar tras recibir seis meses de formación subvencionada por el CAI en la Clínica Médica de Gulmit a ciento cincuenta kilómetros al sur. Aziza Hussain, de veintiocho años, sonrió al mostrarle el material médico almacenado en la nueva sala que los fondos del CAI habían permitido añadir adosada a su casa. Meciendo a su bebé en su regazo, y mientras su hija de cinco años intentaba trepar por su cuello, señaló con orgullo las cajas de antibióticos, de jarabes para la tos y las sales de rehidratación adquiridas con las donaciones del CAI.

Al quedar el centro médico más cercano a dos días de trayecto en coche por caminos a menudo intransitables, en Zuudkhan las enfermedades podían derivar rápidamente en una crisis. En el año anterior a que Aziza se encargara de la salud de su pueblo, habían muerto tres mujeres durante el parto. "También moría mucha gente de diarrea", cuenta Aziza. "Después de recibir formación y de que el Dr. Greg me proporcionara las medicinas, pudimos controlar esas cosas".

"Cinco años después, al disponer de agua potable procedente de la nuevas cañerías, y al haber enseñado a la gente a lavar a los niños y a utilizar alimentos limpios, ni una sola persona ha vuelto a morir por esas causas. Me interesa muchísimo seguir formándome en este campo", declara Aziza, "y trasmitir mis conocimientos a otras mujeres. Ahora que hemos conseguido semejante progreso, no hay nadie en esta zona que crea que las mujeres no deben recibir formación".

"El dinero de uno es capaz de comprar muchas cosas en manos de Greg Mortenson", dice Mc Cown. "Vengo de un mundo en el que las organizaciones destinan millones de dólares a problemas sociales muy variados y a menudo no cambian nada, pero, por el precio de un coche barato, él era capaz de dar un vuelco a la vida de todos aquellos pueblos".

Al día siguiente, el 11 de septiembre de 2001, el pueblo entero se reunió ante un escenario montado en el margen del campo de polo. Mortenson y McCown estaban sentados bajo una pancarta que decía "Bienvenido honorable invitado", mientras los ancianos con bigote del pueblo, conocidos como *puhps,* que llevaban unas largas vestiduras de lana blanca bordadas con flores rosas, realizaron en corro la danza de bienvenida wakhi. Mortenson, sonriendo, se levantó para unirse a ellos, y, mientras bailaba con una gracia asombrosa a pesar de sus kilos de más, oía a todo el pueblo gritándole como muestra de reconocimiento.

Zuudkhan, bajo el liderazgo progresista de Faisal Baig y de los ocho ancianos que formaban el *tanzeem,* el Consejo del pueblo, habían fundado su propia escuela hacía una década; y aquélla cálida tarde, los estudiantes hicieron alarde de su inglés. "Gracias por dedicar vuestro valioso tiempo a la lejana región del norte de Pakistán", pronunció tímidamente un adolescente a través de un micrófono amplificado sujeto a la batería de un tractor.

Su apuesto compañero de clase intentó superarle con unos elaborados comentarios. "Esta era una zona aislada y marginada", dijo, cogiendo el micrófono con el aire arrogante de una estrella de pop. "Estábamos solos aquí en Zuudkhan, pero el Dr. Greg y el Sr. George tuvieron la voluntad de mejorar nuestro pueblo. Por todo el bien que han hecho para los pobres y necesitados de este mundo, como este pueblo de Zuudkhan, damos las gracias a nuestros benefactores. Estamos muy, muy agradecidos".

La celebración concluyó con un partido de polo, organizado ostentosamente para entretener a los invitados. Los bajos y robustos ponis de montaña habían sido traídos de ocho pueblos distintos del aislado valle, y los wakhis jugaban una variedad de polo tan accidentada como las vidas que llevaban. Mientras los jinetes sin montura galopaban de un lado a otro del claro persiguiendo el cráneo de cabra que hacía las veces de pelota, intentaban golpearla con sus mazas y chocaban sus caballos como pilotos de un carrera de demolición. Los habitantes del pueblo gritaban y aplaudían exaltados cada vez que los jugadores pasaban por delante con gran estruendo. Los jinetes no se desmontaron hasta que se filtró el último rayo de luz por encima de las montañas hacia Afganistán, y entonces la multitud se dispersó.

Faisal Baig, que era tolerante con las tradiciones de otras culturas, había adquirido una botella de vodka chino, que ofreció a los invitados que alojaba en su casa, pero Mortenson y él se abstuvieron de beber. Durante la conversación mantenida con los ancianos del pueblo que le visitaron antes de irse a dormir, hablaron del asesinato de Massoud, y sobre lo que significaría para el pueblo de Baig. Si lo que quedaba de Afganistán –tan solo treinta kilómetros de distancia por encima del Paso de Irshad– caía en manos de la talibanes, sus vidas cambiarían por completo. La frontera quedaría sellada, sus rutas comerciales tradicionales quedarían bloqueadas y ellos quedarían aislados del resto de su tribu, que vagaba en libertad por los elevados pasos y valles de ambas naciones.

El otoño anterior, cuando Mortenson había visitado Zuudkhan para llevar las cañerías para el proyecto del agua, tuvo la oportunidad de constatar lo cerca que realmente estaba Afganistán. Acompañado de Baig, Mortenson se había parado en una pradera situada en lo alto de Zuudkhan, observando cómo descendía desde el paso de Irshad una nube de polvo. Los jinetes habían localizado a Mortenson y se apresuraron hacia él como una banda de bandidos arrasadores. Venían corriendo en decenas, con bandoleras de munición sobresaliendo por sus pechos, unas enmarañadas barbas y unas botas de montar hechas a mano que sobrepasaban la altura de las rodillas.

"Se apearon de sus caballos y vinieron directos hacia mí", cuenta Mortenson. "Eran los hombres con el aspecto más salvaje que había visto jamás. Me volvió a la mente mi retención en el Waziristán y pensé, «¡Oh no! Ya estamos otra vez»".

El jefe, un hombre duro con un rifle de caza en bandolera, caminó dando zancadas hacia Mortenson, y Baig se le cruzó en el camino, dispuesto a dar su vida, pero a cabo de unos minutos los dos hombres estaban abrazados y hablando emocionados.

"Mi amigo", le dijo Baig a Mortenson. "Te he buscado muchas veces".

Mortenson se enteró de que aquellos hombres eran nómadas kirguizes del Wakhan, el delgado saliente situado en el remoto noreste de Afganistán, que extiende su brazo fraternal por encima del valle de Chapurson de Pakistán, por donde también habitan muchas de las familias kirguizes. Perdido en este corredor salvaje, entre Pakistán y Tayikistán, y encerrado en un rincón de su país, Afganistán, por los talibanes, aquel pueblo no recibía ayuda internacional ni asistencia de su propio gobierno. Aquellos hombres habían cabalgado durante seis días para verse con Mortenson tras oír que tenía previsto ir a la zona de Chapurson.

El jefe del pueblo se acercó a Mortenson. "Para mí vida dura no problema", le dijo a través de Baig, "pero para niños no bien. No tener mucha comida, no buena casa, y no escuela. Sabemos que Dr. Greg construir escuela en Pakistán, así que ¿qué puede construir para nosotros? Nosotros dar tierra, piedras, hombres, todo. ¿Venir ahora y quedar con nosotros en invierno para poder hablar y hacer una escuela?"

Mortenson pensó en los vecinos del oeste de aquel hombre, los diez mil refugiados abandonados en las islas del río Amu Darya a los que no había conseguido ayudar. A pesar de que un Afganistán en guerra no era ni por asomo el lugar adecuado para lanzar una nueva iniciativa de desarrollo, se juró a sí mismo que encontraría la manera de ayudar a aquellos afganos.

Enrevesadamente, a través de Baig, Mortenson explicó que su esposa le esperaba en casa en pocos días, y que todos los proyectos del CAI debían contar con la aprobación de la Junta Directiva, pero apoyó una mano sobre el hombro de aquel hombre, apretando el chaleco de lana de oveja que llevaba, ennegrecido por la suciedad. "Dile que ahora tengo que irme a casa. Dile que trabajar en Afganistán es muy difícil para mí", le dijo a Baig. "Pero prometo que vendré a visitar a su familia en cuanto pueda. Entonces veremos si es posible construir alguna escuela".

El kirguiz escuchaba a Baig con atención, frunciendo el ceño concentrado antes de que en su cara castigada se dibujara una amplia sonrisa. Colocó su musculosa mano sobre el hombro de Mortenson, sellando la promesa, antes de montarse en su caballo y de replegar a sus hombres para emprender por el Hindu Kush el largo camino de vuelta a casa, donde informarían a su caudillo, Abdul Rashid Khan.

Estando en casa de Baig un año después, Mortenson se tumbó en el cómodo *charpoy* que había construido su anfitrión para sus huéspedes, a pesar de que él y su familia dormían en el suelo. Dan y Susan dormían ruidosamente, mientras McCown roncaba desde una cama situada junto a la ventana. Mortenson, medio dormido, había perdido el hilo de la conversación de los ancianos del pueblo. Somnoliento, reflexionaba sobre su promesa a los jinetes kirguizes y se preguntaba si el asesinato de Massoud le impediría cumplirla.

Baig apagó las linternas bastante después de medianoche, insistiendo en que a última hora de la noche solo había una solución posible: pedir la protección del misericordioso Alá, y luego dormir.

En la oscuridad, mientras Mortenson llegaba al final de su larga jornada, el último ruido que escuchó procedía de Baig, que, susurrando para no hacer ruido por consideración hacia sus invitados, rezaba a Alá con urgencia para que estableciera la paz.

A las 4:30 de aquella mañana, Mortenson se despertó de una sacudida. Faisal Baig sostenía una radio barata de onda corta rusa pegada a la oreja, y a través de la luz verde que marcaba el dial, Mortenson vio en el atractivo rostro de su guardaespaldas una expresión que nunca le había visto antes: miedo.

"¡Dr. Sahib! Gran problema", le dijo Baig. "¡Arriba! ¡Arriba!"

El adiestramiento militar, que nunca le había abandonado completamente, hizo que Mortenson se levantara de un salto a pesar de que había dormido tan solo un par de horas. "*As-Salaam Alaaikum*, Faisal", dijo Mortenson, intentando quitarse las legañas. "*Baaf Ateya*, ¿cómo estás?"

Baig, normalmente cortés, se apretó la mandíbula sin responder. "*Uzum Mofsar*", dijo tras un largo rato mirando fijamente a Mortenson. "Lo siento".

"¿Por qué?", le preguntó Mortenson. Vio con recelo cómo su guardaespaldas, cuyo tamaño siempre le había bastado para protegerse de cualquier peligro imaginable, sostenía un AK 47 en las manos.

"Un pueblo llamado Nueva York ha sido bombardeado".

Mortenson se retiró la manta de pelo de yak que le cubría los hombros, deslizó los pies en sus heladas sandalias, y caminó hacia fuera. Alrededor de la casa, en medio del frío glacial que precedía al amanecer, vio que Baig había destinado una guardia para sus huéspedes americanos. Alam Jan, el hermano de Faisal, un gallardo porteador de cabello rubio y ojos azules, sostenía un Kaláshnikov, y cubría la única ventana de la casa. Haidar, el mulá del pueblo, estaba de pie examinando la oscuridad en dirección a Pakistán, y Sarfraz, un hombre delgado y desgarbado que había servido en el ejército pakistaní, observaba el camino vigilando los coches que se acercaban mientras toqueteaba el dial de su radio de onda corta.

Mortenson supo que Sarfraz había escuchado una emisión en uighur, una de las varias lenguas que hablaba, en una cadena china que decía que habían caído dos grandes torres. Ahora estaba intentando acceder a más información, pero pusiera donde pusiera el dial, la radio tan solo captaba una melancólica música en uighur de una emisora situada al otro lado de la china, en Kashgar.

Mortenson pidió el teléfono móvil que había comprado especialmente para aquel viaje, y Sarfraz, el más hábil del grupo con la tecnología, fue a caballo a recogerlo a su casa, adonde lo había llevado para aprender su funcionamiento.

Faisal Baig no necesitaba más información. Con una mano ocupada por el AK-47 y la otra cerrada en un puño, tenía los ojos clavados en la luz que rozaba las cimas de las montañas de Afganistán. Llevaba años viéndolo venir, viendo cómo se formaba la tormenta. Al Servicio de Inteligencia de los Estados Unidos, cuyos brazos eran como aspas de molino, le costaría meses y millones de dólares esclarecer la verdad que aquel hombre analfabeto que vivía en el último pueblo de Pakistán, al final de un camino de tierra, sin conexión de Internet ni un teléfono siquiera, conocía instintivamente.

"Tu problema en el pueblo de Nueva York viene de allí", le dijo, señalando la frontera con un gruñido. "De ese *shetan* de Al Qaeda", le dijo, escupiendo hacia Afganistán, "Osama".

El enorme helicóptero MI-17 de fabricación rusa llegó a las ocho de la mañana en punto, como le había prometido el general de brigada Bashir. El teniente primero de Bashir, el coronel Ilyas Mirza, se bajó antes de que se parara el rotor y dirigió un brusco saludo a los americanos. "Dr. Greg, Sr. George, señores, para servirles", les dijo, mientras los comandos iban bajando del helicóptero para formar un círculo alrededor de los americanos.

Ilyas era alto y elegante, como los héroes creados por Hollywood. Su cabello negro mostraba canas justo en las sienes de su cincelada cara. Por lo demás, conservaba el aspecto que había tenido de joven, cuando servía en el ejército como uno de los mejores pilotos de combate. Además, Ilyas era waziri, de Bannu, el lugar por el que había pasado Mortenson antes de su secuestro, y cuando supo cómo le había tratado su tribu, se decidió a evitar, por todos los medios, que se le infligiera más dolor a su amigo americano.

Faisal Baig elevó sus manos hacia Alá y pronunció un *dua*, dándole las gracias por haber enviado al ejército para proteger a los americanos. Sin equipaje alguno y sin tener ni idea de adónde iba, se subió al helicóptero junto a la familia de McCown y a Mortenson, solo para asegurar que su cordón de seguridad fuera inquebrantable.

Desde el aire, contactaron con Estados Unidos mediante el teléfono de Mortenson, tratando de hacer llamadas cortas porque su batería tenía una duración de cuarenta y cinco minutos. A través de Tara y de la esposa de McCown, Karen, conocieron los detalles de los ataques terroristas. Apretándose el auricular contra la oreja, Mortenson miraba entrecerrando los ojos las vistas que podía distinguir a través de las pequeñas ventanillas del MI-17, mientras intentaba mantener la antena del teléfono orientada hacia el sur, por donde giraban los satélites que le trasmitían la voz de su mujer.

Tara se sintió tan aliviada al oír a su marido que se echó a llorar, diciéndole lo mucho que le quería entre unas interferencias y un desfase en la conexión desesperantes. "Sé que allí estás con tu segunda familia", le gritó, "pero acaba tu trabajo y vuelve a casa conmigo, cariño".

McCown, que había servido en el comando estratégico de las fuerzas aéreas del ejército estadounidense, repostando en vuelo aviones B52 que transportaban explosivos nucleares, tenía un sentido excepcionalmente vívido del destino que le esperaba a Pakistán. "Conocía personalmente a Rumsfeld, Rice y Powell, así que sabía que estábamos a punto de embarcarnos en una guerra", dice McCown, "e imaginé que si los miembros de Al Qaeda tenían algo que ver íbamos a empezar a bombardear lo que quedaba de Afganistán a todas horas, hasta arrasarlo por completo".

"Si eso ocurría, no sabía el camino que tomaría Musharraf. Incluso si se decantaba por apoyar la postura de Estados Unidos, no sabía si el ejército pakistaní le acompañaría, porque los norteamericanos habían prestado su apoyo a los talibanes. Me di cuenta de que podíamos acabar como rehenes y estaba ansioso por largarme allí".

El mecánico de vuelo se disculpó por el hecho de que no hubiera cascos suficientes para todos y le ofreció a Mortenson un par de orejeras de plástico amarillo. Se las puso y presionó la cara contra una ventanilla, disfrutando de un silencio que parecía amplificar la panorámica. Por debajo de ellos, las abruptas laderas con terrazas del valle de Hunza se elevaban como una colcha de retales cosida con verdes de todas las tonalidades conocidas, tendida sobre las mastodónticas pendientes de la pedregosa falda de la montaña.

Desde el aire, los problemas de Pakistán parecían sencillos. Allí estaban los verdes glaciares colgantes de Rakaposhi, astillándose bajo el sol tropical. Allí, el arroyo que contenía los vástagos de las nieves. Debajo estaban los pueblos que carecían de agua. Mortenson miraba con los ojos entrecerrados, siguiendo el trazado de los canales de riego que llevaban agua a los campos en bancales de cada pueblo. Desde aquella altitud, alimentar la vida y la prosperidad de cada comunidad aislada parecía una simple cuestión de trazar líneas rectas para desviar el agua.

La intrincada determinación de los mulás rurales que se oponían a la educación de las niñas parecía imperceptible desde aquella altitud, pensaba Mortenson. Y lo mismo sucedía con la telaraña política local que podía obstaculizar el progreso de los centros de orientación profesional para mujeres o ralentizar la construcción de una escuela. ¿Y cómo se podía esperar identificar siquiera los caldos de cultivo del integrismo, que crecía como un tumor maligno en aquellos vulnerables valles, cuando estos se escondían con tanto sigilo tras altas murallas y se encubrían bajo la excusa de la educación?

El MI-17 aterrizó en el Hotel Shangri-La, un complejo turístico pesquero frecuentado por los generales de Pakistán, situado a orillas de un lago a una hora al oeste de Skardu. En casa del propietario, donde una antena parabólica ofrecía una versión nevosa de la CNN, McCown pasó toda la tarde y toda la noche viendo secuencias de los fuselajes plateados dejados por los aviones que habían impactado en el sur de Manhattan, y de edificios que se desmoronaban, como barcos torpedeados, hacia un mar de cenizas.

Más tarde, en la madraza de Peshawar *Jamia Darul Uloom Haqqania,* cuya traducción es "Universidad de Todo el Saber Honrado", los estudiantes se vanagloriaban ante los periodistas del *New York Times* de la gran celebración que habían tenido al día siguiente de enterarse del ataque, –corriendo locos de alegría por el concurrido recinto, y golpeando sus dedos contra las palmas de sus manos, para simular lo que sus maestros les habían enseñado como la voluntad de Alá en acción: el impacto de aviones honrados sobre edificios de oficinas de infieles.

Ahora, más que nunca, Mortenson veía la necesidad de dedicarse a la educación. McCown ansiaba salir de Pakistán por cualquier ruta posible, y consumía la batería del teléfono móvil, intentando conseguir que algún socio fuera a buscarle a la frontera india, o que le gestionara un vuelo a China. Pero todos los puestos fronterizos estaban precintados y todos los vuelos internacionales fuera de servicio. "Le dije a George: «Ahora mismo estás en el lugar más seguro de la Tierra»", dice Mortenson. "«Esta gente dará su vida por protegerte. Como no podemos ir a ninguna parte, ¿por qué no nos ceñimos al programa que teníamos hasta que podamos subirte a un avión de vuelta a casa?»".

Al día siguiente, el general Bashir dispuso que el MI-17 recogiera al grupo de McCown para llevarlos a sobrevolar el K2 con el fin de entretenerlos mientras buscaba el modo de devolverlos a casa. Con la cara presionada contra la ventanilla una vez más, Mortenson vio la escuela de Korphe abajo, a muchos metros, una media luna amarilla que brillaba débilmente, como un faro de esperanza, entre los campos verde esmeralda del pueblo. Se había acostumbrado a volver a Korphe cada otoño y a compartir una taza de té con Haji Ali antes de regresar a América. Se prometió que haría la visita tan pronto como lograra que sus invitados salieran del país.

El viernes 14 de septiembre, Mortenson y McCown condujeron durante una hora hacia el oeste, hacia Kuardu, encabezando un convoy que se había ampliado más de lo habitual a medida que llegaban al Baltistán las noticias procedentes del otro extremo del mundo. "Parecía como si todos los políticos, policías, y líderes militares y religiosos de Pakistán quisieran acompañarnos para ayudarnos en la inauguración de la escuela de Kuardu", dice Mortenson.

"La escuela primaria de Kuardu se había concluido hacía tiempo y llevaba años educando a los niños de la zona, pero Changazi había retrasado su inauguración oficial hasta que se pudiera organizar un acto con la pompa suficiente", cuenta Mortenson.

Así que había muchas personas congregadas en el patio aquel día, hasta el punto de que resultaba difícil ver la escuela. Pero el tema del día no era un edificio. El invitado especial era el propio Syed Abbas. Y con el mundo islámico sumido en una crisis, las gentes del Baltistán se aferraron a las palabras de su líder religioso supremo.

"Bismillah ir-Rahman ir-Rahim", empezó. "En nombre de Alá todopoderoso, el Caritativo, el Misericordioso". *"As-Salaam Alaaikum"*, "La paz esté con vosotros".

"El destino ha querido que Alá el Todopoderoso nos reúna aquí en este momento", dijo Syed Abbas. El escenario sobre el que estaba, invisible entre el gentío, hacía parecer que flotaba por encima de los espectadores con su capa y su turbante negros. "Hoy es un día que vosotros, niños, recordaréis para siempre y que le contaréis a vuestros hijos y nietos. Hoy, desde la oscuridad del analfabetismo, la luz de la educación brilla con esplendor".

"Mientras inauguramos esta escuela, compartimos el dolor de las personas que hoy lloran y sufren en América", dijo, colocándose bien las gruesas gafas con firmeza. "Aquellos que han cometido ese acto malvado contra inocentes, mujeres y niños, para crear miles de viudas y huérfanos, no lo hacen en nombre del islam. Por la gracia de Alá todopoderoso, que se aplique la justicia sobre ellos.

"Por esta tragedia, les pido mi humilde perdón al Sr. George y al Dr. Greg Sahib. Todos vosotros, hermanos míos: proteged y abrazad a estos dos hermanos americanos que tenemos entre nosotros. Que no sufran ningún daño. Compartid todo lo que poseéis para ayudarles a cumplir su misión".

"Estos dos hombres cristianos han recorrido medio mundo para ilustrar a los niños musulmanes con la luz de educación", dijo Abbas. "¿Por qué no hemos sido capaces de proporcionar educación a nuestros hijos nosotros mismos? Padres y madres, os imploro que dediquéis todos vuestros esfuerzos y vuestro compromiso para aseguraros de que todos vuestros hijos reciben formación. De lo contrario, no harán más que pastar en los campos como las ovejas, a merced de la naturaleza y de un mundo que cambia espantosamente a nuestro alrededor".

Syed Abbas se detuvo, para pensar en lo que iba a decir a continuación, y hasta los niños más pequeños que había entre los cientos de personas que abarrotaban el patio permanecían en silencio.

"Ruego a América que mire dentro de nuestros corazones", continuó Abbas, con la voz temblorosa por la emoción, "y que vea que la gran mayoría no somos terroristas, sino personas buenas y sencillas. Nuestra tierra está asolada por la pobreza porque no tenemos educación, pero hoy, se ha encendido una nueva vela del saber. En nombre de Alá todopoderoso, que ilumine nuestro camino para salir de la oscuridad en que nos encontramos".

"Fue un discurso increíble", recuerda Mortenson. "Y cuando Syed Abbas acabó, toda la multitud estaba llorando. Ojalá todos los americanos que creen que "musulmán" es tan solo otra forma de decir "terrorista" hubieran estado allí aquel día. Los verdaderos valores fundamentales del islam son la justicia, la tolerancia, y la caridad, y Syed Abbas representaba al centro moderado de la fe musulmana con gran elocuencia".

Después de la ceremonia, las numerosas viudas de Kuardu formaron una fila para darles sus condolencias a Mortenson y McCown. Iban dejando huevos en las manos de los americanos, rogándoles que aceptaran aquellos obsequios como muestra de pésame a las hermanas en la distancia a las que desearían poder consolar ellas mismas, las viudas del pueblo de Nueva York.

Mortenson miró el montón de huevos frescos que tenía en sus manos. Las ahueco para protegerlos mientras caminaba de vuelta hacia su Land Cruiser, pensando en los niños que debía de haber en los aviones siniestrados, y en sus propios hijos. Ahora, mientras atravesaba aquella multitud de personas con buenos deseos, incapaz siquiera de despedirse con la mano, pensaba en lo frágil que es todo en este mundo.

Al día siguiente, el coronel Ilyas les acompañó a Islamabad en el MI-17, donde aterrizaron en la pista de aterrizaje privada del presidente Musharraf, ya que ofrecía mayor seguridad. Los americanos se sentaron en una sala de espera estrictamente custodiada, junto a una chimenea de mármol ornamentado que parecía no haber sido usada nunca, bajo un retrato al óleo del General vestido con el uniforme de gala.

El general Bashir aterrizó en el exterior con un helicóptero Alouette de la época de Vietnam apodado "Aleta francesa" entre los militares de Pakistán, porque era mucho más fiable que los Huey americanos de la misma época que también pilotaban. "El águila ha aterrizado", anunció Ilyas de manera teatral, mientras Bashir, saltaba a la pista y les indicaba que se subieran.

Bashir volaba a baja altura y a gran velocidad, pasando a ras de las laderas cubiertas de maleza, y cuando dejaron atrás el monumento más destacado de Islamabad, la mezquita Faisal de financiación saudita, con sus cuatro minaretes y su espectacular vestíbulo capaz de alojar a setenta mil fieles, estaban ya cerca de Lahore. El General aterrizó el Alouette en una de las pistas de aterrizaje del Aeropuerto Internacional de Lahore, a solo cincuenta metros del 747 de Singapore Airlines que llevaría a McCown y a su familia lejos de la región que estaba claramente a punto de convertirse en una zona de guerra.

Después de abrazar a Mortenson y a Faisal Baig, McCown y sus hijos fueron conducidos a los asientos de primera clase por Bashir, quien, disculpándose ante los otros pasajeros por retrasar el vuelo, se quedó con los americanos hasta que el avión estuvo listo para despegar.

"Al recordar todo aquello", dice McCown, "solo puedo decir que todas las gentes de Pakistán fueron maravillosas con nosotros. Yo estaba muy preocupado por lo que podía sucederme en aquel país, pero no pasó nada. Lo malo llegó después de mi marcha".

Durante la semana siguiente, McCown estuvo alojado en el lujoso Hotel Raffles de Singapur, recuperándose de una intoxicación alimenticia provocada por la comida del avión.

Mortenson volvió hacia el norte para visitar a Haji Ali, viajando en un vuelo militar a Skardu para después pasar dormido en el asiento trasero de su Land Cruiser la mayor parte del trayecto de subida por los valles del Shigar y del Braldu, mientras Hussain conducía y Baig vigilaba el horizonte con su atenta mirada.

Notó algo raro entre la multitud reunida en el risco del otro lado del Braldu para darle la bienvenida. Entonces, mientras cruzaba el puente, Mortenson sintió que se le cortaba la respiración al ver que el punto del saliente rocoso donde siempre esperaba Haji Ali, tan digno como una roca, estaba vacío. Twaha recibió a Mortenson en la orilla del río y le dio la noticia.

En el mes posterior a la muerte de su padre, Twaha se había afeitado la cabeza en señal de luto y se había dejado barba. Con aquel aspecto, el parecido familiar saltaba a la vista más que nunca. El otoño anterior, cuando había ido a tomar té con Haji Ali, Mortenson había encontrado al viejo *nurmadhar* de Korphe angustiado. Su mujer, Sakina, se había pasado el verano en la cama, aquejada de un desesperante dolor estomacal, soportando la enfermedad con paciencia balti. Murió resistiéndose a hacer el largo viaje hacia un hospital.

Acompañado de Haji Ali, Mortenson había visitado el cementerio de Korphe, situado en un campo próximo a la escuela. Haji Ali, que había perdido agilidad con los años, se arrodilló con gran esfuerzo para tocar la simple piedra colocada sobre el lugar donde había sido enterrada Sakina, orientado hacia La Meca. Cuando se levantó, tenía los ojos llenos de lágrimas. "No soy nada sin ella", le dijo Haji Ali a su hijo americano. "Nada en absoluto".

"Viniendo de un musulmán chiita conservador, aquel tributo era increíble", dice Mortenson. "Es posible que muchos hombres sintieran lo mismo por sus mujeres, pero muy pocos habrían tenido el coraje de decirlo".

Entonces Haji Ali puso un brazo sobre el hombro de Mortenson, y por el modo en que temblaba, Mortenson supuso que seguía llorando. Pero la ronca risa de Haji Ali, afinada por décadas mascando *naswar*, era inconfundible.

"Un día, muy pronto, vendrás a buscarme y también me encontrarás plantado en el suelo", le dijo Haji Ali, riéndose.

"No me hacía ninguna gracia la idea de la muerte de Haji Ali", confiesa Mortenson, a quien se le desgarra la voz cuando intenta hablar de la pérdida de aquel hombre años después. Estrechó al hombre que tanto le había enseñado en un fuerte abrazo y le pidió una lección más.

"¿Qué debería hacer cuando, dentro de mucho tiempo, llegue ese día?, le preguntó.

Haji Ali alzó la mirada hacia la cumbre del K2 de Korphe, pensando en sus palabras. "Escucha al viento", le contestó.

Con Twaha, Mortenson se arrodilló ante la tumba reciente para presentarle sus respetos al difunto jefe de Korphe, cuyo corazón se había rendido en la que Twaha pensaba que era su octava década de vida. Nada dura toda la vida, pensó. A pesar de todo nuestro trabajo, nada es permanente.

El corazón de su propio padre no le había permitido vivir más allá de los cuarenta y ocho años, demasiado pronto para que Mortenson pudiera hacerle las preguntas que la vida le iba planteando. Y ahora, el irreemplazable hombre balti que le había ayudado a llenar parte de ese vacío, que le había brindado tantas lecciones que quizá nunca habría aprendido, se enmohecía en la tierra al lado de su esposa.

Mortenson se levantó, tratando de imaginar lo que diría Haji Ali en aquel momento, en aquel punto tan negro de la historia, en el que todo lo que apreciaba era tan frágil como un huevo. Sus palabras le volvieron poco a poco a la mente con claridad.

"Escucha al viento".

Así pues, haciendo un esfuerzo por captar algo que de otro modo le pasaría inadvertido, Mortenson se puso a escuchar. Oyó un silbido bajando por la garganta del Braldu, que llevaba rumores de nieve y de la muerte de la estación. Pero entre la brisa que azotaba aquel lugar en la altitud del Himalaya donde, de algún modo, sobrevivían seres humanos, también oyó el gorjeo musical de las voces de los niños, que jugaban en el patio de la escuela de Korphe. Mortenson comprendió, mientras se enjugaba las lágrimas con los dedos, que allí estaba su última lección. "Piensa en ellos", se dijo. "Piensa siempre en ellos".

CAPÍTULO 20

Té con los talibanes

Acabad con todos, que Allah decida en el cielo quién es bueno y quién no.

-Pegatina en una furgoneta Ford-F150 en Bozeman, Montana

"Vayamos a ver el circo", dijo Suleman.

Mortenson iba sentado en el asiento trasero de un Toyota Corolla que el CAI había alquilado para el taxista de Rawalpindi convertido en mediador, apoyado en una de las fundas de encaje que Suleman había colocado cariñosamente en los reposacabezas de los asientos. Faisal Baig les acompañaba en calidad de escolta. Suleman les había recogido en el aeropuerto donde, una vez reanudados los vuelos comerciales en Pakistán, habían aterrizado en un PIA 737 procedentes de Skardu.

"¿A dónde?", le preguntó Mortenson.

"Ya lo verás", le dijo Suleman sonriendo. Comparado con el montón de chatarra que antes tenía como vehículo, el Toyota se conducía como un Ferrari. Suleman zigzagueaba entre el lento tráfico de la autopista que conectaba "Pindi" con su ciudad gemela, Islamabad, conduciendo con una sola mano, mientras con la otra marcaba con rapidez unos números en su nuevo juguete, un teléfono móvil Sony color burdeos, para avisar a la casa de huéspedes Home Sweet Home de que le guardaran la habitación que tenían reservada porque su *sahib* llegaría tarde.

Suleman aminoró la marcha a regañadientes, para mostrar la documentación ante un cordón policial que protegía la Blue Area, el moderno enclave diplomático donde se hallaban los edificios gubernamentales, las embajadas, y los hoteles de negocios de Islamabad, alineados entre cuadrículas de bulevares construidos a escala colosal. Al ver a Mortenson, los policías les indicaron que continuaran.

Islamabad era una ciudad planificada, construida durante las décadas de los sesenta y los setenta como un mundo aparte para la clase rica y poderosa de Pakistán. En las tiendas que se sucedían a ambos lados de las avenidas, como filas de LED parpadeantes, se ofrecían desde los últimos aparatos electrónicos japoneses hasta las exóticas exquisiteces de Kentucky Fried Chicken y Pizza Hut.

El corazón palpitante de la vida cosmopolita de la ciudad era el Hotel Marriot, de cinco estrellas, una fortaleza de lujo protegida de la pobreza del país mediante unas robustas puertas de acero y un cuerpo de ciento cincuenta guardias de seguridad vestidos con un uniforme azul claro que merodeaban tras los arbustos y los árboles del recinto ajardinado, con las armas en bandolera. Por la noche, las puntas encendidas de sus cigarrillos brillaban desde la vegetación como luciérnagas mortales.

Suleman llevó el Toyota hasta la barrera de cemento donde dos "luciérnagas" con las armas desenfundadas, revisaron los bajos del coche con unas barras con espejos y examinaron el contenido del vehículo antes de descorrer el cerrojo de la puerta de acero y de hacerles pasar.

"Cuando necesito hacer cosas rápido voy al Marriot", explica Mortenson. "Siempre tienen un fax en funcionamiento y una conexión rápida a Internet. Y, normalmente, cuando alguien visitaba Pakistán por primera vez, le llevaba directamente al Marriot desde el aeropuerto, para que pudieran aclimatarse sin un impacto cultural tan radical".

Pero ahora, al pasar por el detector de metales, donde dos eficientes agentes de seguridad trajeados y con auriculares le habían cacheado, era a Mortenson a quien le esperaba un gran impacto. El vestíbulo, donde no solía haber nadie a excepción de un pianista y de unos cuantos hombres de negocios extranjeros que susurraban con sus teléfonos móviles, era en aquella ocasión una autentica locura; habían llegado las agencias de prensa.

"El circo", dijo Suleman, sonriendo a Mortenson orgulloso como un estudiante que muestra un proyecto admirable en un certamen científico. Mirara donde mirara, Mortenson veía cámaras y logotipos y gente nerviosa que trabajaba para cadenas como la CNN, la BBC, la NBC, la ABC o Al-Jazeera. Abriéndose paso por delante de un cámara que gritaba a través de su teléfono móvil con una furia teutónica, Mortenson se dirigió a la entrada del Nadia Coffe Shop, la cafetería del hotel, separada del vestíbulo por una pared cubierta de plantas aromáticas.

Alrededor del bufé, donde habitualmente era atendido por cinco camareros con tan poco trabajo que competían entre sí por rellenarle un vaso de agua, Mortenson vio todas las mesas ocupadas.

"Parece que nuestro pequeño rincón del mundo ha cobrado interés de repente". Mortenson se giró y se encontró a la periodista canadiense Kathy Gannon, que llevaba muchos años dirigiendo la sede de la agencia AP en Islamabad, sonriendo a su lado, vestida con un *shalwar kamiz* de corte conservador, esperando también una mesa. La saludó con un abrazo.

"¿Cuánto tiempo lleva esto así?", le preguntó Mortenson, intentando hacerse oír por encima de los gritos del cámara alemán.

"Unos cuantos días", le contestó Gannon, "pero espera a que empiecen a caer las bombas. Entonces serán capaces de cobrar mil dólares por habitación".

"¿Qué precio tienen ahora?"

"Desde ciento cincuenta hasta trescientos veinte dólares y algunas incluso más", le informó Gannon. "Estos tipos nunca se han visto en una situación igual. Todas las cadenas están colocando sus equipos sobre el tejado, y el hotel cobra quinientos dólares al día por filmar desde allí".

Mortenson sacudió la cabeza. Nunca había pasado una noche en el Marriot. Dirigir el CAI con unos gastos tan limitados hizo que se acostumbrar a alojarse siempre en el mismo hotel. La casa de huéspedes Home Sweet Home, una villa abandonada cuando su antiguo propietario se quedó sin fondos para completar su construcción, se erigía sobre un terreno lleno de hierbajos cerca de la embajada nepalí. Allí, la tarifa por una habitación con una instalación de agua impredecible y unas pegajosas alfombras rosas plagadas de quemaduras de cigarrillos, rondaba los doce dólares la noche.

"Dr. Greg, Sahib, Madame Kathy, vengan", les susurró un camarero vestido de esmoquin que les conocía. "Hay una mesa a punto de quedar libre, y temo que esos...", buscaba la palabra correcta, "extranjeros... vayan y la ocupen".

Gannon era muy conocida y admirada por su audacia. Su mirada lo afrontaba todo como un desafío. En una ocasión, había dejado atónito con su persistencia a un guardia fronterizo talibán que trataba sin éxito de señalar defectos imaginarios en su pasaporte para impedirle pasar a Afganistán. "Eres fuerte", le dijo. "Tenemos una palabra para alguien como tú: hombre".

Gannon le respondió que aquello no le parecía un cumplido.

Sentados en una mesa con un mantel rosa junto al concurrido bufé del Nadia, Gannon puso a Mortenson al corriente de los actos de los payasos, malabaristas y funambulistas que habían llegado en los últimos meses a la ciudad. "Es lamentable", le dijo. "Reporteros que no saben nada de la región se plantan sobre el tejado con chalecos antibalas y actúan como si el telón de fondo de las colinas de Margala fuera una especie de zona de guerra en vez de un lugar para llevar a los niños los fines de semana. La mayoría no se quieren acercar a la frontera y están difundiendo historias sin comprobar su veracidad, y los que sí quieren ir no tienen suerte. Los talibanes han cerrado sin más Afganistán para todos los periodistas europeos".

"¿Vas a intentar entrar?", le preguntó Mortenson.

"Acabo de volver de Kabul", le contestó. "Estaba hablando por teléfono con mi editor de Nueva York cuando el segundo avión chocó contra la torre y entregué algunos artículos antes de que me 'invitaran' a salir".

"¿Qué van a hacer los talibanes?"

"Es difícil saberlo. He oído que mantuvieron un *shura* y que decidieron cederle la dirección a Osama, pero en el último momento, Mullah Omar anuló la decisión y dijo que le protegería con su vida. Así que ya sabes lo que eso significa. Muchos de ellos parecían asustados, pero los más intransigentes están dispuestos para el combate", dijo haciendo una mueca. "Afortunadamente para esos tipos", dijo, señalando con la cabeza a los reporteros que se agolpaban junto al mostrador del metre.

"¿Intentarás volver?", le preguntó Mortenson.

"Solo si puedo hacerlo de forma legal", contestó, "No pienso meterme en un *burkha* como uno de esos salvajes, para que me detengan o algo peor. He oído que los talibanes ya tienen dos rehenes franceses a los que pillaron espiándoles a escondidas".

Suleman y Baig volvieron del bufé con unos platos espléndidamente cargados de carne de oveja al curry. Suleman traía un tesoro más: un bol lleno de un postre de bizcocho, jerez y crema de frutas.

"¿Está bueno?" le preguntó Mortenson, y Suleman, que movía las mandíbulas metódicamente, asintió con la cabeza. Antes de dirigirse al bufé, Mortenson se sirvió unas cucharadas del postre de Suleman. La crema rosa le recordaba a los postres de estilo británico con los que había crecido en el África Oriental.

Suleman comía con gran entusiasmo siempre que se le ofrecía carne de oveja. Durante su niñez en una familia con siete hijos, en el humilde pueblo de Dhok Luna, situado en la llanura del Punjab, entre Islamabad y Lahore, aquella carne solo se comía en ocasiones muy especiales, e incluso entonces, la porción que le llegaba al cuarto hijo de la familia era simbólica.

Suleman se excusó y volvió al bufé por unos segundos.

Durante la semana siguiente, Mortenson durmió en el Home Sweet Home, pero pasaba todas las horas del día en el Marriot, absorto, como había estado cinco años antes en Peshawar enloquecido por la guerra, con la idea de estar viviendo un momento histórico. Y con los medios de comunicación del mundo acampados a la vuelta de la esquina, decidió que haría lo que pudiera para promocionar el CAI.

En los días sucesivos a los ataques terroristas en Nueva York y Washington, los otros dos países que además de Pakistán habían mantenido relaciones diplomáticas con los talibanes, Arabia Saudí y los Emiratos Árabes Unidos, las congelaron. Ahora que Afganistán estaba aislado, Pakistán era el único país donde los talibanes podían defender sus ideas frente al mundo. Daban largas ruedas de prensa a diario en el jardín de su deteriorada embajada, a dos kilómetros del Marriot. Los taxis, que en otros tiempos habían recorrido ese trayecto por unos ochenta centavos con mucho gusto, obligaban ahora a los periodistas a pagar diez dólares.

En el otoño de 2001, Mortenson conocía Pakistán mucho más a fondo que la práctica totalidad de los extranjeros que había allí, sobre todo las zonas remotas a las que intentaban llegar los reporteros. Con frecuencia estos intentaban engatusarle y ofrecerle sobornos esperando que pudiera gestionarles pasajes a Afganistán.

· "Los reporteros parecían estar tan enfrentados entre sí como dispuestos a que empezara la guerra en Afganistán", dice Mortenson. "La CNN se alió con la BBC contra la ABC y la CBS. Los corresponsales pakistaníes se presentaban en el vestíbulo con noticias como que un avión American Predator había sido derribado por los talibanes y que el estallido de la guerra era inminente.

"Un reportero y un cámara de la NBC me llevaron a cenar al restaurante chino del Marriot para, hacerme unas preguntas, sobre Pakistán", recuerda Mortenson. "Pero en realidad buscaban lo mismo que todos los demás. Querían ir a Afganistán y me ofrecieron más dinero del que ganaba yo en un año por llevarles allí. Después miraron por todas partes como si la mesa pudiera tener micrófonos y susurraron: «No se lo digas a nadie de la CNN ni de la CBS»".

No obstante, Mortenson concedía numerosas entrevistas a los pocos periodistas que se aventuraban más allá del Marriot y de la embajada talibán en busca de material y que necesitaban algo de color y realismo para rellenar sus historias sobre insulsas ruedas de prensa. "Intentaba hablar de las causas fundamentales del conflicto –la falta de educación en Pakistán, y el aumento de las madrazas wahhabis– y de cómo estas derivaban en problemas como el terrorismo", explica Mortenson. "Pero aquello casi nunca llegaba a publicarse. Tan solo querían saber de las atrocidades cometidas por los líderes talibanes para poder convertirles en villanos en el periodo preliminar a la guerra".

Cada noche, como un reloj, un grupo de miembros de la cúpula talibán de Islamabad cruzaban el vestíbulo del Marriot vestidos con sus turbantes y sus holgadas vestiduras negras, y esperaban para ocupar una mesa en el Nadia Coffee Shop, con el fin de ver también el circo. "Solían pasarse allí toda la noche sosteniendo sus tazas de té verde", cuenta Mortenson. "Porque eso era lo más barato de la carta. Con sus salarios no se podían permitir un bufé de veinte dólares. Siempre pensé que un periodista podía obtener mucha información con solo ofrecerse a pagarles una cena a todos, pero nunca vi que eso sucediera".

Finalmente, fue Mortenson quien se sentó con ellos. Asem Mustafa, que había cubierto todas las expediciones al Karakórum para el periódico pakistaní *Nation*, a menudo se ponía en contacto con Mortenson en Skardu para obtener las últimas noticias sobre alpinismo. Mustafa conocía al embajador talibán, Mullah Abdul Salaam Zaeef, y una noche los presentó en el Nadia.

Acompañado de Mustafa, Mortenson se sentó en una mesa con cuatro talibanes, al lado de Mullah Zaeef, bajo un cartel pintado a mano que decía "¡Ole! ¡Ole! ¡Ole!". El Nadia, frecuentado por empresarios extranjeros, ofrecía noches temáticas para romper con la monotonía. Aquel día se celebraba la noche mejicana en el Marriot.

Un camarero pakistaní con bigote, que parecía humillado bajo su enorme sombrero mexicano, se detuvo en la mesa para preguntar si los señores iban a tomar el bufé continental, o si preferían degustar los platos de la taquería.

"Solo té", dijo en urdu Mullah Zaeef. Haciendo una floritura con su poncho mejicano de brillantes rayas, el camarero fue a buscar el pedido.

"Zaeef era uno de los pocos líderes talibanes con formación académica y con un poco de sentido común occidental", dice Mortenson. "Tenía hijos de la edad de los míos, así que hablamos de ellos durante un rato. Sentía curiosidad por lo que pensaba un talibán sobre la educación de los niños, sobre todo de las niñas, así que se lo pregunté. Me contestó como un político, y habló en términos generales de la importancia de la educación".

El camarero volvió con un juego de plata y sirvió té *kawak* verde mientras Mortenson intercambiaba unas palabras en pastún con los otros talibanes, preguntándoles por la salud de sus familias, que estos respondieron que era buena. En pocas semanas, pensó con tristeza, sus respuestas serían probablemente diferentes.

El camarero, se recogió el poncho, cuyas mangas no paraban de caer por encima de la tetera mientras servía, y metió la tela entre las cartucheras de imitación que llevaba cruzadas en el pecho.

Mortenson observaba a aquellos cuatro hombres barbados, imaginando la experiencia que tenían en el manejo de armas reales, y se preguntó qué les parecería el disfraz del camarero. "Probablemente no les debía de parecer más extraño que todos los periodistas extranjeros que había de pie cerca de nuestra mesa, tratando de oír lo que estábamos hablando", dice Mortenson.

Mortenson se dio cuenta de que Mullah Zaeef estaba en una situación complicada cuando su conversación derivó al tema de la guerra que estaba a punto de estallar. Al vivir en la Blue Area de Islamabad, tenía suficiente contacto con el mundo exterior como para ver lo que estaba pasando, pero los dirigentes talibanes de Kabul y de Kandahar no tenían tanta amplitud de miras. Mullah Omar, el líder supremo de los talibanes, como la mayoría de los intransigentes que le rodeaban, contaba solo con la educación recibida en la madraza. Mohammed Syed Ghiasuddinm, el ministro de Educación talibán, carecía de formación académica, según decía Ahmed Rashid.

"Quizá deberíamos entregar a Bin Laden para salvar Afganistán", le dijo Mullah Zaeef a Mortenson, mientras le hacía señas al camarero con sombrero mejicano para que trajera la cuenta que se empeñó en pagar. "Mullah Omar cree que todavía hay tiempo para evitar la guerra a través de negociaciones", le dijo Zaeef cansado. Entonces, como si fuera consciente de que estaba suavizando su fachada, se enderezó. "No se equivoque", espetó, con la voz cargada de bravuconería, "lucharemos hasta el final si nos atacan".

El mulá Omar seguiría pensando que podía evitar la guerra negociando hasta que los misiles de crucero americanos empezaron a arrasar sus residencias privadas. Se dice que, no habiéndose establecido ninguna línea de contacto oficial con Washington, el líder talibán marcó el número de información para el público de la Casa Blanca en dos ocasiones durante aquel mes de octubre, con el objetivo de ofrecer un encuentro para una *jirga* con George Bush. Como era de esperar, el presidente de Estados Unidos nunca le devolvió las llamadas.

De mala gana, Mortenson abandonó el Marriot y volvió al trabajo. En el Home Sweet Home, se encontró con un montón de mensajes grabados en el contestador en los que la embajada estadounidense advertía de que Pakistán había dejado de considerarse un país seguro para los americanos. Pero Mortenson necesitaba visitar las escuelas fundadas por el CAI en los campos de refugiados de las afueras de Pesahawar para ver si tenían capacidad para acoger la afluencia de los nuevos refugiados que seguramente acabarían allí a causa de los enfrentamientos. Así que reunió a Baig y a Suleman y preparó el equipaje para el breve trayecto por carretera hacia la zona de Peshawar, hasta la frontera afgana.

Bruce Finley, un periodista del *Denver Post* conocido de Mortenson, estaba harto de la rutina en el Marriot y le preguntó si podía acompañarle a Pesahawar. Juntos, visitaron el campo de refugiados de Shamshatoo y a los cerca de cien maestros subvencionados por el CAI que luchaban por trabajar bajo las condiciones más lamentables.

Finley publicó un reportaje sobre la visita, en el que describió la labor de Mortenson y recogió sus palabras sobre la guerra que se avecinaba. Mortenson instaba a los lectores de Finley a no meter a todos los musulmanes en el mismo saco. Los niños afganos que huían a campos de refugiados con sus familias eran víctimas, defendía Mortenson, que merecían nuestra compasión. "Ellos no son los terroristas. Ellos no son los malos. Culpar a todos los musulmanes del horror del 11-S", denunciaba, "significa sembrar el pánico entre personas inocentes".

"Solo podremos vencer el terrorismo si las gentes de los países donde habitan los terroristas aprenden a amar y a respetar a los americanos", concluía Mortenson, "y si nosotros aprendemos a amar y a respetar a esas gentes. ¿Cuál es el factor que determina que se conviertan en ciudadanos productivos o en terroristas? Yo creo que la clave es la educación".

Cuando Finley regresó a Islamabad para publicar la historia, Mortenson se acercó al puesto fronterizo con Afganistán, para ver qué podía pasar. Un joven centinela talibán abrió una puerta metálica verde y hojeó el pasaporte de Mortenson con recelo, mientras sus colegas movían los cañones de sus Kaláshnikovs de un lado a otro, rodeando a todo el grupo. Suleman clavó la mirada en las armas, sacudiendo la cabeza mientras regañaba a los chicos, diciéndoles que deberían mostrar más respeto a los mayores, pero por las semanas que llevaban esperando a que empezara la guerra los guardias estaban bastante nerviosos, y no le hicieron caso.

El centinela jefe, que tenía los ojos intensamente perfilados con *surma* negro, emitió un gruñido cuando llegó a una página del pasaporte de Mortenson que contenía varios visados escritos a mano de la embajada en Londres.

La embajada afgana en Londres, dirigida por Wali Massoud, hermano del fallecido líder de la Alianza del Norte, Shah Ahmed Massoud, estaba dirigiendo sus esfuerzos a derrocar a los talibanes. Mortenson compartía el té con él a menudo cuando pasaba por Londres de camino a Islamabad, y ambos hablaban sobre las escuelas para niñas que pensaba construir en Afganistán si el país recuperaba algún día la estabilidad necesaria para trabajar allí.

"Esto es visado número dos", le dijo el centinela, arrancando una página de su pasaporte y haciéndolo así inservible. "Ir a Islamabad y conseguir visado número uno, visado talibán", le dijo, descolgándose el arma, y señalándole a Mortenson el camino con ella.

La embajada estadounidense de Islamabad se negó a expedirle a Mortenson otro pasaporte, ya que estaba "sospechosamente mutilado". El agente consular al que le explicó su situación le dijo que le expediría un permiso provisional de diez días que le permitiría regresar a Estados Unidos, donde podría solicitar un pasaporte nuevo. Pero Mortenson, que todavía tenía un mes más de gestiones del CAI programadas antes de regresar a casa, lo rechazó. Lo que hizo fue volar hasta Katmandú, en Nepal, donde la embajada americana tenía reputación de ser más complaciente.

Sin embargo, después de esperar su turno en la cola, y de explicar su situación a un oficial consular que se había mostrado educado al principio, Mortenson vio como, al examinar su pasaporte, el hombre ponía una cara que le indicaba que haber ido a Katmandú no iba a cambiar nada. El oficial hojeaba las decenas de imponentes visados en blanco y negro de la República Islámica de Pakistán que había pegadas en cada página, y los visados garabateados emitidos por la

Alianza del Norte, mientras se le iban acumulando preguntas en la mente, hasta que dejó a Mortenson para ir a hablar con su superior. Cuando volvió, Mortenson ya sabía lo que le iba a decir. "Tiene que venir mañana para hablar de esto con otra persona", le dijo nervioso, sin mirarle a los ojos. "Hasta entonces, voy a retenerle el pasaporte".

A la mañana siguiente, un destacamento de guardias de la marina escoltó a Mortenson por el jardín del complejo diplomático de Estados Unidos en Katmandú, desde la oficina consular hasta el edificio principal de la embajada, le dejaron en una habitación vacía con una larga mesa de reuniones, y al salir cerraron la puerta con llave.

Mortenson estuvo sentado durante cuarenta y cinco minutos, a solas con una bandera americana y un gran retrato del presidente que había tomado posesión del cargo diez meses antes, George W. Bush. "Sabía lo que pretendían hacer", dice Mortenson. "Nunca he visto demasiado la televisión, pero podría incluso decir que aquella era una escena sacada directamente de una serie mala de polis. Supuse que había alguien observándome para ver si actuaba como un culpable, así que me limité a sonreír, a saludar a Bush, y a esperar".

Al final entraron en la habitación tres elegantes hombres vestidos con traje y corbata, que colocaron unas sillas giratorias alrededor de la mesa. "Todos tenían bonitos nombres americanos como Bob o Bill o Pete, y no paraban de sonreír mientras se presentaban, pero estaba claro que venían a someterme a un interrogatorio y que eran agentes del Servicio de Inteligencia", cuenta Mortenson.

El agente que demostraba estar al mando empezó a hacerle preguntas. Puso una tarjeta de visita ante Mortenson, sobre la mesa pulida. En ella se leía "Agregado Político Militar, Sureste Asiático", bajo el nombre que usaba el agente. "Estoy seguro de que podemos aclarar todo esto", le dijo, mostrándole una sonrisa que pretendía ser encantadora mientras se sacaba un bolígrafo del bolsillo y una libreta como un soldado que carga un cartucho en una arma que lleva en el cinturón. "Y bien, ¿por qué quiere ir a Pakistán?, le preguntó, yendo al grano. "Ahora la situación allí es muy peligrosa y hemos recomendado a todos los americanos que abandonen el país".

"Lo sé", dijo Mortenson. "Yo trabajo allí. Acabo de dejar Islamabad hace un par de días".

Los tres agentes hacían anotaciones en sus libretas. ¿Qué tipo de negocio tiene allí?, le preguntó BobBillPete.

"Llevo ocho años trabajando allí", respondió Mortenson. "Y aún me queda un mes de trabajo antes de volver a casa".

"¿Qué tipo de trabajo?"

"Construyo escuelas de educación primaria, sobre todo para niñas, en el norte de Pakistán".

"¿Cuántas escuelas dirige ahora mismo?"

"No estoy seguro".

"¿Por qué?"

"El caso es que la cifra siempre varía. Si acabamos con todas las obras este otoño, cosa que nunca se sabe, habremos finalizado nuestras escuelas independientes número veintidós y veintitrés. Pero muchas veces lo que hacemos son ampliaciones de escuelas estatales, cuando tienen demasiados alumnos hacinados en sus clases. Y también encontramos otras escuelas, gestionadas por el gobierno o por otras ONG extranjeras, en las que los profesores llevan años o meses trabajando sin cobrar. Así que digamos que les asistimos a través de nuestra organización hasta que se resuelve el problema. Aparte de eso, pagamos profesores para los campos de refugiados afganos para que den clases en los lugares donde no hay escuelas. Así que la cifra varía cada semana. ¿Responde eso a su pregunta?"

Los tres hombres se quedaron mirando sus libretas, como si buscaran algo que tenía que estar allí en blanco y negro, pero que no estaba.

"¿Cuántos estudiantes tiene ahora, en total?"

"Es difícil saberlo".

"¿Por qué es difícil saberlo?"

"¿Ha estado alguna vez en una comunidad rural de Pakistán?"

"¿Qué quiere decir?"

"Pues que ahora es tiempo de cosecha. La mayoría de familias necesitan a sus hijos para ayudarles en los campos, así que los sacan del colegio durante un tiempo, y en invierno, sobre todo cuando hace mucho frío, pueden cerrar sus escuelas durante unos meses porque no se pueden permitir el coste de la calefacción. Luego en primavera, algunos alumnos..."

"Una cifra aproximada", le interrumpió el agente al mando.

"Pues entre diez mil y quince mil".

Los tres bolígrafos garabatearon al unísono, registrando el singular dato en el papel.

"¿Tiene mapas de los lugares donde trabaja?".

"En Pakistán", contestó Mortenson.

Uno de los agentes descolgó un teléfono y al cabo de unos minutos alguien llevó un atlas a la sala de reuniones.

"Así que esta zona de Cachemira se llama...".

"Baltistán", intervino Mortenson.

"Y los pueblos de allí son...".

"Chiitas, como en Irán", les dijo Mortenson, viendo como revivían los tres ociosos bolígrafos.

"Y esas zonas cercanas a Afganistán donde está empezando a construir escuelas se llaman ¿Noroeste de qué?".

"Provincia de la Frontera Noroeste", respondió Mortenson.

"¿Y forma parte de Pakistán?".

"Eso depende de a quién pregunte".

"¿Pero allí los musulmanes son sunitas, básicamente como los pueblos pastunes de Afganistán?".

"Bueno, en las tierras bajas, son en su mayoría pastunes. Pero también hay muchos ismaelitas y algunos chiitas. Y en las montañas encontramos un montón de tribus con sus propias costumbres, los kowares, los kohistaníes, los shinas, los torwalis y los kalamis. Existe incluso una tribu animista, los kalash, que viven a gran altitud, en un aislado valle situado más allá de este punto que estoy marcando aquí, que, si tuvieran un mapa mejor, aparecería con el nombre de Chitral".

El interrogador jefe respiró hondo. Cuanto más indagaba en la política pakistaní, menos entendía. Le pasó su libreta a Mortenson por encima de la mesa. "Quiero que elabore una lista con los nombres de todos sus contactos en Pakistán", le dijo.

"Me gustaría llamar a mi abogado", dijo Mortenson.

"No intentaba ponerme difícil. Aquellos tipos estaban haciendo un trabajo importante, sobre todo después del 11-S", dice Mortenson, "pero también sabía lo que podría sucederles a los inocentes que fueran incluidos en aquella lista, y si aquellos tipos eran quienes yo creía que eran, no podía permitir que nadie en Pakistán pensara que yo trabajaba con ellos, o sería hombre muerto la próxima vez que fuera por allí".

"Llame a su abogado", le dijo BobBillPete, abriendo la puerta, aliviado por poder volver a guardarse la libreta en el bolsillo del traje. "Pero venga mañana a las nueve de la mañana. En punto".

A la mañana siguiente, un Mortenson excepcionalmente puntual estaba sentado en la mesa de reuniones. En aquella ocasión, estaba solo con el interrogador jefe. "Aclaremos cuanto antes unas cuantas cosas", le dijo. "¿Sabe quién soy?"

"Sé quién es".

"¿Sabe lo que pasará si no me dice la verdad?"

"Sé lo que pasará".

"De acuerdo. ¿Hay terroristas entre los padres de sus estudiantes?"

"No tendría manera de saberlo", le dijo Mortenson. "Tengo miles de estudiantes".

"¿Dónde está Osama?"

"¿Qué?"

"Ya me ha oído. ¿Sabe dónde está Osama?"

Mortenson se contuvo para no reírse, para no dejar que el agente le viera siquiera esbozar una sonrisa ante la absurdidad de la pregunta. "Espero no saber nunca algo así", dijo con la seriedad suficiente para poner fin al interrogatorio.

Mortenson regresó a Islamabad con el pasaporte provisional de un año que la embajada de Katmandú le había expedido a regañadientes. Cuando volvió a registrarse en el Home Sweet Home, el gerente le entregó un montón de mensajes telefónicos de la embajada americana. Mortenson los ojeó mientras caminaba por el pasillo que conducía a su habitación. El tono de las advertencias se recrudecía con el paso de los días, y el mensaje más reciente rozaba la histeria. Ordenaba a todos los civiles estadounidenses abandonar de inmediato el país al que la embajada llamaba "el lugar más peligroso de la Tierra para los americanos". Mortenson tiró su macuto sobre la cama y le pidió a Suleman que le buscara un pasaje en el próximo vuelo a Skardu.

Uno de los numerosos admiradores de Mortenson dentro de la comunidad alpinista es Charlie Shimanski, antiguo director del Club Americano de Alpinismo, que apoyó una campaña de recaudación de fondos para el CAI entre los miembros de su organización durante aquel año 2001. Shimanski compara el momento en que Mortenson regresó a Pakistán tras el 11-S, dos meses antes del secuestro y la decapitación de Daniel Pearl, con el ajetreo de los bomberos de Nueva York que trabajaron en el World Trade Center. "Cuando Greg gane el Premio Nobel, espero que los jueces de Oslo destaquen ese día", dice. "Greg, con su cautela y obstinación, volviendo a adentrarse en una zona de guerra para luchar contra las verdaderas causas del terror es tan heroico como aquellos bomberos que subieron corriendo las escaleras de las torres en llamas mientras todo el mundo luchaba por salir desesperadamente".

Durante el mes siguiente, cuando los bombarderos y los misiles de crucero americanos empezaron sus ataques, Mortenson recorría el norte del país en su Land Cruiser, asegurándose de que todos los proyectos del CAI en marcha pudieran finalizarse antes de que empezara el frío. "Algunas veces, por la noche, iba en el coche con Faisal y oíamos cómo sobrevolaban la zona aviones militares, en el espacio aéreo de Pakistán, por donde, desde el punto de vista técnico, se suponía que no debían circular las fuerzas estadounidenses. Veíamos cómo llameaba todo el horizonte por la zona oeste como si hubiera relámpagos, y Faisal, que solía escupir sobre las fotos de Osama Bin Laden que se encontraba, se estremecía al pensar lo que debían de estar pasando las personas que vivían en aquellas zonas y elevaba las manos en un *dua,* rogando a Alá que les protegiera de todo sufrimiento innecesario".

En la noche del 29 de octubre de 2001, Baig acompañó a Mortenson al Aeropuerto Internacional de Peshawar. En la puerta de seguridad, los guardias militares tan solo permitían la entrada a los pasajeros. Cuando Mortenson cogió la bolsa que le llevaba su guardaespaldas, vio que a Faisal se le saltaban las lágrimas. Faisal Baig había hecho el juramento de proteger a Mortenson allí donde le llevara su trabajo en Pakistán, y estaba dispuesto, en un momento dado, a dar su vida por él.

¿Qué pasa, Faisal?", le preguntó Mortenson, apretando el ancho hombro de su guardaespaldas.

"Ahora tu país está en guerra", le dijo Baig. "¿Qué puedo hacer yo? ¿Cómo puedo protegerle si está allí?"

Desde su asiento junto a la ventanilla en la prácticamente vacía primera clase del vuelo de Peshawar a Riad, donde le habían acomodado unas sonrientes azafatas, Mortenson vio que el cielo de Afganistán emitía una luz mortal.

Las constantes turbulencias anunciaron que habían despegado y que estaban sobrevolando las aguas del mar de Omán. Al otro lado del pasillo, Mortenson vio a un hombre con barba y un turbante negro mirando a través de la ventana con unos prismáticos de gran potencia. Cuando aparecían luces de barcos por debajo de ellos, se lo comentaba animadamente al hombre con turbante sentado a su lado. Y sacándose un teléfono móvil del bolsillo de su *shalwar kamiz,* el hombre iba corriendo al servicio, es de suponer que para hacer una llamada.

"Allí abajo, en la oscuridad", cuenta Mortenson, "había una fuerza naval que contaba con la tecnología más sofisticada del mundo, lanzando cazas y misiles de crucero a Afganistán. Yo apenas tenía afinidad con los talibanes, y mucho menos con Al Qaeda, pero tuve que admitir que lo que estaban haciendo era digno de admirar. Sin disponer de satélites ni de fuerzas aéreas, tenían el ingenio suficiente para usar sencillos aviones comerciales para localizar las posiciones de la Quinta Flota. Comprendí que si pretendíamos ganar la guerra contra el terror solo con nuestra tecnología militar, nos quedaban muchas lecciones que aprender".

Mortenson tuvo que pasar por una inspección de una hora de duración en la aduana por gentileza de su pasaporte provisional y de su visado pakistaní, antes de salir a la terminal principal del Aeropuerto Internacional de Denver. Era Halloween. Al atravesar una jungla de banderas americanas colgadas por todas partes, adornando todas las entradas y todos los arcos, se preguntó si aquella explosión de rojo, blanco y azul significaba que había llegado en una festividad diferente. Hablando con Tara desde el móvil mientras caminaba hacia su vuelo de enlace hasta Bozeman, le preguntó por las banderas.

"¿Qué pasa, Tara? Esto parece el Cuatro de Julio".

"Bienvenido a la nueva América, cariño", le dijo.

Aquella noche, desorientado aun por tanto viaje, Mortenson se arrastró de la cama sin despertar a Tara y bajó al sótano para enfrentarse a los montones de cartas que se habían acumulado en su ausencia. Las entrevistas concedidas en el Marriot, su viaje a los campos de refugiados con Bruce Finley, y una carta que había enviado por correo electrónico a su amigo, el columnista del *Seattle Post Intelligencer* Joel Connelly, rogando compasión por los musulmanes inocentes que estaban atrapados en el fuego cruzado, se habían publicado en varios periódicos durante su ausencia.

Mortenson insistía en sus súplicas de que no se metiera a todos los musulmanes en el mismo saco, y sus argumentos a favor de la necesidad de educar a los niños musulmanes, en lugar de limitarse a lanzarles bombas, habían puesto el dedo en la llaga de una nación que volvía a estar en guerra. Por primera vez en su vida, Mortenson se encontró abriendo sobre tras sobre de cartas llenas de odio.

Una carta con un matasellos de Denver sin remitente decía: "Ojalá algunas de nuestras bombas hubieran caído sobre ti porque estás obstaculizando los esfuerzos de nuestras tropas".

Otra carta anónima con un matasellos de Minnesota atacaba a Mortenson con una letra muy irregular. "Nuestro Señor hará que recibas tu justo castigo por ser un traidor", empezaba, antes de advertir a Mortenson de que "pronto sufrirás un dolor más insoportable que el de nuestros valientes soldados".

Mortenson abrió un montón de cartas anónimas parecidas y se deprimió demasiado como para seguir leyendo. "Aquella noche, por primera vez desde que había empezado a trabajar en Pakistán, me planteé el abandonarlo todo", confiesa. "Esperaba algo así de un mulá rural ignorante, pero recibir aquel tipo de cartas de mis compatriotas americanos me hizo preguntarme si debía retirarme".

Mientras su familia dormía en el piso de arriba, Mortenson empezó a obsesionarse con su seguridad. "Podía soportar correr algunos riesgos personales en otros países", dice Mortenson. "A veces no tenía elección, pero poner a Tara, a Amira y a Khyber en peligro aquí en casa era totalmente inadmisible. No podía imaginar que algo así pasara".

Mortenson preparó una cafetera y siguió leyendo. Muchas de las cartas también alababan sus esfuerzos, y le animaba saber que en una época de crisis nacional, su mensaje estaba al menos llegando a unos cuantos americanos.

La tarde del 1 de noviembre de 2001, Mortenson se despidió de su familia sin haber tenido apenas tiempo de disfrutar de su compañía. Metió una muda de ropa en un bolso de viaje y cogió un vuelo regional a Seattle, donde tenía previsto dar un discurso aquella noche. John Krakauer, en la cumbre de su fama tras el éxito de su libro *Into Thin Air,* ("En aire ralo") su libro sobre los efectos letales que había tenido la comercialización de las rutas de ascenso al Monte Everest, se había ofrecido voluntario para presentar a Mortenson en un acto de recaudación de fondos para el Central Asia Institute en el que se pagaba una entrada de veinticinco dólares por persona. Poco a poco, Krakauer se había convertido en uno de los mayores seguidores del Central Asia Institute.

En un artículo que promocionaba el acto, titulado "John Krakrauer reaparece fuera del aire ralo", el periodista John Marshall, del *Seattle Post Intelligencer* explicaba que el escritor de vida recluida había aceptado una extraña aparición pública porque creía que la gente necesitaba conocer la labor de Greg Mortenson. "Lo que está haciendo Greg es tan importante como cualquiera de las bombas que se están lanzando", palabras de Krakrauer que citaba Marshall. "Si el Central Asia Institute no hiciera lo que está haciendo, los pueblos de esa región estarían probablemente gritando, «¡Odiamos a los americanos!» Sin embargo, nos ven como los agentes de salvación".

Mortenson llegó quince minutos tarde al ayuntamiento de Seattle, situado en lo alto del barrio First Hill de la ciudad como un templo ateniense, vestido con un *shalwar kamiz.* Una vez en el gran salón del edificio, le dio vergüenza ver todos los asientos ocupados y a la gente empujándose para ver el escenario desde los arcos románicos de la entrada. Se apresuró a ocupar su sitio en una silla colocada tras el podio.

"Habéis pagado veinticinco dólares para venir aquí, mucho dinero, pero esta noche no voy a hablar sobre ninguno de mis libros", dijo

Krakrauer, una vez la multitud se quedó en silencio. "En cambio, voy a hablar sobre proyectos que tratan de una forma más directa el estado actual del mundo, y de la creciente importancia de la obra de Greg".

Empezó releyendo parte de un poema de William Butler Yeats.

"Las cosas se vienen abajo/ceden los cimientos", leyó Krakrauer con su fina y ahogada voz, tan incómodo ante las multitudes como Mortenson. "La anarquía se desata sobre el mundo/una marea de sangre se desborda, y se extingue en todas partes el ritual de la inocencia/Los mejores carecen de toda convicción, mientras que los peores/ Están llenos de una ardiente fuerza".

El lamento de Yeats no había perdido ni un ápice de intensidad desde su publicación en 1920. El gran salón podía haber estado vacío, ya que no se oía ni un sonido. Entonces Krakrauer leyó un largo pasaje de un artículo reciente de la *New York Times Magazine* sobre los niños trabajadores de Pakistán, donde se describía lo fácil que lo tenían los grupos integristas para reclutarlos a causa de sus insoportables condiciones económicas.

"Para cuando John me presentó, todo el público estaba llorando," y yo con ellos", dice Mortenson.

"Cuando llegó el momento de presentar a Mortenson, Krakrauer discrepó de las observaciones de Yeats. "A pesar de que pueda ser cierto que los peores están llenos de una ardiente fuerza", dijo, "estoy seguro de que lo mejores tienen en su mayoría alguna convicción. Para verlo no hace falta ir muy lejos, solo hace falta mirar al hombre que tengo detrás de mí. Lo que ha logrado Greg, con muy poco dinero, está cerca de ser un milagro. Si fuera posible clonarle cincuenta veces, no me cabe duda de que el terrorismo islámico no tardaría en quedar reducido a un problema del pasado. Lamentablemente, solo le tenemos a él. Por favor, uniros a mí para dar la bienvenida a Greg Mortenson".

Mortenson abrazó a Krakrauer, dándole las gracias, y le pidió al proyeccionista que mostrara la primera diapositiva. El K2 apareció en la pantalla, con su cumbre de ensueño totalmente blanca penetrando el azul del cielo. Allí, delante de montones de personas entre los que se hallaban los principales alpinistas del mundo, estaba su fracaso. ¿Así que por qué se sentía como si su vida hubiera alcanzado una nueva cima?

CAPÍTULO 21

Los zapatos de Rumsfeld

Hoy en Kabul, hombres sin barba ni bigote se frotaban la cara. Un hombre mayor, con una barba gris recién recortada, bailaba en la calle sosteniendo un pequeño radiocasete a todo volumen que se pegaba a la oreja. Los talibanes –que habían prohibido la música y obligado a los hombres a llevar barba– se habían marchado.

-Kathy Gannon, 13 de noviembre de 2001, informando para Associated Press

Parecía como si los pilotos jugaran a las sillitas a diez mil metros de altitud. Cada diez minutos, uno de ellos dejaba los mandos del 727 y otro ocupaba su lugar. Ocho de los impacientes capitanes de la compañía aérea Ariana se agolpaban delante de la cabina, tomando té y fumando pacientemente, mientras esperaban su turno para sentarse a los mandos. Con siete de los ocho Boeing de las aerolíneas nacionales afganas fuera de servicio tras recibir el impacto de alguna bomba, aquel trayecto de dos horas y cuarenta y cinco minutos desde Dubai a Kabul era su única oportunidad para anotarse unas pocas, pero valiosas, horas de vuelo en el único avión del país en condiciones de volar.

Mortenson estaba sentado en la parte central del avión, entre los pilotos y las quince azafatas que charlaban en la parte trasera. Cada dos minutos desde que habían dejado Dubai, una de aquellas tímidas mujeres afganas había acudido a rellenarle el vaso de Coca Cola. Entre cada una de sus visitas, Mortenson presionaba la nariz contra el cristal de la ventanilla, examinando el paisaje de aquel país que se había ido colando en sus sueños desde que había empezado a trabajar en el vecino Pakistán.

Se acercaron a Kabul por el sur y, cuando el capitán de turno anunció que estaban sobrevolando Kandahar, Mortenson hizo un gran esfuerzo tanto para mantener erguido su asiento roto como para distinguir los detalles del antiguo bastión talibán. Pero, a más de nueve mil metros de altitud, lo único que podía ver era una autopista que cruzaba una vasta llanura entre colinas marrones y unas cuantas sombras que podrían ser edificios. Tal vez, pensó Mortenson, aquello era de lo que hablaba el secretario de Defensa Rumsfeld cuando se quejaba de que no había buenos objetivos en Afganistán y sugería atacar Irak en su lugar.

Aún así, las bombas americanas, algunas inteligentes y otras no tanto, no habían tardado en caer sobre aquel reseco paisaje. En el monitor del ordenador que tenía en su sótano, Mortenson había estudiado fotos de los soldados estadounidenses, en la casa de Kandahar donde habían detenido al líder supremo talibán Mulah Omar, sentados en su gigante y pintoresca cama de estilo bávaro y mostrando los baúles de acero que habían encontrado debajo, llenos de billetes nuevos de cien dólares.

Al principio, Mortenson había apoyado la guerra en Afganistán, pero su actitud empezó a cambiar a medida que iba leyendo informes sobre las bajas entre la población civil y que se enteraba, a través de las conversaciones telefónicas que mantenía con sus trabajadores de los campos de refugiados afganos, de los detalles sobre el número de niños que estaban muriendo al recoger por error las brillantes vainas amarillas de las bombas de dispersión que no habían explotado, muy parecidas a los paquetes militares de comida que también lanzaban los aviones americanos como gesto humanitario.

"¿Por qué los oficiales del Pentágono nos proporcionan cifras de los miembros de Al Qaeda y de los talibanes muertos pero se muestran sorprendidos cuando se les pregunta por las bajas civiles?", escribió Mortenson en una carta al director publicada en el *Washington Post* del 8 de diciembre de 2001. "Aún más alarmante es la renuencia de los medios a preguntarle al secretario de Defensa

Rumsfeld sobre esta cuestión durante sus breves reuniones informativas".

Cada noche, a los dos de la madrugada, Mortenson se despertaba y se quedaba tumbado en silencio junto a Tara, intentando borrar de su mente las imágenes de los civiles muertos para poder volver a dormir, pero sabía que muchos de los civiles que estaban al alcance de las bombas de Estados Unidos eran niños que habían asistido a las clases subvencionadas por el CAI en el campo de Shamshatoo, cerca de Peshawar, antes de que sus familias se cansaran de la dura vida de refugiados y regresaran a Afganistán. Mientras estaba tendido en la cama, podía ver perfectamente sus caras a pesar de la oscuridad, y siempre acababa bajando sigilosamente al sótano para llamar a Pakistán e intentar ponerse al corriente de las últimas noticias. A través de sus contactos en el ejército, supo que el embajador talibán Mullah Abdul Salaam Zaeef, con quien había compartido un té en el hotel Marriot de Islamabad, había sido capturado y enviado, encapuchado y encadenado, al centro de detención de Guantánamo, en Cuba.

"Durante aquel invierno, abrir mi correo era como jugar a la ruleta rusa", dice Mortenson. "Siempre recibía algún mensaje de ánimo y algún donativo, pero el sobre que abría a continuación decía que seguro que Dios me castigaría con una muerte dolorosa por ayudar a los musulmanes". Mortenson tomaba las medidas que podía para proteger a su familia y solicitó un número de teléfono que no figurara en la guía. Cuando su cartero se enteró de las amenazas de muerte, con el miedo al ántrax aún vivo en la mente de todo el mundo, empezó a poner en cuarentena los sobres que recibía sin remitente y a entregárselos al FBI.

Uno de los mensajes más alentadores le había llegado de una anciana de Seattle llamada Pasty Collins, que se había convertido en una donante habitual del CAI. "Tengo los años suficientes para recordar el absurdo de la Segunda Guerra Mundial, cuando atacamos a los japoneses y les recluimos sin una buena causa", escribió. "Esas horribles cartas de odio que recibes son un mandato para que te des a conocer y les cuentes a los americanos lo que sabes de los musulmanes. Tú representas la bondad y el coraje propios de América. Lánzate, no tengas miedo, y difunde tu mensaje por la paz. Aprovecha este momento".

Aunque tenía la mente a medio mundo de distancia, Mortenson siguió el consejo de Collins y empezó a programar diversas conferencias con el fin de hacer la campaña informativa más efectiva que pudiera. A lo largo de los meses de diciembre y enero, haciendo grandes esfuerzos por controlar los nervios, realizó varias ponencias a las que asistió gran cantidad de gente: una en el almacén exterior del centro comercial más famoso de Seattle, el REI; otra organizada por la AARP en Minneapolis, otra en la Convención Estatal de Bibliotecarios de Montana (con Julia Bergman) y, finalmente, otra en el Explorers Club de Manhattan.

Aunque también realizó algunos discursos con muy poco público. En el exclusivo Yellowstone Club, en la zona de Big Sky Ski del sur de Bozeman, Mortenson fue destinado a un pequeño sótano donde seis personas esperaban su charla sentadas alrededor de una chimenea de gas sobre unas sillas demasiado mullidas. Recordando cómo incluso aquella alocución dirigida a un mar de sillas vacías en Minnesota había acabado bien, apagó la chimenea, la cubrió con una arrugada sábana blanca, y mostró sus diapositivas mientras hablaba apasionadamente sobre los errores que creía que estaba cometiendo América en su gestión de la guerra.

Mortenson advirtió a una atractiva mujer de unos treinta y pocos años acurrucada en un sillón, vestida con una sudadera, unos vaqueros y una gorra de béisbol, que le escuchaba con especial atención. Mientras él retiraba la sábana al final de su discurso, ella se acercó y se presentó. "Soy Mary Bono", le dijo. "En realidad soy la diputada republicana Mary Bono, y debo decirle que he aprendido más con usted en esta última hora que en todas las reuniones informativas a las que he asistido en el Congreso desde el 11-S. Tenemos que llevarte allí". La diputada Bono le dio a Mortenson su tarjeta de visita y le pidió que la llamara cuando se celebrara una nueva sesión del Congreso para concertar un discurso en Washington.

Pilotado por otro capitán diferente, el 727 de Ariana empezó a descender en picado hacia Kabul. Nerviosas, las azafatas realizaban *duas*, rogando a Alá que les procurara un aterrizaje seguro. Se ladearon cerca de las colinas de Logar, donde Mortenson pudo distinguir los restos carbonizados de los tanques de la era soviética utilizados por los talibanes que, aunque habían estado ocultos en las entradas de las cuevas o escondidos tras los arcenes, habían resultado objetivos fáciles para las municiones guiadas por láser.

Durante meses, Mortenson había estado pendiente de la información sobre aquel lugar que le llegaba por correo electrónico a través de Kathy Gannon, que se había aventurado a volver a la capital afgana tras su encuentro en el Marriot. Gracias a sus mensajes, Mortenson supo cómo habían huido de la ciudad las asustadizas tropas talibanes cuando los tanques de la Alianza del Norte se extendieron por el sur con el apoyo de aviones de combate estadounidenses que concentraron sus bombardeos en la "Calle de los Invitados", el barrio más lujoso de Kabul, donde vivían los guerrilleros árabes aliados con los talibanes. Y, también gracias a ella, supo que el día 13 de noviembre de 2001, cuando los talibanes abandonaron finalmente la ciudad, las gentes de Kabul bailaban en las calles y ponían a todo volumen las radios que habían tenido escondidas al tener prohibido todo tipo expresión musical.

Ahora, a mediados de febrero de 2002, seguían produciéndose intensos tiroteos en las lejanas Montañas Blancas que Mortenson podía divisar desde la ventanilla del avión, donde las fuerzas de tierra de Estados Unidos estaban intentando despejar los focos de resistencia atrincherados. Pero, a pesar de eso, Mortenson había considerado que Kabul, en manos de la Alianza del Norte y de sus aliados americanos, era por fin un lugar lo suficientemente seguro para poder visitarlo.

El camino del avión a la terminal, en el que pasó por delante de equipos de detección de minas que revisaban las pistas, le hizo plantearse si aquel viaje había sido una decisión acertada. Los restos de otros aviones de Ariana permanecían allí donde había sido bombardeados. Las aletas de la cola, con la pintura desconchada y ennegrecida, surgían imponentes en medio de la escena como señales de aviso, y los fuselajes quemados yacían como cuerpos de ballenas en descomposición desperdigados por la quebrada pista de aterrizaje.

Junto a la puerta que daba a la terminal, balanceándose ligeramente por el cortante viento, vio el inconfundible bastidor de un Escarabajo Volkswagen colocado del revés, despojado del motor y de los asientos de pasajeros.

El solitario agente de la aduana de Kabul, sentado frente a su escritorio de aquella terminal sin electricidad, examinó el pasaporte de Mortenson bajo un rayo de luz que se filtraba por uno de los orificios abiertos en el tejado por el impacto un proyectil. Una vez satisfecho, le puso perezosamente un sello y le hizo una señal para que saliera pasando por delante de viejo retrato del líder asesinado de la Alianza del Norte, Shah Ahmed Massoud, que sus partidarios habían pegado a la pared cuando habían tomado el aeropuerto.

Mortenson se había acostumbrado a que alguien fuera a recibirle a los aeropuertos de Pakistán. Al llegar a Islamabad, la cara sonriente de Suleman era lo primero que solía ver al cruzar la aduana. En Skardu, Faisal Baig solía intimidar a los agentes de seguridad del aeropuerto para que le permitieran ir a recibir el avión a la pista, para poder empezar a custodiar a Mortenson en el momento en que pusiera los pies en tierra.

Sin embargo, en el exterior de la terminal de Kabul, Mortenson se encontró solo ante un grupo de agresivos taxistas. Confió en su viejo truco de elegir al que parecía menos interesado, tiró su bolso en el asiento trasero y se sentó en el asiento del copiloto.

Abdullah Rahman, como la mayor parte de los habitantes de Kabul, estaba desfigurado por la guerra. No tenía párpados, y el lado derecho de su cara tenía un aspecto brillante y tenso, ya que se lo había quemado en la explosión de una mina terrestre que había estallado a su paso mientras conducía. Tenía las manos tan quemadas que no podía cerrarlas del todo para sujetar el volante del coche. Aún así, demostraba ser un habilidoso conductor en medio del caótico tráfico de Zabulla ciudad.

Abdullah, como la mayoría de sus conciudadanos, tenía varios trabajos para mantener a su familia. Por un dólar y veinte centavos al mes, trabajaba en la biblioteca del Hospital Militar de la ciudad, custodiando bajo llave tres cajas de unos libros de tapa dura con olor a humedad que de alguna manera habían sobrevivido al paso de los talibanes, que tenían la costumbre de quemar todos los libros excepto el Corán. Condujo a Mortenson a la que sería su casa durante la semana siguiente, la acribillada casa de huéspedes Kabul Peace, que tenía un aspecto tan inverosímil como su nombre, Paz de Kabul, en aquella ciudad arrasada por la guerra.

En su pequeña habitación sin electricidad ni agua corriente y mientras intentaba decidir cuál sería su próximo movimiento, Mortenson estuvo observando detenidamente a través de los listones de la ventana los dañados edificios alineados a ambos de la Bagh-e-Bala Road, y a los ciudadanos heridos que avanzaban con dificultad entre ellos. Pero le resultaba tan difícil definir un plan de acción como distinguir las facciones de las mujeres que pasaban frente a su ventana ocultas en *burkhas* de color azul oscuro.

Antes de llegar, había pensado que alquilaría un coche y se dirigiría hacia el norte, para intentar contactar con los jinetes kirguizes que le habían pedido ayuda en Zuudkhan. Pero ahora, era tan evidente que Kabul seguía siendo una ciudad insegura, que lanzarse a ciegas hacia el interior del país le parecía un suicidio. Por la noche, temblando de frío en aquella habitación sin calefacción, Mortenson escuchó disparos de armas automáticas retumbando por todo Kabul y los impactos de los misiles que lanzaba la resistencia talibana desde las montañas de los alrededores.

Abdullah le presentó a Mortenson a un amigo suyo llamado Hashmatulah, un apuesto joven mediador que había sido soldado talibán, hasta que sus heridas le habían invalidado para el campo de batalla. "Como muchos talibanes, Hash, como me dijo que le llamara, era un *jihadi* solo en teoría", explica Mortenson. "Era un tipo inteligente que, si hubiera tenido la posibilidad, probablemente habría preferido trabajar de ingeniero de telecomunicaciones a hacerlo de militante talibán. Pero los talibanes le ofrecieron trescientos dólares cuando se graduó en la madraza para que se uniera a ellos. Así que le dio el dinero a su madre, en Khost, y se presentó para recibir su formación militar".

Hash había resultado herido al explotar una granada contra una pared donde se había puesto a cubierto. Cuatro meses después, las heridas que tenía en la espalda seguían infectadas y supurando pus y sus desgarrados pulmones emitían un extraño pitido cuando hacía algún esfuerzo. Pero Hash estaba eufórico al verse libre de las rígidas restricciones de los talibanes y se había afeitado la barba que le habían obligado a dejarse crecer. Por eso, cuando Mortenson le vendó las heridas y le recetó un tratamiento antibiótico, estuvo dispuesto a jurar lealtad al único americano que había conocido en su vida.

Como en casi todas las demás infraestructuras de Kabul, los enfrentamientos habían causado grandes estragos en las escuelas de la ciudad. Mortenson les dijo a Abdullah y a Hash que quería ver el estado en que estaban, así que eso fue lo primero que hicieron. Pudo constatar que, aunque su reapertura oficial estaba programada para la primavera, tan solo el veinte por ciento de las ciento cincuenta y nueve escuelas de Kabul reunían las condiciones necesarias para empezar a impartir clases. Tendrían que arreglárselas para albergar allí por turnos a los trescientos mil niños de la ciudad, dando lecciones al aire libre o en edificios tan deteriorados que lo único que ofrecían, más que un verdadero refugio, eran escombros.

El Instituto Durkhani era el típico ejemplo de las necesidades insatisfechas de los estudiantes afganos. La directora, Uzra Faizad, le dijo a Mortenson a través de su *burkha* color azul pastel que cuando se reabriera la escuela intentaría alojar a cuatro mil quinientos estudiantes en su interior y por los alrededores del edificio, donde su plantilla de noventa profesores planeaba dar cada día tres turnos de clases. La proyección de alumnos de la escuela aumentaba con el paso de los días, le dijo Uzra, a medida que las niñas salían de sus escondites, seguras ya de que los talibanes, que habían prohibido la educación de las mujeres, se había marchado.

"Estaba conmovido escuchando la historia de Uzra", recuerda Mortenson. "Allí estaba aquella fuerte y orgullosa mujer intentando hacer lo imposible. La pared divisoria de su escuela había quedado reducida a escombros. El tejado se había desplomado, pero aún así, iba a trabajar cada día para reconstruir el lugar, porque creía firmemente que la educación era la única vía para la resolución de los problemas de Afganistán".

Mortenson había intentado registrar el CAI en Kabul para poder tramitar cualquier permiso oficial que fuera necesario para empezar a construir escuelas lo antes posible, pero, al igual que la red eléctrica y telefónica de la ciudad, la burocracia estaba fuera de servicio. "Abdullah me llevó de un ministerio a otro, pero allí no había nadie", cuenta Mortenson. "Así que decidí regresar a Pakistán, reunir algunos materiales para escuelas y llevarlos personalmente".

Tras una semana en Kabul, le ofrecieron un pasaje en un vuelo chárter de la Cruz Roja a Peshawar. Después de haber estado en Afganistán, los problemas de Pakistán parecían manejables, pensaba Mortenson, mientras paseaba por el campo de refugiados de Shamshatoo asegurándose de que los profesores estaban recibiendo sus sueldos del CAI. Entre Shamshatoo y la frontera, se detuvo para fotografiar a tres niños sentados en unos sacos de patatas. A través del visor de la cámara, advirtió algo que no había visto con sus ojos. Los tres niños tenían una expresión de angustia, parecida a la que había visto en las gentes de Kabul. Mortenson bajó la cámara y les preguntó, en pastún, si necesitaban algo.

El mayor, un chico de unos trece años llamado Ahmed, pareció aliviado al hablar con un adulto comprensivo. Le explicó que una semana antes, su padre estaba llevando un carro lleno de patatas que había comprado en Peshawar para venderlos en su pequeño pueblo de la periferia de Jalalabad, y que había muerto al recibir el impacto de un misil lanzado por un avión americano junto con otras quince personas que llevaban también carros con comida y provisiones.

Acompañado de sus hermanos pequeños, Ahmed había vuelto a Peshawar, había comprado otro carro de patatas gracias al descuento que le habían hecho algunos comerciantes compasivos que habían conocido a su padre, y estaba intentando organizar un viaje de regreso para reunirse con su madre y sus hermanas, que permanecían en casa guardando luto.

El hecho de que Ahmed hablara con tanta frialdad de la muerte de su padre y de que ni siquiera le impresionara contárselo a un ciudadano del país cuyo ejército le había matado, convenció a Mortenson de que estaba en estado de *shock*.

A su modo, él también lo estaba. Después de que Suleman le recogiera en Peshawar, se pasó tres noches en vela en la casa de huéspedes Home Sweet Home, intentando procesar lo que había visto en Afganistán. Tras ver la miseria de Kabul y del campo de refugiados, estaba deseando volver a la conocida Skardu. O al menos así era hasta que llamó a Parvi para que le pusiera al corriente del estado de las escuelas del CAI.

Parvi le dijo a Mortenson que unos días antes, en mitad de la noche, una banda de matones organizada por Agha Mubarek, uno de los mulás rurales más poderosos del norte de Pakistán, había atacado su proyecto más reciente, una escuela mixta que casi habían finalizado en el pueblo de Hemasil, en el valle de Shigar. Habían intentado incendiarla, le informó Parvi, pero al no haberse instalado aún las vigas de madera del tejado ni los marcos de las ventanas, solo se había ennegrecido, resistiéndose a arder. Así que, con unos mazos, los matones de Agha Mubarek habían reducido las paredes –sus ladrillos de piedra tallados y argamasados con tanto esmero– a un montón de escombros.

Cuando Mortenson llegó a Skardu para convocar una reunión de urgencia sobre el tema de la escuela de Hemasil, fue recibido con más malas noticias. Agha Mubarek había lanzado una *fatwa*, prohibiendo a Mortenson trabajar en Pakistán. Pero para Mortenson fue todavía más ofensivo el hecho de que un influyente político local al que conocía, llamado Imran Nadim, rindiéndose a los caprichos de sus superiores chiitas, hubiera declarado públicamente su apoyo a Mubarek.

Mortenson mantuvo una *jirga* con sus principales aliados en el comedor privado del piso de arriba del Hotel Indus, donde tomaron té y galletas azucaradas. "Mubarek quiere un trozo del pastel", dijo Parvi, suspirando. "Ese mulá se dirigió al Consejo del pueblo de Hemasil con el objetivo de sobornar a sus miembros a cambio de permitir la construcción de la escuela. Cuando se negaron, hizo que la destruyeran y lanzó su *fatwa*".

Parvi explicó que había hablado con Nadim, el político que apoyaba a Mubarek, y que este había insinuado que el problema se podía resolver con dinero. "Yo estaba furioso", dice Mortenson. "Quería formar un pelotón, o como se llame, con mis aliados del ejército, irrumpir en pueblo de Mubarek, y asustarle para que nos dejara en paz". Parvi aconsejó una solución más definitiva. "Si te presentas en casa de ese bandolero rodeado de soldados, Mubarek te prometerá cualquier cosa, pero se echará atrás en cuanto desaparezcan las pistolas", le dijo Parvi. "Tenemos que resolver esto de una vez por todas en los tribunales. En el Tribunal de la *Shariat*".

Mortenson había aprendido a confiar en los consejos de Parvi. Junto con su viejo amigo Mehdi Ali, el anciano del pueblo de Hemasil que había encabezado la construcción de la escuela, Parvi llevaría el caso al Tribunal Islámico de Skardu, musulmanes contra musulmanes. Mortenson, recomendó Parvi, debería mantenerse al margen de la batalla judicial, y continuar con su importante labor en Afganistán.

Mortenson llamó a su Junta Directiva desde Skardu, para informar a sus miembros de lo que había visto en Afganistán y pedir su autorización para la compra de materiales para la construcción de escuelas allí. Para su sorpresa, Julia Bergman se ofreció a volar hasta Pakistán para acompañarle en el viaje que planeaba hacer por carretera desde Peshawar a Kabul. "Era un gesto muy valiente", reconoce Mortenson. "Aún se producían enfrentamientos a lo largo aquella ruta, pero no podía decirle a Julia que no viniera. Ella sabía lo mucho que habían sufrido las mujeres de Afganistán bajo el poder de los talibanes y estaba desesperada por ayudarlas".

En abril de 2002, Julia Bergman, vestida con un ancho *shalwar kamiz* y con un colgante de porcelana alrededor del cuello en el se leía "Quiero estar completamente agotada cuando muera", cruzó el puesto fronterizo de Landi Khotal con Mortenson y se subió en una furgoneta alquilada por Monir, un taxista de Peshawar amigo de Suleman, para realizar el viaje hasta Kabul. Los asientos traseros del vehículo y el maletero iban llenos hasta el techo de material escolar que Bergman y Mortenson habían comprado en Peshawar. Suleman, que no tenía pasaporte, estaba desesperado por no poder ir con ellos para protegerlos. Así que le pidió a Monir, que era pastún como él, que se metiera en la furgoneta donde, agarrándole por el cuello, le dijo. "He hecho un juramento de sangre. Si le pasa algo a este hombre o a esta mujer, te mataré yo mismo".

"Me sorprendió ver que la zona de la frontera estaba completamente abierta", dice Mortenson. "No veía seguridad por ninguna parte. Osama y cien de sus hombres podían haber entrado a Pakistán sin que nadie se lo hubiera impedido".

El trayecto de unos trescientos veinte kilómetros a Kabul duró once horas. "Por todo el camino veíamos tanques y vehículos militares bombardeados y carbonizados", dice Bergman. "Contrastaban con el paisaje, que era precioso. Por todas partes, había campos repletos de adormideras de opio rojas y blancas, y más allá, las montañas coronadas de nieve hacían que el escenario pareciera más sereno de lo que era en realidad".

"Paramos a tomar pan y té en el hotel Spin Ghar de Jalalabad", cuenta Mortenson, "que había sido un cuartel general talibán. Presentaba un aspecto parecido al de las fotos que había visto de Dresde tras el bombardeo de la Segunda Guerra Mundial. A través de unos amigos que habían huido hacia Shamshatoo supe que las fuerzas aéreas estadounidenses habían bombardeado intensivamente la región con aviones B52. En Jalalabad, me preocupaba la seguridad de Julia. Veía que la gente nos miraba con odio y me preguntaba cuántas de nuestras bombas habrían herido a personas inocentes como el vendedor de patatas".

Tras llegar a Kabul sin ningún percance, Mortenson llevó a Bergman al Hotel Intercontinental, situado en una cima con una amplia panorámica de la asediada ciudad. El Intercontinental era lo más parecido que tenía Kabul a un alojamiento en buen estado. Solo la mitad de su estructura había sido reducida a escombros. Por cincuenta dólares la noche, les asignaron una habitación del ala "intacta", donde las ventanas reventadas estaban remendadas con láminas de plástico y el personal de servicio les llevaba una vez al día cubos de agua caliente para lavarse.

Junto a Hash y a Abdullah, los americanos recorrieron el arrasado sistema educativo de Kabul. En el Instituto Médico de Kabul, el centro de formación médica más prestigioso del país, se detuvieron para entregar unos libros que una donante americana del CAI le había pedido a Mortenson que llevara a la ciudad. Kim Trudell, de Marblehead, Massachussetts, había perdido a su marido, Frederic Rimmele, cuando, de camino a una conferencia médica en California el 11 de septiembre, su vuelo, el United Airlines 175, se evaporó en una nube de combustible al estrellarse contra la torre sur del World Trade Center. Trudell le pidió a Mortenson que llevara los libros de medicina de su marido a Kabul, convencida de que la educación era la clave para resolver el problema del integrismo islámico.

En la oscura y fría sala de conferencias del instituto, Mortenson y Bergman encontraron a quinientos alumnos escuchando atentamente una lección. Se mostraron muy agradecidos por la donación de los libros, ya que tan solo tenían diez de los libros de texto necesarios para un curso de anatomía avanzada, y los quinientos futuros médicos, cuatrocientos setenta hombres y treinta intrépidas mujeres, acabarían haciendo turnos para llevárselos a casa y copiar a mano los capítulos más importantes y los diagramas.

Lo cierto es que, incluso aquel laborioso proceso, era una mejora respecto al estado de la escuela unos meses antes. El Dr. Nazir Abdul, médico pediatra, les explicó que durante el tiempo en que Kabul había estado bajo el control de los talibanes, estos habían prohibido todos los libros con ilustraciones y solían quemarlos en público cuando encontraban alguno. Durante las clases, agentes armados del despreciado Departamento de Promoción de la Virtud y Prevención del Vicio, solían situarse en la parte trasera de la sala de conferencias para garantizar que los profesores no dibujaran diagramas anatómicos en la pizarra.

"Solo somos médicos sobre el papel", les dijo el Dr. Abdul. "No disponemos de las herramientas más básicas para nuestra profesión. No tenemos dinero para tensiómetros ni para estetoscopios, y yo, que soy médico, no he mirado nunca en mi vida a través de un microscopio".

Con las magulladas manos de Abdullah conduciéndoles por entre los agujeros dejados por las bombas, Mortenson y Bergman recorrieron una zona compuesta por ochenta pueblos situada al oeste de Kabul llamada Maidan Shah. Mortenson sabía que la mayor parte de la ayuda internacional que estaba llegando a Afganistán se concentraba en la ciudad de Kabul y, como ya hacía en Pakistán, estaba deseando ayudar a los pobres de las zonas rurales de Afganistán. Los trescientos alumnos de la Escuela Secundaria de Shahabudden necesitaban mucho más que los lápices y las libretas que Hash les ayudó a descargar del taxi de Abdullah.

Los profesores de aquella escuela daban clase a los más pequeños en oxidados contenedores de transporte. Los alumnos más mayores, los chicos de noveno curso, estudiaban en la parte trasera de un blindado medio reventado por las balas antitanque. Metiéndose cuidadosamente por la escotilla del artillero, que utilizaban como ventana, la clase les enseñó su posesión más preciada: una pelota de voleibol que les había regalado un cooperante sueco. "Aquel hombre encantador tenía unos largos cabellos dorados, como una cabra montés", le explicó a Mortenson un chico de ojos vivarachos con el pelo lleno de piojos, mostrando sus progresos con el inglés.

Pero era la falta de alojamiento para las alumnas femeninas lo que les partió el alma. "Había ochenta alumnas obligadas a estudiar a la intemperie", dice Mortenson. "Intentaban llevar a cabo las clases con la mayor normalidad posible, pero el viento no paraba de meterles arena en los ojos y de hacer caer su pizarra. Estaban contentísimas con sus cuadernos y sus lápices nuevos, y agarraban firmemente las libretas para que no se los llevara el viento".

Mientras Mortenson regresaba a su taxi, cuatro helicópteros de combate Cobra del ejército americano se acercaron a la escuela a gran velocidad, pasando como un rayo a tan solo quince metros por encima de los aterrados estudiantes, con los depósitos de armamento cargados de misiles Hellfire. La onda expansiva de la estela del rotor golpeó la pizarra de las niñas, que se precipitó contra el suelo haciéndose añicos.

"Allá donde íbamos veíamos aviones y helicópteros estadounidenses, y solo puedo imaginarme el dinero que nos estábamos gastando en el ejército", dice Julia Bergman. "¿Pero dónde estaba la ayuda? Cuando estaba en casa, había oído hablar mucho de lo que América le había prometido al pueblo de Afganistán y de que la reconstrucción del país era una de nuestras máximas prioridades, pero el hecho de estar allí, y de ver tan escasas evidencias de la ayuda brindada a los niños de Afganistán, sobre todo por parte de Estados Unidos, me hacía sentirme realmente avergonzada y frustrada".

Al día siguiente, Mortenson llevó a Bergman a conocer a la directora de la escuela de Durkhani, y a entregar algunos materiales a los cuatro mil quinientos alumnos de Uzra Faizad. A pesar de todas las limitaciones, la escuela estaba funcionando por encima de su capacidad, dando tres turnos de clase al día. Encantada de volver a ver a Mortenson, Uzra invitó a los americanos a tomar el té en su casa.

Uzra, viuda de un *mujahadeen* que había muerto luchando contra los soviéticos con las fuerzas de Massoud, vivía con una austeridad monacal en una cabaña de una sola habitación situada en el mismo terreno de la escuela. Durante la época de los talibanes había huido al norte, hacia Taloqan, y había dado clases a chicas en secreto tras la caída de la ciudad. Pero ahora, de nuevo en casa, abogaba abiertamente por la educación de las niñas. Uzra enrolló la hoja de yute que resguardaba del sol la única ventana que tenía su humilde casa, se quitó su envolvente *burka* y se agachó junto a un pequeño hornillo para preparar el té.

"¿Sabe una cosa? En mi país las mujeres se preguntarían: «Si los talibanes ya se han ido, ¿por qué siguen las mujeres afganas llevando el *burka*?»", le dijo Bergman.

"Soy una mujer conservadora", le dijo Uzra, "y me favorece. Además, me siento más segura llevándolo. De hecho, insisto en que todas mis profesoras se lo pongan. No queremos que nadie tenga excusa alguna para interferir en los estudios de nuestras chicas".

"Aún así, a las mujeres emancipadas de Estados Unidos les gustaría saber si se siente oprimida al tener que ver el mundo a través de esa pequeña abertura en la tela", continuó preguntando Bergman.

Uzra sonrió de oreja a oreja por primera vez desde que Mortenson la había conocido. "Nosotras, las mujeres de Afganistán, vemos el mundo a través de la educación", respondió. "No a través de los agujeros de las prendas".

Cuando el té verde estuvo listo, Uzra sirvió a sus invitados, disculpándose por no poderles ofrecer azúcar. "Hay un favor que debo pedirles", dijo después de que los tres hubieran probado el té. "Estamos muy agradecidos de que los americanos hayan derrocado a los talibanes, pero ya llevo cinco meses sin cobrar mi sueldo, a pesar de que me dijeron que lo recibiría pronto. ¿Pueden comentarle mi problema a alguien de América para ver si sabe qué ha pasado?"

Tras repartir cuarenta dólares de los fondos del CAI para Uzra y veinte dólares más a cada uno de sus noventa profesores, que tampoco estaban recibiendo sus salarios, Mortenson embarcó a Bergman en un vuelo chárter de Naciones Unidas hacia Islamabad y se dispuso a averiguar el paradero del dinero de Uzra. En su tercera odisea a través del arrasado Ministerio de Finanzas, conoció al viceministro de Finanzas afgano, que alzó las manos cuando Mortenson le preguntó la razón por la que Uzra y sus profesores no estaban recibiendo sus sueldos.

"Me dijo que menos de una cuarta parte de la ayuda económica prometida por el presidente Bush a Afganistán había llegado efectivamente al país. Y de esos fondos insuficientes, creía que al menos seis cientos millones de dólares habían sido "desviados", para construir carreteras y habilitar depósitos de provisiones en Bahrein, Kuwait, y Qatar de cara a la invasión de Irak que todo el mundo consideraba inminente".

En el Ariana 727 hasta Dubai, el British Air 777 hasta Londres, y el Delta 767 hasta Washington D.C., Mortenson se sintió como un misil termodirigido que se precipitaba contra su propio gobierno, alimentado por la indignación. "El tiempo pasaba y no estábamos haciendo nada por convertir en algo positivo todo el sufrimiento que habíamos contribuido a causar en Afganistán. Estaba tan enfadado que pasé todos esos vuelos hasta Washington caminando de arriba abajo por los pasillos de los aviones", cuenta. "Si no éramos capaces de hacer algo tan sencillo como garantizar que una heroína como Uzra recibiera su sueldo mensual de cuarenta dólares, ¿cómo podíamos aspirar a afrontar la difícil labor de ganar la guerra contra el Terror?"

A Mortenson le resultó imposible dirigir su enfado contra Mary Bono. Cuando el marido de la diputada, la antigua estrella de rock y diputado republicano por Palm Springs, Sonny Bono, había fallecido en un accidente se esquí en 1998, Newt Gingrich le había insistido para que se presentara como candidata a ocupar el escaño de su marido, y, como le había sucedido al difunto, al principio sus adversarios no la tomaron en serio hasta que demostró sus habilidades políticas. Bono, que había sido gimnasta, escaladora y entrenadora física, no respondía al típico perfil republicano cuando llegó a Washington a la edad de treinta y siete años, sobre todo cuando exhibía su imponente físico con trajes de fiesta en actos oficiales.

Muy pronto, aquella mujer cuya inteligencia era tan impactante como su imagen, se erigió como una de las nuevas promesas del partido republicano. Cuando Mortenson se presentó en su oficina del Congreso de los Estados Unidos, Bono se había ganado la reelección por una abrumadora mayoría y el respeto de sus colegas de ambos lados del congreso, y en un D.C. dominado por la testosterona, su imagen no era precisamente una desventaja.

"Cuando llegué a Washington, no tenía ni idea de qué hacer. Me sentía como si me hubieran dejado en un remoto pueblo afgano cuyas costumbres desconocía", dice Mortenson. "Mary se pasó un día entero conmigo, enseñándome cómo funcionaba todo. Me llevó por el túnel que unía su oficina con el Capitolio, lleno de diputados que se dirigían a votar, y me los fue presentando a todos. Todos aquellos diputados se ruborizaban ante ella como colegiales, y yo, también, sobre todo cuando empezó a presentarme a todo el mundo, diciendo: «He aquí una persona a la que necesitas conocer. Este es Greg Mortenson. Es un verdadero héroe americano»".

En una sala del Capitolio destinada a sesiones del Congreso, Bono había organizado una conferencia para Mortenson, y había enviado una nota a todos los miembros del Congreso invitándoles a "venir a conocer a un americano que lucha contra el Terror en Pakistán y Afganistán construyendo escuelas para niñas".

"Después de oír hablar a Greg, era lo menos que podía hacer", dice Bono. "Todos los días me encuentro con personas que dicen estar intentando hacer el bien y ayudar a la gente, pero Greg lo está haciendo realmente. Está caminando el camino, y yo soy su mayor fan. Los sacrificios que han hecho él y su familia son asombrosos. Representa lo mejor de América. Yo solo quería hacer lo que estuviera en mis manos para que su humanidad tuviera la oportunidad de contagiarse a tantas personas como fuera posible".

Cuando acabó de montar su viejo proyector de dispositivas, Mortenson se giró y se encontró ante una sala llena de miembros del Congreso y de altos cargos políticos. Llevaba puesto el único traje que tenía y un par de gastados mocasines de ante marrón. Mortenson hubiera preferido enfrentarse a un mar de doscientos asientos vacíos, pero recordó la pregunta inocente de Uzra sobre la desaparición de su sueldo que le había embarcado en aquella misión y procedió a proyectar la primera dispositiva. Mostró imágenes tanto de la belleza como de la pobreza impactantes de Pakistán, y habló con cierto acaloramiento de la desaparición del sueldo de Uzra, y de lo importante que era que Estados Unidos cumpliera con su promesa de reconstruir Afganistán.

Un diputado republicano de California le interrumpió en mitad de una frase, desafiándole. "Construir escuelas para niños me parece perfecto", recuerda Mortenson que dijo el hombre, "pero ahora, nuestra necesidad fundamental como nación es la seguridad. Sin seguridad, ¿qué importancia tiene todo lo demás?"

Mortenson respiró hondo. Sintió cono si se encendiera de nuevo la llama del enfado con el que había venido de Kabul. "No hago lo que estoy haciendo para luchar contra el Terror", le dijo Mortenson, midiendo sus palabras, intentando evitar verse expulsado del Capitolio. "Lo hago porque me importan los niños. La lucha contra el Terror debe de ocupar el séptimo u octavo puesto de mi lista de prioridades. Pero trabajando allí, he aprendido muchas cosas. He aprendido que el Terror no existe simplemente porque un grupo de personas de algún lugar de Pakistán o Afganistán decida odiarnos. Existe porque no se está ofreciendo a los niños un futuro lo suficientemente esperanzador como para que tengan una razón para elegir entre la vida y la muerte".

Mortenson continuó con una elocuencia inusitada, venciendo su timidez al recordar la crudeza de su estancia en Afganistán. Habló sobre las precarias escuelas públicas de Pakistán. Habló sobre las madrazas wahhabis que se extendían como células cancerosas, y de los miles de millones de dólares que los jeques sauditas llevaban en maletas a la región para mantener las fábricas de la yihad. A medida que fue cogiendo ritmo, la sala de conferencias fue quedándose en un silencio solo interrumpido por el ruido de los lápices y bolígrafos que garabateaban frenéticamente.

Cuando acabó, y después de responder a varias preguntas, a Mortenson se le presentó la asistente legislativa de un diputado de la ciudad de Nueva York. "Esto es asombroso", le dijo. "¿Cómo es posible que nunca oigamos hablar de esto en las noticias ni en las reuniones informativas? Tiene que escribir un libro".

"No tengo tiempo para escribir", le estaba diciendo Mortenson, cuando el general Anthony Zinni, antiguo presidente de CentCom (Comando Central estadounidense), se presentó en la sala rodeado de unos oficiales uniformados con el fin de dar una nueva reunión informativa programada para la prensa.

"Debería sacar tiempo", le aconsejó ella.

"Pregunte a mi mujer si no me cree. Ni siquiera tengo tiempo para dormir".

Tras su charla, Mortenson dio un paseo por el Mall, vagando sin rumbo hacia el río Potomac, preguntándose si su mensaje habría sido escuchado. Grupos de turistas caminaban sin prisa por los jardines, entre el monumento a Vietnam y el palacio de mármol blanco donde un meditabundo Lincoln esperaba el momento para vendar las heridas más recientes de la nación.

Unos meses después, Mortenson se encontró de nuevo en la otra orilla del Potomac, invitado al Pentágono por un general de la Marina que había donado mil dólares al CAI tras leer sobre su labor.

El General le condujo por un corredor de mármol pulido hasta la oficina del secretario de Defensa. "Lo que más recuerdo es que las personas que nos cruzamos evitaban mirar a los ojos", dice Mortenson. "Caminaban deprisa, la mayoría de ellos cargando ordenadores portátiles bajo el brazo, apresurándose hacia su próxima misión, como misiles, como si no tuvieran tiempo para mirarme. Y recuerdo que pensé que había estado en el ejército en otros tiempos, pero que aquello no tenía nada que ver con lo que yo conocía. Aquello era un ejército de ordenadores portátiles".

En la oficina del secretario de Defensa, Mortenson recuerda que le sorprendió que no se le ofreciera tomar asiento. En Pakistán, las reuniones con oficiales de alto rango, incluso las informales, implicaban, como mínimo, una invitación a sentarse y a tomar té. De pie e incómodo con su traje nuevo, Mortenson no sabía qué hacer ni qué decir.

"Solo nos quedamos un minuto, mientras me presentaban", cuenta Mortenson, "y ojalá pudiera contar que le dije algo asombroso a Donald Rumsfeld, el tipo de comentario que le hiciera plantearse toda la gestión de la guerra contra el Terror, pero me pasé casi todo el tiempo mirándole los zapatos".

"No sé mucho de esas cosas, pero podría decir que eran unos zapatos preciosos. Parecían caros y estaban lustrosos. También recuerdo que Rumsfeld llevaba un elegante traje gris y olía a colonia. Y recuerdo que pensé en lo lejos que estaba del campo de batalla, del calor y del polvo que había dejado en Kabul".

Atravesando de nuevo el inhóspito pasillo, en dirección a una habitación donde Mortenson tenía previsto dirigirse a altos planificadores militares, se preguntó si la distancia que percibía en el Pentágono influía en las decisiones que se tomaban en el edificio. ¿Cómo podían cambiar sus sentimientos sobre la gestión de la guerra si todo lo que él había visto: los niños que habían perdido a su padre, el vendedor de patatas, las niñas de la pizarra derribada y todos los heridos que avanzaban con dificultad por las calles de Kabul, eran para ellos simples números en la pantalla de un portátil?

En una pequeña sala de conferencias medio llena de oficiales de uniforme y salpicada de civiles trajeados, Mortenson no se anduvo con miramientos. "Sentía como si cualquier cosa que pudiera decir fuera inútil. No iba a cambiar el modo en que la administración Bush había decidido luchar sus guerras", dice, "así que hablé sin tapujos".

"Apoyé la guerra en Afganistán", dijo Mortenson después de presentarse. "Creí en ella porque creía que íbamos en serio cuando decíamos que teníamos la intención de reconstruir Afganistán. Estoy aquí porque sé que la victoria militar es solo la primera fase para ganar la guerra contra el Terror y temo que no estemos dispuestos a dar los siguientes pasos".

Mortenson habló entonces de las tradiciones que comportaban los enfrentamientos en la región, el modo en que las partes enfrentadas mantenían una *jirga* antes de librar la batalla, para acordar el número de bajas que estaban dispuestas a aceptar, ya que los vencedores debían cuidar de las viudas y los huérfanos de los adversarios derrotados.

"Las gente de esa parte del mundo está acostumbrada a la muerte y a la violencia", explicó Mortenson. "Y si vosotros les decís «Sentimos la muerte de tu padre, pero fue un mártir para la liberación de Afganistán», y si les ofrecéis compensación y honráis su sacrificio, creo que nos brindarán su apoyo, incluso ahora. Pero lo peor que podéis hacer es lo que estáis haciendo: ignorar a las víctimas. Llamarlas "daños colaterales" y no intentar siquiera contar el número de muertos. Porque ignorarles es negar su existencia, y no hay peor insulto en el mundo islámico. Por esa razón, nunca se nos perdonará".

Al cabo de una hora, insistiendo en su advertencia sobre las legiones de yihadistas que se estaban adiestrando en las madrazas integristas, Mortenson puso fin a su discurso con una idea que se le había ocurrido mientras pasaba por las ruinas de una casa que había visto en el lugar de la "Calle de los Invitados" de Kabul donde había caído un misil de crucero.

"No soy un militar experto", admitió Mortenson, "y es posible que estas cifras no sean del todo exactas, pero hasta donde se, llevamos ya ciento catorce misiles de crucero Tomahawk lanzados en Afganistán. Ahora consideremos el coste de uno de esos misiles rematado con un sistema de orientación Raytheon, que creo que es de unos ochocientos cuarenta mil dólares. Con ese dinero, se podrían construir decenas de escuelas y proporcionar a miles de estudiantes, ahora y en generaciones venideras, el acceso a una educación equilibrada y no integrista. ¿Qué otra estrategia creéis que puede garantizarnos mayor seguridad?"

Tras su discurso, se le acercó un hombre considerablemente fornido cuyo origen militar eran evidente, incluso con el entallado traje civil que vestía.

"¿Podría trazarnos un mapa de las madrazas wahhabis?", le preguntó.

"No si quiero seguir con vida", contestó Mortenson.

"¿Podría construir una escuela a lado de cada una de las madrazas?"

"¿Como una especie de Starbucks? ¿Para distraer a los yihadistas de sus asuntos?"

"Hablo en serio. Podemos proporcionarle el dinero. ¿Qué le parecen dos millones de dólares? ¿Cuántas escuelas podría construir con eso?", le preguntó el hombre.

"Unas cien", dijo Mortenson.

"¿No es lo que quiere?"

"La gente de allí descubrirá que el dinero procede del ejército y acabarán conmigo".

"No hay problema. Podríamos hacer que pareciera una donación privada de un empresario de Hong Kong". El hombre hojeó una libreta en la que había un listado con partidas militares varias. Mortenson vio nombres extranjeros que no reconocía y un montón de números alineados al margen de las páginas: quince millones de dólares, cuatro coma siete, veintisiete. "Piénselo y llámeme", le dijo, anotando unas líneas en la libreta y dándole su tarjeta de visita.

Mortenson se lo pensó. Tenía clavado en la mente el bien que podrían generar cien escuelas y le estuvo dando vueltas a la idea de aceptar el dinero del ejército durante gran parte de 2002, aunque en el fondo sabía que no podría hacerlo. "Era consciente de que mi credibilidad en aquella parte del mundo radicaba en que no estaba relacionado con el gobierno estadounidense", dice Mortenson, "y menos aun con su ejército".

Los concurridos pases de dispositivas que continuó ofreciendo aquel año aumentaron el saldo bancario del CAI considerablemente, pero la situación financiera de la organización seguía tan inestable como siempre. Si Mortenson no era prudente, solo el mantenimiento de las escuelas del CAI en Pakistán, combinado con el lanzamiento de iniciativas para los niños de Afganistán, podía agotar los recursos de CAI.

Así que decidió aplazar el aumento de sueldo que había aprobado para él la Junta Directiva, de veintiocho mil a treinta mil dólares al año, hasta que se estabilizara la situación económica del CAI. Y cuando el 2002 dio paso al 2003, y los titulares sobre las armas de destrucción masiva y sobre la guerra inminente contra Irak empezaron a golpearle cada mañana cuando se sentaba frente al ordenador, se sintió cada vez más satisfecho de no haber aceptado el dinero del ejército.

En los intensos días sucesivos al 11-S, justo antes de su muerte, la anciana donante de Mortenson, Pasty Collins, le había instado a hablar públicamente en favor de la paz y aprovechar la gran oportunidad que le brindaba aquella época de crisis nacional. Siguiendo su consejo, Mortenson, que había logrado superar su timidez, recorrió Estados Unidos participando en numerosas conferencias. Sin embargo, mientras preparaba su macuto para su vigésimo séptimo viaje a Pakistán, y se preparaba para despedirse con tristeza, una vez más, de su familia, se preguntaba cómo podría saber si alguien estaba escuchando su mensaje.

CAPÍTULO 22

El enemigo es la ignorancia

Mientras EE.UU se enfrenta al régimen de Saddam Hussein en Irak, Greg Mortenson, de 45 años, está haciendo una campaña pacífica contra el integrismo islámico, que tiende al reclutamiento de miembros a través de las escuelas religiosas llamadas madrazas. El enfoque de Mortenson gira en torno a una sencilla idea: con la construcción de escuelas laicas y con el fomento de la educación –sobre todo para las niñas– en la zona bélica de mayor inestabilidad del mundo, el apoyo a los talibanes y a otras corrientes integristas acabará desapareciendo.

-Kevin Fedarko, tema de portada del *Parade* del 6 de abril de 2003

Hussain pisó el freno cuando llegaron al fin del camino, y los pasajeros se bajaron pasando por encima de la caja de dinamita envuelta en plástico. Estaba oscuro en el punto donde el abrupto camino que llevaban ascendiendo diez horas se reducía a un sendero flanqueado de rocas, el extremo de la ruta hacia el alto Karakórum. Para Mortenson, Hussein, Apo y Baig, llegar al último pueblo situado antes del Baltoro era un regreso reconfortante, pero para Kevin Fedarko, era como si le llevaran al fin de la Tierra.

Fedarko, antiguo editor de la revista *Outside*, había dejado su puesto de oficina para hacer trabajo de campo, y aquella fría noche del mes de septiembre, junto con el fotógrafo Teru Kuwayama, se encontraron en el lugar más remoto al que se podía llegar. "Las estrellas que iluminaban el Karakórum aquella noche eran increíbles, como una masa sólida de luz", recuerda Fedarko. Tres de las estrellas se despegaron del firmamento para dar la bienvenida a los visitantes del pueblo de Korphe.

"El jefe de Korphe y dos de sus amigos bajaron tambaleándose por el precipicio que quedaba por encima de nosotros", cuenta Fedarko. "Llevaban faroles chinos y nos guiaron para cruzar un puente suspendido y seguir ascendiendo en medio de la oscuridad. Fue el tipo de cosas que uno nunca olvida; como adentrarse en un fuerte medieval, caminando por callejones de piedra y barro bajo la tenue luz de los faroles".

Fedarko había ido a Pakistán para elaborar un artículo que acabaría publicando en *Outside*, titulado "The Coldest War" ("La guerra más fría"). Tras diecinueve años de enfrentamientos, ningún periodista había informado desde el terreno sobre el conflicto entre la India y Pakistán, pero con la ayuda de Mortenson, él estaba a punto de ser el primero.

"Greg hizo lo imposible por ayudarme", reconoce Fedarko. "Tramitó mis permisos a través del ejército de Pakistán, me presentó a todo el mundo, y organizó vuelos en helicóptero para Teru y para mí. No tenía ningún contacto en Pakistán y nunca podría haberlos conseguido solo. Greg me mostró una generosidad extraordinaria que fue más allá de cualquier cosa que haya podido experimentar como periodista".

Cuando Fedarko se metió en la cama aquella noche y se cubrió para protegerse del frío con unas "sucias mantas de lana que olían a cabra muerta", no podía saber que pronto correspondería con creces a la amabilidad de Mortenson.

"Por la mañana, cuando abrí los ojos", cuenta, "me sentí como si estuviera en medio de un carnaval".

"Antes de su muerte, Haji Ali había construido un pequeño edificio junto a su casa, y me había dicho que lo considerara mi casa del Baltistán", dice Mortenson. "Twaha lo había decorado él mismo con retales de distintos colores, había cubierto el suelo con mantas y almohadas y pegado en las paredes fotos de todos mis viajes a Korphe. Aquel lugar se había convertido en algo entre un club masculino y la alcaldía extraoficial de Korphe".

Cuando Fedarko se levantó para aceptar una taza de té, estaba a punto de empezar una reunión del Consejo del pueblo. "La gente estaba tan emocionada de ver a Greg que se había congregado a nuestro alrededor sigilosamente mientras dormíamos", dice Fedarko, "y una vez que pusieron una taza de té en nuestras manos, la reunión empezó a desarrollarse a un ritmo vertiginoso, con todo el mundo riendo, gritando y discutiendo como si nosotros llevásemos horas despiertos".

"Siempre que iba a Korphe o a cualquiera de los pueblos donde trabajábamos, solía pasar unos días reuniéndome con el Consejo municipal", explica Mortenson. "Siempre había mucho que hacer. Tenía que obtener informes de la escuela, comprobar si hacía falta algún arreglo, si los alumnos necesitaban material, si los profesores estaban recibiendo sus sueldos con regularidad. Aparte de eso, siempre había unas cuantas solicitudes para proyectos nuevos, como otra máquina de coser para el centro de mujeres o peticiones de cañerías para la reparación de sistemas acuíferos. Ese tipo de cosas. Lo propio del trabajo".

Pero aquella mañana, en el último pueblo del valle del Braldu, sucedió algo fuera de lo normal. Una hermosa joven se presentó en la habitación, se metió en el círculo de los treinta hombres que tomaban té sentados sobre los cojines con las piernas cruzadas, y se acercó al hombre que había construido una escuela para Korphe. Tomando asiento con atrevimiento delante de Mortenson, Jahan, la hija de Twaha, interrumpió la alegre reunión de los ancianos de su pueblo.

"Dr. Greg", le dijo en balti, con la voz firme. "Una vez hizo una promesa a nuestro pueblo y la cumplió cuando construyó nuestra escuela, pero a mí me hizo otra promesa el día que se finalizó", dijo. "¿Lo recuerda?"

Mortenson sonrió. Siempre que visitaba alguna de las escuelas del CAI, se pasaba un rato haciendo a los estudiantes algunas preguntas sobre sus vidas y sobre sus metas para el futuro, sobre todo a las chicas. Al principio, los líderes rurales de la zona que le acompañaban solían negar con la cabeza, extrañados de que un hombre adulto perdiera el tiempo preguntando por las esperanzas y los sueños de las chicas. Pero en sus visitas siguientes, no tardaron en atribuir aquellas conversaciones a la excentricidad de Mortenson y se acostumbraron a esperar mientras él estrechaba la mano de todos los alumnos y les preguntaba lo que querían llegar a ser, prometiendo que les ayudaría a alcanzar sus metas si se esforzaban en los estudios. Jahan había sido una de las mejores alumnas de la escuela de Korphe, y Mortenson le había oído hablar con frecuencia de sus aspiraciones profesionales.

"Le dije que mi sueño era ser médico un día y usted me dijo que me ayudaría", le dijo Jahan, en el centro del círculo de hombres. Debe cumplir la promesa. Estoy preparada para empezar mi formación médica y necesito veinte mil rupias".

Jahan desplegó un trozo de papel donde había redactado una solicitud, cuidadosamente formulada en inglés, detallando el curso en salud materna al que se proponía asistir en Skardu. Mortenson, impresionado, advirtió que hasta había señalado las tasas de la matrícula y el coste del material escolar.

"Esto es genial, Jahan", le dijo Mortenson. "Lo leeré cuando tenga tiempo y lo hablaré con tu padre".

"¡No!", replicó Jahan en inglés, volviendo enseguida al bálti para poder expresarse con claridad. "No lo entiende. Las clases empiezan la semana que viene. "¡Necesito dinero ahora!".

Mortenson sonrió ante el valor de la niña. La primera graduada de la primera promoción de su primera escuela había aprendido claramente la lección que esperaba que acabaran absorbiendo todas sus alumnas: no dejarse relegar a un segundo plano por los hombres. Mortenson le pidió a Apo la bolsa con rupias del CAI que el viejo cocinero llevaba en una mochila infantil de color rosa y contó veinte mil rupias, unos cuatrocientos dólares, que entregó al padre de Jahan para la matrícula de su hija.

"Fue una de las cosas más increíbles que he visto en mi vida", confiesa Fedarko. "Allí estaba aquella jovencita, en el centro de un pueblo islámico conservador, tan tranquila en medio de un círculo de hombres, transgrediendo unas seis normas de la tradición de su pueblo: se había graduado y era la primera mujer con formación académica de un valle con tres mil habitantes; no se amilanaba ante nadie y sentada justo enfrente de Greg le entregó el producto de las revolucionarias habilidades que había adquirido, una propuesta, en inglés, para prosperar en su formación y mejorar la vida de su pueblo".

"En aquel momento", cuenta Fedarko, "por primera vez en los dieciséis años que llevaba en el periodismo, perdí el sentido de objetividad. Le dije a Greg: «Lo que estás haciendo aquí es mucho más importante que lo que yo he venido a documentar. Tengo que encontrar el modo de contarlo»".

Aquel mismo otoño, mientras hacía una parada en Nueva York de camino a casa para recuperarse de los dos meses que había pasado entre soldados indios y pakistaníes, Fedarko quedó para comer con su viejo amigo Lamar Graham, el editor jefe de la revista *Parade*. "Lamar me preguntó por mi artículo sobre la guerra, pero yo me limité a contarle todo lo que había visto durante mi estancia con Greg", dice Fedarko.

"Fue una de las historias más asombrosas que he oído", dice Graham. "Le dije a Kevin que aunque solo la mitad fuera cierta, teníamos que publicarla en *Parade*".

Al día siguiente, el teléfono sonó en la oficina del sótano de la casa de Mortenson. "¿Es cierto lo que he oído?", le preguntó Graham con el típico acento sureño de Missouri. "¿De verdad has hecho todas las cosas que me ha contado Kevin? ¿En Pakistán? ¿Tú solo? Porque si es así, eres mi héroe"

Nunca había sido difícil avergonzar a Mortenson y aquel día no fue diferente. "Bueno, supongo que sí", dijo lentamente, sintiendo como le subía la sangre a la cara, "pero he tenido mucha ayuda".

El domingo seis de abril, mientras el ejército de tierra estadounidense se concentraba en los alrededores de Bagdad, abriéndose paso para tomar posiciones para su ataque final a la capital de Saddam Hussein, treinta y cuatro millones de ejemplares de una revista con la foto de Mortenson en la portada y un titular que declaraba "Lucha contra el terror con libros" se distribuían a nivel nacional.

Mortenson nunca había llegado a tantas personas, en un momento tan crítico. El mensaje que había luchado por divulgar, desde aquella mañana en que le habían despertado a sacudidas en Zuudkhan para informarle de las noticias del ataque a Nueva York, al fin se daba a conocer. El artículo de Fedarko empezaba con la irrupción de Jahan en el círculo de hombres de Korphe, y relacionaba la labor de Mortenson en el otro extremo del mundo con el bienestar de los americanos en su país. "Si pretendemos resolver el terrorismo solamente con la fuerza militar", declaraba Mortenson a los lectores de *Parade*, "no estaremos más seguros que antes del 11-S. Si realmente queremos dejar un legado de paz para nuestros hijos, necesitamos entender que esta es una guerra que a la larga se ganará con libros, no con bombas".

El mensaje de Mortenson ponía el dedo en la llaga, ya que le proponía a una nación profundamente dividida una nueva manera de abordar la guerra contra el Terror. Le llovieron más de dieciocho mil cartas y correos electrónicos desde los cincuenta estados y desde veinte países extranjeros.

"La historia de Greg dio lugar a una de las respuestas más masivas por parte de los lectores de *Parade* en sus sesenta años de historia", dice Lee Kravitz, editor jefe de la revista. "Creo que es porque la gente entiende que es un verdadero héroe americano. Greg Mortenson está librando una batalla personal contra el Terror que nos afecta a todos, y sus armas no son pistolas ni bombas, sino escuelas. ¿Podría haber una historia mejor que esa?"

Los lectores americanos estaban de acuerdo. Cada día, durante las semanas sucesivas a la publicación del artículo, la oleada de correos electrónicos, cartas y llamadas telefónicas de apoyo aumentaba vertiginosamente, amenazando con anegar una pequeña organización gestionada desde un sótano en Montana.

Mortenson recurrió, en busca de ayuda, a la pragmática amiga de la familia Anne Beyersdorfer, una demócrata liberal que más tarde trabajaría como asesora de comunicación de la exitosa campaña que convirtió a Arnold Schwarzenegger en gobernador de California. Beyersdorfer voló desde Washington D.C., para montar un centro de "gestión de crisis" en el sótano de Mortenson. Contrató un servicio telefónico en Omaha, Nebraska, para contestar las llamadas, y aumentó el ancho de banda del sitio web del Central Asia Institute para poder controlar el tráfico que amenazaba con colapsarlo.

El martes siguiente a la publicación del artículo, Mortenson fue a recoger el correo dirigido al apartado de correos 7209 del Central Asia Institute. Había acumuladas ochenta cartas. Cuando Mortenson regresó el jueves, encontró una nota pegada en su casilla que decía que fuera a recoger el correo al mostrador. "Así que usted es Greg Mortenson", le dijo el jefe de la oficina de correos. "Espero que haya traído una carretilla". Mortenson cargó cinco sacos de lona llenos de cartas en su Toyota y volvió a la semana siguiente para llevarse a casa cuatro más. Durante los tres meses siguientes, las cartas de los lectores de *Parade* tuvieron a los empleados de la oficina de correos de Bozeman más ocupados de lo que era habitual.

Cuando las imágenes de la caída de la estatua de Saddam Hussein se habían difundido por todo el mundo, Mortenson se dio cuenta de que su vida había cambiado para siempre, la gran oleada de apoyo que recibía no le dejaba otra opción que aceptar su nueva papel. "Sentí como si América hubiera hablado. Mi tribu había hablado", dice Mortenson. "Y lo más sorprendente era que tras acabar de leer todos los mensajes, tan solo había encontrado una carta negativa".

La respuesta tan abrumadoramente positiva fue como un bálsamo para las heridas causadas por las amenazas de muerte que había recibido poco después del 11-S. "La mayor lección de humildad estaba en que recibía mensajes de todo tipo de personas, católicos, musulmanes, hindúes y judíos", dice Mortenson. "Recibí cartas de apoyo de una organización política lesbiana de Martin County, de una asociación juvenil baptista de Alabama, de un general de las Fuerzas Aéreas de Estados Unidos, y de todo tipo de agrupaciones que uno se puedan imaginar".

Jake Greenberg, un chico de trece años de la periferia de Filadelfia, se entusiasmó tanto al leer sobre el trabajo de Mortenson que donó mil dólares del dinero de su *bar mitzvah* al CAI y se ofreció como voluntario para viajar a Pakistán y prestar ayuda. "Cuando conocí la historia de Greg", dice Greenberg, "me di cuenta de que, al contrario que yo, los niños del mundo musulmán no tenían acceso a la educación. Que yo sea judío no impedía que quisiera enviar dinero para ayudar a musulmanes. Necesitamos trabajar todos juntos para sembrar las semillas de la paz".

Una mujer que dio el nombre de Sufiya como único dato de identidad, envió al correo electrónico del CAI el siguiente mensaje: "Como mujer musulmana nacida en América, estoy colmada de las bendiciones de Dios, no como mis hermanas que sufren la opresión en todo el mundo. Las naciones árabes deberían fijarse en su formidable labor y avergonzarse por no ayudar nunca a sus propios pueblos. Con sincero respeto y admiración, le doy las gracias".

Llegaban montones de cartas de soldados del ejército americano, tanto de hombres como de mujeres, que abrazaban a Mortenson como un camarada que luchaba en la primera línea de la guerra contra el Terror. "Como capitán del ejército de Estados Unidos y veterano de la guerra de Afganistán con la 82ª División Aerotransportada, he podido acceder a una perspectiva singular y cercana de la vida en las zonas rurales de Asia Central", escribió Jason B. Nicholson desde Fayetteville, en Carolina del Norte. "La guerra de Afganistán fue, y sigue siendo, sangrienta y destructiva, sobre todo con aquellos que menos lo merecían: los civiles inocentes cuyo único deseo era ganarse un sueldo y tener una vida digna con sus familias. Los proyectos del CAI proporcionan una buena alternativa a la educación ofrecida en muchas de las radicalizadas madrazas de donde surgieron los talibanes con su llamado 'integrismo islámico'. ¿Qué puede ser mejor que un mundo futuro más seguro para todos a través de la educación? El Central Asia Institute es ahora mi institución benéfica predilecta".

Miles de personas sentían lo mismo. Cuando las tropas estadounidenses ya se habían acostumbrado a la idea de una larga ocupación en Irak, y Anne Beyersdorfer había desmantelado la operación "gestión de crisis" y regresado a su casa, el CAI había pasado de rozar la insolvencia a poseer un saldo bancario de más de un millón de dólares.

"Hacía tanto tiempo que el CAI no tenía dinero de verdad que quería volver a Pakistán enseguida para ponerlo en movimiento", dice Mortenson, "pero la Junta Directiva me obligó a hacer algunos cambios de los que veníamos hablando hacia algún tiempo, y tuve que aceptar que era el momento de realizarlos".

Por seiscientos dólares al mes, Mortenson alquiló una pequeña oficina en un modesto edificio situado a una manzana de la calle principal de Bozeman, y contrató a cuatro empleados para programar sus charlas, publicar un boletín informativo, mantener el sitio web, y gestionar la creciente base de datos de donantes del CAI, y, por insistencia de la Junta Directiva, tras una década viviendo con lo justo, Mortenson aceptó un tardío aumento de sueldo que casi dobló su salario.

Tara Bishop valoró que el sueldo de su marido al fin empezara a reflejar las dificultades que había soportado su familia durante casi una década. Sin embargo, no le sentaba nada bien todo el tiempo que pasaba fuera de casa ahora que estaba emprendiendo los nuevos y ambiciosos proyectos que había posibilitado el dinero de *Parade*.

"Tras el secuestro de Greg, y tras el 11-S, ya no me molestaba en intentar hablar con él para que no volviera porque sabía que lo haría de todas formas", dice Tara. "Así que he aprendido a vivir en lo que yo llamo 'abnegación funcional' mientras está fuera. No hago más que repetirme que estará bien. Confío en la gente que tiene a su alrededor, y confío en la inteligencia cultural que ha adquirido después de haber trabajado allí tanto tiempo. Sé que solo hace falta un despiadado golpe integrista para matarle, pero evito pensar en eso cuando está allí", dice con una sonrisa forzada.

Christiane Letinger, cuyo marido, el escalador Charlie Shimanski, es quien predice que Mortenson ganará el Premio Nobel de la Paz algún día, sostiene que la serenidad y la entereza de Tara Bishop son tan heroicas como los riesgos que corre su marido en el extranjero. "¿Cuántas mujeres tendrían la fortaleza y la visión de futuro necesarias para permitir que el padre de sus hijos trabaje en un lugar tan peligroso durante varios meses seguidos?", plantea Letinger. "Tara no solo lo permite, sino que lo apoya, porque cree firmemente en la misión de Greg. Si eso no es ser un héroe, no sé lo que es".

Suleman fue la primera persona de Pakistán en recibir las buenas noticias. Mientras conducía, Mortenson le habló a su amigo y mediador de la explosión de apoyo que estaban brindando los americanos al CAI. Mortenson, cuya plantilla de Pakistán había trabajado largas horas a su lado durante años, sin beneficiarse personalmente como se habría esperado de unos autóctonos aliados con un extranjero, estaba decidido a compartir la fortuna del CAI con sus tropas.

Le dijo a Suleman que le subiría el sueldo de inmediato, de ochocientos dólares a mil seiscientos dólares al año. Ese dinero sería más que suficiente para que Suleman pudiera realizar el sueño para el que había estado ahorrando: trasladar a su familia de su pueblo, Dhok Luna, a Rawalpindi, y mandar a su hijo Imran a un colegio privado. Suleman apartó la mirada del camino un momento para mirar a Mortenson, moviendo la cabeza loco de alegría.

En los años que llevaban trabajando juntos, los dos habían engordado bastante, y el cabello de Suleman estaba cubierto de canas. Pero, a diferencia de Mortenson, y una vez que supo de su nuevo salario, Suleman se resistía a permitir que la edad le venciera sin luchar. Condujo hasta el Jinnah Super Market, un lujoso centro comercial, se dirigió a una peluquería, y solicitó el tratamiento más extravagante que tenían. Cuando salió de allí dos horas más tarde, y encontró a Mortenson curioseando en su librería favorita, la canosa mata de pelo que solía coronar la sonriente cara de Suleman estaba teñida de un impactante tono anaranjado.

Cuando llegaron a Skardu, Mortenson convocó una *jirga* en el comedor del piso de arriba del Hotel Indus para dar las buenas noticias a todo el mundo. Con su plantilla reunida alrededor de dos mesas, anunció que Apo, Hussain y Faisal recibirían también los aumentos que habían merecido durante años, y que les doblaría el salario, de quinientos a mil dólares al año. Parvi, que ya cobraba dos mil dólares anuales por su cargo de director del CAI de Pakistán, recibiría ahora cuatro mil dólares al año, un salario extraordinario en Skardu que, sin duda, merecía el hombre que había hecho posibles todos los proyectos del CAI en Pakistán.

A Hussain le dio quinientos dólares más, para que pudiera poner a punto el motor del envejecido Land Cruiser que tantos kilómetros había recorrido. Parvi sugirió el alquiler de un almacén en Skardu, ahora que disponían de fondos suficientes, para poder comprar cemento y materiales de construcción en grandes cantidades y almacenarlos hasta que fueran necesarios.

Mortenson no se había sentido tan entusiasmado y ansioso de trabajar desde el día, hacía seis años, en que había reunido a los miembros de su equipo alrededor de una de las mesas de tablones del vestíbulo de abajo, y les dijo que debían empezar a invertir el dinero donado por los lectores de *Parade* en construir escuelas lo más rápido posible. Antes de salir de la ciudad haciendo varios trayectos en todoterreno y en helicóptero para poner en marcha una veintena de escuelas, centros para mujeres, y sistemas acuíferos, Mortenson propuso un proyecto más: "Durante mucho tiempo, me ha preocupado qué hacer cuando nuestros alumnos se graduasen", dijo. "Sr. Parvi,

¿podría averiguar lo que costaría construir una residencia en Skardu, para que nuestros mejores estudiantes tuvieran un lugar donde alojarse si les concedemos becas para continuar sus estudios?"

"Será un placer, Dr. Sahib", respondió Parvi, sonriendo, libre al fin para organizar el proyecto por el que había abogado durante tantos años.

"Ah, y una cosa más", dijo Mortenson.

"Sí, Dr. Greg, señor".

"Yasmine sería una candidata perfecta para recibir una de las primeras becas del CAI. ¿Me podría decir cuánto costaría su matriculación en un colegio privado para otoño?"

Yasmine, de quince años, era la hija de Parvi, una alumna sobresaliente que había heredado la gran inteligencia de su padre, y que era sin duda la fuente de inspiración de la fervorosa entrega de aquel hombre. "¿Le parece bien?"

Por momento, Ghulam Parvi, el hombre más elocuente de Skardu, se quedó sin palabras, con la boca abierta. "No sé qué decir", le dijo.

"¡*Allah-u-Akhbar!*", gritó Apo, alzando las manos con un éxtasis teatral, mientras la mesa se reía a carcajadas. "Cuánto tiempo...", dijo entre risas con su voz ronca. "Había esperado... ¡este día!".

A lo largo del verano de 2003, Mortenson trabajó frenéticamente, poniendo a prueba los límites del renovado motor del Land Cruiser mientras iba con su equipo a visitar cada una de las obras que habían puesto en marcha gracias al dinero de *Parade,* venciendo obstáculos y repartiendo material. La construcción de las nueve escuelas nuevas en el norte de Pakistán progresaba sin problemas, pero Mortenson se enteró de que uno de los proyectos financiados por el CAI, la escuela de Halde, que el envejecido Mouzafer había contribuido a proporcionar a su pueblo, se había topado con un pequeño problema. La escuela de cinco aulas había funcionado tan bien que su gestión había sido confiada a la cada vez más efectiva administración local.

Yakub, que había acompañado Scott Darsney, miembro de la expedición de Mortenson, en su salida del Baltoro en 1993, había provocado una crisis. Aquel hombre, un viejo porteador al que, como a su vecino Mouzafer, se le habían acabado los días de ascensión, quería que le concedieran el cargo de *chokidar* , vigilante, de la escuela. Había enviado una solicitud a la administración para optar al puesto, pero al no recibir respuesta, encadenó las puertas de la escuela, exigiendo una paga.

Las noticias le llegaron a Mortenson un día después en Skardu, cuando acababa de regresar, agotado y lleno de polvo, de un viaje de ocho horas. Sonriendo ante una idea genial que se le acababa de ocurrir, Mortenson buscó algo en la parte inferior del asiento de su conductor.

Encontró a Yakub de pie con aire vacilante junto a la puerta encadenada y candada de la escuela de Halde mientras se aglomeraba en el lugar una multitud de habitantes del pueblo. Sonriendo, Mortenson le dio una palmadita en el hombro con la mano derecha, antes de sacar dos cartuchos de dinamita que se apretujó en la mano izquierda.

Después de intercambiar cumplidos y comentarios sobre la familia y los amigos, la voz de Yakub tembló cuando pronunció la pregunta que sabía que debía hacer: "¿Para qué es eso, Dr. Greg, Sahib, señor?"

Mortenson le entregó los dos cartuchos de dinamita, aún sonriendo. Tal vez, pensaba, los explosivos podrían eliminar obstáculos más difíciles que un camino bloqueado por piedras. "Quiero que cojas esto, Yakub", de dijo Mortenson en balti, poniendoselos en la temblorosa mano. "Ahora me voy a Khanday para supervisar el progreso de otra escuela. Cuando vuelva mañana, traeré una cerilla. Si no encuentro la escuela abierta y a los alumnos en clase, haremos un anuncio en la mezquita del pueblo para que todo el mundo se reúna aquí y vea cómo la haces estallar".

Mortenson dejó a Yakub sosteniendo la dinamita con ambas manos y volvió al todoterreno. "Tú decides", le dijo por encima del hombro, subiéndose al vehículo. "Nos vemos mañana. *¡Lhuda hafiz!*".

Mortenson regresó a la tarde siguiente para repartir lápices y libretas nuevos a los estudiantes de Halde, que estaban felizmente reacomodados en sus pupitres. Su viejo amigo Mouzafer aún conservaba las fuerzas necesarias para imponer su voluntad sobre la escuela que había ayudado a construir. A través de Apo, Mortenson supo que Mouzafer, cuyos dos nietos asistían a la escuela de Halde, también le había hecho una oferta a Yakub tras su marcha. "Coge las llaves y abre la escuela", le dijo a Yakub, "o yo mismo te ataré a un árbol y te haré saltar por los aires con la dinamita del Dr. Greg". Como castigo, según se enteró Mortenson más tarde, el consejo del pueblo de Halde había obligado a Yakub a barrer la escuela a primera hora cada mañana sin recibir pago alguno.

No todos los obstáculos que surgían para la educación en el norte de Pakistán se superaban tan fácilmente. A Mortenson le habría gustado llevarle dinamita a Agha Mubarek, pero se esforzó por seguir el consejo de Parvi, y observó, de lejos, el progreso en el Tribunal de la *Shariat* de la acusación contra el mulá por haber destruido la escuela de Hemasil.

Después de Korphe, la escuela de Hemasil era el proyecto del CAI en Pakistán que más amaba Mortenson. En 1998, Ned Gillette, un alpinista americano y antiguo esquiador olímpico al que admiraba, murió al cruzar a pie acompañado de su mujer, Susan, el valle de Haramosh, entre Hemasil y Hunza. Las autoridades pakistaníes aún no coinciden en los detalles de su muerte, pero la historia que Mortenson había reconstruido por sus conversaciones con los habitantes de Haramosh era la siguiente: Gillette y su esposa habían sido asediados por unos porteadores que insistían en que les contrataran. Gillette, fiel seguidor del estilo itinerante alpinista y cargado con solo un par de mochilas ligeras, rechazó sus servicios, con un cierto exceso de rotundidad para el gusto de los porteadores. Aquella noche, los dos hombres volvieron con una pistola a la tienda donde dormía la pareja.

"Yo creo que solo pretendían robarles", dice Mortenson. "Para coger algo que, en sus mentes, vengaría su honor herido, pero, desgraciadamente, las cosas se les fueron de las manos". Gillette murió de un disparo de bala en el abdomen. Susan, gravemente herida de un perdigón en el muslo, sobrevivió.

"Por lo que sé", cuenta Mortenson, "Ned Gillette fue el primer occidental asesinado en el norte de Pakistán. Cuando su hermana, Debbie Law, se puso en contacto conmigo, y se ofreció a donar dinero para construir una escuela en honor a su hermano, me puse a trabajar de inmediato para hacerla realidad. Era el tributo más significativo que podía imaginar".

Pero el lugar que los ancianos del valle de Shigar eligieron para la escuela Ned Gillette no solo estaba cerca del paso donde había sido asesinado, sino justo al lado de Chutran, el pueblo de Agha Mubarek.

"Cuando tuvimos las paredes construidas, y los hombres de nuestro pueblo estaban a punto de empezar a construir el tejado, Agha Mubarek y sus hombres se presentaron para detener el proyecto", cuenta Mehdi Ali, el anciano del pueblo que supervisó la construcción de la escuela de Hemasil. Mehdi era un activista por la educación cuyo padre, Sheikh Mohammed, había escrito a Irán solicitando una resolución para el primer *fatwa* declarado contra Mortenson. "Mubarek nos dijo: «Esta escuela *kafir* no es buena. Es una escuela no musulmana. Es para reclutar cristianos». Y yo le dije: «Hace mucho tiempo que conozco a Mr. Greg y nunca ha hecho algo así», pero Mubarek no quiso escucharme. Así que después de medianoche, sus hombres volvieron con martillos e intentaron arrebatarnos el futuro de nuestros niños".

Mehdi, junto con Parvi, había desfilado como testigo de la defensa de Mortenson en el Tribunal de la *Shariat* durante toda la primavera y el verano, y habían ofrecido allí su propio testimonio. "Le dije al mulá supremo que Agha Mubarek recauda dinero en mi pueblo y nunca proporciona ningún *zakat* para nuestros hijos", recuerda Mehdi Ali. "Les dije que Agha Mubarek no tenía nada que hacer declarando una *fatwa* contra un hombre santo como el Dr. Greg. Es él quien debería ser juzgado a los ojos de Alá todopoderoso".

En agosto de 2003, cuando el Tribunal de la *Shariat* emitió su sentencia final, esta fue a favor de Mehdi Ali y de Mortenson. El Tribunal declaró ilegítimo la *fatwa* de Agha Mubarek y le ordenó pagar el coste de los ochocientos ladrillos que había destruido.

"Aquella victoria fue muy humillante para Mubarek", dice Mortenson. "He aquí un tribunal islámico del Pakistán conservador chiita ofreciendo protección a un americano, en unos tiempos en los que Estados Unidos estaba recluyendo, sin cargos ni juicios justos, a musulmanes en Guantánamo, bajo nuestro llamado sistema de justicia".

Tras una década de lucha, Mortenson sintió que finalmente las cosas empezaban a irle bien. Aquel verano, ganó un nuevo y poderoso aliado con el nombramiento de Mohammed Fareed Khan como secretario de los Territorios del Norte. Khan, un waziri de Miram Shah, tomó el cargo con la determinación de declarar la guerra a la pobreza en el norte del país empleando la agresividad típica de su tribu.

En una reunión en su cuartel general, una villa colonial británica del siglo XIX situada en Gilgit, mientras tomaban té, trucha, y bocadillos de pepino, le pidió a Mortenson consejo sobre el lugar donde invertir el dinero que finalmente empezaba a llegar al norte desde el gobierno de Musharraf en Islamabad, y, con el fin de demostrar su apoyo a la educación de las niñas, le rogó a Mortenson que le permitiera acompañarle para inaugurar personalmente la escuela Ned Gillette en Hemasil después de que su cuerpo de policía hubiera asegurado su reconstrucción.

Otra personalidad poderosa, el general de brigada Bhangoo, tuvo una forma más original de mostrar su apoyo a Mortenson. Banghoo había sido piloto del helicóptero personal del presidente Musharraf antes de retirarse del ejército para unirse a la compañía de aviación civil del general Bashir. En verano de 2003, solía ofrecerse voluntario para transportar a Mortenson hasta las zonas más remotas en su anticuado helicóptero Alouette.

El General seguía vistiendo su uniforme de aviación militar, pero sustituía sus botas de combate por unas brillantes zapatillas de deporte azules, que decía que le iban mejor para notar el tacto de los pedales.

Un día, volando hacia el sur del valle de Shigaar hasta Skardu, tras haber recogido a Mortenson en un pueblo alejado, Banghoo se enfureció cuando Mortenson le señaló las ruinas de la escuela de Hemasil y le explicó la historia de su enemistad con Agha Mubarek.

"Señáleme la casa de ese señor, ¿quiere?", le dijo Bhangoo, aumentando la potencia de la turbina del Alouette. Cuando Mortenson le indicó con el dedo la gran casa amurallada donde residía Mubarek, muy por encima de los medios económicos de un simple mulá rural, Banghoo apretó con firmeza los labios bajo su cuidado bigote y empujó suavemente la palanca de mando hacia adelante, dirigiéndose en picado hacia la casa de Mubarek.

Las gentes que había en los tejados se metieron en las casas corriendo en busca de refugio, mientras Bhangoo se acercaba a la casa una y otra vez, como un avispón enfadado a punto de picar, levantando nubes de polvo con cada pasada. Su dedo pulgar se dejaba llevar hacia el botón rojo que indicaba "misil", y jugueteaba con él ociosamente. "Es una lástima que no estemos armados", le dijo finalmente girando el helicóptero en dirección a Skardu, "pero esto le dará qué pensar".

En otoño de 2003, en la oficina de su compañía aérea de Rawalpindi, mientras intentaba organizar un vuelo a Afganistán para Mortenson, el jefe de Banghoo, el imponente general de brigada Bashir Baz, cavilaba sobre la importancia de educar a todos los niños de Pakistán, y sobre el desarrollo de la guerra contra el terror iniciada por América.

"Sabes Greg, estoy agradecido con tu Presidente", le dijo Bashir, hojeando unas reservas de vuelos en su moderno ordenador con monitor de pantalla plana. "En nuestra frontera occidental se estaba viviendo una pesadilla y él ha pagado para ponerle fin. No puedo imaginar la razón. El único ganador en toda esta ecuación es Pakistán".

De pronto, Bashir se detuvo para escuchar un informe en directo de la CNN desde Bagdad. Mirando la pequeña ventana que tenía abierta en el ordenador, Bashir se quedó sin palabras ante las imágenes de unas pobres mujeres iraquíes que sacaban llorando los cuerpos de sus hijos de entre los escombros de un edificio bombardeado.

Mientras escrutaba la pantalla, su gesto cambió por completo. "Las personas como yo somos los mejores amigos de América en la región", dijo al fin, moviendo la cabeza. "Yo soy un musulmán moderado, un hombre formado, pero al ver esto, hasta yo podría convertirme en un yihadista. ¿Cómo pueden los americanos decir que están luchando por su seguridad?", preguntó Bashir, haciendo un verdadero esfuerzo por no dirigir su enfado hacia el enorme americano sentado al otro lado de su escritorio. "Tu presidente Bush ha hecho la maravillosa obra de unir a mil millones de musulmanes contra Estados Unidos para los próximos doscientos años".

"Osama también ha tenido algo que ver", dijo Mortenson.

"Osama, ¡venga ya!", replicó Bashir. "Osama no es producto de Pakistán ni de Afganistán. Es una creación americana. Gracias a América, Osama está en todos los hogares. Como militar, sé muy bien que nunca se puede luchar y vencer a alguien que te dispara y corre a esconderse mientras que tú tienes que estar en guardia constantemente. Es necesario atacar la fuente de la fuerza del enemigo. En el caso de América, no se trata de Osama ni de Saddam ni de nadie. El enemigo es la ignorancia. El único modo de vencerla es construir relaciones con estos pueblos, introducirles en el mundo moderno con educación y posibilidades de futuro. De lo contrario, la lucha no acabará nunca".

Bashir respiró hondo, y volvió a mirar Bagdad a través de la pequeña ventana del ordenador, donde un equipo de rodaje filmaba cómo unos jóvenes iraquíes sacudían los puños y disparaban sus armas al aire tras hacer explotar una bomba al borde una carretera. "Lo siento, señor", dijo, "he sido grosero sin justificación. Todo esto lo sabes tan bien como yo. ¿Comemos?". Entonces Bashir apretó un botón de su intercomunicador y le pidió a su lugarteniente unos envases de Kentucky Fried Chicken que había pedido a Blue Area especialmente para su invitado americano".

Skardu puede resultar un lugar deprimente cuando llega el mal tiempo. Pero en aquel octubre de 2003, cuando hacía su última visita a los Territorios del Norte antes de marcharse para emprender una nueva iniciativa en Afganistán, Mortenson se sintió sumamente satisfecho, a pesar del manto de nubes bajas y del frío envolvente.

Antes de que Mortenson abandonara Rawalpindi, el general Bashir le había pedido cuatro *lakh* de rupias, unos seis mil dólares, una suma considerable en Pakistán, para la construcción de una nueva escuela del CAI en su pueblo natal al sudeste de Peshawar, que estaba plagado de madrazas wahhabis. Y se había comprometido a presionar a sus colegas del ejército para obtener más donaciones, expresando su confianza en que al menos la guerra contra el Terror de un americano se estaba desarrollando de un modo efectivo.

Además, Mortenson había logrado una victoria histórica en el Tribunal de la *Shariat*, había superado su segunda *fatwa*, y humillado a su adversario más controvertido. Durante la primavera siguiente abrirían sus puertas diez nuevas escuelas, una vez finalizadas las nueve fundadas gracias a los lectores de *Parade,* y se reconstruiría la escuela de Hemasil. En aquel entonces, más de cuarenta escuelas del CAI poblaban los altos valles del Karakórum y del Hindu Kush. Gracias a Mortenson, los alumnos que estudiaban entre aquellas paredes de piedra se habían convertido en el cultivo mejor atendido de cada pueblo.

Y abajo, en el bullicioso Skardu, en una pequeña casa de bloques de barro que había alquilado Twaha, con vistas a un descampado donde los niños del vecindario jugaban a fútbol, la hija del nuevo *nurmadhar* de Korphe vivía ahora con su antigua compañera de clase, y dos primos que habían venido desde su pueblo para garantizar que las mujeres más inteligentes de todo el Braldu estuvieran bien cuidadas mientras luchaban por hacer realidad sus sueños.

Jahan y su compañera de clase Tahira, las dos primeras niñas graduadas de la escuela de Korphe, habían ido a Skardu juntas, y fueron dos de las primeras estudiantes en ser becadas por el CAI. Durante su último día en Skardu, cuando Mortenson se pasó por su casa con su padre, Twaha, para saber de sus progresos, Jahan tuvo el orgullo de prepararle el té ella misma, en su propia casa, como tantas veces había hecho su abuela Sakina.

Cuando Mortenson bebió un sorbo de Lipton Tea, que no había elaborado con puñados de hojas rotas y leche rancia de yak, sino con agua del grifo y bolsitas de té compradas en el bazar de Skardu, se preguntó qué le habría parecido a Sakina. Respecto a la bebida, imaginó que preferiría su *paiyu cha*. Respecto a su nieta, estaba seguro de que se habría sentido muy orgullosa. Jahan había finalizado su curso de salud maternal, pero decidió quedarse en Skardu para continuar sus estudios.

Por cortesía del CAI, tanto Jahan como Tahira estaban recibiendo un curso completo en el colegio privado Girl's Model, que incluía gramática inglesa, urdu formal, árabe, física, economía e historia.

Tahira, que llevaba un impecable chador blanco y unas sandalias que no le habrían resultado prácticas en las montañas, le dijo a Mortenson que cuando se graduara, pensaba regresar a Korphe y dedicarse a la enseñanza junto a su padre Hussein, el director de la escuela. "He tenido esta oportunidad", le dijo. "Ahora, cuando volvamos al pueblo todos nos mirarán a nosotras, a nuestra ropa, y pensarán que somos señoritas modernas. Creo que todas las chicas del Braldu merecen la oportunidad de venir aquí al menos una vez. Sus vidas cambiarán. Creo que el mayor servicio que puedo prestar a la comunidad es regresar para asegurar que eso sea así para todas".

Jahan, que había ido a Skardu con la intención de mejorar sus conocimientos sanitarios para volver a Korphe a ponerlos en práctica, se estaba replanteando sus metas. "Antes de conocerle, Dr. Greg, no tenía ni idea de lo que era la educación", le dijo Jahan, rellenando su taza de té. "Pero ahora creo que es como el agua. Es importante para todo en la vida".

"¿Y qué hay del matrimonio?", le preguntó Mortenson, consciente de que la hija de un *nurmadhar* solía tener muchos pretendientes, sobre todo tratándose de una chica guapa de diecisiete años, y consciente también de que un marido balti no podría apoyar las ambiciones de su joven y desenvuelta esposa.

"No se preocupe, Dr. Greg", dijo Twaha, riendo con la voz áspera que había heredado de su padre Haji Ali. "La chica ha aprendido su lección demasiado bien. Ya ha dejado muy claro que quiere acabar sus estudios antes de hablar siquiera de su matrimonio con un chico adecuado. Y yo estoy de acuerdo. Venderé todas mis tierras si es necesario para que complete su formación. Le debo eso a la memoria de mi padre".

"¿Entonces qué harás?", le preguntó Mortenson a Jahan.

"¿No se reirá?"

"Puede", la provocó Mortenson.

Jahan respiró hondo y se serenó. "Cuando era pequeña y veía a alguna señora o a algún señor vestido con ropa buena y limpia, solía salir corriendo tapándome la cara. Pero, tras graduarme en la escuela de Korphe, noté un gran cambio en mi vida. Me sentía limpia y capaz de presentarme ante cualquier persona para discutir cualquier cosa".

"Y ahora que ya estoy en Skardu, creo que todo es posible. No quiero ser una simple trabajadora sanitaria. Quiero ser una mujer capaz de fundar un hospital y de dirigirlo, y atender a todos los problemas de salud de todas las mujeres de Skardu. Quiero convertirme en una mujer muy famosa en esta zona", dijo Jahan, enroscando con un dedo el dobladillo de su chador de seda granate mientras miraba a través de la ventana, viendo pasar junto a ella a un jugador de fútbol que corría a gran velocidad bajo la llovizna. Buscaba las palabras exactas con las que nombrar su nueva meta. "Quiero ser una... «Supermujer»", le dijo, sonriendo con actitud atrevida, desafiando a cualquiera, hombre o mujer, a decirle que no podría.

Mortenson no se rió. Mostró una sonrisa a la inteligente nieta de Haji Ali e imaginó la mirada de felicidad que se habría formado en la cara del viejo *nurmadhar* si hubiera vivido lo suficiente para presenciar aquel día, para ver el espléndido fruto de las semillas que habían plantado juntos.

El coste de quinientas ochenta cartas, doce carneros y diez años de trabajo no era nada comparable, pensaba Mortenson, con aquel momento tan especial.

CAPÍTULO 23

Convertir piedras en escuelas

Nuestra tierra está herida. Sus océanos y lagos, enfermos; sus ríos, como llagas supurantes; el aire, impregnado de sutiles venenos. Y el humo empalagoso de los infinitos disparos infernales ennegrece el sol.
Hombres y mujeres, desperdigados lejos de sus hogares, familias y amigos, deambulan desolados y perdidos, abrasados por un sol tóxico...
En este desierto de horrorosa y ciega incertidumbre, algunos se refugian en la lucha por el poder. Algunos se convierten en manipuladores de la ilusión y el engaño.
Si la sabiduría y la armonía siguen habitando en este mundo, como algo más que un sueño perdido en un libro cerrado, están escondidas en nuestros latidos. Y es de nuestros corazones desde donde gritamos.
Gritamos y nuestras voces son la única voz de esta tierra herida.
Nuestras voces son un gran viento que recorre la tierra.

de *The Warrior Song* de King Gezar

El Rey estaba sentado junto a la ventana. Mortenson le reconoció porque su cara aparecía en las monedas antiguas afganas que se vendían en los bazares. Zahir Shah, de ochenta y nueve años, parecía mucho mayor que en su retrato oficial mientras miraba a través de la ventana del PIA 737 hacia el país del que había estado exiliado durante casi treinta años.

Aparte del dispositivo de seguridad del Rey y del pequeño equipo de azafatas, Mortenson viajaba solo con el antiguo monarca de Afganistán en el breve vuelo desde Islamabad a Kabul. Shah apartó la mirada de la ventana y cerró los ojos.

"*As-Salaam Alaaikum*, señor", dijo Mortenson.

"Igualmente para usted, señor", contestó Shah. Durante su exilio en Roma, Shah se había familiarizado con muchas culturas y no tuvo dificultad alguna en ubicar con exactitud el lugar de donde procedía aquel hombre de pelo largo vestido con un chaleco de fotógrafo.

"¿Americano?", le preguntó.

"Sí, señor", respondió Mortenson.

Zahir Shah suspiró, produciendo un suspiro motivado por décadas de esperanzas truncadas. "¿Es usted periodista", le preguntó desde el otro lado del pasillo.

"No", dijo Mortenson. "Construyo escuelas, para niñas".

"¿Y qué viene a hacer a mi país, si me permite la pregunta?"

"Voy a empezar a construir cinco o seis escuelas en primavera, *Inshallah*. Vengo a traer el dinero para ponerlas en marcha".

"¿En Kabul?"

"No", dijo Mortenson. "En el norte, en Badakshan, y en el corredor de Wakhan".

Las cejas de Shah se arquearon hacia la bóveda marrón de su cabeza sin pelo. Dio una palmada en el asiento que tenía al lado y Mortenson se dirigió hacia allí. "¿Conoce a alguien en la zona?", le preguntó Shah.

"Es una larga historia, pero hace unos años, unos hombres kirguizes cruzaron a caballo el paso de Irshad hasta el valle de Chapurson en Pakistán, donde yo estaba trabajando, y me pidieron que construyera escuelas para sus pueblos. Les prometí que vendría... a hablar con ellos sobre las escuelas, pero no he podido volver hasta ahora".

"Un americano en el Wakhan", dijo Shah. "Me han dicho que tengo un pabellón de caza que el pueblo me ha construido por esa zona, pero nunca he estado allí. Demasiado difícil llegar. Ya no se ven muchos americanos por Afganistán. Hace un año este avión habría viajado lleno de periodistas y de cooperantes, pero ahora todos están en Irak. América se ha olvidado de nosotros", le dijo el Rey. "Otra vez".

Un año antes, Shah había volado hasta Kabul recién llegado del exilio y había sido recibido por una clamorosa multitud que veía su regreso como una señal de que la vida volvería a retomar su curso natural, libre de la violencia que había marcado las décadas de gobierno bajo los soviéticos, los caudillos enfrentados y los talibanes. Antes de ser derrocado por su primo Mohammad Daud Khan, Shah había sido presidente desde 1933 a 1973, el periodo de paz más duradero del Afganistán moderno. Había supervisado la redacción de una constitución en 1964, que convirtió a Afganistán en una democracia, ofreciendo el sufragio universal y la emancipación de las mujeres. Había fundado la primera universidad moderna de Afganistán y reclutado personal académico y cooperantes para colaborar en su campaña de desarrollo del país. Para muchos afganos, Shah era un símbolo de la vida que esperaban recuperar.

Pero en otoño de 2003, aquellas esperanzas se estaban desvaneciendo. Las tropas estadounidenses que permanecían en Afganistán estaban en su mayoría retiradas, concentradas en dar con el paradero de Bin Laden y sus seguidores o en proporcionar seguridad al nuevo Gobierno de Hamid Karzai. El nivel de violencia por todo el país estaba, una vez más, escalando, y se decía que los talibanes se estaban reagrupando.

"Del mismo modo en que abandonamos a los *mujahadeen* tras la retirada de los soviéticos, temía que estuviéramos en un nuevo proceso de abandono de Afganistán", dice Mortenson. "Lo más que puedo decir es que tan solo un tercio del dinero humanitario que prometimos llegó a su destino. Por mediación de Mary Bono pude reunirme con uno de los miembros del Congreso responsable de las asignaciones para Afganistán. Le hablé de Uzra Faizad y de todos los profesores que no estaban recibiendo sus sueldos, y le pregunté la razón por la que no llegaba el dinero".

"«Es difícil», me dijo. «No hay ningún banco central en Afganistán. Ni ningún modo de mandar un giro telegráfico»".

"Pero aquello no me parecía una burda excusa", dice Mortenson. "No tuvimos problema alguno para llevar bolsas llenas de dinero para pagar a los caudillos que luchaban contra los talibanes. Me pregunto por qué no podíamos hacer lo mismo para construir carreteras, alcantarillas y escuelas. Si no se cumplen las promesas, y no se proporciona el dinero, se transmite el poderoso mensaje de que el gobierno de Estados Unidos no se preocupa por el país".

Zahir Shah puso su mano, adornada con un anillo de lapislázuli, sobre la de Mortenson. "Me alegro de que por lo menos haya un americano aquí", le dijo. "El hombre al que tienes que ver en el norte es Sadhar Khan. Es un *mujahid*, pero se preocupa por la gente".

"Eso es lo que he oído", dijo Mortenson.

Zahir se sacó una tarjeta del bolsillo del traje de ejecutivo que llevaba bajo su toga de rayas y le pidió a uno de sus guardias de seguridad que le trajera su maleta. Después el Rey apretó el dedo pulgar en una almohadilla de tinta y estampó su huella en el dorso de la tarjeta. "Esto puede serle útil si se lo entrega al *Commandhan* Khan", le dijo. "Que Alá le acompañe. Vaya con mi bendición".

El 737 descendió haciendo una espiral hacia el aeropuerto de Kabul. La capital no era tan segura como un año antes, y los pilotos hacían ahora aquella maniobra para ser objetivos difíciles para los numerosos misiles Stinger de origen indeterminado que seguían cayendo en el país.

Mortenson encontró el tráfico de Kabul aún más aterrador que en su anterior viaje. Con Abdullah conduciendo su Toyota con sus magulladas manos, se salvaron de chocar en cuatro ocasiones durante el corto trayecto hasta la casa de huéspedes Kabul Peace. "Kabul estaba supuestamente bajo el control de un Gobierno apoyado por Estados Unidos", cuenta Mortenson. "Pero su poder apenas alcanzaba los límites de la ciudad, y ni siquiera eran capaces de controlar el tráfico. Los conductores se limitaban a ignorar las señales y a los pocos agentes de tráfico que había y conducían por donde les daba la gana".

Donde Mortenson quería llegar era a Faizabad, la mayor ciudad de la provincia de Badakshan, en el noreste de Afganistán, que sería la base desde donde se aventuraría en busca de lugares potenciales para desarrollar sus nuevos proyectos de escuelas rurales. Y para llegar allí, tendría que viajar por carretera, no solo entre aquel caótico tráfico, sino en un trayecto de dos días a través de la peligrosa zona del interior del país. Pero no tenía alternativa. Aquel era su tercer viaje a Afganistán y estaba decidido a cumplir su promesa con los jinetes de Kirguiz. En su ausencia, estos habían llevado a cabo un minucioso estudio del corredor de Wakhan, y habían recorrido de nuevo a caballo durante seis días el trayecto de ida y vuelta hasta Zuudkhan para entregárselo a Faisal Baig. El estudio revelaba que cinco mil doscientos alumnos de educación primaria no asistían a ningún tipo de escuela y estaban esperando a que, *Inshallah,* Mortenson empezara a construir alguna.

El general Bashir había ofrecido a uno de sus pilotos para que llevara a Mortenson directamente hasta Faizabad, en un Cessa Golden Eagle que su empresa había contratado para llevar helado, agua mineral, barras de proteínas y otras provisiones a los operativos estadounidenses en Afganistán. Pero el cuartel general americano del CentCom, situado en Doha, Qatar, que controlaba el espacio aéreo de Afganistán, rechazó la petición de Bashir de enviar su avión al país para una misión humanitaria.

Mortenson daba vueltas impotente en su habitación de la casa Kabul Peace, enfadado por no haberse acordado de cargar en Islamabad las baterías de su portátil y de su cámara de fotos. Era previsible que el suministro eléctrico no estuviera garantizado en la capital afgana, y muy probable que no encontrara una toma de corriente que funcionara en todo el camino hasta Badakshan .

Programó iniciar el largo trayecto por la mañana, viajando de día para mayor seguridad, y mandó a Abdullah que buscara un vehículo de alquiler capaz de sortear los numerosos cráteres de las bombas y las ciénagas de fango que flanqueaban el único camino hacia el norte.

Al no regresar Abdullah a la hora de la cena, Mortenson pensó en salir a comer algo, pero se tumbó dejando los pies colgando al borde de la estrecha cama y apoyando la cara en una almohada que olía como a pomada capilar, se quedó dormido.

Justo antes de medianoche, Mortenson se levantó bruscamente, tratando de interpretar los golpes que oía en la puerta de su habitación. Estaba soñando que explotaban balas de RPG contra las paredes de la casa de huéspedes.

Abdullah traía buenas y malas noticias. Había conseguido alquilar un todoterreno ruso y había encontrado a un joven tayiko llamado Kais que podría acompañarles como traductor, ya que su compañero habitual, Hash, no sería bienvenido allá adonde iban a causa del tiempo que había pasado en las filas talibanas. El único problema, explicó Abdullah, era que el túnel de Salang, el único paso entre montañas del norte, cerraba a las seis de la mañana.

"¿Y cuándo abrirá?", preguntó Mortenson, esperando aún poder disfrutar de una noche de descanso.

Abdullah se encogió de hombros. Al tener la cara quemada y las cejas chamuscadas, resultaba difícil interpretar su expresión. Pero sus hombros encorvados le indicaron a Mortenson que debería haberse informado de ese tipo de cosas antes de llegar a Kabul. "¿Do-ce horas? ¿Dos días?", intento adivinar. "¿Quién sabe?".

Mortenson empezó a recoger sus bolsas.

Mientras conducían hacia el norte por la ciudad sin electricidad, Kabul parecía un lugar pacífico. Grupos de hombres vestidos con holgadas túnicas blancas flotaban entre los puestos de té nocturnos alumbrados con faroles, como espíritus benévolos, listos para coger un vuelo hacia Arabia Saudí a primera hora de la mañana. Todo musulmán con medios económicos debe realizar el *Haj*, un peregrinaje a La Meca, al menos una vez en la vida. Y en las oscuras calles de la ciudad reinaba un ambiente festivo, ya que muchos hombres se preparaban para embarcarse en un viaje que representaba la cúspide de su existencia terrenal.

Lo último que Mortenson recuerda haber visto en la ciudad, después de recorrer sus calles en busca de una gasolinera abierta, fue el Ministerio de Defensa de Afganistán. Había pasado por delante de aquel edificio durante el día, una destacada estructura tan destruida por las bombas y por los misiles de tres guerras diferentes que parecía demasiado frágil como para mantenerse en pie. Por la noche, las hogueras de los ocupas que lo habitaban hacían que la estructura brillara como una lámpara de calabaza de Halloween. Cuando la luz del fuego parpadeaba en el interior, los irregulares agujeros causados por los proyectiles y las filas de ventanas sin cristales se iluminaban como órbitas sin ojos por encima de una sonrisa desdentada.

Adormilado, Mortenson vio cómo moría tras él la sonrisa lasciva del Ministerio, y se sumergió en sus pensamientos, imaginando al ejército de ordenadores portátiles correteando por los pasillos del Pentágono, puliendo los interminables suelos de mármol hasta que tuvieran el mismo brillo de los zapatos de Donald Rumsfeld.

El túnel de salang estaba sólo a cien kilómetros al norte de Kabul, pero el todoterreno de la era soviética que conducían iba tan despacio que, a pesar del peligro de sufrir una emboscada mientras ascendían hacia las montañas del Hindu Kush, Mortenson volvió a dormirse durante horas antes de llegar allí. Aquella cadena rocosa de picos de más de cuatro mil quinientos metros que separaba el norte de Afganistán de la llanura de Shomali había sido la línea defensiva más temible del ejército de Massoud contra los talibanes.

Bajo sus órdenes, los hombres de Massoud habían dinamitado el túnel de dos kilómetros que los ingenieros del Ejército Rojo habían construido en los años sesenta con el fin de abrir una ruta comercial al sur a través de Uzbekistán. Dejando solo abiertos hacia el valle de Panjshir esos caminos de tierra a cerca de cuatro mil metros de altitud, los *mujahadeen* de Massoud, aunque inferiores en potencia y en número, impidieron que los talibanes desplegaran sus tanques y sus flotas de camiones japoneses por el norte. El nuevo gobierno de Afganistán estaba contratando a equipos de construcción turcos para retirar del túnel todos los escombros de cemento depositados allí por las explosiones y para reforzar la débil estructura a fin de protegerla de posibles derrumbes.

Mortenson se despertó por la falta de movimiento. Se frotó los ojos, pero la oscuridad que le rodeaba era absoluta. Entonces oyó unas voces más allá de lo que creía que era la parte delantera del todoterreno, y alumbrada por la débil llama de una cerilla, la cara chamuscada e inexpresiva de Abdullah apareció junto al preocupado gesto del tajiko llamado Kais.

"Estábamos justo en medio del túnel cuando explotó el radiador", cuenta Mortenson, "estábamos en una curva empinada, así que el resto de coches no podían vernos hasta el último segundo. Era el peor lugar donde nos podíamos haber parado".

Mortenson alcanzó su mochila y hurgó en ella en busca de una linterna. Entonces recordó que, con las prisas por hacer el equipaje, se la había dejado en la casa de huéspedes de Kabul, junto con su portátil y sus cámaras. Mortenson se bajó del vehículo y se inclinó sobre el capó abierto con Abdullah, y, a la luz de unas cerillas que se apagaban con las gélidas brisas que circulaban por el túnel tan pronto como las encendían, Mortenson vio que el manguito de goma del radiador se había desintegrado.

Se preguntaba si tenía algo de cinta aislante para intentar repararlo cuando, emitiendo un aterrador estruendo con el claxon, apareció un camión ruso Kamaz III acercándose justo en su dirección. No había tiempo para moverse. Mortenson se preparó para la colisión pero el camión viró bruscamente para centrarse en el carril por el que venía y evitó la colisión por unos pocos centímetros, aunque arrancó el espejo retrovisor lateral del todoterreno.

"¡Vámonos!", ordenó Mortenson, empujando a Abdullah y a Kais hacia la pared del túnel. Mortenson sintió de pronto una corriente de aire y extendió las manos hacia ella como un zahorí buscando su fuente de agua mientras avanzaba pegado a la pared del túnel. Cuando los faros de otro camión que se les aproximaba a gran velocidad iluminaron la pared de roca irregular del túnel, vio una franja oscura que creyó que era una puerta e hizo a sus acompañantes dirigirse hacia ella.

"Salimos al exterior, a la nieve, en lo alto de un paso de montaña", dice Mortenson. "Había luna llena, así que disponíamos de suficiente claridad, e intenté orientarme para saber el lado del paso en el que estábamos y poder empezar el descenso".

Entonces Mortenson vio la primera piedra roja. Estaba prácticamente oculta por la nieve, pero cuando Mortenson la localizó, pudo distinguir claramente el gran número de marcas rojizas que salpicaban el campo de nieve.

Afganistán es el país más minado de la tierra. Con millones de minúsculos explosivos enterrados durante décadas por media decena de ejércitos diferentes, nadie conoce el lugar exacto donde están al acecho los pacientes artefactos. Cuando una cabra o un vaca o un niño mueren tras localizar alguno, los detectores de minas pintan las rocas de la zona antes de dedicar los meses que necesitan para la laboriosa tarea de eliminarlos.

Kais también advirtió las rocas rojas que les rodeaban y empezó a dejarse llevar por el pánico. Mortenson le agarró del brazo, por si se le ocurría salir corriendo. Abdullah ya tenía bastante experiencia con las minas. "Poco a poco, poco a poco", dijo, dándose la vuelta y volviendo sobre sus pasos en la nieve. "Debemos volver adentro".

"Imaginé que teníamos el cincuenta por ciento de posibilidades de morir en el túnel", dice Mortenson. "Pero en el campo moriríamos con total seguridad". Kais se había quedado congelado, pero, suavemente, Mortenson condujo al chico de vuelta hacia la oscuridad.

"No sé lo que habría pasado si el siguiente vehículo no hubiera sido un camión que avanzaba cuesta arriba lentamente", cuenta Mortenson. "Pero gracias a Dios así fue. Me abalancé ante él para que se detuviera".

Mortenson y Kais se subieron y se apretujaron entre cinco hombres que había en la cabina del Bedford. Abdullah conducía el averiado todoterreno mientras el camión lo empujaba hacia arriba. "Eran unos hombres ásperos, unos contrabandistas", dice Mortenson, "pero parecían buena gente. Llevaban decenas de refrigeradores nuevos hasta Mazir-i-Sharif, así que el camión viajaba sobrecargado y apenas nos movíamos, pero para nosotros era suficiente".

Kais observaba a los hombres inquieto y le susurraba a Mortenson en inglés. "Estos hombres malos", le dijo. "Ladrones".

"Le dije a Kais que permaneciera en silencio. Estaba intentando concentrarme y poner en práctica todas las habilidades que había adquirido durante una década trabajando en Pakistán para que pudiéramos salir de allí sin mayores contratiempos. Los contrabandistas eran pastunes y Kais tayiko, y eso podía ser un problema. Así que decidí darles un poco de conversación. Tras unos minutos, todos nos relajamos y hasta Kais pudo constatar que eran buenos, sobre todo cuando nos ofrecieron un racimo de uvas".

Mientras ascendían hacia la cima del túnel, Mortenson masticaba la jugosa fruta con glotonería, advirtiendo que no había comido nada desde el desayuno del día anterior, y observaba cómo la parte trasera del todoterreno que habían alquilado se volvía negra, al rayar la parrilla delantera del Bedford la pintura de la puerta de atrás.

Cuando el camino se inclinó cuesta abajo hacia el otro lado del paso, Mortenson dio las gracias a los traficantes por su rescate y por sus deliciosas uvas, y, acompañado de Kais, se bajó del camión para volver al todoterreno. Abdullah había conseguido encender los faros incluso con el motor apagado, accionando la llave de contacto, y Mortenson se desplomó agotado en la parte de atrás. Gracias a la experiencia de Abdullah al volante, fueron descendiendo poco a poco la pendiente hasta que amaneció.

El valle de Panjshir, que ahora les quedaba al este, era para las tropas soviéticas y talibanes, una tierra de sombras, muerte y sufrimiento. El avance previsible de los soldados entre las escarpaduras rocosas del desfiladero les convertía en objetivos fáciles para los grupos de *mujahadeen* de Massoud, que apuntaban lanzacohetes desde sus posiciones estratégicas en lo alto del valle. Pero para Mortenson, con el amanecer tiñendo de malva los afilados picos del las cumbres nevadas, el lejano valle le parecía Shangri-La.

"Me alegré tanto de salir de aquel túnel que abracé a Abdullah tan fuerte que casi nos estrellamos", recuerda Mortenson. Cuando el conductor consiguió detenerse a pocos metros de una roca que había al borde del camino, se bajaron para intentar reparar el vehículo. A la luz del sol, les resultó fácil localizar el problema: había que remendar un fragmento de unos quince centímetros del manguito del radiador. Abdullah, veterano no solo de guerra, sino de innumerables reparaciones en carretera, cortó un trozo del caucho interior de la rueda de repuesto, lo envolvió alrededor del fragmento dañado del manguito, y lo aseguró con un trozo de cinta aislante que Mortenson había encontrado en su mochila pegado a un paquete de pastillas para la tos.

Después de rellenar el radiador con el contenido de sus valiosas botellas de agua mineral, retomaron su viaje hacia el norte. Era el mes santo del ramadán, y Abdullah conducía a gran velocidad, con la esperanza de llegar a un puesto de té donde poder desayunar antes de que empezara oficialmente el ayuno del día. Pero para cuando llegaron a la primera localidad, una antigua plaza soviética llamada Pol-e-Kamri, los restaurantes que había a ambos lados del camino habían cerrado ya sus puertas para el resto del día. Así que Mortenson compartió con Kais y Abdullah una bolsa de cacahuetes que había estado reservando para una ocasión como aquella.

Tras el desayuno, Abdullah les dejó y se fue en busca de alguien que les vendiera combustible. Volvió y condujo el todoterreno hasta una rudimentaria casa de barro, donde aparcó junto a un barril oxidado. Un anciano se dirigió hacia ellos arrastrando los pies, doblado casi por la mitad y apoyándose en un bastón. Tardó casi dos minutos en retirar el tapón del tanque de gasolina con sus debilitadas manos. Empezó intentando arrancar él mismo la bomba del barril con la manivela, pero cuando Abdullah vio lo mucho que le costaba, saltó del coche para ayudarle.

Mientras Abdullah bombeaba, Mortenson hablaba con el anciano con Kais traduciendo de la lengua dari, pariente cercana del farsi, que era la lengua más extendida en el norte de Afganistán. "Yo vivía en Shomali", le dijo el hombre, que se presentó como Mohammed, refiriéndose a la amplia llanura situada al norte de Kabul que había sido en otros tiempos el granero de Afganistán. "Nuestra tierra era un paraíso. Los kabulis solían venir a las casas de campo que tenían cerca de mi pueblo los fines de semana, y hasta el rey Zahir Shah, alabado sea su nombre, tenía un palacio por allí. En mi jardín, tenía todo tipo de árboles, y cultivaba hasta uvas y melones", explicaba Mohammed, mientras su boca, cuyos únicos dientes eran un par de caninos que parecían colmillos, se esforzaba por reproducir el recuerdo de sus exquisiteces perdidas.

"Cuando vinieron los talibanes, era demasiado peligroso quedarse", continuó, "así que trasladé a mi familia al norte del Salang para su seguridad. La primavera pasada, regresé para ver si mi casa había sobrevivido, pero, al principio, no lograba encontrarla. Había nacido, crecido y vivido durante setenta años en aquel lugar, pero no podía reconocer mi propio pueblo. Todas las casas estaban destruidas. Los cultivos arrasados. Los talibanes no solo habían quemado nuestras casas, sino también todos los árboles y arbustos. Reconocí mi jardín solo por la forma del tronco quemado de un albaricoquero, que se bifurcaba de un modo muy peculiar, como una mano humana". Mohammed explicaba todo aquello resollando con indignación ante el recuerdo.

"Puedo entender que los hombres se disparen y que se bombardeen edificios. En tiempos de guerra pasan esas cosas, siempre ha sido así. Pero , ¿por qué?", dijo Mohammed, sin intención de dirigir la pregunta a Mortenson, sino de dejar en suspenso entre ellos un lamento sin respuesta. "¿Por qué tuvieron los talibanes que matar nuestra tierra?"

Durante su trayecto hacia el norte, Mortenson constató la matanza que se había llevado a cabo en Afganistán, y lo mucho que debían de haber sufrido no solo los civiles, sino también los combatientes. Pasaron por delante de un carro de combate soviético T-51 que tenía la torreta torcida debido a una explosión, y que servía de atracción para los niños del pueblo, que se subían a él para jugar a la guerra.

Pasaron al lado de un cementerio cuyas lápidas eran los armazones carbonizados de varios helicópteros soviéticos Hind. Sus pilotos, pensó Mortenson, habían tenido la mala suerte de volar cerca del bastión de Massoud después de que la CIA proporcionara misiles Stinger y entrenamiento a los líderes *mujahadeen*, como Osama Bin Laden, que se enfrentaban en aquella zona contra el enemigo de Estados Unidos en la Guerra Fría.

Al anochecer, habían atravesado las ciudades de Khanabad y Konduz, y se estaban acercando a Taloqan, donde planeaban hacer una parada para tomar su primera comida de verdad en varios días, cuando la oración vespertina les liberara del ayuno del ramadán. Mortenson, que tenía previsto pronunciar un discurso ante un grupo de donantes de Denver a la semana siguiente, estaba valorando si decirle a Abdullah que continuaran hacia Faizabad después de la cena o esperar a la seguridad de la luz del día para reanudar el viaje, cuando las descargas de una ametralladora procedente de una posición a unos cincuenta metros les obligó a frenar.

Abdullah puso la palanca de cambio en posición de marcha atrás y pisó gas a fondo, lo que les hizo salir disparados hacia atrás, alejándoles de las balas que silbaban en la oscuridad. Pero, de pronto, empezaron a producirse disparos por detrás de ellos y Abdullah volvió a pisar los frenos. "¡Vamos!", ordenó, sacando a Kais y a Mortenson del todoterreno y metiéndoles en una fangosa cuneta del margen del camino, donde les empujó contra el lodo con sus magulladas manos mientras suplicaba a Alá que les protegiera.

"Nos habíamos metido en medio de un enfrentamiento territorial entre traficantes de opio", explica Mortenson. Eran tiempos de tráfico de drogas y siempre había escaramuzas en aquella época del año por el control de las caravanas que transportaban la cosecha. Pude ver, gracias al resplandor de las balas, que Kais estaba muerto de miedo. Sin embargo, Abdullah estaba enfadado. Él era un verdadero pastún. Estaba tumbado allí refunfuñando, culpándose por ponerme a mí, a su invitado, en esa peligrosa situación.

Mortenson estaba boca abajo sobre el frío lodo, tratando de pensar en el modo de salir del tiroteo, pero no había nada que hacer. Varios pistoleros se unieron a la contienda, y la intensidad del fuego que cruzaba sobre ellos aumentó. "Dejé de pensar en escapar y empecé a pensar en mis hijos", dice Mortenson, "intentando imaginar cómo les explicaría Tara el modo en que había fallecido, y preguntándome si entenderían lo que estaba tratando de hacer, que no pretendía abandonarles, que estaba intentando ayudar a niños como ellos en otro país. Concluí que Tara se lo haría entender, y aquel sentimiento me reconfortó".

Los faros de un vehículo que se acercaba iluminaron los arcenes de ambos lados del camino, donde estaban agachadas las bandas de traficantes enfrentadas, y los disparos disminuyeron momentáneamente cuando se pusieron a cubierto. El camión, que se dirigía a Taloqan, apareció, y Abdullah salió de la cuneta de un salto para hacerle señas. Era una furgoneta vieja cargada de pieles de cabra recién esquiladas que se llevaban a la curtiduría, y Mortenson pudo percibir desde donde estaba el olor a carne putrefacta antes incluso de que se detuviera.

Abdullah corrió hacia la cabina del conductor, mientras crepitaban desde ambos lados del camino algunos disparos aislados, y gritó hacia la cuneta para que Kais le tradujera lo que decía. La débil y temblorosa voz del chico, hablando dari, preguntó si podía llevar al extranjero. Abdullah le dijo a Mortenson que se acercara y le señaló con bruscos movimientos la caja de la furgoneta. Mortenson, agachado como le habían enseñado en el ejército, corrió hacia él. Se subió a la parte trasera y Abdullah le cubrió con una manta de pieles de cabra, apretujándole entre los húmedos pellejos.

"¿Qué pasa contigo y con el chico?"

"Alá cuidará de nosotros", le dijo Abdullah. "Esos *Shetans* se disparan entre sí, no a nosotros. Esperaremos, y luego cogeremos el todoterreno para regresar a Kabul". Mortenson esperaba que su amigo tuviera razón. Abdulah cerró la puerta y el camión se puso en marcha. Cuando llevaban recorrido medio kilómetro, oyó que se reanudaba el tiroteo. Las amplias y espaciadas ráfagas de las ametralladoras saltaban de un lado a otro del camino como elipses. Pero para Mortenson, que no sabría que sus amigos habían sobrevivido hasta la semana siguiente, cuando volvió a Kabul, parecían más bien interrogantes.

El camión siguió rodando por Taloqan en dirección a Faizabad, y con él Mortenson, sin haber conseguido cenar nada una vez más. En un principio, el hedor de la parte trasera del vehículo le quitó el hambre, pero, al final, los instintos animales se impusieron. Pensó en sus cacahuetes, y fue en aquel momento cuando se dio cuenta de que se había dejado la mochila en el todoterreno. Nervioso, se incorporó y se palpó los bolsillos del chaleco hasta que notó el contorno de su pasaporte y de un fajo de dólares americanos. Recordó que la tarjeta del Rey estaba en su mochila. No había nada que hacer, y se resignó, suspirando. Tendría que presentarse ante el *Commandhan* sin referencias. Así que Mortenson se tapó la nariz y la boca con el pañuelo de cuadros que llevaba en la cabeza y observó el avance del camión bajo el cielo estrellado.

"Estaba solo. Empapado en barro y sangre de cabra. Había perdido mi equipaje. No hablaba la lengua de la zona. Llevaba días sin comer, pero me sentía extraordinariamente bien", dice Mortenson. "Me sentía como hacía varios años, cuando viajaba en lo alto de aquel Bedford que subía el desfiladero del Indo con los materiales para la escuela de Korphe, sin tener ni idea de lo que me esperaba. Mi plan para los días siguientes era incierto, y no sabía si lograría mi objetivo, pero, ¿sabes una cosa? No era en absoluto un sentimiento negativo".

Los vendedores de piel de cabra dejaron a Mortenson en el hotel Uliah de Faizabad. Al estar en el punto álgido de la temporada de tráfico de opio, todas las habitaciones estaban ocupadas, así que le ofrecieron una manta y una litera en el vestíbulo, donde ya dormían otros treinta huéspedes. El hotel no tenía agua corriente, y Mortenson que estaba desesperado por desprenderse del hedor a cabra de su ropa, salió al exterior, abrió la llave de un camión cisterna aparcado junto al hotel, y se empapó la ropa con un helado chorro de agua.

"No me preocupé ni de secarme", dice Mortenson. "Me envolví con mi manta y me acosté en el pasillo del hotel. Era el lugar más desagradable para dormir que uno pueda imaginar, con todos aquellos sórdidos traficantes de opio y aquellos *mujahadeen* desocupados soltando estridentes eructos. Pero después de todo lo que había pasado, dormí como si hubiera estado en un hotel de cinco estrellas".

Antes de las cuatro de la mañana, el *chokidar* despertó al pasillo lleno de hombres durmientes con comida. El ramadán dictaba que no se podía ingerir ningún alimento después de la oración matutina, y Mortenson, que estaba muerto de hambre se unió a ellos, engullendo una ración de lentejas al curry y cuatro hogazas *chapatti* duro.

En las frías horas previas al amanecer, el paisaje de los alrededores de Faizabad le recordó al Baltistán. El día que estaba por venir se insinuaba por los picos del macizo del Pamir, en el norte. Estaba de nuevo ante unas montañas que conocía y, si no se fijaba en los detalles, podía casi imaginar que había regresado a su segundo hogar. Pero era inevitable notar las diferencias. Había una mayor presencia de mujeres en la vida pública, circulando con libertad por las calles, aunque la mayoría cubiertas con *burkhas* blancos. Y la proximidad de la antigua República Soviética era evidente, ya que se veían chechenos armados que se dirigían hacia las mezquitas para la oración matutina.

Al disponer de escasos recursos, la economía de Faizabad giraba en torno al comercio del opio. La pasta cruda se recogía en grandes cantidades de los campos de adormideras de Badakshan, se refinaba para obtener heroína en fábricas de los alrededores de Faizabad, y se enviaba a través de Asia Central hasta Chechenia y Moscú. Por todos sus efectos nocivos, los talibanes habían prohibido severamente la producción de opio. Pero una vez se retiraron, sobre todo en el norte de Afganistán, los campos de adormideras reanudaron su actividad.

Según un estudio del Observatorio de los Derechos Humanos, la cosecha de opio de Afganistán había pasado de ser prácticamente inexistente bajo el gobierno de los talibanes a alcanzar cerca de cuatro mil toneladas a finales de 2003. Afganistán producía entonces dos tercios de la materia prima para la heroína producida en todo el mundo. Y aquellos beneficios del opio, canalizados de nuevo hacia los caudillos, como eran llamados en Occidente, o *commandhans,* como se les conoce en Afganistán, les permitían reclutar y equipar imponentes milicias privadas, cosa que iba restando competencias al débil poder del gobierno central de Hamid Karzai en las zonas más alejadas de Kabul.

En Badakshan, el lugar más alejado de Afganistán al que se podía llegar desde Kabul, el *commandhan* Sadhar Khan concentraba el poder absoluto. Mortenson llevaba años oyendo historias sobre aquel hombre. Su pueblo se refería a él con elogios. Como todos los *commandhans,* cobraba un arancel a todos los traficantes de opio que pasaban por sus tierras con sus caravanas. Pero, a diferencia de otros, reinvertía los beneficios en el bienestar del pueblo. Para sus antiguos luchadores, había construido un próspero bazar y les había concedido pequeños préstamos para que pudieran montar negocios, y ayudarles así en su transición de *mujahid* a comerciantes. Khan era tan querido entre su pueblo como temido entre sus adversarios por las duras sentencias que solía emitir.

Sarfraz, el antiguo comandante pakistaní de Zuudkhan que había ayudado a proteger a Mortenson cuando le llegaron por primera vez las noticias del 11-S, había conocido a Khan en alguno de los viajes ilegales al corredor de Wakhan que él mismo había realizado como contrabandista. "¿Es buena persona? Si, buena, pero peligrosa", dijo Sarfraz. "Si un enemigo no accede a rendirse y a unirse a él, le ata entre dos todoterrenos y le parte en dos. Así se ha convertido en una especie de presidente de Badakshan".

Por la tarde, Mortenson cambió algo de dinero y alquiló otro asiento en un todoterreno, donde unos devotos padre e hijo aceptaron hacer el trayecto de dos horas hasta el cuartel general de Khan, en Baharak, siempre y cuando Mortenson estuviera listo para bajarse de inmediato, para que ellos llegaran a tiempo para la oración vespertina.

"Podemos irnos ahora mismo", les dijo Mortenson.

"¿Y qué hay de su equipaje?", preguntó el muchacho, que chapurreaba algo de inglés.

Mortenson se encogió de hombros y se subió al todoterreno.

"El trayecto hasta Baharak no debía superar los noventa y seis kilómetros", cuenta Mortenson, "pero tardamos tres horas. Estábamos en un lugar que me recordaba al desfiladero del Indo, y avanzábamos lentamente por unos peligrosos salientes sobre un río que serpenteaba a través de un cañón rocoso. Me alegraba de tener un vehículo en condiciones. Todos esos vehículos utilitarios americanos están diseñados para llevar a los niños a los entrenamientos de fútbol, pero se necesitaba un buen todoterreno ruso para circular por ese tipo de terreno".

A veinte minutos de Baharak, la garganta del río se abría en un exuberante bancal entre unas onduladas colinas. Las laderas estaban alfombradas de campos de adormideras. "Si no fuera por las adormideras, podríamos haber estado conduciendo hacia la entrada del valle de Shigar, en dirección a Korphe", dice Mortenson. Me di cuenta de lo cerca que estábamos de Pakistán y, aunque nunca antes había estado en aquel lugar, me parecía estar regresando a él, como si volviera a estar entre mi gente".

La ciudad de Baharak intensificó aquel sentimiento. Rodeada por los picos nevados del Hindu Kush, era la entrada al Wakhan. La entrada de su estrecho valle quedaba a pocos kilómetros al este, y Mortenson se alegró al saber que todas aquellas personas de Zuudkhan que tanto le preocupaban estaban tan cerca.

El conductor y su hijo condujeron hasta el bazar de Baharak, para preguntar cómo llegar a la casa de Sadhar Khan. En el bazar, Mortenson pudo ver que las gentes de Baharak, que no traficaban sino más bien cultivaban el opio, vivían en una economía de subsistencia, como los baltis. La comida que había en los puestos era sencilla y escasa, y los sobrecargados burros que cargaban mercancías desde y hacia el mercado tenían un aspecto enfermizo y desnutrido. Por sus lecturas, Mortenson sabía lo aislado del mundo que había estado todo Badakshan durante el gobierno de los talibanes, pero hasta que estuvo allí no se dio cuenta de la pobreza que había en el lugar.

Al pasar por en medio del mercado, donde el resto del tráfico era de vehículos de cuatro patas, se les acercó un gastado todoterreno ruso de color blanco. Mortenson le hizo señas para que se detuviera, imaginando que alguien que pudiera permitirse un coche como aquél debía de saber cómo llegar a Sadhar Khan.

El todoterreno viajaba lleno de *mujahadeens* de mirada amenazadora, pero el conductor, un hombre de mediana edad con una barba negra recortada con gran precisión, se bajó para dirigirse a Mortenson.

"Estoy buscando a Sadhar Khan", dijo Mortenson, empleando el dari elemental que había conseguido que le enseñara Kais en el trayecto desde Kabul.

"Está aquí", dijo el hombre en inglés.

"¿Dónde?"

"Soy yo. Soy *commandhan* Khan".

En el tejado de la casa de Sadhar Khan, bajo las colinas de Baharak, Mortenson daba vueltas inquieto alrededor de la silla, esperando a que el *commandhan* regresara de sus oraciones del *Juma*. Khan vivía con austeridad, pero su poder era visible en todas partes. La antena de un potente radiotransmisor sobresalía por encima del tejado como un mástil sin bandera, poniendo de manifiesto su conexión con la modernidad. Había varias antenas parabólicas pequeñas orientadas hacia el cielo del sur. Y en los tejados de los edificios adyacentes, Mortenson advirtió que unos francotiradores de Khan le observaban a través de los visores de sus armas.

Hacia el sureste, podía ver la nieve de los picos de Afganistán y, para no sentirse incómodo ante los francotiradores, se imaginó a Faisal Baig haciendo guardia tras ellos. Partiendo de donde se imaginaba a Faisal, Mortenson trazó mentalmente una línea de escuela a escuela, de comunidad a comunidad, bajando el valle de Hunza, atravesando la garganta del Indo en dirección a Skardu, conectando las personas y los lugares que había conocido y amado, hasta llegar a aquel tejado solitario, diciéndose a sí mismo que no estaba, ni mucho menos, solo.

Justo antes de la puesta de sol, Mortenson vio a cientos de hombres saliendo en tropel de la sobria mezquita de Baharak, que parecía más un cuartel militar que un centro destinado al culto. Khan fue el último en salir, manteniendo una entretenida conversación con el mulá del pueblo. Se inclinó para abrazar al anciano y se giró para ir al encuentro del extranjero que le esperaba en el tejado.

"Sadhar Khan subió sin guardias. Tan solo trajo a uno de sus lugartenientes para que hiciera de traductor. Sabía que los francotiradores que me observaban me habrían disparado de inmediato con una sola mirada incorrecta, pero valoré el gesto", dice Mortenson. "Tal y como había hecho cuando me conoció en el bazar, estaba dispuesto a emprender los proyectos por sí solo".

"Siento no poder ofrecerle un té", dijo Khan a través de su traductor, que hablaba un inglés excelente. "Pero en breves momentos", le dijo, indicando la puesta de sol tras un campo rocoso hacia el oeste, "podrá recibir lo que desee".

"Está bien", le dijo Mortenson. "He venido desde muy lejos para hablar con usted. Es para mí un gran honor estar aquí".

"¿Y de qué ha venido a hablar un americano desde tan lejos?", le preguntó Khan, estirando el manto de lana marrón bordado en rojo escarlata que utilizaba como insignia de su cargo.

Así que Mortenson le contó su historia al *commandhan*, empezando con la llegada de los jinetes kirguizes, y acabando con el relato del tiroteo que había vivido la noche anterior, y con su huida bajo las pieles de cabra. Entonces, para asombro de Mortenson, el aterrador líder de los *mujahadeen* de Badakshan gritó de alegría y estrechó al perplejo americano en un fuerte abrazo.

"¡Sí! ¡Sí! ¡Usted es el Dr. Greg! Mi *commandhan* Abdul Rahid me ha hablado de usted. Esto es increíble", le dijo Khan, caminando de arriba abajo por la emoción. "Y ahora que lo pienso, ni siquiera he organizado una comida ni una recepción con los ancianos del pueblo. Discúlpeme".

Mortenson sonrió, y la tensión del terrible viaje hacia el norte se disipó. Khan se sacó un moderno teléfono móvil del bolsillo del chaleco que llevaba bajo la toga y ordenó a su personal que empezara a preparar un banquete. Entonces Mortenson y él siguieron dando vueltas por el tejado, discutiendo los lugares potenciales para las futuras escuelas.

El conocimiento de Khan del corredor de Wahkan, donde Mortenson estaba deseando empezar a trabajar, era casi enciclopédico. Señaló las cinco comunidades que se beneficiarían de inmediato de la educación primaria. Hizo una relación de la cantidad de niñas que carecían de escolarización, muy superior a la que había imaginado Mortenson. Solo en Faizabad, le dijo Khan, había cinco mil chicas que intentaban dar sus clases en un campo adyacente al instituto de los chicos. Lo mismo sucedía, añadió, por todo Badakshan, y le recitó a Mortenson toda una letanía de necesidades que podrían mantenerle ocupado durante años.

Cuando el sol se deslizó tras las montañas del oeste, Khan apoyó una mano en la espalda de Mortenson mientras señalaba con la otra. "Luchamos junto a los americanos contra los rusos, aquí en estas montañas, y aunque oímos muchas promesas, nunca volvieron para ayudarnos cuando se acabó con la matanza".

"Mira esto, mira estas colinas". Khan señalaba los campos de rocas que se prolongaban hacia el norte desde las calles de tierra de Baharak como lápidas dispuestas de forma irregular. "Ha habido demasiadas matanzas en estas montañas", dijo Sadhar Khan, con gravedad. "Cada piedra, cada roca que ve ante usted es uno de mis *mujahadeen, shahids,* mártires que sacrificaron sus vidas luchando contra los rusos y los talibanes. Ahora debemos hacer que su sacrificio merezca la pena", dijo Khan, girándose para estar enfrente de Mortenson. "Debemos convertir esas piedras en escuelas".

Mortenson siempre había dudado que una persona pueda revivir toda su vida en un instante justo antes de morir. Sin embargo, en el segundo que estuvo mirando hacia los oscuros ojos de Sadhar Khan, y a través de ellos, mientras consideraba la promesa que le estaban pidiendo que hiciera, Mortenson vio cómo se desarrollaba ante él el resto de la vida que le quedaba por vivir.

Aquel tejado, rodeado por aquellas colinas rocosas, era una bifurcación donde debía elegir su camino, y si continuaba en la dirección de aquel hombre, y de aquellas piedras, podía ver que le esperaba un camino más atractivo todavía que el largo rodeo de más de una década que había iniciado un día muy lejano desde Korphe.

Habría nuevas lenguas que aprender, nuevas costumbres que transgrediría antes de llegar a dominar. Seguiría pasando meses separado de su familia, viviendo peligros que no podía imaginar aún y que le acecharían en el camino como truenos. Vio aquella vida creciendo ante él con tanta claridad como con la que había visto la cumbre del

Kilimanjaro de niño, con tanta intensidad como la incomparable pirámide del K2, que seguía rondando sus sueños.

Mortenson apoyó sus manos sobre los hombros de Sadhar Khan, como había hecho diez años antes, en otras montañas, con otro líder llamado Haji Ali, consciente, no de los francotiradores que le seguían observando a través de los visores de sus armas, ni tampoco de las piedras de los *shahid*, teñidas de ámbar por los últimos rayos del sol, sino de la montaña que se había comprometido, justo en ese momento, a escalar.

Agradecimientos

Cuando hable tu corazón, préstale atención.

-Judith Campbell

Tengo la visión de que todos dedicaremos la próxima década a alcanzar la alfabetización y la educación universales para todos los niños y sobre todo para las niñas. Más de ciento cuarenta y cinco millones de niños en el mundo carecen de educación debido a la pobreza, la esclavitud, la discriminación de género, el integrismo religioso y los gobiernos corruptos. Ojalá *Tres tazas de té* sirva de catalizador para obsequiar con la alfabetización a esos niños que merecen la oportunidad de ir a la escuela.

Todas las páginas de este libro podrían estar llenas de menciones a las miles de almas extraordinarias que fueron parte vital de la creación de esta historia y del libro. Lamento —y esto es algo que me quitará muchas noches de sueño— no poder mencionaros a cada uno de vosotros en este espacio limitado. Gracias por bendecir mi vida y sabed que vuestro tributo perdura en la educación de un niño.

El coautor de este libro, David Oliver Relin, perseveró durante dos años para llevar *Tres tazas de té* a buen término. Sin ti, esta historia nunca habría podido ser narrada en su totalidad. *Shuhuria* Relin Sahib.

Mi especial agradecimiento a Paul Slovak, editor de Viking Penguin, que trabajó con diligencia dirigiendo la edición en rústica hasta su finalización, y por tener la paciencia de atender a nuestras múltiples peticiones para cambiar el subtítulo de la versión en tapa dura "La misión de un hombre para luchar contra el terrorismo y construir naciones... Una escuela cada vez", por el que aparece en la edición en rústica de Penguin, "La lucha de un hombre por promover la paz, escuela a escuela".

La publicista de Viking Penguin Louise Braverman proporcionó un asesoramiento extraordinario que contribuyó a que *Tres tazas de té* se convierta en un superventas. Gracias por tu eterno optimismo. Gracias también a Susan Kennedy (presidenta, Penguin Group [USA]), a Carolyn Coleburn (directora de Publicidad de Viking), a Nancy Sheppard (directora de Marketing de Viking), y a Ray Roberts (el primer editor de Viking de este libro).

Nuestra agente literaria, Elizabeth Kaplan, fue una fuerza incondicional que orientó la redacción de *Tres tazas de té* durante dos años y convirtió una simple propuesta en toda una publicación. Te estamos eternamente agradecidos por tu apoyo.

Gracias a las entregadas "mujeres de Montana" de la oficina del Central Asia Institute (CAI), Jennifer Sipes y Laura Anderson, que trabajaron con diligencia en nuestras operaciones de base para proporcionar educación a más de veinticuatro mil niños. Mi especial agradecimiento también a Christiane Leitinger, la directora del programa "Pennies for Peace" que tiende puentes entre niños separados por medio mundo de distancia.

Los miembros de la Junta Directiva del CAI: Dr. Abdul Jabbar, Julia Bergman y Karen McCown que son parte fundamental de nuestros esfuerzos. Gracias a vosotros y a vuestras familias por vuestro apoyo incondicional, vuestros ánimos y vuestro compromiso a lo largo de estos años.

A Jean Hoerni, a Haji Ali, y a Christa: ¡esto es para honrar modestamente vuestros legados!

Nuestra insólita e infatigable plantilla del CAI de Pakistán se mueve por las montañas incansablemente para mantener los proyectos en marcha. *Bohot Shukuria* para Apo Cha Cha Abdul Razak, Ghulam Parvi Sahib, Suleman Minhas, Saidullah Baig, Faisal Baig, Mohammmed Nazir y, de Afganistán, a Sarfraz Khan, Abdul Waqil, Parvin Bibi, y Mullah Mohammed. ¡Que Alá os bendiga a vosotros y a vuestras familias por la noble labor que hacéis por la humanidad!

A mis queridos amigos, mentores, ancianos, profesores, guías, y hermanos y hermanas de Pakistán y Afganistán: no existen las palabras adecuadas para expresar mi gratitud. Solo puedo decir que cada uno de vosotros sois una estrella que ilumina el firmamento nocturno, y que vuestra lealtad, vuestro fervor y vuestra perseverancia han posibilitado la educación para vuestros hijos. *¡Shukuria, Rahmat, Manana, Shakkeram, Baf, Bakshish, Gracias!*

Gracias a mis abuelos, Regina Mortenson y Al y Lyria Doerring, por su sabiduría. Gracias a mis hermanas, Sonja y Kari, a sus maridos, Dan y Dean, y a sus familias por su cariño y su lealtad tribal, que aporta el verdadero significado de los "valores familiares".

De niño, en Tanzania, mis padres, Dempsey y Jerene Mortenson, tenían la manía de leernos algo cuando nos íbamos a la cama a la luz de una vela y, más tarde, con electricidad. Aquellas historias despertaban nuestra curiosidad por el mundo y las diferentes culturas. Inspiraron la aventura humanitaria que ha determinado mi vida. La dedicación vital de mi madre a la educación es también una enorme fuente de inspiración. A pesar de que el cáncer se llevó a mi padre con cuarenta y ocho años en 1980, su legado de compasión perdurará para siempre en nuestros espíritus.

¿Que qué me motiva a hacer esto? La respuesta es sencilla: cuando miro a los ojos de los niños de Pakistán y de Afganistán, veo los ojos de mis propios hijos llenos de asombro, y espero que cada uno de nosotros ponga de su parte para dejarles un legado de paz en lugar de un ciclo perpetuo de violencia, guerra, terrorismo, racismo, explotación y fanatismo que aún tenemos que vencer.

Para mis maravillosos hijos, Amira Eliana y Khyber, que me aportan el valor, el amor incondicional y la esperanza que me inspiran para intentar cambiar las cosas, paso a paso, un niño cada vez.

Sobre todo, le debo mi más inmensa gratitud a mi maravillosa esposa, Tara. Me alegro de que hayamos creído en un proyecto común. Eres una compañera, confidente, madre y amiga excepcional. Durante mis frecuentes ausencias en nuestros once años de matrimonio –metido en el accidentado Pakistán y en el interior de Afganistán– tu amor me ha hecho posible seguir a mi corazón. Te quiero.

-Greg Mortenson
Valle de Neelam, Azad Kashmir, Pakistán
Noviembre de 2006

Quisiera dar las gracias a Greg Mortenson, tanto por contarme una de las historias más extraordinarias que he oído en mi vida, como por invitarme a contárselo a otros. También me gustaría dar las gracias a Tara, a Amira, a Khyber y al extenso clan Mortenson/Bishop, por hacer de mis frecuentes visitas a Bozeman una cuestión familiar.

El general de brigada Bashir Baz y el coronel Ilyas Mirza de Askari Aviation no solo me ayudaron a llegar a algunos de los valles más remotos de los Territorios del Norte, sino también a comprender los desafíos a los que se enfrenta el ejército de Pakistán actualmente. El general de Brigada Banghoo me llevó a los tesoros de gran altitud del Karakórum y del Hindu Kush en su fiable Alouette y me entretuvo muchas noches con conversaciones altruistas sobre el futuro de su país.

Suleman Minhas me llevó a gran velocidad y pasando por controles policiales a las zonas más interesantes de Islamabad y Rawalpindi, donde, con un extraordinario sentido del humor, ayudó a un extranjero a ver con mayor claridad. Ghulam Parvi trabajó incansablemente tanto como tutor como traductor, llenando de vida la rica cultura del pueblo balti. Apo, Faisal, Nazir y Sarfraz se anticiparon y trataron de satisfacer todas mis necesidades mientras pasaba por los Territorios del Norte. Twaha, Jahan y Tahira, junto con el resto de orgullosos habitantes de Korphe, me ayudaron a comprender que el aislamiento y la pobreza no pueden impedir que una determinada comunidad logre las metas que se fija para sus niños. Y, repetida e implacablemente, las gentes de Pakistán me han demostrado que no hay país más hospitalario en la Tierra.

En Madrid, Ahmed Rashid tuvo la habilidad suficiente para escabullirse del podio durante la cumbre mundial sobre el terrorismo y me impartió un curso intensivo sobre las complejidades del sistema político de Pakistán y la relación con el auge de las madrazas y del integrismo. Conrad Anker, Doug Chabot, Scott Darsney, Jon Krakauer, Jenny Lowe, Dan Mazur, y Charlie Shimanski me aportaron cada uno de ellos visiones muy significativas sobre el delicado mundo del alpinismo. Jin "Mapman" MacMahon merece mi reconocimiento no solo por el trabajo profesional que hizo trazando los mapas del libro sino también por su oferta de luchar contra cualquier miembro de Fox News a quien no le guste el mensaje de *Tres tazas de té.*

Estoy en deuda con mi amigo Lee Kravitz, de *Parade,* por el día en que dijo: "Hay alguien a quien debes conocer", y por su sabio consejo cuando el libro empezó a cuajar. Le doy las gracias también por haber tenido el acierto de casarse con Elizabeth Kaplan, que condujo con dignidad el proceso de publicación de este libro e instruyó a este paleto en el negocio librero, y todo mientras al mismo tiempo hacía comidas, daba paseos, mantenía conversaciones telefónicas y cuidaba de sus hijos. Gracias a Ray Roberts de Viking tanto por su erudición como por su amabilidad ante todas las catástrofes menores que surgieron durante la preparación de la publicación de este libro.

He de darle las gracias a Murphy-Goode Winery por haber conseguido lubricar el proceso de las entrevistas. Gracias también a Victor Ichioka de Mountain Hardwear por haber proporcionado el equipamiento para los viajes a los Territorios del Norte. Y gracias a las cafeterías de Portland, Oregón, de las mejores de la Tierra, por permitir que un escritor con sobredosis de cafeína se pasara en ellas tantas largas tardes refunfuñando ensimismado.

Finalmente, quiero darle las gracias a Dawn, por demasiadas cosas como para citarlas aquí, pero sobre todo por la mirada de su cara iluminada por el fuego aquella noche en Salmon-Huckeberry Wilderness cuando le leí los primeros capítulos completos.

-David Oliver Relin

Si *Tres tazas de té* te inspira a ir más allá, aquí tienes algunas sugerencias:

1. Visita el sitio web www.threecupsoftea.com para más información, reseñas del libro, actos, e ideas. Recomienda *Tres tazas de té* a amigos, colegas, clubs de lectores, asociaciones de mujeres, iglesias, centros cívicos, sinagogas, mezquitas, universidades e institutos, o entidades interesadas en la educación, la alfabetización, la aventura, los temas interculturales, el islam, o Pakistán y Afganistán.
2. Comprueba si *Tres tazas de té* está en tu biblioteca habitual. Si no es así, dona un libro o sugiere a la biblioteca añadir este título a su colección. Diles a tus amigos y familiares de otras zonas que hagan lo mismo. A finales de 2006, *Tres tazas de té* estaba en tan solo mil cien de las ocho mil cuatrocientas bibliotecas de Estados Unidos. En varias de ellas, hay una lista de espera de diez a veinte personas para leer el libro.
3. Anima a tu librería local o a alguna cadena de librerías a ofrecer este libro.
4. Escribe una reseña de *Tres tazas de té* para Amazon.com, Barnes & Noble, Borders, o escribe en el *blog*. Tus comentarios sinceros contribuirán a la difusión de este (o de cualquier) libro.
5. Pídele al editor de tu periódico o radio local que se plantee comentar este libro.
6. Pennies for Peace, www.penniesforpeace.org, está diseñada para niños en edad escolar. Haz que participen las escuelas de tu zona para cambiar las cosas, con un penique y un lápiz por alumno. ¡Desde 1994, se han recaudado más de ocho millones de peniques a través de Pennies for Peace!
7. Si quieres colaborar con nuestros esfuerzos para promocionar la educación y la alfabetización, sobre todo para las niñas, puedes hacer una contribución deducible de los impuestos a nuestra organización no lucrativa, el Central Asia Institute, P.O. Box 709, Bozeman, MT 59771, teléfono 406-585-7841, www.ikat.org. Con un dólar se puede educar a un niño en Pakistán o Afganistán; con un penique, comprar un lápiz; y con cerca de un dólar al día, pagar el salario de un profesor.

Agradecimientos

8. Por favor, dirige todas las preguntas sobre *Tres tazas de té* a info@threecupsoftea.com o al teléfono 406-585-7841.

Para más información, contactar con: Central Asia Institute
P.O. Box 709
Bozeman, MT 59771
406-585-7841
www.ikat.org